Kompostieren leicht gemacht

Ursprung - Geschichte - Bedeutung

AF191933

Erik Fein

Kompostieren leicht gemacht

Ursprung - Geschichte - Bedeutung

© 2024 Erik Fein
Herstellung und Verlag: BoD – Books on Demand, Norderstedt
ISBN: 9783759759528

Inhaltsverzeichnis

Vorwort

Dieses Buch ist all jenen gewidmet, welche sich mit dem Anlegen eines Komposters beschäftigen und verschiedene Methoden und Möglichkeiten aus unterschiedlichen Sichtweisen erfahren möchten, um diese für sich selbst nutzen zu können.

Für alle die sich bereits mit Kompostierung beschäftigen, als auch jene, welche sich damit noch nicht auseinandergesetzt haben, aber auf diesem Wege für sie wichtige als auch wertvolle Hinweise erfahren möchten, soll dies ein Wegweiser sein, um somit ihr Wissen für ein erfolgreiches Kompostieren zu vertiefen.

Kompostieren ist ein wichtiger Schritt hin zu einer nachhaltigen und umweltbewussten Lebensweise. Durch das Anlegen eines Kompostes können organische Abfälle wie Gemüse- und Obstreste, Grünschnitt oder Kaffeesatz auf natürliche Weise zu wertvollen Düngern für den eigenen Garten oder Balkon wie auch Zimmerpflanzen umgewandelt werden.

Das Buch (Kompostieren leicht gemacht) behandelt ein Thema, das auf den ersten Blick simpel erscheinen mag, jedoch eine Vielzahl von komplexen Aspekten und betroffenen Bereichen beinhaltet. Kompostieren ist nicht nur ein einfacher Prozess des Verrottens von organischen Materialien, sondern umfasst auch ökologische, ökonomische und soziale Dimensionen. Zum einen trägt das Kompostieren zur Reduzierung von Mülldeponien bei und hilft somit die Umwelt zu schützen. Zum anderen fördert es die Bodengesundheit und ermöglicht eine nachhaltige Landwirtschaft. Darüber hinaus kann Kompostieren auch als Bildungs- und Gemeinschaftsprojekt dienen, in dem Menschen zusammenkommen, um sich über Umweltschutz auszutauschen und gemeinsam aktiv zu werden.

Ein Beispiel hierfür wäre ein Schulgartenprojekt, bei dem Schülerinnen und Schüler lernen, wie man Kompost herstellt und diesen dann im Schulgarten verwendet, um Gemüse anzubauen.

Insgesamt zeigt dieses Buch auf, dass hinter dem scheinbar simplen Akt des Kompostierens eine Vielzahl von Facetten steckt, die alle auf verschiedene Bereiche des Lebens Einfluss nehmen.

Doch warum ist es so wichtig, einen Kompost anzulegen?

Die Antwort liegt darin, dass durch das Kompostieren nicht nur wertvolle Nährstoffe zurück in den Boden gebracht werden, sondern auch der $CO2$ Ausstoß reduziert wird.
Denn organische Abfälle, die auf herkömmliche Weise entsorgt werden, produzieren bei der Zersetzung Methan, welches ein 25 – fache stärkeres Treibhausgas als $CO2$ ist. Ein weiterer Vorteil des Kompostierens ist die Reduktion von Müll, der somit auf Deponien landen würde.

In meinem Buch habe ich mich intensiv mit dem Thema auseinandergesetzt und sowohl für Laien als auch Fachleute verständlich niedergeschrieben, welche Bedeutung und Wichtigkeit das Anlegen eines Kompostes hat. Es stellt einen wichtigen Bestandteil des ökologischen Kreislaufs dar und ein grundlegendes Konzept für eine nachhaltige Lebensweise. Sie ermöglicht es, organische Abfälle in wertvolle Nährstoffe umzuwandeln, die wiederum zur Bodenverbesserung und Pflanzenzucht genutzt werden können.
Die Kompostierung allen Menschen nahezubringen sollte daher ein Grundanliegen sein, um das Bewusstsein für Umwelt und Natur im Kontext des bestehenden Ökosystems zu stärken.
Der Ratgeber soll nicht nur ein Ratgeber zu der Thematik des Kompostierens sein, es ist auch eine breite Darstellung zum Grundsätzlichen, ebenso einen tiefen Einblick
Zu den Fragen – was ist Kompost überhaupt? Wie ist seine Wirkung auf die Umwelt?
Ebenfalls wie zu vielen weiteren sich daraus ergebenden Fragen.

Ein weiterer wesentlicher Punkt in dieser Darstellung ist der geschichtliche Faktor in den verschiedenen Kulturen, den Grund für die Verwertung von Abfällen und der Arten

Dieser in der jeweils vorherrschenden Kulturepoche und dessen Auswirkungen. Es wird jedoch ein kurzer Streifzug dazu sein, da dies sonst den Rahmen der Thematik sprengen würde, es ist jedoch wichtig für das Allgemeinverständnis, um die Zusammenhänge besser einordnen zu können und somit die Komplexität herauszustellen.

Es lässt dabei einen roten Faden sichtbar werden, welcher sich durch alle Kulturen und Menschheitsepochen zieht, bis in unsere Gegenwart und hat nichts an Bedeutung verloren.

Es sollen auch wichtige Erfahrungen aus vielen Jahren mit einfließen, die im Inhalt der Thematik, auf die Erläuterung einzelner Organismen als auch von chemischen Elementen Erklärt und auch dessen Nutzen für den Kompostiervorganges herausgestellt werden.

Einen wesentlichen Faktor in der Darstellung, ist das Aufzeigen der Vorteile, als auch der Nachteile dieser zu Visualisieren. In diesem Zusammenhang sehe ich die Herausarbeitung eines entsprechenden Fazits als einen wichtigen Bestandteil dazu an.

Es ist ein Buch über die unglaublichen Möglichkeiten, was man mit Gartenabfällen, als auch mit organischen Küchenabfällen aus ökologischer Sicht für sich selbst, als auch für die Umwelt machen kann.

Viele Menschen wissen nicht, dass Kompostieren viel mehr ist als nur das Hinzufügen von organischem Material zu einem Haufen Erde.

Dieses Sachbuch beleuchtet verschiedene Techniken und Methoden des Kompostierens und zeigt auf, welche Vorteile es hat, seinen eigenen Kompost anzulegen. Darüber hinaus gibt das Buch Tipps für den Aufbau eines Komposthaufens sowie Rezepte für Düngemittel aus organischen Stoffen aus dem eigenen Garten.

Des Weiteren, ist es eine umweltfreundliche, als auch kostengünstige Möglichkeit, organische Abfälle zu verwerten. Durch eine richtige Pflege kann man hochwertigen Dünger für den eigenen Garten herstellen und somit einen Beitrag zum Umweltschutz leisten zu können. Dabei ist auch eine entscheidende Frage, welche sich in diesem Zusammenhang stellt, und zwar die Art des Komposters, der Art und Weise einer Verrottung und was als Grundsatz zu entscheiden ist, wäre die Größe und die Lage der Aufstellung eines Komposter im heimischen Garten. Auch der Gesichtspunkt über eine entsprechende Kommunikation mit dem Nachbar/in, ist ein wichtiger Faktor bei der Herangehensweise, welche einen zukunftsweisenden Charakter in menschlicher Beziehung darstellt. Auch soll dieses Buch den Zweiflern oder auch Gegnern einer ökologischen Kompostierung nahe gebracht werden, um ein Verständnis dafür aufzubauen, was dieser Prozess auf das einzelne Individuum, als auch für alle in der Gesellschaft lebenden Menschen bedeutet. Das Thema des nachhaltigen Umgangs mit Ressourcen ist nicht nur immer wichtiger geworden, auch in Hinblick auf unsere Umwelt sowie den Schutz unseren Planeten insgesamt. Dies ist auch ein wichtiger Faktor den Menschen den Gedanken über den Wert einer Potenzialausschöpfung nahezubringen. Das Konzept des „Upcycling" beispielsweise zeigt dabei sehr gute Möglichkeiten auf; hierbei geht es darum aus alten Gegenständen, in diesem Fall des organischen Abfalls, etwas Neues herzustellen, diese wiederzuverwerten statt sie ungenutzt zu entsorgen, was letztlich dazu führt weniger Müll zu produzieren. Es ist eine Hommage an all diejenigen, welchen schon seit Jahren und Jahrzehnten diesen Weg beschreiten, beruhend aus der Historie der Generationen, als auch die Sichtweise zu den wertvollen Ressourcen dazu. Als Hobbygärtner ist es wichtig die Abfälle aus dem eigenen Garten optimal zu nutzen um somit nicht nur einen gesunden Effekt zu erzielen, sondern auch diesen einen neuen Verwendungszweck zuzuführen.

Die Vorteile aus diesem ökologischen Kreislauf liegen auf der Hand und der Ertrag wird die Arbeit und der Mühe belohnen und dies ganz ohne Chemie. Einen wesentlichen Faktor hierbei muss nochmals erwähnt werden und dies ist, dass bei einer Kompostierung diese zur Reduzierung von Treibhausgasemissionen beiträgt.

Wenn organische Abfälle auf Deponien landen oder verbrannt werden, entstehen große Mengen an Methan – ein besonders klimaschädliches Gas, was ich schon erwähnte, jedoch dies mit Eindringlichkeit einer gesonderten Bedeutung beimesse, um somit einen wichtigen Beitrag für ein gesundes Klima aktiv beizutragen, was auch der Gesundung des Menschen dient.

Eine aktive Vermeidung dieser Prozesse leistet jeder einzelne beim eigenen Komposter einen wichtigen Beitrag zum Klimaschutz.

Es stellt auch eine sehr effektive Methode dar, aus Abfällen einen wertvollen Dünger für den Garten und den Pflanzen herzustellen.

Doch wie geht man am besten vor? Welche Materialien eignen sich besonders gut für den Komposter? Wie oft sollte man diesen umsetzen? Was ist eigentlich Kompost und wie funktioniert dieser?

Viele fragen die sich ergeben und möglich sind, werden weitestgehend in diesem Buch behandelt.

Sie finden hierin auch Antworten zu vielen Fragen, praktischen Tipps um das Thema Kompostierung. Es wird aufgezeigt, worauf es beim Bau eines eigenen Komposters ankommt und welche verschiedenen Arten von Behältern es gibt.

Auch das richtige Befüllen des Komposters spielt eine entscheidende Rolle: Hier erfahren Sie, welche organischen Abfälle geeignet sind von Küchenabfällen über Gartenabfällen bis hin zu Laub oder Grasschnitt. Zudem gebe ich Ihnen Anregungen zur Nutzung Ihres fertigen Humus: Ob als Dünger im Gartenbeet oder als Bodenhilfsstoff bei der Aussaat von Blumen, können Sie Ihre Pflanzen optimal versorgen. Lassen Sie sich vom Zauber des kompetenteren Gärtnerns begeistern.

Mit diesem Ratgeber wird Ihr nächster Schritt in Richtung nachhaltiger Lebensweise ein Leichtes sein. Erfahren Sie alles über den optimalen Standort und die passende Pflege eines Komposters, als auch wertvolle Tipps zur Schädlingsbekämpfung und zeigen Ihnen, wie Sie Ihren Garten auf natürliche Weise Düngen können.

Und das Beste durch ein nachhaltiges Gärtnern ist nicht nur etwas Gutes für die Umwelt zu tun, sondern auch für Ihre eigene Gesundheit. Denn frisches Obst und Gemüse aus dem eigenen Garten ist nicht nur leckerer als gekauftes, es enthält auch mehr Nährstoffe –ganz ohne Pestizide oder anderen verwendeten Chemikalien.

Durch die Verwendung des eigenen Kompostes, auf die Möglichkeiten werde ich dabei noch näher eingehen, wird es nicht nur eine Ertragssteigerung im Garten erzielt, sondern es wird die Biosphäre im Garten vervielfältigt, was sich wiederum auf die Tierwelt und dessen Population entscheidend auswirkt. Aus einen bestehenden ökologischen Mikrokosmos entfaltet sich der Makrokosmos und letztlich der Mensch und die Gesellschaft als Nutzer einer nachhaltigen Arbeitsweise.

Im Vorfeld zur Erstellung dieses Buches zum Thema (Kompostieren leicht gemacht), wurde ich durch Bekannte und Pädagogen angesprochen mit dem Wunsch diese Thematik auch für Unterrichtszwecke nutzen zu können. Es wurde die Bitte geäußert dies für Schüler verständlich zu schreiben, was jedoch schon von Beginn an mein Ziel gewesen ist. Dennoch stellt dies eine Herausforderung dar, welcher ich mich dieser gern angenommen habe.

Diesen Gedanken habe ich von Anbeginn aufgegriffen und habe mich dazu entschlossen, eine spezielle Methode: (durch Wellen lernen), anzuwenden, die sich auch den Erfordernissen an Schülerinnen und Schülern richtet. In diesem Buch werden nicht nur die zentralen Themen aufgegriffen, sondern auch zahlreiche Fragestellungen behandelt.

Doch zunächst möchte ich auf die Methode zum Wellen lernen etwas näher eingehen und dies auch anschließend auf die Thematik der Kompostierung anwenden.

In der Psychologie gibt es verschiedene Ansätze, um das Lernen und die Verarbeitung von Informationen zu erklären. Einer dieser Ansätze ist das sogenannte durch Wellen lernen.

Hierbei handelt es sich um eine Theorie, welche besagt, dass unser Gehirn Informationen nicht nur durch Worte und Bilder aufnimmt, sondern auch durch Rhythmen und Muster.

Konkret bedeutet dies, dass unser Gehirn in der Lage ist, bestimmte Muster und Rhythmen zu erkennen und diese mit bestimmten Informationen zu verknüpfen. Ein Beispiel hierfür sind Musikstücke oder auch Sprachmelodien. Durch das Hören von Musik oder das Sprechen einer Sprache können wir uns bestimmte Informationen besser merken, da unser Gehirn diese mit den entsprechenden Rhythmen und Mustern verknüpft.

Das durch Wellen lernen hat auch Auswirkungen auf die Art und Weise, wie wir lernen sollten. So ist es beispielsweise sinnvoll, Informationen in Form von Rhythmen und Mustern zu präsentieren, um das Lernen zu erleichtern. Auch ein zyklisches Wiederholen von Informationen in bestimmten Abständen kann dazu beitragen, dass diese besser im Gedächtnis verankert werden und stellt dabei einen Kernpunkt dar.

Insgesamt zeigt das Konzept des durch Wellen lernen, dass unser Gehirn auf komplexe Weise arbeitet und dass es wichtig ist, verschiedene Sinneskanäle anzusprechen, um effektiv zu lernen.

Durch die Verwendung von Rhythmen und Mustern können wir unser Lernpotential maximieren und uns Informationen auf eine natürliche und intuitive Weise aneignen. Diese Wellen können sowohl von äußeren Faktoren wie Geräuschen oder Licht als auch von inneren Faktoren wie Emotionen oder Gedanken ausgelöst werden. Somit werden wichtige Informationen in Wort und Schrift signifikant verankert.

In der Psychologie wird das wellen Lernen oft mit der Theorie des Behaviorismus in Verbindung gebracht, da beide Ansätze sich auf die Beobachtung von Verhaltensweisen konzentrieren. Allerdings geht das Wellen lernen über den reinen behavioristischen Ansatz hinaus, indem es auch innere Faktoren wie Emotionen und Gedanken berücksichtigt.

Doch wie können wir sicherstellen, dass wir den Kompostierungsprozess optimal nutzen?
Eine Möglichkeit besteht darin, die Prinzipien des Wellen-Lernens aus der Psychologie zu integrieren. In Wellen lernen bezieht sich auf den Prozess des Lernens und Vergessens von Informationen in Zyklen. Wenn wir diese Methode auf die Kompostierung anwenden, können wir den Prozess optimieren und beschleunigen.

Zunächst sollten wir uns bewusst sein, dass die Kompostierung ein natürlicher Prozess ist, der Zeit und Geduld erfordert. Wir müssen uns darauf einstellen, dass es Phasen geben wird, in denen der Kompost nicht so schnell voranschreitet wie gewünscht.

Hier kommt das in Wellen lernen ins Spiel: Wir sollten uns bewusst machen, dass es in Ordnung ist, wenn der Prozess langsamer voranschreitet und das es auch Phasen gibt, in denen der Kompost schneller voranschreitet. Ein weiterer wichtiger Aspekt des in Wellen Lernens ist die Wiederholung. Um den Kompostierungsprozess zu optimieren, sollten wir regelmäßig den Kompost umschichten und ihm zusätzliche Nährstoffe zuführen. Durch diese Wiederholungen können wir den Prozess beschleunigen und sicherstellen, dass der Kompost optimal genutzt wird.

Zusammenfassend lässt sich sagen, dass das in Wellen lernen aus der Psychologie eine wertvolle Methode zur Optimierung des Kompostierungsprozesses ist. Indem wir uns bewusst machen, dass der Prozess in Zyklen verläuft und durch regelmäßige Wiederholungen optimiert werden kann, können wir sicherstellen, dass wir den Kompostierungsprozess optimal nutzen und nährstoffreichen Dünger produzieren.

Dabei ist es mir besonders wichtig gewesen, dass diese praxisorientierten Informationen den Unterricht unterstützen können. Ich möchte damit erreichen, dass junge Menschen für das Thema sensibilisiert werden und lernen selbstkritisch mit Ihren eigenen Vorurteilen umzugehen. Es wäre erfreulich, wenn dieses Buch in Zukunft einen Beitrag zur Bildung unserer Jugend leisten kann.
Die Herangehensweise sollte durch, wie in der Psychologie, durch Wellen lernen erfolgen.

Es geht dabei darum, dass die Schülerinnen und Schüler sich zunächst mit dem Thema auseinandersetzen und Ihre eigenen Vorstellungen sowie Erfahrungen reflektieren, was ein großes Potenzial darstellt. Anschließend werden neue Informationen vermittelt, um diese dann erneut zu hinterfragen und kritisch zu betrachten.

Ich bin davon überzeugt, dass durch eine solche Herangehensweise ein nachhaltiger Lerneffekt entsteht und junge Menschen in der Lage sind, Ihr Verhalten gegenüber anderen Kulturen oder Religionen bewusster zu gestalten.

Insgesamt hoffe ich darauf, einen kleinen Beitrag zur Verbesserung des gesellschaftlichen Zusammenlebens leisten zu können. Denn nur wenn wir uns gegenseitig respektieren und unsere Unterschiede als Bereicherung verstehen, können wir gemeinsam eine bessere Zukunft gestalten.

Kompost bei der Entstehung der Erde

Die Entstehung der Erde ist ein faszinierendes Thema, was die Wissenschaftler seit Jahrzehnten beschäftigt. Eine der Theorien besagt, dass die Kompostierung eine wichtige Rolle bei der Entstehung der Erde gespielt hat. Dies war ein sehr umfassender und von der Natur gestalteter Prozess, welcher sich auf den Planeten und den verschiedenen Regionen, wie wir diese kennen, sehr unterschiedlich gestaltet hat und durch vielerlei Komponenten sich herausgebildet hat.

Bei diesen gestaltenden Formationen, wurden vielerlei anorganische als auch organische Verbindungen in eine Mixtur gebracht, welche sich und dies auch in Verbindung jener und in Abhängigkeit von Temperatur und Umwelteinflüsse zu deren Herausbildung gebracht hat. Die Kompostierung ist ein biologischer Prozess, bei dem organisches Material wie Pflanzenreste und Tierkadaver unter bestimmten Bedingungen zersetzt werden. Dabei entsteht ein natürlicher und nährstoffreicher Boden, der für das Wachstum von Pflanzen und anderen Organismen wichtig ist.

Die Kompostierung bei der Entstehung der Erde erfolgte vermutlich auf natürliche und unkontrollierte Weise durch den Abbau von organischen Materialien auf der Oberfläche des Planeten.

Dabei spielten Bakterien und Pilze eine wichtige Rolle, die das organische Material zersetzen und zu Humus umwandeln. Dieser Humus bildete im Laufe der Zeit eine Schicht aus fruchtbaren Boden auf denen sich Pflanzen ansiedeln konnten.

Die Ergebnisse dieser Kompostierung waren enorm. Durch die Bildung von fruchtbarem Boden konnten sich Pflanzen und andere Organismen auf der Erde ansiedeln und sich entsprechend entwickeln. Diese Organismen bildeten die Grundlage für das Ökosystem der Erde, was bis heute existiert und sich ständig weiter entwickelt.

Ohne die Kompostierung und die Bildung von fruchtbarem Boden, wäre die Entstehung des Lebens auf der Erde wahrscheinlich nicht möglich gewesen.

Insgesamt lässt sich sagen, dass die Kompostierung eine wichtige Rolle bei der Entstehung der Erde gespielt hat. Durch die Bildung von fruchtbarem Boden konnten sich Pflanzen und andere Organismen ansiedeln, diese sich in einem langen Prozess weiter entwickeln was die Grundlage für das Ökosystem der Erde bildete. Die Kompostierung ist somit ein wichtiger biologischer Prozess, der bis heute eine wichtige Rolle für die Erhaltung des Lebens auf der Erde spielt.

Der Einfluss von Vulkanasche bei der Entstehung der Erde

Die Vulkanasche spielte eine entscheidende Rolle bei der Entstehung der Erde, da sie einen wichtigen Beitrag zur Bildung des Planeten und seiner Atmosphäre geleistet hat. Durch Vulkanausbrüche gelangten große Mengen an Asche und Gasen in die Atmosphäre, die zur Entstehung von Wolken und Regen führten.
Diese Prozesse trugen dazu bei, dass sich die Erde abkühlte und stabilisierte, was letztendlich die Voraussetzung für die Entwicklung von Leben auf unseren Planeten geschaffen hat. Darüber hinaus haben sich aus der Vulkanasche auch wichtige mineralische Bestandteile gebildet, die zur Entstehung von Gesteinen beigetragen haben. Vulkanische Ablagerungen wie Basalt und Andesit, sind heute weit verbreitet und bilden einen wichtigen Teil der Erdkruste. Zudem haben vulkanische Böden eine hohe Fruchtbarkeit und sind daher ideal für den Anbau von Pflanzen.
Was jedoch ist Vulkanasche?

Vulkanasche ist ein wichtiger Bestandteil von vulkanischen Eruptionen und kann sowohl für die Umwelt als auch für den Menschen erhebliche Auswirkungen haben. Vulkanasche besteht aus feinen Partikeln, die bei einem Vulkanausbruch in die Atmosphäre geschleudert werden. Diese Partikel bestehen hauptsächlich aus Gestein, Mineralien und Glas und können je nach Zusammensetzung und Größe unterschiedliche Eigenschaften aufweisen. Diese Vulkanasche, besteht aus einer Vielzahl von Bestandteilen und chemischen Elementen, die während eines Vulkanausbruchs in die Atmosphäre geschleudert werden. Die genaue Zusammensetzung der Vulkanasche kann je nach Art des Vulkans und der Art des Ausbruchs variieren. Grundsätzlich besteht Vulkanasche jedoch hauptsächlich aus feinen Partikeln von Gestein, Mineralien und Glas, die beim Zerbrechen von Lavaströmen oder bei explosiven Eruptionen entstehen. Die chemischen Elemente, die in Vulkanasche enthalten sind, umfassen eine Vielzahl von Verbindungen wie Siliziumdioxid (SiO_2), Aluminiumoxid (AL_2O_3), Eisenoxid (FeO), Calciumoxid (CaO) und Natriumoxid (Na_2O). Diese Elemente stammen aus dem Magma des Vulkans und werden während des Ausbruchs freigesetzt. Vulkanasche kann auch Spuren von anderen Elementen wie Schwefel, Chlor und Fluor enthalten, die giftig sein können und gesundheitliche Risiken für Mensch und Umwelt darstellen.

Die genaue Zusammensetzung der Vulkanasche kann durch chemische Analysen und Untersuchungen vor Ort bestimmt werden. Diese Informationen sind wichtig, um die Auswirkungen von Vulkanausbrüchen auf die Umwelt, die Luftqualität und das Klima besser zu verstehen. Es ist daher entscheidend, die Zusammensetzung der Vulkane genau zu erforschen, um angemessene Maßnahmen zum Schutz der Bevölkerung treffen zu können.

Die Auswirkungen der Vulkanasche auf die Landwirtschaft

Vulkanasche kann sich auf vielfältige Weise auf die Landwirtschaft auswirken. Zunächst einmal kann sie durch ihre mineralreiche Zusammensetzung den Boden düngen und somit das Wachstum der Pflanzen fördern. Durch ihre feine Struktur kann Vulkanasche gut in den Boden eingearbeitet werden und sorgt somit für eine verbesserte Bodenstruktur und einer erhöhten Bodenfruchtbarkeit, was sich auf das Ernteresultat positiv auswirkt. Zudem wirkt Vulkanasche als natürlicher Schutz vor Schädlingen und Krankheiten, da sie antimikrobielle Eigenschaften besitzt.

Ein großer Vorteil bei der Verwendung von Vulkanasche als Dünger ist ihre nachhaltige und umweltfreundliche Eigenschaft. Im Vergleich zu chemischen Düngemitteln belastet Vulkanasche die Umwelt weniger und trägt zur Erhaltung der Bodengesundheit bei.

Zudem ist Vulkanasche oft kostengünstiger als herkömmliche Düngemittel und kann somit eine wirtschaftlich attraktive Alternative darstellen.

Die Vorteile bei der Verwendung von Vulkanasche in der Landwirtschaft sind jedoch vielfältig. Sie enthält wichtige Nährstoffe wie Kalium, Phosphor und Magnesium, die das Wachstum von Pflanzen unterstützen und die Erträge steigern können. Zudem kann Vulkanasche den pH-Wert des Bodens regulieren und die Bodenstruktur verbessern, was zu einer besseren Wasserspeicherung und Drainage führt. Allerdings gibt es auch einige Nachteile bei der Verwendung von Vulkanasche als Dünger.

Zum einen kann es zu einer Überdüngung kommen, wenn diese nicht richtig dosiert wird, was zu einer Belastung des Bodens führen kann. Zudem sollte darauf geachtet werden, dass die Vulkanasche keine Schwermetalle oder andere schädliche Stoffe enthält, die sich negativ auf die Pflanzen auswirken könnten.

Es ist daher wichtig, die Qualität der Vulkanasche vor der Anwendung zu prüfen und diese nur in angemessenen Mengen zu verwenden, um die positiven Effekte zu maximieren und mögliche Risiken zu minimieren.

Die Mischung von Vulkanasche mit anderen Materialien ist ein wichtiger Aspekt bei der Verwendung dieses natürlichen Rohstoffs. Vulkanasche kann aufgrund ihrer mineralischen Zusammensetzung und feinen Körnung in verschiedenen Bereichen wie Landwirtschaft, Bauwesen und Umweltschutz eingesetzt werden.

Um die bestmöglichen Ergebnisse zu erzielen ist es entscheidend, das richtige Mischungsverhältnis zu finden.

In der Landwirtschaft wird Vulkanasche oft mit Kompost gemischt, um die Bodenqualität zu verbessern und die Nährstoffaufnahme der Pflanzen zu fördern.

Dieser natürliche Dünger wird gern genutzt, da dieser Reich an Mineralstoffen und Spurenelementen ist.

Die Mischung von Vulkanasche mit anderen Materialien kann nicht nur die Bodenfruchtbarkeit verbessern und das Pflanzenwachstum fördern, sondern stellt zugleich eine effiziente Ökologische und zugleich ökonomische Lösung dar.

Es wird empfohlen, Vulkanasche in einem Verhältnis von 5 bis 10 % mit Kompost oder organischem Dünger zu mischen, um somit eine optimale Wirkung zu erzielen.

Zusammenfassend lässt sich sagen, dass die Vulkanasche eine entscheidende Rolle bei der Entstehung und Entwicklung der Erde gespielt hat. Ihre Auswirkungen reichen von der Bildung der Atmosphäre bis hin zur Entstehung fruchtbarer Böden und haben somit maßgeblich zur Gestaltung unseres Planeten beigetragen.

Bei der Verwendung von Vulkanasche als Dünger in der Landwirtschaft gibt es viele Vorteile, jedoch sollte sie mit Bedacht und unter Berücksichtigung der genannten Nachteile eingesetzt werden, um eine nachhaltige und effektive Nutzung zu gewährleisten.

Kompost als komplexen Prozess

Der Gedanke, dass der Kompost einen Haufen von Abfall darstellt, ist nicht so einfach hinzunehmen, da die Bedeutung dessen viel Umfangreicher zu betrachten ist. Das Kompostieren ist ein tief greifender und komplexer Prozess im bestehenden Ökosystem, der von vielen Faktoren abhängig ist. Hierbei handelt es sich um einen natürlichen Kreislauf, bei dem organische Stoffe wie Pflanzenreste, Tierexkremente und andere Abfälle zu einem nährstoffreichen Bodenverbbesserungsmittel umgewandelt werden. Dieser Prozess beginnt mit der Zersetzung von organischen Materialien durch Mikroorganismen wie Bakterien, Pilze und Würmer. Diese Mikroorganismen zersetzen das Material in kleinere Moleküle wie Kohlenstoff, Stickstoff und Phosphor, welche dann von Pflanzen aufgenommen werden können.

Kompostieren ist jedoch nicht nur eine einfache Zersetzung von organischen Materialien, sondern es erfordert eine sorgfältige Kontrolle der Feuchtigkeit, Temperatur und Belüftung, um sicherzustellen, dass die Mikroorganismen optimal arbeiten können. Wenn diese Faktoren nicht richtig kontrolliert werden, kann der Kompostierungsprozess gestört werden und es können unerwünschte Gerüche oder Schädlinge auftreten. Darüber hinaus kann Kompostieren auch Auswirkungen auf die Umwelt haben. Durch die Reduzierung von Abfalldeponien wird weniger Methan freigesetzt, ein Treibhausgas, welches zur globalen Erwärmung beiträgt. Außerdem wird durch die Verwendung von Kompost als Dünger weniger synthetischer Dünger benötigt, was dazu beitragen kann, die Verschmutzung von Gewässern durch Nährstoffe zu reduzieren und somit auch diese sauber zu halten und die Fischbestände und deren Fluss Bewohnern wie z.b. Muscheln und Krebse, als auch die Ufer Flora zu schützen.

Insgesamt ist Kompostieren ein wichtiger ökologischer Prozess, welcher sich auf das gesamte Ökosystem auswirkt und der dazu beitragen kann, Abfälle zu reduzieren, die Umwelt zu schützen und nährstoffreichen Boden für Pflanzen zu schaffen, was der Tierwelt zugutekommt und sich dadurch auch die Population der Artenvielfalt fördert.

Dies erfordert jedoch eine sorgfältige Kontrolle und Aufmerksamkeit, um sicherzustellen, dass dies optimal verläuft.

Ökologischer Kreislauf

Die Kompostierung ist eine wichtige Methode, um organische Abfälle in nützlichen Humus umzuwandeln.

Doch wie wirkt sich diese Praxis auf den ökologischen Kreislauf aus?
Zunächst einmal trägt die Kompostierung dazu bei, dass weniger Abfall auf Deponien landet und somit die Umweltbelastung reduziert wird. Durch die Umwandlung von organischen Materialien in Humus wird auch der Boden verbessert, da dieser mit wichtigen Nährstoffen angereichert wird. Dies führt zu einem gesünderen Wachstum von Pflanzen und einer höheren Erntebilanz. Darüber hinaus kann durch die Verwendung von Kompost als Düngemittel der Einsatz von chemischen Düngemitteln reduziert werden, was wiederum zu einer geringeren Belastung des Bodens und des Grundwassers führt. Der Einsatz von Kompost kann auch dazu beitragen, den Kohlenstoffgehalt im Boden zu erhöhen, was zur Bekämpfung des Klimawandels beiträgt. Insgesamt hat die Kompostierung also positive Auswirkungen auf den ökologischen Kreislauf.

Sie trägt zur Reduzierung von Abfall und zur Verbesserung der Bodenqualität bei, was wiederum zu einer höheren Produktivität von Pflanzen und einer geringeren Belastung der Umwelt führt. Durch die Verwendung von Kompost als Düngemittel können somit auch chemische Düngemittel reduziert werden, was wiederum zu einer geringeren Belastung des Bodens, des Grundwassers und auch der im Boden lebenden Mikroorganismen führt, ist der Schutz dieser eine wichtige Aufgabe für ein funktionierendes Ökosystem und dessen Kreislauf in seiner Gesamtheit. Die Kompostierung ist somit eine wichtige Methode zur Förderung eines nachhaltigen ökologischen Kreislaufes.

Wichtigkeit von Kompost der Gesellschaft und deren Überleben

Die Bedeutung einer Kompostierung für die Gesellschaft, stellt einen wichtigen Prozess für dieser dar, vor allem bei Vorhandensein von kargen Böden, welche sehr geringe oder auch keine Erträge liefern, jedoch die Menschen davon Abhängig sind und dies eine existenzielle Überlebensfrage darstellt.

Da durch die Kompostierung organische Abfälle in wertvolle Nährstoffe umgewandelt werden, die den Boden fruchtbarer machen, das Pflanzenwachstum fördern und somit aus einer kargen Landschaft ein ertragreiches Gebiet zu gestalten. Dies fördert den Fortbestand der Gesellschaft und deren Entwicklung.

Gebiete die aufgrund von Trockenheit, Erosion oder einer Übernutzung bereits stark geschädigt sind, ist diese Maßnahme von außerordentlicher Bedeutung.

Daraus resultierend kann ein erfolgreicher Anbau von Nutzpflanzen und der Tierzucht ein wichtiger Impuls gegeben werden, wenn nicht sogar in manchen Gebieten der Erde als Existenziell anzusehen ist.

In vielen Ländern gibt es bereits Initiativen zur Förderung der Kompostierung, wie zum Beispiel Programme zur Sammlung von organischen Abfällen oder Schulungen für Landwirte zur Herstellung von Kompost. Diese Initiativen tragen nicht nur zur Verbesserung der Bodenqualität bei, sondern können auch dazu beitragen, Arbeitsplätze zu schaffen und die lokale Wirtschaft zu stärken.

Insgesamt ist die Kompostierung ein wichtiger Schritt hin zu einer nachhaltigen und umweltfreundlichen Gesellschaft. Durch die Nutzung von organischen Abfällen als eine wichtige Ressource, können wir nicht nur die Böden verbessern, sondern auch dazu beitragen, den Klimawandel zu bekämpfen und eine bessere Zukunft für kommende Generationen zu schaffen.

Voraussetzungen für einen erfolgreichen Kompost

Kompostieren stellt nicht nur eine großartige Möglichkeit dar, um organische Abfälle in nährstoffreichen Boden für den Garten oder die Pflanzen zu verwandeln, sondern ist auch ein wertvoller Bestandteil der Ökologie und der nachhaltigen Nutzung von Ressourcen zu dessen sinnvollen Nutzung dar. Ein erfolgreicher Kompostprozess erfordert jedoch einige wichtige Voraussetzungen.

Zunächst einmal ist es wichtig, dass der Komposthaufen ausreichend belüftet wird und stellt somit ein Kernthema bei der Kompostierung dar.

Dies kann durch regelmäßiges Umschichten des Materials erreicht werden, um sicherzustellen, dass Sauerstoff in den Haufen gelangt und die Bakterien im inneren Atmen, sich Vermehren und ihre Arbeit der Zersetzung durchführen können, was letztlich den Kompostier Prozess beschleunigt.

Ein weiterer wichtiger Faktor ist die Feuchtigkeit des Kompostes. Dieser sollte feucht genug sein, damit die Bakterien wachsen und arbeiten können, jedoch nicht zu nass, dass ein matschiges Material entsteht und zu unangenehmen Gerüchen führt. Es ist auch wichtig, dass der Komposthaufen ausgewogen ist, was bedeutet, dass eine Mischung aus grünen und braunen Materialien verwendet werden sollte. Grüne Materialien wie Gras– oder Küchenabfälle sind reich an Stickstoff und helfen dabei, dass Wachstum von Bakterien zu fördern. Braune Materialien wie Laub oder Zweige sind reich an Kohlenstoff und helfen dabei, den Komposthaufen strukturiert zu halten.

Schließlich ist es wichtig, dass der Komposthaufen vor Schädlingen geschützt wird. Die kann durch das Abdecken des Komposts mit einem Netz oder einer Plane erreicht werden. Es ist auch wichtig, kein Fleisch oder Milchprodukte in den Komposthaufen zu geben, da diese dazu führen können, dass Schädlinge wie Ratten oder Fliegen angezogen werden. Dies gilt als Grundsatz und sollte beachtet werden.

Zu den Sonderfällen und deren Umgang mit diesen Produkten werden zu einem späteren Zeitpunkt beschrieben und wird dazu auch näher eingegangen.

Zusammenfassend lässt sich sagen, dass ein erfolgreicher Komposthaufen ausreichend belüftet, feucht genug, ausgewogen und vor Schädlingen geschützt sein sollte. Wenn diese Voraussetzungen erfüllt sind, kann man sicher sein, dass der Komposthaufen in kürzester Zeit zu einem nährstoffreichen Boden für den Garten oder die Pflanzen wird.

Kompost ist nicht gleich Kompost

Kompost ist ein wichtiger Bestandteil für eine gesunde und nachhaltige Garten- und Landwirtschaft. Es ist jedoch wichtig zu beachten, dass nicht alle Komposte gleich sind. Die Qualität des Komposts hängt von vielen verschiedenen Faktoren ab, wie zum Beispiel der Zusammensetzung der Ausgangsmaterialien, der Art und Weise der Kompostierung sowie der Dauer und Temperatur des Kompostierungsprozesses. Hierbei spielt auch die Region eine wesentliche Rolle wo sich der Kompost befindet, welche durch verschiedene klimatischen Bedingungen geprägt sind. Auch die jeweilige Bodenstruktur verleiht den Pflanzen ihre eigene unverfälschte Struktur und somit auch deren Qualität bei der späteren Kompostierung.

Ebenfalls ist zu erwähnen, dass nicht jede Pflanze überall gedeihen kann, da diese spezifische Anforderungen besitzen. Es ist ebenfalls zu beachten, dass es in manchen Gebieten mehr Feuchtigkeit gibt als in anderen, also auch die klimatischen Bedingungen sind unterschiedlich geprägt. Diese und viel mehr Aspekte spielen bei der späteren Kompostierung eine entscheidende Rolle für das Kompostierungsergebnis und dessen Qualität für die Endnutzung im Garten oder in der Landwirtschaft.

All diese Faktoren machen die Pflanzen und den späteren Kompost so Einzigartig und unverwechselbar in seinen Bestandteilen.

Die Zusammensetzung der Ausgangsmaterialien ist ein entscheidender Faktor für die Qualität des Kompostes. Eine ausgewogene Mischung aus grünen (stickstoffreichen) und braunen (kohlenstoffreichen) Materialien ist ideal oder ein geschlossener Kompost für einen guten Kompost.

Zu viel von einem dieser Materialien kann zu einem ungleichmäßigen Abbau führen, was zu einem minderwertigen Kompost führen kann.

Die Art und Weise der Kompostierung spielt ebenfalls eine wichtige Rolle bei der Qualität des Kompostes. Ein offener Komposthaufen oder ein geschlossener Kompost oder auch Behälter kann einen wesentlichen Unterschied ausmachen. Ein offener Komposter ermöglicht eine bessere Belüftung und Feuchtigkeitsregulierung, während ein geschlossener Behälter den Abbau beschleunigen und Gerüche minimieren kann. Die Dauer und Temperatur des Kompostierungsprozesses sind ebenfalls wichtige Faktoren für die Qualität des Kompostes. Ein längerer Abbauzeitraum bei höheren Temperaturen führt zu einem vollständigen Abbau der Ausgangsmaterialien und somit zu einem reichhaltigeren, nährstoffreichen Kompost.

Zusammenfassend lässt sich sagen, dass es viele Faktoren gibt, welche die Qualität des Komposts beeinflussen. Eine ausgewogene Mischung aus grünen und braunen Materialien und eine geeignete Kompostierungsart und deren Dauer sowie eine angemessene Temperatur sind entscheidend für einen qualitativ hochwertigen Kompost. Es lohnt sich also, Zeit und Mühe in die Herstellung von gutem Kompost zu investieren, da dieser nicht nur den Boden verbessert, sondern auch dazu beiträgt, Abfall zu reduzieren und die Umwelt zu schützen.

Kompost – was ist dies eigentlich?

Kompost ist ein organisches Material, das durch den Abbau von pflanzlichen und tierischen Abfällen entsteht. Es handelt sich um einen natürlichen Dünger, der reich an Nährstoffen und Mikroorganismen ist und somit eine ideale Ergänzung für den Garten- oder des Landwirtschaftsbereiches darstellt.

Kompostieren ist ein Prozess, bei dem organische Abfälle wie Gemüsereste, Gras- und Blattreste sowie Stroh und Holz zu einem nährstoffreichen Bodenverbesserer verarbeitet wird.

Der Prozess der Kompostierung wird durch Mikroorganismen wie Bakterien, Pilze und Würmer in Gang gesetzt, welche die organischen Materialien zersetzen und in wertvolle Nährstoffe umwandeln. Kompost kann als Bodenverbesserer verwendet werden, um den Boden zu lockern und seine Struktur zu verbessern. Es fördert auch das Wachstum von Pflanzen und erhöht die Bodenfruchtbarkeit.

Kompostieren ist somit eine einfache Möglichkeit, Abfall zu reduzieren und gleichzeitig einen wertvollen Rohstoff für den Garten zu gewinnen.

Kompost ist nicht nur ein natürlicher Dünger, der aus organischen Abfällen hergestellt wird, sondern es ist eine Mischung aus zerkleinerten Pflanzenresten, Lebensmittelabfällen, Zweigen und entsprechendes Totholz und Tier Dung, welche unter kontrollierten Bedingungen abgebaut werden. Der Kompostierungsprozess fördert die Vermehrung von Mikroorganismen, die das Material zersetzen und in nährstoffreichen Boden umwandeln. Die Qualität des Kompostes hängt von der Zusammensetzung des Basismaterials ab. Eine gute Mischung aus Kohlenstoff- und Stickstoffquellen ist wichtig, um einen optimalen Abbau zu gewähren.

Quellen aus Kohlenstoff wie getrocknete Blätter, Stroh und Zweige sorgen für eine gute Struktur und entsprechender Belüftung, während Stickstoffquellen wie Gras- und Küchenabfälle das Wachstum von Mikroorganismen fördern. Kompost stellt somit auch eine nachhaltige Alternative zu chemischen Düngemitteln und trägt somit zur Reduzierung von Abfalldeponien bei. Der bei der Kompostierung entstandene Humus, welcher sehr hochwertig ist, kann in Gärten, auf Feldern und in Topfpflanzen verwendet werden, um somit das Wachstum von Pflanzen zu fördern und den Boden zu verbessern.

Von Abfall zu Nährstoffen – der Prozess der Humusbildung einfach erklärt

Humus ist ein wichtiger Bestandteil des Bodens, der aus organischen Materialien wie Bioabfall entsteht. Der Prozess der Humusbildung ist komplex und kann einige Zeit in Anspruch nehmen. Zunächst wird das organische Material von Mikroorganismen zersetzt, die es in kleinere Stücke zerlegen. Diese Stücke werden dann von anderen Mikroorganismen weiter abgebaut, bis sie zu einer Substanz namens Humus werden. Humus hat viele Vorteile für den Boden, denn er verbessert die Bodenstruktur, indem es Luft und Wasser besser durchlässt und somit das Wurzelwachstum fördert. Es erhöht auch die Fähigkeit des Bodens, Nährstoffe zu speichern und dieses Bedarfs gemäß abzugeben, was für das Pflanzenwachstum unerlässlich ist.

Um jedoch den Prozess der Humusbildung zu beschleunigen, können Kompostierung oder Mulchen verwendet werden. Beide Methoden sind effektiv bei der Umwandlung von Bioabfall in Humus.

Bei der Kompostierung wird organisches Material in einem Behälter gesammelt und regelmäßig gewendet, um eine gleichmäßige Zersetzung zu gewährleisten.

Mulch hingegen beinhaltet das Auftragen von organischen Materialien auf den Boden, wo sie langsam zersetzt werden. Humus ist ein wichtiger Bestandteil des Bodens und spielt eine entscheidende Rolle für das Pflanzenwachstum.

Doch wie entsteht eigentlich Humus?

Der Prozess der Humusbildung beginnt mit der Zersetzung von organischen Materialien wie Bioabfälle, Laub oder Gras, dabei werden die organischen Stoffe von Mikroorganismen zersetzt und in ihre Grundbausteine aufgespalten. Diese Bausteine werden dann von Bodenlebewesen wie Regenwürmern oder Asseln aufgenommen und weiterverarbeitet.

Im nächsten Schritt werden die Nährstoffe aus den organischen Materialien von den Pflanzen aufgenommen und in ihr Wachstum investiert. Dieser

Prozess wird auch als Mineralisierung bezeichnet. Durch diese Mineralisierung werden die Nährstoffe aus dem organischen Material freigesetzt und können von den Pflanzen aufgenommen werden.

Die verbleibenden organischen Reste bilden schließlich den Humus. Dieser ist ein dunkelbrauner bis schwarzer, lockerer und krümeliger Bodenbestandteil, der reich an Nährstoffen ist. Er verbessert letztlich die Bodenstruktur und sorgt dafür, dass der Boden besser Wasser speichern kann. Zudem bindet er Schadstoffe und erhöht im Wesentlichen die Bodenfruchtbarkeit. Insgesamt ist der Prozess der Humusbildung ein sehr komplexer Vorgang, der von vielen Faktoren wie Temperatur, Feuchtigkeit und pH-Wert beeinflusst wird. Doch durch eine gezielte Kompostierung von Bioabfällen können wir dazu beitragen, dass dieser Kompostierungsprozess effektiv abläuft und wir somit einen fruchtbaren Boden für unsere Pflanzen schaffen. Die Humusbildung stellt auch einen wichtigen Faktor für die Gesundheit des Bodens und somit das Wachstum der Pflanzen dar. Durch die Verwendung von Kompostierung oder Mulchen können wir diesen Prozess beschleunigen und unseren Gartenboden mit wertvollen Nährstoffen versorgen.

Abfälle als Goldgrube und wie Kompostieren uns und der Umwelt zugutekommt

Kompostieren ist eine einfache und effektive Methode, um Abfälle zu reduzieren und gleichzeitig die Umwelt zu schonen. Durch das Kompostieren von organischen Materialien, wie Obst- und Gemüseresten, Laub und Gras wird ein nährstoffreicher Bodenverbesserer hergestellt, der Pflanzen beim Wachsen hilft. Aber nicht nur das, denn Kompostieren hat auch viele weitere Vorteile für uns und die Umwelt. Zunächst einmal reduziert das Kompostieren von organischen Abfällen die Menge des Mülls, der auf Deponien landet. Dadurch werden Deponien entlastet und es wird weniger Methangas freigesetzt, das ein Treibhausgas ist und zur Erderwärmung beiträgt. Darüber hinaus kann Kompostierung auch dazu beitragen, dass weniger Düngemittel und Pestizide in die Umwelt gelangen. Denn wenn wir unseren eigenen Kompost verwenden, müssen wir weniger synthetische Düngemittel kaufen, die oft aus fossilen Brennstoffen hergestellt werden.

Da wir jedoch auf derartige Substanzen verzichten möchten und einen ökologischen und umweltbewussten Garten gestalten möchten, stellt dies keinerlei Alternative dar.

Ein ökologischer Gartenbau und auch Landwirtschaft birgt emenze Vorteile und bereichert unser Leben durch gesunde Ernährung, gesunden Boden als dessen Voraussetzung dafür als auch einen unschätzbaren Wert für die Flora und Fauna und des gesamten biologischen Lebens innerhalb des bestehenden Ökosegmentes.

Kompostieren kann auch dazu beitragen, dass wir uns mit der Natur Verbinden und dies verinnerlichen, indem wir unsere organischen Abfälle in unseren eigenen Gartenkompostbehälter verbringen, können wir sehen, wie sich diese Abfälle in fruchtbaren Boden verwandeln.

Wir können auch lernen, welche Materialien sich am besten zum Kompostieren eignen und wie man den Kompostprozess optimiert.

Schließlich kann Kompostieren auch dazu beitragen, dass wir uns gesünder ernähren. Wenn wir unseren eigenen Kompost verwenden, um unser Gemüse anzubauen, können wir sicher sein, dass unser Gemüse frei von synthetischen Düngemitteln und Pestiziden ist.

Außerdem enthält der Kompost viele Nährstoffe, die dem Boden fehlen und somit auch unseren Pflanzen.

Es gibt viele Vorteile, die für eine eigene Kompostierung sprechen und für die Umwelt einen wichtigen Indikator darstellen. Durch die Kompostierung von Küchenabfällen und Gartenabfällen im Besonderen, können wir unseren ökologischen Fußabdruck verringern, indem wir weniger Abfall auf Deponien produzieren.

Darüber hinaus kann das Kompostieren dazu beitragen, die Luft- und Wasserqualität zu verbessern, indem es den Bedarf an synthetischen Düngemitteln reduziert und somit die Verschmutzung von Böden und Gewässern verringert.

Kompostierung hat auch viele Vorteile für unsere Gärten und Pflanzen, da der Kompost wichtige Nährstoffe wie Stickstoff, Phosphor und Kalium enthält, die für das Pflanzenwachstum unerlässlich sind. Es verbessert die Bodenstruktur und deren Textur, was zu einer besseren Wasserspeicherung und Entwässerung führt.

Durch die Verwendung von Kompost als natürlichen Dünger können wir somit explizit auf den Einsatz von Chemikalien verzichten, welche unsere Umwelt nur unnötig belasten.

Darüber hinaus kann das Kompostieren auch dazu beitragen, den Kohlenstoff-Fußabdruck zu reduzieren. Wenn organische Abfälle auf Deponien landen, werden sie oft in einer anaeroben Umgebung abgebaut, was zur Freisetzung von Methan führt, einem Treibhausgas was 25-mal stärker ist als Kohlendioxid. Durch das Kompostieren von organischen Abfällen wird die Freisetzung von Methan reduziert und der Kohlenstoff wird in den Boden eingebunden, wo er als Nährstoff für Pflanzen genutzt werden kann.

Insgesamt gibt es viele Gründe, warum Kompostieren uns und der Umwelt zugutekommt. Es ist eine einfache Möglichkeit, unseren ökologischen Fußabdruck zu verringern und gleichzeitig unsere Verbindung zur Natur zu stärken.

Zusammenfassend lässt sich sagen, dass das Kompostieren eine einfache und effektive Möglichkeit ist, Abfall zu reduzieren und unsere Umwelt zu schützen. Es bietet viele Vorteile für unsere Gärten und Pflanzen, indem es ihnen wichtige Nährstoffe liefert und die Bodenstruktur verbessert.

Darüber hinaus kann es auch dazu beitragen, den Kohlenstoff-Fußabdruck zu reduzieren und die Luft- und Wasserqualität zu verbessern.

Wenn wir alle unseren Teil dazu beitragen, können wir einen positiven Einfluss auf unsere Umwelt haben und gleichzeitig nährstoffreichen Dünger für unsere Gärten produzieren.

Vom Müll zum Gold

Entdecken Sie die faszinierende Welt des Kompostierens im eigenen Garten.

In der heutigen Zeit, in der Nachhaltigkeit und Umweltschutz immer wichtiger werden, gibt es eine Möglichkeit, wie man aus Müll etwas Wertvolles machen kann. Denn was für den einen Müll ist, kann für den anderen zu wertvollen Dünger werden. Die Rede ist vom Kompost. Bei der Kompostierung können nicht nur organische Abfälle in nährstoffreichen Boden umgewandelt werden, durch diesen Prozess entsteht somit ein wertvoller Dünger, der den Boden mit wichtigen Nährstoffen versorgt und somit das Wachstum der Pflanzen fördert. Zudem ist Kompostieren eine nachhaltige Alternative zur Entsorgung von Abfällen und hilft dabei, die Umwelt zu schonen. Wer also seinen eigenen Komposthaufen anlegt, kann nicht nur Geld sparen, sondern auch einen wichtigen Beitrag zum Umweltschutz leisten.

Eine weitere Möglichkeit ist es, aus Müll wertvolle Ressourcen zu gewinnen. Auch das Sammeln von Regenwasser in Tonnen, Fässern oder Zisternen ist eine effektive Methode, um kostbares Trinkwasser zu sparen und den Garten trotzdem ausreichend zu bewässern.

Ein weiterer Ansatz ist das Upcycling von Gegenständen, die eigentlich in den Müll landen würden. Alte Paletten können beispielsweise zu Hochbeeten umfunktioniert werden, auch lassen sich tolle Gartendekorationen wie Blumenkästen oder Sitzgelegenheiten bauen.

Die Frage der Nachhaltigkeit wird nicht nur immer wichtiger, sondern eröffnet auch viele Möglichkeiten, wie man im eigenen Garten oder auf dem Balkon umweltbewusst handeln kann.

Ein Beispiel hierfür sind Pflanztöpfe aus alten Reifen, was nicht nur eine günstige Alternative zu herkömmlichen Töpfen, sondern sind auch sehr robust und langlebig. Alte Glasflaschen können als Vogeltränke oder Windlichter verwendet werden und verleihen dem Garten eine individuelle Note. Neben der kreativen Gestaltung des Gartens hat das Upcycling von Müll auch einen positiven Effekt auf die Umwelt. Es reduziert die Menge an Abfall und fördert die Wiederverwendung von bestehenden Materialien. Zudem kann es dazu beitragen, dass weniger Ressourcen für die Produktion neuer Gegenstände benötigt werden.

Dies stellt nicht nur eine nachhaltige Alternative dar, sondern auch eine kreative Möglichkeit, den eigenen Garten individuell zu gestalten. Durch die Wiederverwendung von Abfällen wird nicht nur der eigene ökologische Fußabdruck reduziert, sondern auch einen wertvollen Beitrag zum Umweltschutz geleistet. Alles in allem bietet das Upcycling von Müll im Garten also viele Vorteile, da es eine umweltfreundliche, kreative Lösung darstellt und dabei noch Geld spart, was anderweitig sinnvoll eingesetzt werden kann. Wenn Sie Lust auf eine nachhaltige Gestaltung Ihres bestehenden oder geplanten Gartens haben, sollten Sie sich unbedingt mit dieser Thematik und deren Möglichkeiten auseinandersetzen und Ihrer Kreativität freien Lauf lassen.

Besonders interessant ist auch das Konzept des Urban Mining, wo es darum geht, wertvolle Rohstoffe aus Elektroschrott zu gewinnen. So können beispielsweise Kupfer und Aluminium aus alten Elektrogeräten recycelt werden und für neue Projekte Verwendung finden.

Insgesamt gibt es also viele Möglichkeiten, aus Müll wertvolle Ressourcen für den Garten zu gewinnen und damit aktiv zum Umweltschutz beizutragen. Durch die Nutzung von Kompost, Regenwasser, und Upcycling wird ein wertvoller Beitrag zur Nachhaltigkeit geleistet und bietet sogleich die Möglichkeit effektiv Geld zu sparen.

Tipps zum Kompostieren

Kompostieren ist eine umweltfreundliche Methode, um organische Abfälle in nährstoffreichen Dünger umzuwandeln. Es ist eine einfache und kostengünstige Möglichkeit, Abfall zu reduzieren und gleichzeitig den Boden zu verbessern. Wenn Sie Ihr eigenes Gemüse anbauen oder einen Garten haben, ist Kompostieren ein Muss.

Aber wie macht man dies am besten?
Hier sind einige wertvolle Tipps aus fachmännischer Sicht:

Wählen Sie den richtigen Standort aus, der Komposthaufen sollte an einem Sonnigen, aber nicht zu heißen Ort stehen. Er sollte auch gut belüftet sein um den Abbau, organischen Materialien zu fördern.

Verwenden Sie einen Komposter oder Behälter nach Ihrer Wahl und Möglichkeiten der Ihren Platzansprüchen genügt.

Beginnen Sie mit einer Schicht von trockenem Material wie Laub, Geäst oder Stroh und Versetzen Sie dies mit einfacher Erde als Grundstock und geben Sie eine entsprechende, Starterkultur hinzu.

Verwenden Sie die richtigen Materialien, um einen guten Kompost zu bekommen, Sie sollten, eine Mischung aus grünen Materialien (Stickstoffreichen) und Material aus Braunen (Kohlenstoffreichen) verwenden. Grüne Materialien sind zum Beispiel Gras und Küchenabfälle, während braune Materialien Blätter und Zweige sind.

Sie sollten das Verhältnis von grünen und braunen Materialien beachten. Ein Verhältnis, von 2: 1 (braun zu grün) ist ideal für eine effektive Kompostierung.

Halten Sie den Komposthaufen angemessen feucht. Dieser sollte ständig feucht gehalten, aber nicht zu nass, da es sonst zu unangenehmen Gerüchen kommen kann. Eine gute Faustregel ist es, ihn alle paar Tage mit einer Gießkanne zu bewässern.

Wenden Sie den Komposthaufen regelmäßig, um somit den Abbau der organischen Materialien zu beschleunigen. Dies sollte alle paar Wochen mit einer Gabel oder einem, Kompostwender geschehen.

Vermeiden Sie Fleisch, Fisch oder Milchprodukte in Ihrem Komposthaufen, da es Tiere, wie Ratten oder Fliegen anziehen können und zudem unangenehme Gerüche verursacht.

Sie sollten auch kein Krankes oder mit Pestiziden behandeltes Pflanzenmaterial verwenden

Geben Sie keine kranken Pflanzen oder auch Unkrautsamen hinzu, welcher sich später, bei der Ausbringung des Kompostes als negativ erweisen würden.

Verwenden Sie keine, chemischen Düngemitteln in Ihrem Komposthaufen.

Vermeiden Sie das Hinzufügen von Hundekot oder Katzenstreu, da sie mit Keimen und Krankheitserregern behaftet sein können.

Sammeln Sie organische Materialien wie Obst- und Gemüseschalen, Kaffeesatz sowie Eierschalen und Gartenabfälle.

Fügen Sie gelegentlich Alterde von Beeten und Sträuchern hinzu, da diese wertvolle Mikroorganismen beinhalten und im laufenden Kompostierungsprozess weiter Veredelt werden und zu einem hervorragenden Humus beitragen. Zerkleinern Sie Ihre organischen Materialien, bevor Sie diese in den Komposthaufen hinzugeben, um den Abbau zu beschleunigen.
Fügen Sie trockene Materialien wie Blätter, Stroh oder zerkleinerte Zweige hinzu, um Feuchtigkeit aufzunehmen und den Luftstrom zu erhöhen.

Die Zugabe von einfacher Erde aus dem Baumarkt in Form einer Schichtung ist sehr nützlich, da hierbei wichtige und auch erforderliche Mikroorganismen beigefügt werden, was den Prozess der Zersetzung beschleunigt.

Ist der Kompost zu trocken, geben Sie Wasser hinzu, ist er jedoch zu nass, ist eine Zugabe von trockenen Materialien wie Stroh oder Holzasche z.b. erforderlich.

Stellen Sie sicher, dass der Komposthaufen ausreichend belüftet ist. Dies können Sie, durch Wenden oder gegebenenfalls durch Umsetzen des Kompostes erreichen.

Achten Sie auf eine kontinuierliche Schichtung der einzelnen Materialien und halten Sie das Verhältnis von grünem und braunen Material im Gleichgewicht.

Verwenden Sie entsprechend Ihren Bedürfnissen geeignete Zuschlagsstoffe, um somit die Qualität des Kompostes zu erhöhen.

Verwenden Sie ein Kompostthermometer, um sicherzustellen, dass Ihr Kompost die Richtige Temperatur erreicht, um die organischen Stoffe effektiv abzubauen.

Lassen Sie den Kompost vollständig reifen, bevor Sie ihn verwenden, damit er seine Vollständige Nährstoffkraft entfalten kann.

Haben Sie Geduld, da die Kompostierung einige Monate in Anspruch nimmt und von verschiedenen Faktoren abhängig ist. Diese Zeit wird Sie belohnen, mit einem guten und Qualitativen hochwertigen Dünger, welche die Pflanzen erblühen lässt und den Ernteertrag deutlich steigert.

Verwenden Sie den fertigen Kompost als Bodenverbesserer für Ihren Garten oder der Topfpflanzen im Garten oder auch für Zimmerpflanzen.

Vermeiden Sie es, den Kompost direkt auf Pflanzen zu legen, da er zu heiß sein kann und die Pflanzen verbrennen können. Bei Topfpflanzen im Wohnbereich ist jedoch, einiges zu beachten, was in einem gesonderten Kapitel behandelt wird. Durch die Einhaltung dieser Tipps können Sie sicherstellen, dass Ihr Komposthaufen effektiv arbeitet und Ihnen einen nährstoffreichen Dünger für Ihren Garten liefert.

Wichtige organische Verbindungen

Kompost ist eine Mischung aus organischen Materialien wie Gartenabfällen, Küchenabfällen und Tier Dung, die unter bestimmten Bedingungen abgebaut werden. Während des Abbauprozesses entstehen verschiedene organische Verbindungen wie Kohlenhydrate, Proteine, Fette und Huminsäuren. Diese Verbindungen sind für die Bodenfruchtbarkeit von entscheidender Bedeutung. Kohlenhydrate dienen als Energiequelle für Bodenmikroorganismen und fördern somit den Abbau von organischem Material im Boden. Proteine liefern Stickstoff, der für das Pflanzenwachstum unerlässlich ist.
Fette und Wachse tragen zur Bildung von Bodenstrukturen bei und verbessern die Wasserhaltekapazität des Bodens. Huminsäuren sind wichtige Bestandteile von Humus und verbessern die Bodenstruktur, erhöhen die Wasserspeicherkapazität und fördern das Wurzelwachstum von Pflanzen.
Zusammenfassend kann gesagt werden, dass der Kompost eine Vielzahl von organischen Verbindungen enthält, die für die Bodenfruchtbarkeit von entscheidender Bedeutung sind. Um ein tieferes Verständnis der einzelnen Säure arten herauszustellen, ist es wichtig etwas näher darauf einzugehen und deren Bedeutung aufzuzeigen.

Huminsäuren

Diese sind organische Verbindungen, die in Böden, Torfen und Gewässern vorkommen. Sie entstehen durch den Abbau von pflanzlichen und tierischen Materialien und sind somit ein wichtiger Bestandteil des natürlichen Kreislaufes. Huminsäuren sind sehr komplexe Moleküle, die aus verschiedenen Bausteinen wie Kohlenstoff, Wasserstoff, Sauerstoff und Stickstoff bestehen.

Sie gehören zur Gruppe der Huminstoffe und sind für die Fruchtbarkeit des Bodens von großer Bedeutung. Huminsäuren entstehen durch die Zersetzung von Pflanzenresten und werden durch Mikroorganismen gebildet. Sie haben eine dunkle Farbe und sind braun bis schwarz gefärbt und besitzen eine hohe Stabilität, wodurch sie im Boden lange Zeit erhalten bleiben. Weiterhin sind sie für ihre Fähigkeit bekannt, Nährstoffe und Wasser im Boden zu speichern und freizusetzen.

Huminsäuren haben auch positive Auswirkungen auf das Pflanzenwachstum, da sie die Bodenstruktur verbessern und die Verfügbarkeit von Nährstoffen erhöhen. Durch die Bindungsfähigkeit können sie Schwermetalle und andere Schadstoffe im Boden immobilisieren und somit deren Auswaschung in das Grundwasser verhindern.

Ein weiterer positiver Aspekt von Huminsäuren besteht darin, nicht nur die Bodenstruktur

Zu verbessern, indem sie ihn lockerer machen und somit das Wurzelwachstum fördern, sondern sie können Wasser und Nährstoffe speichern und diese langsam, je nach Pflanzenbedarf, diese abgeben. Durch ihre dunkle Färbung können sie zudem die Bodentemperatur erhöhen und somit das Wachstum der Pflanzen beschleunigen.

In der Medizin werden Huminsäuren aufgrund ihrer entzündungshemmenden Wirkung eingesetzt. Sie können auch bei der Behandlung von Hauterkrankungen wie Psoriasis oder Ekzemen helfen. Darüber hinaus werden

Huminsäuren auch in der Tierhaltung eingesetzt, um das Immunsystem von Nutztieren zu stärken und Krankheiten vorzubeugen.

Wie wirken sich Huminsäuren auf die Kompostierung aus?

Huminsäuren sind organische Verbindungen, die in der Natur weit verbreitet sind und aufgrund ihrer zahlreichen positiven Eigenschaften bei der Kompostierung eine wichtige Rolle spielen. Sie entstehen durch den Abbau von pflanzlichem Material und sind ein wesentlicher Bestandteil von Humus, der die Grundlage für fruchtbare Böden darstellt. Diese Huminsäuren fördern die Bildung von Bodenaggregaten und verbessern die Bodenstruktur erheblich, was wiederum, das Wachstum von Pflanzen begünstigt. Darüber hinaus tragen sie zur Stabilisierung des pH-Werts bei und erhöhen die Wasserhaltekapazität des Bodens. In Bezug auf die Kompostierung haben Huminsäuren ebenfalls positive Auswirkungen. Sie fördern den Abbau von organischem Material und beschleunigen somit den Prozess der Kompostierung. Durch ihre Fähigkeit, Nährstoffe zu binden und langsam freizusetzen, wird der Kompost zu einem wertvollen Dünger für Pflanzen. Zudem haben Huminsäuren eine antibakterielle Wirkung und können somit unerwünschte Keime im Kompost abtöten.
In der Kompostierung spielen Huminsäuren eine wichtige Rolle, da sie ein Indikator für den Reifegrad des Kompostes sind. Je höher der Gehalt an Huminsäuren im Kompost ist, desto reifer und damit nährstoffreicher ist er. Um den Gehalt an Huminsäuren zu erhöhen, kann man beispielsweise Kaffeesatz oder Holzasche zum Komposthaufen hinzufügen. Es ist jedoch wichtig zu beachten, dass die Menge an Huminsäuren im Kompost stark von der Art des Ausgangsmaterials abhängt. Je höher der Anteil an pflanzlichen Material, desto höher ist auch der Gehalt an Huminsäuren.

Auch der pH-Wert und die Feuchtigkeit spielen eine wesentliche Rolle bei der Bildung von Huminsäuren.

FAZIT

Kompost ist ein wertvolles Produkt, das aus der Zersetzung von organischen Abfällen entsteht. Diese Abfälle werden durch Säuren. Proteine, Enzyme und andere Mikroorganismen abgebaut und in nährstoffreiche Erde umgewandelt. Die Entwicklung des Kompostes ist einzigartig, da sie auf natürliche Weise stattfindet und eine Vielzahl von Faktoren beeinflusst wird.
Die Art der Abfälle, die Temperatur, die Feuchtigkeit und die Belüftung sind nur einige der Faktoren, die den Prozess beeinflussen können. Säuren spielen eine wichtige Rolle bei der Zersetzung von organischen Abfällen. Sie helfen dabei, die Struktur der Abfälle aufzubrechen und den Abbau zu beschleunigen. Proteine sind ebenfalls wichtig, da sie als Nahrungsquelle für Mikroorganismen dienen. Enzyme sind spezielle Proteine, die den Abbau von bestimmten Substanzen beschleunigen können.

Der Prozess der Kompostierung ist auch einzigartig, weil er verschiedene Arten von Mikroorganismen beinhaltet. Bakterien, Pilze und andere Organismen arbeiten zusammen, um die Abfälle abzubauen und in nährstoffreiche Erde umzuwandeln. Jeder Organismus hat seine eigene Rolle im Prozess und trägt zur Gesamtwirkung bei.

Die Huminsäuren sind ein wesentlicher Bestandteil des Ökosystems und haben zahlreiche positive Auswirkungen auf die Umwelt, der Landwirtschaft und des Gartenbaus, als auch auf die Gesundheit von Mensch und Tier. Durch den Einsatz von Kompost und somit auch von Huminsäuren, kann zudem ein Beitrag zur Reduzierung von Müll und zur Schonung der Umwelt geleistet werden.

Insgesamt ist die Entwicklung des Kompostes ein faszinierender Prozess, der auf natürliche Weise stattfindet und eine Vielzahl von Faktoren beeinflusst. Durch die Kombination von Säuren, Proteinen, Enzymen und Mikroorganismen, wird aus Abfällen wertvolle Erde geschaffen, die für den Anbau von Pflanzen genutzt werden kann und eine erhebliche Ertragssteigerung verzeichnet.

Gerbsäure

Die Kompostierung ist ein natürlicher Prozess, bei dem organische Materialien wie Gartenabfälle, Küchenabfälle oder Laub unter bestimmten Bedingungen abgebaut werden. Währen dieses Prozesses entstehen verschiedene Stoffe, darunter auch Gerbsäure. Diese ist eine organische Verbindung, die in vielen Pflanzen vorkommt und für ihre Bitterkeit verantwortlich ist. In der Kompostierung entsteht sie durch den Abbau von Tanninen, die in vielen Pflanzen enthalten sind.

Die Bildung von Gerbsäure hängt von verschiedenen Faktoren ab, wie zum Beispiel der Art und Menge des kompostierten Materials, der Feuchtigkeit und Temperatur des Kompostes sowie der Anwesenheit von Mikroorganismen. Wenn das Material zu trocken ist, kann es zu einer Hemmung der mikrobiellen Aktivität kommen, was die Bildung von Gerbsäure begünstigen kann. Auch eine zu hohe Temperatur im Kompost kann dazu führen, dass sich mehr Gerbsäure bildet.

Gerbsäure hat verschiedene Auswirkungen auf den Kompost und dessen Verwendung. Einerseits kann sie dazu beitragen, dass der Kompost stabiler wird und länger hält, jedoch andererseits kann zu viel Gerbsäure den pH-Wert des Kompostes senken und ihn sauer machen, was wiederum das Wachstum von Pflanzen beeinträchtigen kann. Um dies zu vermeiden, sollte man darauf achten, dass der Kompost ausgewogen ist und nicht zu viel Gerbsäure enthält.

Insgesamt ist die Bildung von Gerbsäure ein natürlicher und wichtiger Teil in der Kompostierung und deren Prozessabläufe. Durch eine ausgewogene Zusammensetzung des Materials und die richtigen Bedingungen kann man jedoch dafür sorgen, dass der Kompost nicht zu sauer wird und optimal genutzt werden kann.

Arten von Gerbsäure

Gerbsäure sind organische Verbindungen, die in vielen Pflanzen vorkommen. Sie dienen der Pflanze als Schutz vor Fressfeinden und Krankheiten. Die Gerbsäure haben eine adstringierende Wirkung, das bedeutet, sie verursachen ein Zusammenziehen von Geweben und können dadurch beispielsweise Blutungen stoppen. Es gibt verschiedene Arten von Gerbsäure, die sich in ihrer chemischen Struktur unterscheiden.

Zu den bekanntesten zählen Ellagsäure, Gallo säure, Tannin säure und Catechine. Ellagsäure kommt unter anderem in Walnüssen und Erdbeeren vor und wird auch in der Medizin eingesetzt. Gallo und Tannin säure finden sich in vielen Tee- und Kaffeesorten sowie in Wein und Bier. Catechine sind besonders reichlich in grünem Tee enthalten und werden für ihre antioxidative Wirkung geschätzt. Insgesamt gibt es zahlreiche weitere Gerbsäure, die in verschiedenen Pflanzen vorkommen und unterschiedliche Funktionen erfüllen.

Im nachfolgenden möchte ich auf einige dieser Säuren etwas näher eingehen, um die Wirkung im Kompost zu verdeutlichen.

Tannine

Tannine sind organische Verbindungen, die in vielen Pflanzen vorkommen und für ihre Gerbstoffe verantwortlich sind. In der Kompostierung spielen Tannine eine wichtige Rolle, da sie sowohl positive als auch negative Auswirkungen auf den Prozess haben können.

Einerseits können Tannine dazu beitragen, dass der Kompost schneller abgebaut wird, indem sie die Aktivität von Mikroorganismen fördern, jedoch andererseits können zu hohe Konzentrationen von Tanninen im Kompost zu einer Hemmung des Abbauprozesses führen.

Eine Möglichkeit, die negativen Auswirkungen von Tanninen auf die Kompostierung zu minimieren, besteht darin, den Kompost ausreichend zu belüften und zu wässern. Dadurch wird die Aktivität der Mikroorganismen erhöht und der Abbau von Tanninen beschleunigt.

Auch das Hinzufügen von Kalk oder Gesteinsmehl kann dazu beitragen, den pH-Wert des Kompostes zu erhöhen und somit den Abbau von Tanninen zu erleichtern.

Insgesamt ist es wichtig, bei der Kompostierung auf einen ausgewogenen Anteil von Tanninen im Material zu achten. Einige Pflanzenarten wie Eichenblätter oder Teeblätter enthalten besonders hohe Konzentrationen von Tanninen und sollten daher nur in begrenzten Maße in den Kompost gegeben werden. Durch eine sorgfältige Auswahl und Mischung der Materialien sowie einer regelmäßigen Kontrolle des pH-Werts und der Feuchtigkeit kann jedoch ein erfolgreicher Kompostierungsprozess erreicht werden.

Tannin säure

Tannin säure ist eine organische Verbindung, die in vielen Pflanzen vorkommt und für ihre adstringierende Wirkung bekannt ist. In der Kompostierung spielt Tannin säure eine wichtige Rolle, da sie das Wachstum von Mikroorganismen hemmen kann. Dies kann dazu führen, dass der Kompostprozess langsamer verläuft und der Kompost möglicherweise nicht so nährstoffreich ist wie er sein könnte.

Es gibt jedoch auch Vorteile der Tannin säure in der Kompostierung. Wenn sie in geringen Mengen vorhanden ist, kann sie dazu beitragen, den pH-Wert des Kompostes zu senken und ihn sauer machen. Dies kann dazu beitragen, dass bestimmte Nährstoffe besser verfügbar werden und das Wachstum von unerwünschten Pflanzen im Kompost verhindert wird. Es ist wichtig zu beachten, dass nicht alle Pflanzen gleich viel Tannin säure enthalten. Einige Pflanzen wie Eiche, Kiefer und Walnuss haben einen höheren Tanninsäuregehalt als andere. Wenn man also Pflanzenmaterial in den Kompost gibt, sollte man darauf achten, dass man nicht zu viel Material mit hohen Tanninsäuregehalt verwendet.

Insgesamt kann man sagen, dass Tannin säure in der Kompostierung sowohl positive als auch negative Auswirkungen haben kann. Es kommt darauf an, wie viel davon vorhanden ist und welche Pflanzenmaterialien man verwendet. Wenn man jedoch darauf achtet, den Kompost ausgewogen zu halten und ihn regelmäßig Wendet, sollte man im Regelfall keine größeren Probleme mit Tannin säure haben.

Gallussäure

Gallussäure ist eine organische Verbindung, die in vielen Pflanzen vorkommt und für ihre antioxidative Wirkung bekannt ist. In der Kompostierung spielt Gallussäure eine wichtige Rolle, da sie zur Stabilisierung des Kompostes beiträgt und somit den Abbau von organischen Materialien unterstützt. Gallussäure wird von Mikroorganismen im Kompost abgebaut und in Humus umgewandelt.

Dabei entstehen auch andere Verbindungen wie Tannine und Huminsäuren, die ebenfalls zur Stabilisierung des Kompostes beitragen.
Eine ausreichende Menge an Gallussäure im Kompost kann dazu beitragen, dass dieser schneller reift und somit schneller als Dünger verwendet werden kann. Es gibt jedoch auch Grenzen für den Gehalt an Gallussäure im Kompost, da ein zu hoher Gehalt an Tanninen und Huminsäuren zu einer Hemmung des Pflanzenwachstums führen kann. Es ist daher wichtig, den Gehalt an Gallussäure im Kompost zu überwachen und gegebenenfalls anzupassen, um einen optimalen Nährstoffgehalt für Pflanzen zu gewährleisten.

Ellagsäure

Ellagsäure ist eine organische Verbindung, die in vielen Pflanzen vorkommt und als Antioxidans bekannt ist. In der Kompostierung spielt sie eine wichtige Rolle bei der Zersetzung von pflanzlichem Material. Wenn Pflanzenreste wie Blätter, Stängel oder Gras in den Kompost gegeben werden, beginnen Mikroorganismen wie Bakterien und Pilze diese zu zersetzen. Hierbei wird auch Ellagsäure freigesetzt, die als Nahrung für die Mikroorganismen dient. Durch den Abbau von Ellagsäure wird Energie freigesetzt, welche den Zersetzungsprozess beschleunigt.

Darüber hinaus hat Ellagsäure auch eine positive Wirkung auf den pH-Wert des Kompostes. Sie kann dazu beitragen, dass der pH-Wert im optimalen Bereich bleibt, was wiederum das Wachstum der Mikroorganismen fördert und somit den Kompostierungsprozess beschleunigt.

Ein weiterer Vorteil von Ellagsäure in der Kompostierung ist ihre Fähigkeit, Schwermetalle zu binden. Wenn Pflanzenreste mit Schwermetallen wie Blei oder Cadmium belastet sind, wir dies jedoch nicht wissen, können diese durch den Abbau von Ellagsäure gebunden werden und somit aus dem Kompost entfernt werden.

Insgesamt wäre zu sagen, dass Ellagsäure ein wichtiger Bestandteil in der Kompostierung von pflanzlichem Material ist. Sie fördert den Zersetzungsprozess, hält den pH-Wert im optimalen Bereich und kann sogar dazu beitragen, Schwermetalle aus dem Kompost zu entfernen. Wenn Sie einen qualitativen Kompost erhalten möchten, sollten Sie darauf achten, dass er ausreichend Pflanzenreste enthält, die Ellagsäure aufweisen.

Blätter und Kompost

Kompostierung ist eine hervorragende Möglichkeit, organische Abfälle in nährstoffreichen Dünger umzuwandeln. Blätter sind eine häufige Zutat in vielen Komposthaufen, welche als optimale Beimischung zum Kompostgut hinzugefügt wird und dies den Prozess der Zersetzung wesentlich beeinflusst.

Wie wirken sich jedoch Blätter auf dem Kompost aus?

Blätter enthalten Kohlenstoff und sind daher eine wichtige Quelle für die C-Nährstoffe, die für das Wachstum von Mikroorganismen im Kompost benötigt werden. Sie können jedoch auch den Sauerstofffluss im Kompost verlangsamen und ihn zu einem anaeroben Zustand führen, der den Verrottungsprozess beeinträchtigen kann.

Um dies zu vermeiden, sollten Blätter zerkleinert werden, bevor sie in den Kompost gegeben werden. Dies erhöht die Oberfläche und erleichtert den Zugang von Mikroorganismen zum Kohlenstoff.

Es ist auch wichtig, eine ausgewogene Mischung aus grünen (stickstoffreichen) und braunen (kohlenstoffreichen) Materialien zu haben, um sicherzustellen, dass der Komposthaufen genügend Nährstoffe enthält. Insgesamt können Blätter eine wertvolle Ergänzung zu einem Kompost sein, solange sie richtig vorbereitet und in einer ausgewogenen Mischung verwendet werden.

Grüne Blätter

Bei der Kompostierung spielen grüne Blätter eine entscheidende Rolle dabei. Sie enthalten viele Nährstoffe wie Stickstoff und Phosphor, die für das Wachstum von Pflanzen essenziell sind. Wenn sie in den Komposthaufen gegeben werden, beschleunigen sie den Abbau von organischen Materialien und fördern das Wachstum von Mikroorganismen, die für die Zersetzung verantwortlich sind.

Grüne Blätter können jedoch auch negative Auswirkungen auf die Kompostierung haben, wenn sie in zu großen Mengen hinzugefügt werden. Wenn das Kohlenstoff-Stickstoff-Verhältnis im Kompost nicht ausgeglichen ist, kann dies zu einem langsamen oder unvollständigen Abbau führen.

Da grüne Blätter einen hohen Stickstoffgehalt besitzen, können sie das Verhältnis aus dem Gleichgewicht bringen, wenn sie in zu großen Mengen hinzugefügt werden. Um die Vorteile von grünen Blättern bei der Kompostierung zu maximieren, sollten sie in Maßen verwendet werden. Eine gute Faustregel ist ein Verhältnis von etwa 2 Teilen Kohlenstoff (Laub oder Stroh) zu 1 Teil Stickstoff (Grüne Blätter).

Es ist auch wichtig, den Kompost regelmäßig umzudrehen und feucht zu halten, um eine optimale Zersetzung zu gewährleisten.

Insgesamt sind grüne Blätter ein wertvolles Material für die Kompostierung, da sie viele Nährstoffe enthalten und den Abbau von organischen Materialien beschleunigen können.

Es ist jedoch wichtig, sie in Maßen zu verwenden und das Kohlenstoff-Stickstoff-Verhältnis im Komposthaufen auszugleichen, um somit eine optimale Zersetzung zu gewährleisten.

Braune Blätter

Die Kompostierung von organischen Materialien ist eine effektive Methode, um Abfall zu reduzieren und gleichzeitig wertvolle Nährstoffe für den Garten oder die Landwirtschaft zu gewinnen. Dabei spielen braune Blätter eine wichtige Rolle, da sie einen hohen Kohlenstoffanteil enthalten, der für die Stabilität des Kompostes von großer Bedeutung ist.

Wenn jedoch zu viele braune Blätter im Kompost landen, kann dies zu einem Ungleichgewicht im Verhältnis von Kohlenstoff zu Stickstoff führen, was die Zersetzung verlangsamen kann.

Um das optimale Verhältnis von Kohlenstoff zu Stickstoff im Kompost zu erreichen, wird empfohlen, ein Verhältnis von etwa 30 Teilen Kohlenstoff zu 1 Teil Stickstoff einzuhalten.

Braune Blätter sollten daher in Maßen verwendet werden und mit grünen Materialien wie Gras- oder Küchenabfällen gemischt werden, um das richtige Gleichgewicht zu erreichen.

Wenn der Kompost zu viel Kohlenstoff enthält, kann dies dazu führen, dass er nicht ausreichend erhitzt wird, um schädliche Bakterien abzutöten, was wiederum zu einer schlechten Qualität des fertigen Kompostes führen kann. Insgesamt sind braune Blätter ein wichtiger Bestandteil der Kompostierung und können dazu beitragen, den Boden mit wertvollen Nährstoffen anzureichern. Es ist jedoch wichtig, sie in Maßen zu verwenden und mit anderen bestehenden Materialien zu mischen, um ein optimales Verhältnis von Kohlenstoff zu Stickstoff im Kompost sicherzustellen. Hierbei, möchte ich auf das Kapitel zum C/N-Verhältnis aufmerksam machen, wo dies eingehend behandelt wird.

Einstellung zu den Ressourcen

Eine optimale Ressourcennutzung ist ein wichtiger Faktor für die Nachhaltigkeit unserer Gesellschaft. Um dies zu erreichen, müssen wir uns bewusst sein, dass Ressourcen begrenzt sind und wir sie daher effizient nutzen müssen. Diese Nutzung von Ressourcen setzt voraus, dass wir uns mit den Bedürfnissen der Gesellschaft auseinandersetzen und diese in Einklang mit den ökologischen und ökonomischen Bedingungen bringen.

Dazu gehören auch eine umfassende Analyse der vorhandenen Ressourcen und deren Nutzungspotential. Um eine optimale Nutzung der Ressourcen zu erreichen, müssen wir uns auf verschiedene Aspekte konzentrieren. Zum einen wollen wir uns auf die Reduzierung von Abfall und Emissionen konzentrieren, indem wir beispielsweise Recycling-Programme einführen oder erneuerbare Energie fördern. Zum anderen sollten wir uns auf die Verbesserung der Effizienz bei der Produktion und Nutzung von Ressourcen konzentrieren, indem wir beispielsweise energieeffiziente Technologien einsetzen oder Transportwege optimieren.

Durch eine optimale Nutzung der bestehenden Ressourcen kann dies auch ökonomisch sinnvoll sein. Durch die effektive Ressourcennutzung können Kosten gespart werden, was sich positiv auf die Wirtschaft auswirken kann. Zudem können innovative Technologien und Produkte entstehen, die neue

Märkte erschließen und somit das Wirtschaftswachstum fördern. Es ist wichtig, dass wir uns als Gesellschaft gemeinsam für eine optimale Nutzung der Ressourcen einsetzen. Regierungen können beispielsweise Anreize für Unternehmen schaffen, um nachhaltige Praktiken zu fördern.

Wie beeinflusst das Recycling die Kompostierung?

Das Recycling von Bioabfällen durch Kompostierung ist eine der einfachsten und effektivsten Möglichkeiten unseren Planeten zu schützen. Durch die Umwandlung von organischen Abfällen in nährstoffreichen Kompost, können wir nicht nur wertvolle Ressourcen zurückgewinnen, sondern auch den Kohlenstoffkreislauf unterstützen und den Einsatz von Düngemitteln reduzieren.

Der Kompost, welcher aus Bioabfällen hergestellt wird, enthält wichtige Nährstoffe wie Stickstoff, Phosphor und Kalium, die für das Wachstum von Pflanzen unerlässlich sind. Durch die Verwendung von Kompost als Dünger können wir den Bedarf an synthetischen Düngemitteln reduzieren, die oft mit negativen Auswirkungen für die Umwelt verbunden sind. Darüber hinaus trägt die Kompostierung von Bioabfällen zur Reduzierung von Methanemissionen bei, die ein starkes Treibhausgas sind. Wenn organische Abfälle auf Deponien landen, werden sie oft in einer anaeroben Umgebung abgebaut, was zur Freisetzung von Methan führt.

Durch die Kompostierung in einer aeroben Umgebung wird dieser Prozess unterbrochen und es entsteht stattdessen ein nährstoffreicher Kompost. Ein weiterer Vorteil der Kompostierung von Bioabfällen ist die Reduzierung des Müllvolumens auf Deponien. Indem wir organische Abfälle recyceln, reduzieren wir das Gesamtvolumen an Müll, welches sonst unkontrolliert auf Deponien landet. Dies kann dazu beitragen, die Lebensdauer von Deponien zu verlängern und den Bedarf an neuen Deponien zu reduzieren.

Insgesamt ist die Kompostierung von Bioabfällen eine einfache und effektive Möglichkeit, unseren Planeten zu schützen. Durch die Rückgewinnung wertvoller Ressourcen, die Reduzierung von Treibhausgasemissionen und die Reduzierung von Müllvolumen auf Deponien können wir einen positiven Beitrag und direkten Einfluss auf die Umwelt nehmen. Wir sollten also alle bestrebt sein, unsere organischen Abfälle zu recyceln und unseren Teil zur Schonung unseres Planeten beizutragen.

Kompostieren als Nachhaltigkeit und natürlichen Dünger

Kompostieren ist eine nachhaltige und ökologisch wertvolle Methode, um organische Abfälle in nährstoffreichen Dünger zu verwandeln. Es stellt eine einfache und kostengünstige Möglichkeit, den Abfall zu reduzieren und gleichzeitig die Umwelt zu schonen. Kompostierung ist ein natürlicher Prozess, bei dem Mikroorganismen und Regenwürmer organische Materialien wie Grünschnitt, Obst- und Gemüsereste sowie Laub und Zweige in wertvolle Nährstoffe umwandeln.

Der resultierende Kompost ist ein hervorragender Bodenverbesserer, der das Wachstum von Pflanzen fördert und den Boden mit wichtigen Nährstoffen versorgt. Dadurch kann die Landwirtschaft nachhaltiger gestaltet werden, da weniger synthetische Düngemittel benötigt werden. Auch im Gartenbau kann Kompost sehr effizient eingesetzt werden, um gesunde Pflanzen zu züchten. Die Verwendung von Kompost trägt somit zur Erhaltung der Umwelt bei und ist ein wichtiger Schritt zur Nachhaltigkeit. Durch die Kompostierung werden Nährstoffe und Kohlenstoff im Boden zurückgeführt, was letztlich zu einer Verbesserung der Bodenqualität führt. Eine gesunde Bodenstruktur ist notwendig für das Wachstum von Pflanzen und die Erhaltung der Artenvielfalt.

Durch den Einsatz von Kompost als Dünger können Pflanzen gesünder wachsen und widerstandsfähiger gegen Krankheiten und Schädlingen sein. Gleichzeitig wird durch den Einsatz von Kompost auch der Wasserbedarf reduziert, da der Boden besser in der Lage ist, Feuchtigkeit zu speichern und diese entsprechend den Bedarf an die Pflanzen abgegeben werden kann.

Durch die Zugabe von Kompost wird der Boden lockerer und poröser, was bedeutet, dass er mehr Wasser aufnehmen und speichern kann. Dies ist besonders wichtig in trockenen Regionen oder in Zeiten von Dürre. Kompost kann auf verschiedene Arten angewendet werden. Er kann direkt auf den Boden aufgetragen werden oder als Mulch eingesetzt werden, um Unkraut zu unterdrücken und die Feuchtigkeit im Boden zu halten. Auch kann Kompost als Tee zubereitet werden, indem er in Wasser eingeweicht wird, um eine Flüssigkeit zu erzeugen, die als Dünger auf Pflanzen gesprüht werden kann.

Der Kompost kann auch dazu beitragen, den pH-Wert des Bodens zu regulieren. Einige Pflanzen bevorzugen saure Böden, während andere alkalische Böden bevorzugen. Kompost kann helfen, den pH-Wert des Bodens zu stabilisieren und somit das Wachstum der Pflanzen zu fördern.

Insgesamt ist Kompost eine ausgezeichnete Wahl für Gärtner und Landwirte, die nach einer natürlichen und umweltfreundlichen Methode suchen, um ihre Pflanzen effektiv zu düngen. Durch die Verwendung von Kompost können Sie nicht nur gesunde Pflanzen anbauen, sondern auch dazu beitragen, die Umwelt zu schützen, die Artenvielfalt zu unterstützen und die Bodenstruktur und deren Qualität anzuheben. Ein weiterer wichtiger Vorteil von Kompost ist seine Fähigkeit, Kohlenstoff aus der Atmosphäre zu binden. Dies trägt zur Reduzierung des Treibhauseffekts bei und somit zur Bekämpfung des Klimawandels. Kompostierung kann auch dazu beitragen, die Luftverschmutzung zu reduzieren, da organische Abfälle nicht mehr verbrannt werden müssen.

Kompost ist auch ein wichtiger Bestandteil der Nachhaltigkeit. Durch dessen Herstellung können wir unsere Abhängigkeit von nicht erneuerbaren Ressourcen wie Erdöl verringern, da wir weniger synthetische Düngemittel benötigen. Darüber hinaus kann Kompost dazu beitragen, den Boden zu verbessern und somit den Ertrag von Nutzpflanzen zu steigern. Weiterhin fördert Kompost auch die biologische Vielfalt im Boden und bereichert diesen somit enorm. Er enthält viele Mikroorganismen, Pilze und Bakterien, die für eine gesunde Bodenstruktur und Pflanzenwachstum erforderlich sind. Durch die Zugabe von Kompost können auch schädliche Chemikalien im Boden abgebaut werden, was zu einer sauberen Umwelt beiträgt.

Insgesamt ist Kompost ein wichtiger Bestandteil der nachhaltigen Landwirtschaft und des ökologischen Gärtnerns. Es ist eine natürliche Ressource, die dazu beitragen kann, unsere Umwelt zu schützen und zu erhalten. Wenn wir alle unseren Teil dazu beitragen, indem wir unsere organischen Abfälle kompostieren, können wir einen positiven Beitrag zur Umwelt und deren Nachhaltigkeit leisten. Durch diese effektive Maßnahme wird der ökologische Fußabdruck erheblich gemindert. Ein weiterer positiver Effekt der Kompostierung auf den Deponieraum ist die Reduzierung von Gerüchen. Denn die organischen Abfälle können unangenehme Gerüche verursachen, wenn sie auf einer Deponie gelagert werden. Durch die Kompostierung werden dies Abfälle jedoch schnell abgebaut und es entstehen weniger Gerüche. Kompostierung ist auch eine nachhaltige Alternative zu chemischen Düngemitteln, da diese zum einen sehr teuer sind und auch schädlich für die Umwelt sein, da sie das Grundwasser verschmutzen können. Durch das Verwenden von Kompost als Dünger wird der Bedarf an chemischen Düngemitteln reduziert und somit wird auch die Umweltbelastung reduziert.
Zusammenfassend lässt sich sagen, dass Kompostieren eine nachhaltige Methode darstellt, um organische Abfälle zu reduzieren und gleichzeitig wertvolle Nährstoffe für den Boden zu produzieren. Es ist eine einfache und kostengünstige Möglichkeit, die Umweltbelastung zu reduzieren und Ressourcen zu schonen. Durch das Kompostieren wird auch die Menge an Abfall reduziert, welche sonst auf Deponien landen würden und was wiederum zur Verringerung der Freisetzung von Methangas beiträgt. Durch eine gezielte Kompostierung stellt diese eine echte Alternative zu chemischen Düngemitteln dar und ist ein wichtiger Schritt in Richtung einer nachhaltigen Zukunft.

Gesellschaft und Kompost

Gesellschaft, Gesundheit und Kompost scheinen auf den ersten Blick nicht viel miteinander zu tun zu haben. Doch bei genauerer Betrachtung wird schnell klar, dass sie eng miteinander verknüpft sind. Die Art und Weise, wie wir als Gesellschaft mit unserer Umwelt umgehen, hat einen direkten Einfluss auf unsere Gesundheit. Und der Kompost kann dabei eine wichtige Rolle spielen. Denn Kompostieren bedeutet nicht nur Abfall zu reduzieren und Ressourcen zu schonen, sondern es ist auch ein wichtiger Beitrag zur Bodengesundheit und damit letztendlich zur Erhaltung unserer eigenen Gesundheit. Eine wichtige Grundlage für gesunde Lebensmittel und damit auch für unsere körperliche Gesundheit stellen gesunde Böden dar.

Doch nicht nur dies ist ein wesentlicher Aspekt, auch die psychische Gesundheit kann durch das Kompostieren gefördert werden. Denn es bietet eine Möglichkeit, sich aktiv mit der Natur auseinanderzusetzen und Verantwortung für die eigene Umwelt zu übernehmen. Das kann ein Gefühl von Sinnhaftigkeit und Zufriedenheit vermitteln, was in unserer hektischen und oft entfremdenden Gesellschaft immer wichtiger wird. Die Rolle von Kompost in der Gesellschaft geht jedoch weit über die Landwirtschaft hinaus. Die Kompostierung von Lebensmittelabfällen kann erheblich dazu beitragen, die Abfallmengen zu reduzieren und somit die Deponien zu entlasten. Kompost hat auch soziale Auswirkungen. Die Kompostierung von Lebensmittelabfällen kann dazu beitragen, die Ernährungssicherheit in Gemeinden zu verbessern, indem sie als Quelle für frisches Gemüse und Obst verwendet werden. Die Schaffung von Gemeinschaftsgärten und die Verwendung von Kompost als Dünger können auch dazu beitragen, die Zusammenarbeit in Gemeinden zu fördern und das Bewusstsein für Umweltfragen zu stärken.

Insgesamt zeigt sich ein enger Zusammenhang zwischen Gesellschaft, Gesundheit und Kompost. Indem wir uns bewusst mit unserer Umwelt auseinandersetzen und Verantwortung übernehmen, können wir nicht nur die Umwelt schützen, sondern auch unsere eigene Gesundheit fördern, dies sowohl körperlich als auch psychisch. Die Rolle von Kompost auf die Gesellschaft und das Ökosystem hat somit positive Auswirkungen. Es kann dazu beitragen, die Umweltbelastung zu reduzieren, die Ernährungssicherheit zu verbessern und die Zusammenarbeit in den Gemeinden zu fördern. Es ist wichtig, dass die Kompostierung von organischen Materialien gefördert wird, um diese Vorteile zu nutzen und eine nachhaltige Zukunft zu schaffen.

Auswirkungen auf das Ökosystem

Die Kompostierung ist ein wichtiger Prozess in der Abfallwirtschaft und hat auch Auswirkungen auf das Ökosystem. Durch die Kompostierung wird organisches Material wie Gartenabfälle, Lebensmittelreste oder Tierexkremente und Laub zu einem nährstoffreichen Bodenverbesserer umgewandelt. Dieser Kompost kann dann als Dünger in der Landwirtschaft oder im Gartenbau eingesetzt werden. Die Auswirkungen der Kompostierung auf das Ökosystem sind vielfältig. Einerseits trägt sie zur Reduzierung von Abfall bei und verhindert somit die Entstehung von Deponien, die wiederum negative Auswirkungen auf das Ökosystem haben können.
Andererseits kann die Kompostierung auch dazu beitragen, den Boden zu verbessern und somit das Wachstum von Pflanzen zu fördern.
Durch die Zugabe von Kompost können Nährstoffe wie Stickstoff, Phosphor und Kalium in den Boden gebracht werden, die für das Wachstum von Pflanzen notwendig sind. Gleichzeitig wird der Boden durch den Kompost lockerer und kann mehr Wasser speichern, was wiederum zur Verbesserung des Bodenklimas beiträgt. Allerdings gibt es auch potenzielle negative Auswirkungen der Kompostierung auf das Ökosystem. Wenn beispielsweise kontaminierte Materialien wie behandeltes Holz in den Kompost gelangen, können sie Schadstoffe freisetzen und somit das Ökosystem belasten. Auch eine unsachgemäße Lagerung des Komposts kann dazu führen, dass unerwünschte Stoffe in die Umwelt gelangen.

Insgesamt kann man jedoch sagen, dass die Kompostierung eine positive Auswirkung auf das Ökosystem hat, wenn sie ordnungsgemäß durchgeführt wird. Sie trägt zur Reduzierung von Abfall bei, verbessert den Boden und fördert das Wachstum der Pflanzen. Es ist jedoch wichtig darauf zu achten, dass nur unbedenkliche Materialien in den Kompost gelangen und dass der Kompost sachgemäß gelagert wird, um negative Auswirkungen auf das Ökosystem zu vermeiden.

Nährstoffgehalt von Kompost

Die Zusammensetzung von Kompost variiert je nach den verwendeten Materialien und der Art des Kompostierungsprozesses. Im Allgemein besteht Kompost aus Kohlenstoff- und Stickstoffverbindungen sowie Mineralien und Spurenelementen. Kohlenstoffreiche Materialien wie Laub, Stroh und Zweige bilden die Grundlage für Kompost.

Diese Materialien sind wichtig, um eine gute Belüftung zu gewährleisten und den Verrottungsprozess zu fördern. Stickstoffreiche Materialien wie Gras, Küchenabfälle und Tiermist sind ebenfalls wichtig, da sie das Wachstum von Mikroorganismen fördern, die den Kompost abbauen. Während des Kompostier Prozesses werden diese Materialien von Bakterien, Pilzen und anderen Mikroorganismen abgebaut. Dieser Abbau führt zur Freisetzung von Nährstoffen wie Stickstoff, Phosphor und Kalium, die für das Pflanzenwachstum unerlässlich sind. Andere wichtige Nährstoffe im Kompost sind Calcium, Magnesium und Schwefel. Es ist jedoch wichtig zu beachten, dass der Nährstoffgehalt von Kompost davon abhängt, welche Materialien verwendet wurden und wie lange der Kompostierungsprozess dauert.

Ein gut durchgeführter Kompostprozess kann dazu beitragen, dass der Nährstoffgehalt des Komposts maximiert wird. Die Menge dieser Nährstoffe hängt von verschiedenen Faktoren ab, wie zum Beispiel der Art der verwendeten Materialien, der Länge des Kompostierungsprozesses und der Art der Kompostierung. Zum Beispiel kann die Verwendung von grünen Pflanzenabfällen wie Gras oder Blättern dazu führen, dass der Kompost einen höheren Stickstoffgehalt aufweist. Tierische Abfälle wie Hühnermist können den Phosphorgehalt erhöhen. Ein weiterer wichtiger Faktor bei der Zusammensetzung von Kompost ist das Kohlenstoff-Stickstoff-Verhältnis. Ein ideales C/N –Verhältnis für Kompost liegt zwischen(25:1) und, (30: 1). Ein zu hoher Kohlenstoffanteil kann dazu führen, dass der Kompost langsamer zersetzt wird und weniger Nährstoffe erhält. Ein zu hoher Stickstoffanteil kann dazu führen, dass der Kompost zu schnell zersetzt wird und unangenehm riecht. Hier verweise ich auf das Kapitel zum C/N-Verhältnis, wo dieser Aspekt intensiv behandelt wird.

Insgesamt stellt Kompost eine ausgezeichnete Quelle für Nährstoffe und Pflanzen dar. Es ist jedoch wichtig, den Nährstoffgehalt des Komposts zu verstehen, um sicherzustellen, dass er den Bedürfnissen der Pflanzen entspricht, die damit gedüngt werden sollen.

Literaturhinweise

Ökologie im Garten und des Ökosystems im Besonderen ist ein Thema, welches immer mehr an Bedeutung gewinnt. Immer mehr Menschen möchten ihren Garten ökologisch gestalten und somit einen Beitrag zum Umweltschutz leisten. Dabei geht es nicht nur um den Anbau von Obst und Gemüse ohne chemische Pestizide und Düngemitteln, sondern auch um die Schaffung eines naturnahen Lebensraumes für Tiere und Pflanzen. Es gibt eine Vielzahl von Büchern, die sich mit diesem Thema beschäftigen und dem Leser wertvolle Tipps und Anregungen geben.
Im nachfolgenden erscheint mir eine Auswahl an Literatur an Sie zu vermitteln als sehr wichtig, damit Sie gegebenenfalls auf weitere Aspekte zu dieser Thematik erweiterte Impulse erhalten können.
Ein empfehlenswertes Buch ist (Naturnah gärtnern: Schritt für Schritt zum ökologischen Garten) von Brigitte Goss. Das Buch bietet eine Fülle von Informationen zu verschiedenen Themen wie Bodenpflege, Pflanzenauswahl und Pflege sowie zur Schädlingsbekämpfung auf natürliche Weise. Es

zeigt auf wie man einen Garten schaffen kann, der nicht nur schön anzusehen ist, sondern auch einen Beitrag zum Erhalt der Artenvielfalt leistet.

Ein weiteres Buch, das sich mit dem Thema Ökosystem im Garten beschäftigt, ist (Lebendige Gärten: Wie man ein Paradies für Mensch und Tiere schafft) von Norbert Grieblinger. Das Buch gibt zahlreiche Anregungen zur Gestaltung eines naturnahen Gartens und zeigt auf, wie man durch gezielte Maßnahmen die Artenvielfalt fördern kann. Es geht dabei nicht nur um die Auswahl der richtigen Pflanzen, sondern auch um die Schaffung von Nist- und Rückzugsmöglichkeiten für Tiere. Ein weiteres empfehlenswertes Buch ist (Der Naturgarten: Ein praktischer Ratgeber) von Peter Janke. Das Buch gibt einen umfassenden Überblick über die Gestaltung eines naturnahen Gartens und zeigt auf, wie man durch gezielte Maßnahmen die Artenvielfalt fördern kann. Es geht dabei nicht nur um die Auswahl der richtigen Pflanzen, sondern auch um die Schaffung von Nist- und Rückzugsmöglichkeiten für Tiere.
Insgesamt gibt es eine Vielzahl von Büchern, die sich mit dem Thema Ökologie im Garten und des Ökosystems im besonderen Beschäftigen. Sie bieten wertvolle Tipps und Anregungen zur Gestaltung eines naturnahen Gartens und zeigen auf, wie man durch gezielte Maßnahmen einen Beitrag zum Umweltschutz leisten kann. Wer seinen Garten ökologisch gestalten möchte, sollte sich unbedingt mit diesem Thema auseinandersetzen und sich von den zahlreichen Büchern inspirieren lassen.

Reduktion des Einsatzes von synthetischen Düngemitteln

Die Verwendung von synthetischen Düngemitteln hat in der modernen Landwirtschaft eine entscheidende Rolle gespielt, um die Erträge zu steigern und den Nahrungsmittelbedarf der wachsenden Weltbevölkerung zu decken.

Allerdings gibt es auch Bedenken hinsichtlich der Auswirkungen auf die Umwelt und die Gesundheit von Mensch und Tier. Eine Reduktion des Einsatzes von synthetischen Düngemitteln könnte daher positive Auswirkungen haben. Eine mögliche Folge einer solchen Reduktion wäre eine verbesserte Bodenqualität. Synthetische Düngemittel können dazu führen, dass sich bestimmte Nährstoffe im Boden ansammeln, während andere Mangelware werden. Dies kann langfristig zu einer Versauerung des Bodens führen, was wiederum das Pflanzenwachstum negativ beeinflusst.

Eine Reduktion des Einsatzes von synthetischen Düngemitteln könnte dazu beitragen, dass sich der Boden wieder erholen kann und seine natürliche Fruchtbarkeit zurückgewinnt. Darüber hinaus könnten weniger synthetische Düngemittel auch dazu beitragen, die Wasserqualität in Flüssen und Seen zu verbessern. Wenn überschüssige Nährstoffe aus den Feldern in das Wasser gelangen, kann dies zu einem übermäßigen Wachstum von Algen führen, was wiederum den Sauerstoffgehalt im Wasser reduziert und somit Fischsterben verursachen kann. Eine Reduktion des Einsatzes von synthetischen Düngemitteln könnte auch dazu beitragen, dass weniger Nährstoffe in das Wasser gelangen und somit die Wasserqualität verbessern.

Schließlich könnten weniger synthetische Düngemittel auch Auswirkungen auf die Gesundheit von Mensch und Tier haben. Einige Studien haben gezeigt, dass der Einsatz von synthetischen Düngemitteln zu einer höheren Belastung mit Schwermetallen im Boden führen kann, was wiederum zu einer höheren Belastung von Lebensmitteln mit Schwermetallen führt. Eine Reduktion des Einsatzes von synthetischen Düngemitteln könnte dazu beitragen, dass die Belastung mit Schwermetallen und somit die Gesundheit von Mensch und Tier geschützt wird.

Insgesamt gibt es viele mögliche positive Auswirkungen einer Reduktion des Einsatzes von synthetischen Düngemitteln. Allerdings ist es wichtig zu betonen, dass eine solche Reduktion nicht einfach umzusetzen ist und auch negative Auswirkungen haben kann, wenn sie nicht sorgfältig geplant und umgesetzt wird. Es ist daher wichtig, dass Landwirte, Wissenschaftler und

Regierungen zusammenarbeiten, um nachhaltige Lösungen zu finden, die sowohl die Erträge als auch die Umwelt schützen.

Doch was sind eigentlich synthetische Düngemittel mit ihren Vorteilen und Nachteilen?

Synthetische Düngemittel sind eine wichtige Komponente in der modernen Landwirtschaft. Sie dienen dazu, den Boden mit Nährstoffen zu versorgen und somit das Wachstum von Pflanzen zu fördern. Die Zusammensetzung von synthetischen Düngemitteln variiert je nach Art und Hersteller. Einige der häufigsten synthetischen Düngemittel sind Ammoniumnitrat, Harnstoff, Kaliumchlorid und Phosphat. Ammoniumnitrat wird aus Ammoniak und Salpetersäure hergestellt und enthält Stickstoff und Sauerstoff. Harnstoff ist ein Stickstoffdünger, der aus Kohlendioxid und Ammoniak hergestellt wird. Kaliumchlorid ist ein Kalium Dünger, der aus Chlorid und Kalium hergestellt wird.

Phosphatdünger wird aus Phosphorsäure hergestellt und enthalten Phosphor. Es gibt jedoch auch spezielle Düngemittel für bestimmte Pflanzenarten wie beispielsweise Tomaten oder Rosen. Die Zusammensetzung dieser Düngemittel ist auf die spezifischen Bedürfnisse der jeweiligen Pflanzen abgestimmt.

Es ist wichtig zu beachten, dass synthetische Düngemittel zwar eine schnelle Wirkung haben können, aber auch negative Auswirkungen auf die Umwelt produzieren, vor allem bei unsachgemäßer Verarbeitung in Gebieten der Landwirtschaft. Ein übermäßiger Einsatz kann zu Bodenverschmutzung und Eutrophierung von Gewässern führen. Es ist daher wichtig, synthetische Düngemittel sorgfältig und in angemessenen Mengen einzusetzen und zu kontrollieren.

Zusammenfassend wäre zu sagen, dass diese Düngemittel eine wichtige Komponente in der modernen Landwirtschaft darstellen und sie helfen dabei, den Ertrag zu steigern und die Qualität der Ernte zu verbessern.

Die Zusammensetzung von synthetischen Düngemitteln ist jedoch sehr komplex und variiert je nach Hersteller und Verwendungszweck. Im Allgemeinen bestehen synthetischen Düngemittel aus drei Hauptkomponenten, aus Stickstoff, Phosphor und Kalium.

Schauen wir uns diese drei Komponenten etwas näher an.

Stickstoff ist ein wichtiger Bestandteil von Proteinen, Enzymen und Nukleinsäuren in Pflanzen. Es fördert das Wachstum von Blättern und Stängel sowie die Bildung von Chlorophyll und erhöht die Produktivität. Synthetische Düngemittel, die Stickstoff enthalten, können aus Ammoniak, Harnstoff oder Nitrat hergestellt werden.
Der größte Anteil in synthetischen Düngemitteln ist Stickstoff, der für das Wachstum und die Entwicklung von Pflanzen unerlässlich ist. Ammoniumnitrat und Harnstoff sind die beiden häufigsten Stickstoffquellen in synthetischen Düngemitteln. Ammoniumnitrat besteht aus 34 % Stickstoff und 66 % Salpetersäure, während Harnstoff 46 % Stickstoff enthält.

Phosphor ist ebenfalls ein wichtiger Bestandteil von Proteinen und Enzymen in Pflanzen als auch von DNA und RNA in diesen. Es fördert das Wurzelwachstum und verbessert die Fruchtbarkeit des Bodens und hilft bei der Übertragung von Energie innerhalb der Pflanze. Synthetische Düngemittel, die Phosphor enthalten, können aus Phosphatgestein hergestellt werden. Phosphatdünger sind die häufigste Quelle für Phosphor in synthetischen Düngemitteln. Superphosphat enthält etwa 16 – 20 % Phosphor, während dreifach-Superphosphat bis zu 46 % Phosphor enthalten kann.

Kalium ist wichtig für den Wasserhaushalt von Pflanzen und hilft ihnen, Stresssituationen wie Trockenheit oder Kälte besser zu überstehen und hilft bei der Bildung von Blüten und Früchten. Synthetische Düngemittel enthalten in der Regel Kaliumchlorid oder Kaliumsulfat, um somit Kalium bereitzustellen. Düngemittel, die Kalium enthalten, können aus Kalisalzen hergestellt werden. Kaliumsulfat und Kaliumchlorid sind die beiden häufigsten Quellen für Kalium in synthetischen Düngemitteln. Kaliumsulfat enthält etwa 50 % Kalium, während Kaliumchlorid bis zu 60 % Kalium enthalten kann.

Die prozentualen Anteile dieser drei Hauptkomponenten variieren je nach Verwendungszweck des Düngemittels. Zum Beispiel wird ein Düngemittel mit einem höheren Stickstoffanteil für Pflanzen verwendet, die viel Blattmasse produzieren, wie Gras oder Blattgemüse. Ein Düngemittel mit einem höheren Phosphoranteil wird für Pflanzen verwendet, die eine starke Wurzelbildung benötigen, wie Kartoffeln oder Karotten.
Ein Düngemittel mit einem höheren Kaliumanteil wird für Pflanzen verwendet, die eine hohe Frucht- und Blütenbildung aufweisen, wie Tomaten oder Rosen.
Neben den drei Hauptnährstoffen können synthetische Düngemittel auch andere Elemente wie Schwefel, Magnesium oder Calcium enthalten. Diese Elemente sind ebenfalls wichtig für das Wachstum von Pflanzen und können in unterschiedlichen Mengen in den Düngemitteln enthalten sein. Die genaue Zusammensetzung von synthetischen Düngemitteln hängt jedoch von vielen Faktoren ab, einschließlich der Art der Pflanzen, des Bodentyps und der spezifischen Anforderungen des Landwirts.
Es ist jedoch wichtig zu beachten, dass synthetische Düngemittel auch negative Auswirkungen auf die Umwelt haben können, wenn sie nicht richtig angewendet werden.
Eine Überdüngung kann zu Bodenverschmutzung und anderen Umweltproblemen führen. Daher ist es wichtig, diese Düngemittel nur in der empfohlenen Menge und auf eine verantwortungsvolle Weise zu verwenden.
Insgesamt ist die Zusammensetzung von synthetischen Düngemitteln ein komplexes Thema, welches von vielen Faktoren abhängt. Es ist jedoch wichtig zu verstehen, welche Hauptkomponenten in einem Düngemittel enthalten sind und wie sie sich auf das Wachstum und die Entwicklung von Pflanzen auswirken. Eine der Hauptvorteile von synthetischen Düngemitteln

ist, dass sie eine schnelle und effektive Quelle für Stickstoff, Phosphor und Kalium bieten. Diese Nährstoffe sind entscheidend für das Wachstum von Pflanzen und können dazu beitragen, dass sie größer, stärker und widerstandsfähiger gegen Krankheiten und Schädlinge werden.

Darüber hinaus können synthetische Düngemittel dazu beitragen, den Boden pH-Wert zu regulieren, was ebenfalls das Wachstum von Pflanzen fördert.

Allerdings gibt es auch Nachteile bei der Verwendung von synthetischen Düngemitteln. Eine übermäßige Anwendung kann dazu führen, dass sich bestimmte Nährstoffe im Boden ansammeln und schließlich toxische Konzentrationen erreichen. Dies kann das Wachstum von Pflanzen hemmen und sogar zu Schäden führen. Darüber hinaus können synthetische Düngemittel dazu beitragen, den pH-Wert des Bodens zu verändern, was wiederum das Wachstum von bestimmten Pflanzenarten beeinträchtigen kann.

Insgesamt ist die Wirkung von synthetischen Düngemitteln auf Pflanzen sehr komplex und hängt von vielen Faktoren ab, wie zum Beispiel der Art des Düngemittels, der Bodenbeschaffenheit und der Anwendungsmenge. Es ist wichtig, die Verwendung von synthetischen Düngemitteln sorgfältig zu planen und zu überwachen, um sicherzustellen, dass sie die gewünschten Ergebnisse liefern, ohne negative Auswirkungen auf die Umwelt und die Gesundheit von Pflanzen zu haben.

Fazit

Synthetische Düngemittel sind seit Jahrzehnten ein wichtiger Bestandteil der modernen Landwirtschaft. Sie werden verwendet, um Pflanzen mit den notwendigen Nährstoffen zu versorgen, um das Wachstum und die Erträge zu steigern. Diese Düngemittel bestehen aus einer Kombination von Stickstoff, Phosphor und Kalium, die in Form von Salzen oder Mineralien auf den Boden aufgetragen werden.

Durch den Einsatz von synthetischen Düngemitteln können sich Nitrate im Boden ansammeln und ins Grundwasser gelangen. Dies kann zu einer Verschmutzung des Trinkwassers führen und hat Auswirkungen auf die Gesundheit von Mensch und Tier. Zudem können synthetische Düngemittel auch zur Versauerung des Bodens beitragen und somit das Wachstum von Pflanzen beeinträchtigen.

Ein Fazit zu synthetischen Düngemitteln ist daher schwierig zu ziehen. Einerseits haben sie zweifellos dazu beigetragen, die landwirtschaftliche Produktion zu steigern und damit den Bedarf an Nahrungsmitteln weltweit zu decken. Andererseits können sie jedoch auch negative Auswirkungen auf die Umwelt haben, insbesondere wenn sie in übermäßigen Mengen angewendet werden.

So können synthetische Düngemittel beispielsweise das Grundwasser verschmutzen und zur Entstehung von Algenblüten in Gewässern beitragen. Es ist eine scharfe Gratwanderung bei der Anwendung dieser Düngemittel, da die Einhaltung der Vorschriften und deren Ausbringung auf Feldern schwer, wenn nicht sogar eine kontrollierte Überwachung unmöglich macht. Es obliegt den Landwirten sorgsam und mit Bedacht beim Umgang mit synthetischen Düngemitteln umzugehen.

Jedoch gibt es auch alternative Methoden, um den Bedarf an synthetischen Düngemitteln zu reduzieren oder diese letztlich zu vermeiden. In der Landwirtschaft wäre eine deutliche Reduktion wünschenswert und als eine erste Zielstellung auch umsetzbar, durch den Einsatz von organischen Düngemitteln wie Kompost oder Gülle. Diese liefern nicht nur Nährstoffe für Pflanzen, sondern verbessern auch die Bodenstruktur und fördern das Wachstum von nützlichen Mikroorganismen im Boden, was letztlich zu einer gesünderen Ernte führt.

Für den Hobbygärtner ist dies wesentlich einfacher auf synthetische Düngemittel zu 100 % zu verzichten, indem er die natürlichen Ressourcen im Garten verwendet und durch eine effektive Kompostierung sich seinen eigenen ökologischen Dünger herstellt. Es liegt klar auf der Hand wer von diesem Kreislauf profitiert, zum einen ist es der Mensch, die Tierwelt im

Garten selbst mit bis hin zu den Mikroorganismen, die den Prozess des Kompostierens und des natürlichen Kreislaufes wesentlich unterstützen. Insgesamt lässt sich sagen, dass synthetische Düngemittel sowohl Vor- und Nachteile haben. Es ist jedoch wichtig, den Einsatz von synthetischen Düngemitteln zu überdenken und alternative Methoden in Betracht zu ziehen, um die Umweltauswirkungen zu minimieren. Eine nachhaltige Landwirtschaft, die auf natürliche Ressourcen setzt, ist der Schlüssel für eine zukunftsfähige Nahrungsmittelproduktion.

Geschichte des Kompostierens in der Menschheitsgeschichte

Das Kompostieren ist eine Praxis, welche seit Jahrhunderten, ja sogar schon vor Jahrtausenden, von Menschen auf der ganzen Welt genutzt wird, um organische Abfälle in nährstoffreichen Dünger umzuwandeln. Die Geschichte des Kompostierens großer Kulturen reicht bis in die Antike zurück, als chinesische Bauern begannen, organische Abfälle wie Pflanzenreste und Tier Dung in ihre Felder zu integrieren, um den Boden zu verbessern und die Ernteerträge zu steigern.

Im Mittelalter wurde das Kompostieren von Klöstern und Adligen genutzt, um ihre Gärten und Felder zu düngen. Im 16. Jahrhundert begannen die Bauern in Europa, das Kompostieren als eine effektive Methode zur Verbesserung ihrer Ernteerträge zu nutzen.
Während der industriellen Revolution im 19. Jahrhundert geriet das Kompostieren jedoch in Vergessenheit, da chemische Düngemittel auf den Markt kamen und diese als effektiver angesehen wurden.
In den letzten Jahrzehnten hat sich jedoch ein wachsendes Bewusstsein für die Umwelt und nachhaltigen Landwirtschaft entwickelt, was dazu geführt hat, dass das Kompostieren wieder an Bedeutung gewonnen hat. Heute wird das Kompostieren von großen Kulturen wie der Landwirtschaft und der Gartenbauindustrie genutzt, um die anfallenden organischen Abfälle

wie Pflanzenreste, Tier Dung und Lebensmittelabfälle in nährstoffreichen Dünger umzuwandeln.

In der modernen Landwirtschaft wird das Kompostieren als eine Möglichkeit gesehen, welche zur Verbesserung der Bodengesundheit und zur Reduzierung des Einsatzes von chemischen Düngemitteln darstellt. Es gibt auch eine wachsende Bewegung von Gemeinden, die das Kompostieren als einen wichtigen Faktor erkannt hat, welcher eine Reduzierung von Abfall und zur Schaffung von nährstoffreichen Böden in städtischen Gebieten und Gemeinden fördert und somit die eigenen Ressourcen sinnvoll in den bestehenden Kreislauf mit einbindet.

Insgesamt ist das Kompostieren eine Praxis, die seit Jahrhunderten und Jahrtausenden genutzt wird und heute immer noch eine wichtige Rolle in der Landwirtschaft und im Umweltschutz spielt.

Auch die sinnvolle Nutzung von Kompost ist für Gärtner eine der wesentlichen Grundlagen für einen Gärtnerischen Erfolg, was sich in einer guten und auch gesunden Ernte wieder spiegelt. Es ist somit eine einfache und effektive Methode den Abfall zu reduzieren, um somit nährstoffreichen Boden zu schaffen, welcher das ökologische Gleichgewicht in der Natur und auch im Blick auf die Gesellschaft fördert.

Alte Kulturen

Hier stellt sich die Frage: Wie haben alte Kulturen das Thema von Umwelt, Ressourcen und den Umgang mit der Natur gesehen und gehandelt? Wirft man einen Blick auf alte Kulturen, kann man viele Parallelen für eine Nachhaltige, optimale und schonenden Umgang mit bestehenden und produzierten Ressourcen erkennen, welche im Einklang mit der Natur stehen.

Diese Kulturen haben schnell erkannt, dass die natürlichen Ressourcen nur im begrenzten Umfang zur Verfügung stehen und diese durch Anbau, Kultivierung und dessen Vermehrung auch die existenzielle Grundlage für eine gesunde und blühende Gesellschaft darstellt.

Daraus haben sich Techniken und Methoden entwickelt, welche bis in unserer heutigen Zeit immer weiter entwickelt und verfeinert wurden.

Bei diesem geschichtlichen Entwicklungsprozess gibt es viele Beispiele für nachhaltige Praktiken, die von indigenen Völkern und alten Zivilisationen angewendet wurden. Zum Beispiel haben die Inka in Südamerika die Felder in Terrassenform angelegt, um somit ihre Ernte zu maximieren und Erosion zu vermeiden. Die Maya in Mittelamerika haben ihre Städte so gebaut, dass sie sich an die natürliche Umgebung anpassen und Regenwasser sammeln. Auch heute stehen diese fundamentalen Bauwerke immer noch, ohne diese ständig neu zu Errichten und wieder abzureisen um wiederum neues Aufzubauen, sondern es liegt in natürlicher Weise auch in der Verwendung des Materials begründet, was die Lebensdauer dieser

Bauwerke ausmacht und somit ein Kraftpotential für künftige Generationen erspart wird. Dies stellt eine sehr effiziente Nachhaltigkeit dar.

Die Aborigines in Australien haben ihre Jagd- und Sammelpraktiken so gestaltet, dass sie die Tier- und Pflanzenwelt nicht überbeanspruchen, was auch ein wichtiger Überlebensfaktor ist und dies von Generation zu Generation weiter gegeben wurde und bis heute wird.

Diese alten Kulturen haben gezeigt, dass es möglich ist, im Einklang mit der Natur zu leben und gleichzeitig eine florierende Gesellschaft aufzubauen. Es ist somit wichtig, diese Methoden und auch Praktiken zu studieren und von ihnen zu lernen, um unsere eigene Nachhaltigkeit zu verbessern und eine bessere Zukunft für alle zu schaffen.

Nachhaltigkeit in der menschlichen Entwicklungsgeschichte

Die Nachhaltigkeit, hat in der menschlichen Entwicklungsgeschichte schon immer eine wichtige Rolle gespielt. Von den frühen Jägern und Sammlern bis hin zu den heutigen modernen Gesellschaften haben Menschen gelernt, ihre Umwelt nachhaltig zu nutzen und diese auch zu schützen.

In der Vergangenheit waren die Ressourcen begrenzt und es war notwendig, diese sorgfältig zu verwalten, um das Überleben der Gemeinschaft zu sichern. Dies führte zur Entstehung von Traditionen und Bräuchen, die auf eine optimale Nachhaltigkeit ausgerichtet gewesen sind.

Im Laufe der Geschichte haben sich jedoch auch viele Kulturen entwickelt, welche die Umwelt ausgebeutet und zerstört haben.
Die Industrialisierung im 19. Jahrhundert brachte massive Veränderungen mit sich, die zu einer dramatischen Zunahme der Umweltverschmutzung und des Raubbaus an natürlichen Ressourcen führte.

Die Menschheit hat in den letzten Jahrzehnten jedoch erkannt, dass diese Art von Entwicklung nicht nachhaltig ist und dass wir unsere Lebensweise ändern müssen, um eine lebenswertere Zukunft für uns und kommende Generationen zu gewährleisten.

Heute gibt es viele Initiativen und Bewegungen, die sich für Nachhaltigkeit einsetzen.

Von der Förderung von erneuerbarer Energien bis hin zur Reduzierung von Abfall und Plastikverbrauch, gibt es viele nützliche und effektive Möglichkeiten, wie wir unseren Lebensstil nachhaltiger gestalten können.

Dies den Menschen nahezubringen liegt nicht nur im eigenen Interesse und der Gesellschaften weltweit, sondern ist eine wichtige Aufgabe, dies zukünftigen Generationen weiterzugeben und dies durch geschichtliche Prozesse zu verdeutlichen.

Auch Regierungen auf der ganzen Welt haben erkannt, dass sie eine wichtige Rolle bei der Förderung von Nachhaltigkeit spielen müssen, indem sie Gesetze und Vorschriften erlassen, welche den Schutz der Umwelt und der natürlichen Ressourcen sicherstellen.

Insgesamt ist es ermutigend zu sehen, wie sich die Menschheit in Richtung einer gezielten Nachhaltigkeit entwickelt hat und diesen Weg auch weiter kontinuierlich fortsetzt.

Wir, die Menschheit, haben zwar noch einen langen Weg vor uns, aber wenn wir gemeinsam handeln und uns für eine nachhaltige Zukunft einsetzen, können wir sicherstellen, dass die Menschheit auch in Zukunft auf diesen Planeten leben kann.

Von alten Kulturen lernen

In der heutigen Zeit, in der wir uns mit dem Klimawandel und der Notwendigkeit der Nachhaltigkeit auseinandersetzen, lohnt es sich, einen Blick auf die alten Kulturen zu werfen und von ihnen zu lernen.

Viele dieser Kulturen leben im Einklang mit der Natur und nutzen ihre Ressourcen auf nachhaltige Weise. Hier möchte ich nochmals die indigenen Völker ansprechen, welche seit Jahrhunderten in Harmonie mit ihrer Umwelt leben. Diese haben ein tiefes Verständnis für die Natur entwickelt und wissen, wie man sie respektvoll behandelt, um somit ihre wertvollen Ressourcen zu erhalten.

Ein weiteres Beispiel sind die alten Ägypter, die eine erstaunliche Fähigkeit hatten, ihre Ressourcen effektiv zu nutzen und zu recyceln. Sie wussten, wie man Wasser aus dem Nil ableitete und es für Bewässerungszwecke verwendete. Sie bauten Kanäle und Dämme, um das Wasser zu speichern um es somit in trockenen Zeiten nutzen zu können. Darüber hinaus recycelten sie Materialien wie Papyrus und Lehmziegel, um damit Gebäude und andere Strukturen zu errichten.

Von den alten Kulturen können wir insbesondere lernen, wie wichtig es ist, unsere Ressourcen auf eine nachhaltige weise zu Nutzen. Wir müssen uns dessen bewusst sein, dass unsere Handlungen entscheidende Auswirkungen auf die Umwelt haben und dass wir verantwortungsbewusst handeln müssen. Wir sollten uns bemühen, unsere Abfälle zu reduzieren und zu recyceln, Wasser effektiv zu nutzen und erneuerbare Energiequellen zu fördern. Insgesamt können wir von alten Kulturen lernen, dass Nachhaltigkeit und Ressourcennutzung eng miteinander verbunden sind. Wenn wir unsere Kräfte dafür einsetzen, auf nachhaltige Weise zu leben, können wir dazu beitragen, die Umwelt zu schützen und eine bessere Zukunft für uns und kommende Generationen zu schaffen.

Nutzung von Kompost in einzelnen Kulturen

In diesem Abschnitt der Menschheitsgeschichte, möchte ich Ihnen einen kleinen Einblick in die Bedeutung, der Anwendung und die Notwendigkeit von Kompostieren in einigen verschiedenen Kulturen darstellen, womit wir uns auf eine kleine Zeitreise begeben.

Sie werden viele Parallelen zu den Kulturen erkennen in Form der Herangehensweise, der Bedeutung für die Gesellschaft und der Umwelt, als auch im Blick auf die Gesundheit der Menschen und deren Völkergemeinschaften.

Sumerer

Die Sumerer waren eine der ersten Zivilisationen der Welt, die Landwirtschaft betrieben. Sie lebten im südlichen Mesopotamien, dem heutigen Irak und bauten Getreide, Obst und Gemüse an. Um ihre Felder fruchtbar halten, nutzten sie verschiedene Techniken wie Bewässerung und Düngung. Eine dieser Techniken war die Kompostierung. Die Bedeutung der Kompostierung war für sie von entscheidender Bedeutung, um ihre Felder fruchtbar zu halten und eine reiche Ernte zu erzielen.

Die Sumerer verwendeten organische Abfälle wie Tier Dung, Pflanzenreste und Küchenabfälle, um ihren Boden zu düngen.
Durch die Kompostierung wurden die Nährstoffe im Boden erhöht und die Struktur verbessert, was zu einer höheren Produktivität führte. Die Sumerer waren sich der Bedeutung der Kompostierung so bewusst, dass sie sogar Gesetze erließen, um sicherzustellen, dass jeder Bauer seinen Dünger auf seine Felder aufbrachte und nicht auf öffentlichen Wegen oder Flüssen entsorgte. Sie wussten auch, dass das Fehlen von Dünger dazu führen würde, dass ihre Felder schnell ausgelaugt werden würden und unfruchtbarer werden könnten.
Darüber hinaus war die Kompostierung auch ein wichtiger Teil ihrer religiösen Praktiken. Sie glaubten an Göttinnen und Götter, die für die Fruchtbarkeit des Bodens verantwortlich waren, indem sie ihre organischen Abfälle kompostierten Die Sumerer verwendeten organische Abfälle wie Pflanzenreste, Tier Kot und Stroh, um Kompost herzustellen. Dieser wurde dann auf die Felder ausgebracht, um den Boden mit Nährstoffen anzureichern. Die Verwendung von Kompost hatte viele Vorteile für die Sumerer, denn sie konnten ihre Erträge damit steigern und ihre Felder langfristig fruchtbar

halten. Die Sumerer waren auch dafür bekannt für ihre Verwendung von Guano als Dünger zu verwenden. Guano ist ein natürlicher Dünger aus Vogel Kot und wurde von den Sumerern in großen Mengen gesammelt und auf ihren Feldern ausgebracht. Dies half ihnen, ihre Erträge zu steigern und ihre Felder zu erhalten.

Insgesamt zeigt die Verwendung von Kompost und Guano durch die Sumerer, dass sie bereits vor mehr als 5000 Jahren ein tiefes Verständnis für die Bedeutung von Bodenfruchtbarkeit hatten.

Diese Techniken haben bis heute Bestand und werden weltweit genutzt, um den Boden zu verbessern und eine nachhaltige Landwirtschaft zu fördern.

Die Bedeutung der Kompostierung war für die Sumerer von entscheidender Bedeutung für die Landwirtschaft und ihres täglichen Lebens.

Es half ihnen, ihre Felder fruchtbar zu halten und eine reiche Ernte zu erzielen, was für ihr Überleben und ihrer Wirtschaft von entscheidender Bedeutung gewesen war.

Olmeken

Die Olmeken waren eine der ältesten Zivilisationen in Mesoamerika und lebten im heutigen Mexiko vor mehr als 3000 Jahren. Sie waren bekannt für ihre fortschrittliche Landwirtschaft und ihre Kenntnisse im Bereich der Kompostierung. Die Bedeutung der Kompostierung für die Olmeken war enorm, da sie dadurch in der Lage waren, ihre Böden zu verbessern und eine nachhaltige Landwirtschaft zu betreiben. Die Olmeken nutzten der Kompost, um ihre Böden mit Nährstoffen anzureichern und somit die Erträge ihrer Ernten zu steigern. Sie sammelten organische Abfälle wie Pflanzenreste, Tier Kot und menschlichen Abfall und legten sie in spezielle Gruben oder auf Haufen aus, um sie zu zersetzen. Durch diesen Prozess entstand ein nährstoffreicher Dünger, der den Boden fruchtbarer machte und das Wachstum von Pflanzen förderte. Die Olmeken waren auch in der Lage, durch die Kompostierung ihre Umwelt zu schützen, indem sie organische Abfälle wiederverwendeten, reduzierten sie die Menge an Müll und Abfall, die sie produzierten. Dies trug dazu bei, dass ihre Gemeinschaft sauber und hygienisch blieb.

Die Bedeutung der Kompostierung für die Olmeken zeigt, dass sie nicht nur eine fortschrittliche Zivilisation gewesen sind, sondern auch eine nachhaltige Lebensweise praktizierten. Ihre Kenntnisse im Bereich der Landwirtschaft und des Umweltschutzes sind bis heute von Bedeutung und können als Beispiel für eine nachhaltige Lebensweise dienen.

Hethiter

Die Hethiter waren eine antike Zivilisation, die in Kleinasien lebte und im 2. Jahrtausend v. Chr. eine bedeutende Rolle spielte. Eine ihrer bemerkenswerten Errungenschaften war die Entwicklung einer fortschrittlichen Landwirtschaft, die auf der Kompostierung basierte.

Die Bedeutung der Kompostierung für die Hethiter war enorm, da sie dazu beitrug, ihre Ernten zu verbessern und die Bodenqualität zu erhalten. Die Hethiter nutzten ein breites Spektrum von Abfällen von Lebensmitteln, Tier Dung, Stroh, Pflanzenreste und auch Kräuter um Kompost herzustellen. Dieser wurde dann auf den Feldern ausgebracht, um den Boden zu düngen und seine Fruchtbarkeit zu erhöhen.

Darüber hinaus hatten die Hethiter ein tiefes Verständnis für die Bedeutung einer nachhaltigen Landwirtschaft und die Notwendigkeit, den Boden für zukünftige Generationen zu erhalten. Die Kompostierung half ihnen dabei, den Boden zu regenerieren und seine Qualität über lange Zeiträume hinweg aufrechtzuerhalten. Insgesamt hatte die Kompostierung für die Hethiter eine enorme Bedeutung in Bezug auf ihre Landwirtschaft und ihre Nachhaltigkeitspraktiken.

Durch ihre fortschrittliche Nutzung organischer Abfälle konnten sie nicht nur ihre Ernten verbessern, sondern auch dazu beitragen, eine gesunde Umwelt für zukünftige Generationen zu schaffen.

Maya

Die Maya – Kultur war eine der bedeutendsten Zivilisationen in Mittelamerika und ihre Errungenschaften in Architektur, Kunst, Mathematik und Astronomie sind weltweit bekannt. Weniger bekannt ist jedoch ihre Expertise in der Kompostierung und deren Verwendung. Die Maya nutzten Kompostierung als eine Methode, um ihre Felder zu düngen und somit die Ernteerträge zu steigern.

Sie verwendeten organische Abfälle wie Pflanzenreste, Tier Kot und menschlichen Kot, um einen nährstoffreichen Boden herzustellen. Dieser Boden war nicht nur fruchtbarer als herkömmliche Böden, sondern auch widerstandsfähiger gegen Schädlinge und Krankheiten.

Die Maya – Kompostierungstechnologie war so fortschrittlich, dass sie sogar heute noch von modernen Landwirten angewendet wird. Die Maya nutzen auch die Kompostierung als eine Methode zur Abfallentsorgung. Sie sammelten organische Abfälle aus ihren Häusern und Gemeinden und verwendeten sie zur Herstellung von hochwertigem Kompost.

Dies reduzierte nicht nur den Müll, sondern half auch dabei, die Umwelt sauber zu halten.

Die Verwendung von Kompost hatte auch eine spirituelle Bedeutung für die Maya, da sie glaubten, dass die Erde ein lebender Organismus sei und das sie durch die Verwendung von Kompost wiederbelebt werden könne.

Die Maya betrachteten die Verwendung von Kompost als eine Art der Rückgabe an die Erde und als ein Zeichen ihrer Dankbarkeit für die Gaben der Natur.

Insgesamt zeigt die Kompostierungstechnologie der Maya, dass sie nicht nur in der Architektur und Kunst, sondern auch in der Landwirtschaft und Umwelttechnologie fortschrittlich gewesen sind. Die Verwendung von Kompost war für sie eine nachhaltige und effektive Methode zur Steigerung der Ernteerträge und zur Abfallentsorgung.

Es ist erstaunlich zu sehen, wie diese Technologie auch heute noch angewendet wird und wie die Maya – Kultur auch in diesem Bereich einen bleibenden Einfluss auf die moderne Welt hat.

Inka

Die Inka waren eine der bedeutendsten Zivilisationen und eine indigene Kultur, die im heutigen Peru und Teilen Südamerikas lebte und hatten ein tiefes Verständnis für die Natur und ihre Ressourcen.
Sie waren bekannt für ihre fortschrittliche Landwirtschaft und ihr Wissen über die Natur.
Die Kompostierung war ein wichtiger Bestandteil ihrer landwirtschaftlichen Praktiken und spielte eine bedeutende Rolle in ihrem Leben. Eine ihrer wichtigsten Techniken zur Bewirtschaftung des Bodens war die Kompostierung.
Die Bedeutung dieser Methode bestand darin, dass sie es den Inka ermöglichte, den Boden mit Nährstoffen anzureichern und somit eine nachhaltige Landwirtschaft zu betreiben. Durch die Kompostierung konnten die Inka auch ihre Abfälle wiederverwenden und so den Kreislauf der Natur schließen.
Die Inkas nutzten die Kompostierung, um ihre Ernten zu verbessern und ihre Böden fruchtbar zu halten. Sie verwendeten vorwiegend organische Materialien wie Pflanzen, Tier Dung, Nahrungsmittelabfälle, menschliche Exkremente für ihre Kompostierung.

Diese Materialien wurden in speziellen Gruben oder Behältern gesammelt und dann über einen Zeitraum von mehreren Monaten bis Jahren abgebaut. Auch wurden die Abfälle in Haufen angelegt, welche mit Wasser besprüht und umgedreht worden, um den Abbau zu beschleunigen. Der resultierende Kompost wurde dann auf die Felder verbracht, um den Boden zu düngen. Die Bedeutung der Kompostierung für die Inka ging jedoch über die reine

Bewirtschaftung des Bodens hinaus. Sie sahen es als Teil ihres Verständnisses von Nachhaltigkeit und als Ausdruck ihrer Spiritualität.

Die Inkas glaubten an die Wichtigkeit des Gleichgewichts zwischen Mensch und Natur und das alles miteinander verbunden ist und dass sie durch die Wiederverwendung von Abfällen einen Beitrag zum Gleichgewicht der Natur leisten konnten. Dies stellt einen unschätzbaren Wert in Bezug auf die Umwelt der Natur und des gesellschaftlichen Systems dar.

Die Inka hatten ebenfalls ein tiefes und ausgeprägtes Verständnis für die Bedeutung der Kompostierung. Sie praktizierten eine Technik namens (Waru -Waru) bei der sie Kanäle und Gräben in ihre Felder gruben, um das Wasser zu speichern und den Boden mit organischem Material zu düngen. Diese Methode half ihnen, in den rauen Anden Bedingungen für eine erfolgreiche Landwirtschaft zu betreiben.
Insgesamt können wir sehen, dass die Kompostierung für die Inkas eine wichtige Rolle in ihrer Lebensweise spielte. Sie nutzten sie nicht nur zur Verbesserung ihrer Landwirtschaft, sondern auch als Ausdruck ihres Verständnisses von Nachhaltigkeit und ihren spirituellen Überzeugungen zu folgen.

Heutzutage wird die Kompostierung weltweit als wichtiger Bestandteil nachhaltiger Landwirtschaft und Umweltschutzpraktiken angesehen und die Inkas haben uns gezeigt, dass diese Praktiken bereits vor Jahrhunderten erfolgreich eingesetzt wurden.

Aborigines

Die Kompostierungstechnik ist eine uralte Methode, um organische Abfälle in nährstoffreichen Dünger umzuwandeln. Diese Technik wurde von vielen Kulturen auf der ganzen Welt praktiziert, darunter auch von den Aborigines. Die Aborigines in Australien haben seit Jahrtausenden eine enge Beziehung zur Natur und ihren Ressourcen gepflegt. Eine wichtige Methode, um die natürlichen Ressourcen zu nutzen und gleichzeitig den Boden zu verbessern, war die Kompostierung. Die Bedeutung der Kompostierung für die Aborigines lag darin, dass sie es ermöglichte, Nährstoffe zurück in den Boden zu bringen und damit das Wachstum von Pflanzen zu fördern.

Die Aborigines nutzten die Kompostierungstechnik, um ihre Gärten zu düngen und ihre Ernten zu verbessern. Sie verwendeten eine Methode namens – Murnong – oder jene, mit der Bezeichnung – Yams Tick Farming -, bei der sie die Überreste von Pflanzen, Blätter, Zweige, Gras, Tier Kot und Tieren in Gruben gaben, um sie zu zersetzen. Dies geschah auch in bestimmten Bereichen der Landwirtschaft zur späteren Nutzung zuzuführen.

Dieser Prozess dauerte mehrere Monate bis Jahre und führte zu einem fruchtbaren Boden, welcher reich an Nährstoffen war.

Darüber hinaus hatte die Kompostierung auch eine spirituelle Bedeutung für die Aborigines, da sie glaubten, dass sie durch das Zurückgeben von Nährstoffen an die Erde ein Gleichgewicht mit der Natur herstellen konnten.

Insgesamt zeigt die Bedeutung der Kompostierung für die Aborigines in Australien ihre tiefe Verbundenheit mit der Natur und ihr Wissen über nachhaltige Landwirtschaftspraktiken.

Es ist ein Beweis dafür, dass diese Praktiken in der Landwirtschaft nicht neu erfunden werden müssen, sondern dass wir von den Techniken und deren Anwendungen von unseren Vorfahren lernen können.

Die Bedeutung der Kompostierung als nachhaltige Landwirtschaftspraktik wird auch heute noch von vielen Kulturen auf der ganzen Welt praktiziert und geschätzt.

Etrusker

Die Etrusker waren eine antike Zivilisation, die in Italien zwischen dem 8und 3. Jahrhundert v.Chr. Lebte und bekannt für ihre Kunst, Architektur und Religion sind. Die Etrusker lebten vor allem von der Landwirtschaft und waren daher auf fruchtbaren Boden angewiesen. Sie waren für ihre fortschrittliche Landwirtschaft bekannt und ebenso ihr Wissen über Pflanzen und Bodenbeschaffenheit.

Eine der Praktiken, die von den Etruskern angewendet wurde, war die Kompostierung. Diese war ein wichtiger Bestandteil ihrer Landwirtschaft und half ihnen, fruchtbare Böden zu schaffen, welche reich an Nährstoffen waren.

Einige archäologische Funde unterstützen die Theorie, wo zum Beispiel in etruskischen Gräbern einige Überreste von organischen Materialien gefunden wurden, welche auf die Kompostierung deuten. Darüber hinaus gibt es Schriften aus der römischen Zeit, die darauf hinweisen, dass die Etrusker einen Dünger aus Tier Dung hergestellt haben.

Die Etrusker sammelten organische Materialien wie Tiermist, Pflanzenreste und Essensreste und legten sie auf speziell dafür vorgesehene Stellen auf ihrem Land. Diese organischen Materialien wurden dann über einen Zeitraum von mehreren Monaten bis Jahren zersetzt und zu einem nährstoffreichen Dünger umgewandelt. Dieser Dünger wurde dann auf ihren Feldern ausgebracht, um somit das Wachstum von Pflanzen zu fördern.

Die Bedeutung der Kompostierung für die Etrusker kann nicht unterschätzt werden, da es ihnen geholfen hat, ihre Ernten zu verbessern. Diese Praxis trug zur Erhaltung ihrer Umwelt bei, da es ihnen ermöglichte, organische Abfälle wiederzuverwenden und somit Abfall zu reduzieren.

Insgesamt zeigt es uns, dass die Kompostierung bei den Etruskern und ihr tiefes Verständnis für die Natur und ihre Fähigkeit, nachhaltige landwirtschaftliche Methoden anzuwenden. Es ist ein Beispiel dafür, wie eine alte Zivilisation ihre Umwelt respektierte und gleichzeitig ihre Bedürfnisse erfüllte.

Heute ist die Kompostierung ein wichtiger Faktor in der modernen Landwirtschaft und im Gartenbau und wird von vielen als eine der nachhaltigsten Methoden zur Bodenverbesserung angesehen.

Perser

Die Perser waren eine antike Zivilisation, die im heutigen Iran lebte. Sie waren bekannt durch ihre fortschrittlichen landwirtschaftlichen Techniken und ihre Fähigkeiten, das Land fruchtbar zu machen. Eine der wichtigsten landwirtschaftlichen Praktiken, welche von den Persern angewendet wurde, war die Kompostierung. Sie erkannten frühzeitig den Wert von Kompost als natürlichen Dünger und als Mittel zur Verbesserung der Bodenqualität. Sie verwendeten organische Abfälle wie Tier Dung, Pflanzenreste und Küchenabfälle, um einen Nährreichen Kompost herzustellen.

Dieser wurde dann auf die Felder ausgebracht, um den Boden mit Nährstoffen zu versorgen und das Wachstum von Pflanzen zu fördern, den Ertrag zu steigern und Schädlinge zu bekämpfen, welche die Ernte stören oder auch Zerstören könnten. Auch wurde durch den Einsatz von Kompost die Grundlage geschaffen Krankheiten zu vermeiden bzw. stark einzudämmen.
Die Bedeutung der Kompostierung für die Perser ging jedoch über die Landwirtschaft hinaus. Sie betrachteten es auch als eine Möglichkeit, Abfall zu reduzieren und die Umwelt sauber zu halten. Sie haben ein tiefes Verständnis besessen über die Auswirkungen menschlicher Aktivitäten auf die Natur und bemühten sich daher, ihre Umgebung so wenig wie möglich zu belasten.

Insgesamt war die Kompostierung für die Perser von enormer Bedeutung, da es ihnen nicht nur half bei der Produktion von Nahrungsmitteln, sondern auch bei der Erhaltung der Umwelt und der Reduzierung von Abfall, welcher als wertvolles Gut angesehen wurde.

Diese Praktik wird auch heute noch von vielen Landwirten im Iran angewendet und ist ein Beispiel für die nachhaltige Landwirtschaft, die von den Persern praktiziert wurde.

Chinesische Kultur

Die Kompostierung hat in der chinesischen Kultur eine lange Tradition und ist ein wichtiger Bestandteil der Landwirtschaft und ist seit Jahrtausenden auf die Nutzung von organischen Düngemitteln angewiesen, um den Boden fruchtbar zu halten und somit eine nachhaltige Produktion zu ermöglichen. Die Kompostierung wurde als eine effektive Methode entdeckt, um organische Abfälle in wertvollen Dünger umzuwandeln.

In der chinesischen Philosophie spielt die Kompostierung ebenfalls eine wichtige Rolle. Sie symbolisiert den Kreislauf des Lebens und den Respekt vor der Natur. Die Idee, dass alles Leben miteinander verbunden ist und dass nichts verschwendet werden sollte, ist tief in der chinesischen Kultur verwurzelt. Die Kompostierung unterstützt diese Philosophie, indem sie Abfälle in nützliche Ressourcen umwandelt und somit den Kreislauf des Lebens schließt.

Darüber hinaus hat die Kompostierung auch einen praktischen Nutzen für die chinesische Gesellschaft, da in Zeiten von Nahrungsmittelknappheit und Umweltproblemen kann die Kompostierung dazu beitragen, die Ernährungssicherheit zu erhöhen und die Umweltbelastung zu reduzieren.

Durch ein gezieltes recyceln von organischen Abfällen, können auch Kosten für Entsorgung und Transport gespart werden.

Insgesamt lässt sich sagen, dass die Kompostierung für die chinesische Kultur von großer Bedeutung war und aktueller denn je ist. Sie symbolisiert nicht nur die Verbundenheit mit der Natur und dem Respekt vor dem Leben, sondern hat auch praktische Vorteile für die Landwirtschaft und die Gesellschaft.

Die chinesische Regierung hat in den letzten Jahren verstärkt auf die Bedeutung der Kompostierung hingewiesen und Maßnahmen ergriffen, um ihre Nutzung zu fördern.

Römer

Die Römer waren bekannt für ihre fortschrittliche Landwirtschaft und Gartenbau –Techniken. Eine dieser wertvollen Techniken war die Kompostierung, die bereits in der Antike praktiziert wurde. Die Römer verwendeten organische Abfälle wie Tier Dung, Kadaver, Pflanzen als auch Speisereste, aber auch Fäkalien, um hochwertigen Dünger herzustellen. Der Kompost wurde in speziellen Gruben oder Behältnissen aufbewahrt und regelmäßig umgewälzt, um somit eine gleichmäßige Zersetzung zu gewährleisten.
Die Verwendung von Kompost war für die Römer von großer Bedeutung, da sie damit ihre Erträge steigern und ihre Böden fruchtbarer halten konnten. Der Dünger wurde auf Feldern und Gärten aufgetragen und sorgte für eine verbesserte Bodenstruktur und Nährstoffversorgung. Auch in der Medizin wurde Kompost verwendet, um Wunden zu heilen und Infektionen zu verhindern.

Ein weiterer Vorteil von Kompostieren war die Reduzierung von Abfallmengen, als auch dadurch erhebliche Krankheitserreger verschwanden, welche durch die Abfälle hervorgerufen wurden.
Durch die Verwendung von organischen Abfällen als Dünger konnte man diese wiederverwenden und somit Müll vermeiden. Dieses Prinzip wird heute noch in vielen Ländern angewendet und ist ein wichtiger Bestandteil des ökologischen Landbaus.

Insgesamt zeigt die Verwendung von Kompost bei den Römern, dass sie nicht nur fortschrittliche Techniken in der Landwirtschaft beherrschten, sondern auch ein Bewusstsein für Nachhaltigkeit hatten. Die Praktik der Kompostierung hat sich bis heute erhalten und wird weltweit genutzt, um

Böden zu verbessern, die Erträge zu steigern und auch Krankheiten zu reduzieren mit dem positiven Effekt den Abfall, um ein wesentliches zu verringern.

Griechen

Bei den Griechen, stellten die Kompostierung, eine wichtige, und nachhaltige Methode zur Entsorgung von organischen Abfällen, die seit Jahrhunderten praktiziert wird dar. In der griechischen Geschichte gibt es Hinweise darauf, dass die antiken Griechen ebenfalls Kompostierung praktizierten. Es wird angenommen, dass sie ihre organischen Abfälle wie Tier Dung und Pflanzenreste auf ihren Feldern sammelten und sie dann in Gruben oder Haufen aufschichteten, um sie zu kompostieren. Der daraus resultierende Kompost wurde dann als Dünger für ihre Felder verwendet.

Es gibt auch Aufzeichnungen von Aristoteles, einen berühmten griechischen Philosophen, der im 4. Jahrhundert vor Christus lebte und über die Bedeutung von Kompostierung sprach.
Er betonte, dass das Sammeln von organischen Abfällen und ihre Verwendung als Dünger ein wichtiger Teil der Landwirtschaft sei und dazu beitrage, die Bodenfruchtbarkeit zu erhalten.
In späteren Jahren wurde die Bedeutung der Kompostierung von anderen griechischen Schriftstellern wie Theophrastus und Plinius dem älteren hervorgehoben. Sie beschrieben verschiedene Methoden zur Herstellung von Kompost und betonten seine Vorteile für die Landwirtschaft.

Insgesamt zeigt die griechische Geschichte, dass die Kompostierung eine wichtige Rolle in der Landwirtschaft spielte und von den antiken Griechen praktiziert wurde. Auch nahm die Kompostierung einen zentralen Platz in der Gesellschaft ein, welcher bis heute Bestand hat.

Ägypter

Diese nutzten ebenfalls wie viele Kulturen auch den Vorgang der Kompostierung, wo organische Abfälle in Humus umgewandelt wurde, um dies Nutzbringend für die Landwirtschaft anzuwenden. Damit wurde auch ein wesentlicher Baustein gelegt, der die, Bestehende Kultur und dessen weiteren Entwicklung gestaltete.

Doch was ist über die Kompostierung und deren Verwendung von den Ägyptern bekannt?

Tatsächlich haben die alten Ägypter eine lange Geschichte der Kompostierung und des Einsatzes von organischen Dünger vorzuweisen.

Schon vor mehr als 5000 Jahren nutzten sie Tier Dung, Pflanzenreste und Hausbiomüll, um ihre Felder zu düngen, auch der Nilschlamm spielt dabei eine wesentliche Rolle, welcher zum Teil mit Kompost vermischt wurde, als auch direkt auf die Felder ausgebracht und eingearbeitet wurde.

Damit verbesserten die Ägypter erheblich die Ernteerträge, was sich auch in der gesellschaftlichen Entwicklung widergespiegelt hat und zu einem höheren Wohlstand führte. Ein Beispiel sei hierbei erwähnt. In der Antike war Ägypten auch als Kornkammer bekannt, was durch das sehr fruchtbare Land möglich wurde. Es wurde im Jahr bis zu 1000 Schiffe mit Getreide exportiert, was den Wohlstand enorm anhob und somit die Bevölkerungsschichten davon reichlich profitierten.

Sie verwendeten auch Asche aus Holzfeuern und Knochenmehl als natürlichen Dünger, was wie schon erwähnt die Erträge um ein wesentliches erhöhten. Die Ägypter waren sich der Vorteile der Kompostierung bewusst und entwickelten dabei spezielle Methoden, um diesen Prozess zu beschleunigen.

So wurde beispielsweise der Dung in Gruben vergraben, um ihn schneller zu zersetzen. Auch werden verschiedene Pflanzenarten gezielt angebaut, um diese später für die Kompostierung zu verwenden.

Die Nutzung von Kompost war für die alten Ägypter von großer Bedeutung, da sie aufgrund des fruchtbaren Nilschlammes in der Lage waren, hohe Ernteerträge zu erzielen. Die Verwendung von organischen Düngemitteln trug dazu bei, dass die Böden nicht ausgelaugt wurden und die Erträge auf lange Sicht gesichert waren.

Insgesamt zeigt die Geschichte der Kompostierung in Ägypten, dass diese Praktik bereits seit Jahrtausenden erfolgreich angewendet wird. Heute wird die Kompostierung weltweit genutzt und die Erfahrungen der Völker untereinander geteilt, wozu es zu einer Systematik führt die verschiedenen Erfahrungen nutzbringend anzuwenden.

Türken

Auch für die Türken stellt die Kompostierung eine wichtige Lebensgrundlage dar, um die bestehende und auch reichlich vorhandene Ressource optimal zu nutzen.

In der Türkei gibt es eine lange Tradition, der Kompostierung, die aufgrund ihrer zahlreichen Vorteile immer noch weit verbreitet ist und fest in der gesellschaftlichen Struktur eingebunden ist.

Die Türken sind bekannt dafür, dass sie ihre organischen Abfälle sorgfältig trennen und sie dann auf ihrem eigenen Grundstück zu kompostieren. Dieser Prozess ist nicht nur umweltfreundlich und ökologisch sehr sinnvoll, sondern auch kostengünstig und einfach durchzuführen.

Auch nutzen sie den Kompost als Dünger für ihre Gärten und Felder, wie andere Kulturvölker ebenso intensiv. Der ausgebrachte Dünger ist reich an Nährstoffen und hilft dabei, das Wachstum von Pflanzen zu fördern und diese ebenfalls von Schädlingen freizuhalten.

Darüber hinaus trägt die Verwendung von Kompost dazu bei, den Boden zu verbessern, gut zu durchlüften und die Abgabe von Nährstoffen zu gewährleisten, welche die Pflanzen leicht aufnehmen können und somit eine gute Bodenqualität erreicht wird.

Dies ist besonders wichtig in Gebieten mit schlechter Bodenqualität oder in Gebieten, welche von Dürre betroffen sind. In der Türkei gibt es auch Unternehmen, die sich auf die Herstellung von Kompost spezialisiert haben. Diese Unternehmen sammeln organische Abfälle von Haushalten und Unternehmen und verarbeiten diese dann zu hochwertigen Kompost. Dieser wird dann wiederum an Landwirte verkauft oder an Gärtnereien geliefert.

Insgesamt wäre zu sagen, dass die Kompostierung in der Türkei ein wichtiger Bestandteil des Umweltschutzes und der Landwirtschaft ist. Die Türken haben erkannt, dass die Verwendung von Kompost nicht nur ökologisch sinnvoll ist, sondern auch wirtschaftliche Vorteile bietet.
Durch die Verwendung von hochwertigem Kompost, können sie ihre Böden und Landschaften wie Gärten, Felder und Parkanlagen ihren Ertrag steigern, ohne auf teure und Umweltbelastende chemische Düngemittel zurückgreifen zu müssen.

Asiaten

In Asien ist die Kompostierung seit Jahrhunderten eine gängige Praxis, um Abfälle zu reduzieren und gleichzeitig den Boden zu verbessern und somit Ertragreicher zu machen. Die Verwendung von Kompost in der Landwirtschaft hat sich als eine sehr effektive Methode erwiesen, um den Ertrag und die Qualität von Pflanzen zu steigern.
In Ländern wie Japan und Korea wird Kompostierung aufgrund begrenzter landwirtschaftlicher Flächen und hoher Bevölkerungsdichte besonders geschätzt.
In diesen Ländern gibt es spezielle Techniken wie Bokashi – Kompostierung, bei der mithilfe von Mikroorganismen fermentiert wird.
Zu der Thematik von Bokashi – Kompostierung, werde ich noch genauer eingehen und dies bei Kompostier Arten im einzelnen Herausstellen, da diese Methode noch weitestgehend unbekannt ist, diese es jedoch verdient in das Blickfeld zu rücken.

Auch in Indien wird Kompostierung traditionell praktiziert, insbesondere in ländlichen Gebieten, wo es als kostengünstige Alternative zu chemischen Düngemitteln dient. Darüber hinaus wird in China seit langem menschlicher Kot als wertvolles Düngemittel verwendet und dies auf den Feldern ausgebracht, was jedoch aufgrund von Hygienebedenken zunehmend eingeschränkt wird.

Insgesamt zeigt die asiatische Praxis der Kompostierung, dass sie nicht nur ökologisch sinnvoll ist, sondern auch wirtschaftliche Vorteile bietet.

Japaner

Die Tradition der Kompostierung in Japan reicht bis ins 17. Jahrhundert zurück und hat bis heute eine wichtige Bedeutung für die japanische Kultur, Landwirtschaft und vor allem auch der hohen Kunst der Gartengestaltung, wo das Element von Kompost eine Schlüsselbedeutung besitzt. In der japanischen Gartenkunst, spiegeln sich viele Facetten der japanischen Kultur und dessen Glaubenselementen wider, welche der Psyche und Spiritualität einen eigenen Charakter geben.

Die Japanische Kompostiertechnik. Auch als Bokashi bekannt, basiert auf der Fermentation von organischen Abfällen, um somit hochwertigen Dünger zu produzieren.

Im 17. Jahrhundert wurde die Kompostierung in Japan erstmals von den Bauern praktiziert, um ihre Felder mit Nährstoffen anzureichern und den Boden zu verbessern. Die Technik wurde im Laufe der Zeit weiterentwickelt und verfeinert, um somit eine höhere Qualität des Düngers zu erreichen.

In den 1930 iger Jahren wurde die Kompostierung in Japan als Teil der nationalen Politik zur Förderung der Landwirtschaft gefördert. Die Regierung unterstützte die Bauern bei der Umsetzung der Technik und förderte die Forschung zur Verbesserung der Kompostierungstechnologie.

In den 1960 –iger Jahren wurde die Kompostierung in Japan aufgrund der steigenden Umweltverschmutzung und des wachsenden Bewusstseins für Nachhaltigkeit und Umweltschutz immer populärer. Die Regierung förderte die Kompostierung als eine Möglichkeit, organische Abfälle zu reduzieren und gleichzeitig hochwertigen Dünger herzustellen.

Heute ist die Kompostierung in Japan weit verbreitet und wird von vielen Menschen praktiziert, sowohl in ländlichen als auch in städtischen Gebieten. Die Technologie hat sich weiterentwickelt und es gibt verschiedene Arten von Bokashi – Produkten auf dem Markt, welche speziell für verschiedene Anwendungen entwickelt wurden.

Insgesamt hat die Kompostierung in Japan eine lange und reiche Geschichte, die bis in das 17. Jahrhundert zurückreicht. Die Technik hat sich im Laufe der Zeit weiterentwickelt und wird heute von vielen Menschen als wichtigen Teil der japanischen Kultur und Landwirtschaft angesehen.

Indien

Die Kompostierung in Indien stellt auch hier eine natürliche Methode zur Abfallentsorgung dar, welche seit Jahrhunderten angewendet wird.
In der Vergangenheit wurden organische Abfälle wie Küchenabfälle und Tier Dung einfach auf Feldern oder in Flüssen entsorgt.
Mit dem Wachstum der Städte und der damit verbundenen Zunahme des Abfallaufkommens wurde jedoch eine effektivere Methode benötigt, welche nicht nur im Einklang mit der Natur zu sehen ist, sondern auch der Verschmutzung der Flüsse und den damit bestehenden Gefahr von Krankheitsherden Einhalt geboten wird.

In den 1920 – iger Jahren begannen indische Wissenschaftler und Landwirte, sich intensiv mit der Kompostierung zu beschäftigen und verschiedene Verfahren zu entwickeln.

Eines der bekanntesten Verfahren ist das Indore – Verfahren, welches von Sir Albert Howard entwickelt wurde. Dabei werden organische Abfälle in Schichten aufgeschichtet und regelmäßig umgedreht, um eine gleichmäßige Durchmischung zu gewährleisten.

Dieses Verfahren, hat sich als besonders effektiv erwiesen und wird heute noch in vielen Teilen Indiens angewendet.

Ein weiteres Verfahren, welches in Indien weit verbreitet ist, auch die wie in Japan angewendete Bokashi – Kompostierung. Dabei werden organische Abfälle mit einer speziellen Mischung aus Mikroorganismen behandelt, um den Kompostierungsprozess zu beschleunigen. Diese Methode eignet sich besonders für städtische Gebiete, da sie Geruchsfrei ist und wenig Platz benötigt.

In den letzten Jahren hat die Regierung Indiens auch Initiativen gestartet, um die Kompostierung zu fördern und den Einsatz von chemischen Düngemitteln zu reduzieren. So wurden beispielsweise in einigen Städten – Kompostierungsanlagen gebaut, um den organischen Abfall zu verarbeiten. Auch auf dem Lande werden vermehrt Kompostierungsverfahren angewendet, um die Bodenqualität zu verbessern und die Erträge zu steigern.

Insgesamt hat die Kompostierung in Indien eine lange Tradition und ist heute wichtiger denn je. Durch die Anwendung effektiver Verfahren kann nicht nur Abfall reduziert, sondern dieser in nahrhaften Boden umgewandelt werden und die Bodenstruktur und Qualität um ein wesentliches Aufzuwerten, höhere Erträge zu erzielen und die Umwelt geschützt werden.

Korea

Auch in Korea ist die Kompostierung eine seit Jahrhunderten bewährte Methode, um organische Abfälle in nährstoffreichen Dünger umzuwandeln. Die genaue Entstehungsgeschichte der Kompostierung in Korea ist jedoch nicht eindeutig belegt.

Es gibt jedoch Hinweise darauf, dass die Kompostierung in Korea bereits im 15. Jahrhundert praktiziert wurde. Zu dieser Zeit wurden vor allem tierische und pflanzliche Abfälle auf Feldern ausgebracht, um den Boden zu düngen. Im Laufe der Zeit entwickelten sich verschiedene Verfahren der Kompostierung, die sich an unterschiedlichen Bedingungen und Anforderungen anpassten.

Ein Beispiel hierfür ist die Bokashi – Methode, bei der organische Abfälle mit Milchsäurebakterien fermentiert werden. Diese Methode eignet sich besonders für kleinere Mengen an Abfall und kann auch in Innenräumen durchgeführt werden. Eine weitere Methode ist die Wurmkompostierung, bei der spezielle Regenwürmer den Abfall zersetzen und dabei wertvolle Nährstoffe produzieren.

In jüngster Zeit hat die Kompostierung in Korea auch im Zusammenhang mit dem Umweltschutz an Bedeutung gewonnen. So wurden beispielsweise spezielle Kompostieranlagen entwickelt, die größere Mengen an Abfall verarbeiten können und dabei auch Energie produzieren. Auch das Recycling von Lebensmittelabfällen wird zunehmend gefördert, um Ressourcen zu schonen und die Umwelt zu entlasten.
Insgesamt lässt sich sagen, dass die Kompostierung in Korea eine lange Tradition hat und s im Laufe der Zeit weiterentwickelt wurde. Die verschiedenen Verfahren bieten heute vielfältige Möglichkeiten, um organische Abfälle effektiv und nachhaltig zu verwerten.

Wikinger

Die Wikinger waren eine faszinierende Kultur, die für ihre Seefahrerfähig-keiten und ihre Kriegsführung bekannt ist.

Aber haben Sie gewusst, dass sie auch Experten in der Kompostierung wa-ren?

Ja, die Wikinger waren Meister darin, organische Abfälle in nährstoffrei-chen Dünger umzuwandeln. Sie wussten, dass Kompostierung nicht nur dazu beiträgt, Abfall zu reduzieren, sondern auch den Boden zu verbessern und somit die Erträge von Pflanzen zu fördern und auch dies als eine wich-tige Ressource angesehen hat.

Die Wikinger verwendeten verschiedene Materialien für ihre Kompostie-rung. Sie sammelten Tiermist und Pflanzenreste wie Stroh und Laub und schichteten diese aufeinander und pflegten diesen Kompost umfassend um die Qualität um ein wesentliches zu erhöhen.

Sie fügten den Kompost auch Asche hinzu, um den pH-Wert des Kompostes auszugleichen.

Diese Mischung wurde dann in regelmäßigen Abständen gewendet und neu vermischt und in Maßen bewässert, um somit sicherzustellen, dass die Ma-terialien gleichmäßig verrotten. Die Verwendung von Kompost war für die Wikinger von großer Bedeutung. Sie verwendeten den Kompost nicht nur als Dünger für ihre Felder, sondern auch als Heilmittel für kranke Tiere und Menschen. Es wurde sogar berichtet, dass sie Kompost als Mittel zur Schäd-lingsbekämpfung eingesetzt haben. Dies geschah bewusst aus der Kenntnis heraus, was in anderen Kulturen auch genutzt wurde, jedoch eher passiv und nicht gezielt wie es die Wikinger praktizierten.

Insgesamt zeigt die Kompostierung der Wikinger ihr tiefes Verständnis für die Natur und ihre Fähigkeit, die Ressourcen auf nachhaltige Weise zu nut-zen. Es ist erstaunlich zu sehen, wie diese Techniken auch heute noch an-gewendet werden und wie wichtig sie für die Erhaltung unserer Umwelt sind.

Dänen

In Dänemark ist die Kompostierung eine uralte Methode und ein wesentlicher und wichtiger Bestandteil der Abfallwirtschaft, da sie dazu beiträgt, die Menge an organischen Abfällen zu reduzieren und gleichzeitig wertvolle Nährstoffe zurückzugewinnen.

Die Dänen haben in den letzten Jahren erhebliche Fortschritte bei der Förderung der Kompostierung gemacht. Sie haben spezielle Programme entwickelt, um die Bürger dazu zu ermutigen, ihre organischen Abfälle zu Hause zu kompostieren.

Darüber hinaus gibt es in Dänemark zahlreiche Unternehmen, die sich auf die Kompostierung von Abfällen spezialisiert haben und hochwertigen Kompost produzieren. Dieser wird dann als Dünger für die Landwirtschaft oder als Substrat für die Gartenarbeit verwendet.

Insgesamt ist die Kompostierung in Dänemark ein wichtiger Bestandteil der nachhaltigen Abfallwirtschaft und trägt zur Schonung der Umwelt bei, was auch ein wichtiger Faktor zur Reduzierung von Treibhausgasen darstellt. Diese Maßnahmen sind ein wesentlicher Bestandteil und ein wichtiger Beitrag für eine gesunde Umwelt, als auch die Förderung der Tierwelt, welche extrem davon profitiert.

Schweden

In Schweden wir die Kompostierung als einen wichtigen Aspekt zur Nachhaltigkeit und zum Umweltschutz gesehen. Die Schweden haben eine lange Tradition der Kompostierung, die aufgrund der hohen Umweltbewusstheit und des Engagements für den Klimaschutz in diesem Land sehr verbreitet ist.

Schweden hat sich zum Ziel gesetzt, bis 2045 klimaneutral zu sein und die Kompostierung spielt dabei eine wichtige und entscheidende Rolle. Sie haben verschiedene Methoden entwickelt, um organische Abfälle wie Lebensmittelreste, Gartenabfälle und Papierabfälle zu kompostieren.

Eine beliebte Methode ist die Verwendung von Wurmkisten, in denen Regenwürmer organische Abfälle in nährstoffreichen Humus umzuwandeln. Diese Methode ist besonders in städtischen Gebieten beliebt, da sie wenig Platz benötigt und geruchsfrei ist.

Auf diese Methode, werde ich in einen späteren Abschnitt noch näher darauf eingehen, da dies für viele sicherlich neu und unbekannt ist. Es ist eine Möglichkeit diese zu nutzen mit sehr geringem Aufwand zum Erfolg für den eigenen Humus.

Eine weitere Möglichkeit und Methode zu kompostieren, ist die Verwendung von Komposttoiletten, die menschliche Abfälle in Kompost umwandeln. Diese Toiletten sind besonders in ländlichen Gebieten beliebt, da sie eine umweltfreundliche Alternative zu herkömmlichen Toiletten darstellen und dazu beitragen können, das Grundwasser zu schützen. Der produzierte Kompost wird in Schweden vielseitig genutzt. Er wird als Dünger für den Garten und der Landwirtschaft verwendet und trägt somit entscheidend zur Bodenverbesserung und dessen Stabilität bei.

Einige Gemeinden bieten auch kostenlose Komposter an, um die Bürgerinnen und Bürger zu ermutigen, ihre organischen Abfälle zu kompostieren.

Insgesamt zeigt die schwedische Erfahrung mit der Kompostierung, dass es möglich ist, Abfälle in wertvolle Ressourcen umzuwandeln und gleichzeitig den Umweltschutz zu fördern. Die Schweden haben gezeigt, dass die Kompostierung eine einfache und effektive Methode ist, um organische Abfälle zu reduzieren und gleichzeitig nährstoffreichen Boden zu produzieren.

Finnen

Die Kompostierung ist ein wichtiger Bestandteil der finnischen Kultur und Lebensweise. Die Finnen haben eine lange Tradition der nachhaltigen Landwirtschaft und des Umweltschutzes, die sich auch in ihrer Art und Weise sich in der Abfallwirtschaft widerspiegelt.

In Finnland wird fast alles recycelt und wiederverwendet, einschließlich organischer Abfälle, auch hier sind Lebensmittelreste und Gartenabfälle ein wesentlicher Bestandteil und wichtige Zutaten für einen gesunden Humus.

Die Finnen nutzen diese Methode zur Entsorgung von organischen Abfällen, bei der diese zu einem nährstoffreichen Bodenverbesserer umgewandelt werden und dienen auch der Verbesserung der landwirtschaftlichen Flächen und der Gärten im privaten Bereich, als auch im Städtischen zur Kultivierung der Anlagen und bestehenden Pflanzen, welche als Oasen für die Erholung der Menschen dienen.

Eine weitere interessante Tatsache über die finnische Kompostierung ist, dass sie auch für die Erzeugung von Biogas genutzt wird.

Biogas ist ein erneuerbarer Brennstoff, der aus organischen Abfällen gewonnen wird. Nach der Biogasgewinnung werden die Restbestände oder auch Rückstände für die Kompostierung genutzt und werden den ökologischen Kreislauf zugeführt. In Finnland gibt es viele Biogasanlagen, die organische Abfälle in Biogas umwandeln, welches dann zur Stromerzeugung oder als Treibstoff für Fahrzeuge genutzt wird.

Insgesamt kann man sagen, dass die Finnen eine sehr fortschrittliche Einstellung zur Kompostierung und zum Umweltschutz besitzen. Sie nutzen diese Methode nicht nur zur Entsorgung von Abfällen, sondern auch zur Verbesserung der Bodenqualität und zur Erzeugung von erneuerbarem Brennstoff. Dies zeigt, dass die Finnen eine nachhaltige Lebensweise anstreben und sich für den Schutz der Umwelt einsetzen. Somit steigt auch und dies im Besonderen die Lebensqualität der Menschen in einer gesunden Umwelt in denen sie sich bewegen.

Briten

Die Briten haben eine sehr lange Tradition in dem Umgang mit der Kompostierung, was auch unter den geologischen Bedingungen, durch karge Böden und teilweise schroffer Landschaften ein Erfordernis darstellte. Die

Ressource der organischen Abfälle wurde insbesondere in den ländlichen Gebieten stark genutzt, um die Bodenbeschaffenheit zu verbessern und diese auch ökologisch und auch langfristig zu nutzen, bis in die Gegenwart hinein. Dabei wurden die Prozesse in Laufe der Jahrhunderte verfeinert, um die Bodenqualität stets zu verbessern.

In Großbritannien gibt es eine Vielzahl von Initiativen, die sich mit der Förderung der Kompostierung beschäftigen. Eine dieser Initiativen ist das Projekt – **Garden Organic** –, das seit mehr als 60 Jahren die Menschen dazu ermutigt, ihren eigenen Komposthaufen zu bauen und diesen mit organischen Abfällen zu betreiben, zu recyceln und zu pflegen, um die Qualität dessen zu erhöhen.

Die britische Regierung hat auch Programme zur Förderung der Kompostierung eingeführt, um den Müllberg zu reduzieren und die Umweltbelastung zu verringern. Die Verwendung von Kompost in Großbritannien ist weit verbreitet und wird oft in Gärten, Parks und landwirtschaftlichen Betrieben eingesetzt.

Auch hier wurde in den letzten Jahrzehnten eine starke Nachfrage nach biologisch angebauten Gemüse und Obst lauter, was dazu führte, dass immer mehr Landwirte auf den Einsatz von Kompost setzten.

Insgesamt ist die Kompostierung und deren Verwendung in Großbritannien ein wichtiger Beitrag zur Nachhaltigkeit und zum Umweltschutz insbesondere erwachsen.

Das Bewusstsein der Menschen hat sich in dieser Zeit in Richtung der Ökologie und dessen Bedeutung für den Menschen und der Gesellschaft wesentlich erweitert.

Irland

Es besteht seit Jahrhunderten ein Bedürfnis und zugleich auch die Notwendigkeit in Irland den kargen Boden fruchtbarer und Widerstandsfähiger gegenüber den klimatischen Bedingungen und der fortwährenden Erosion, was die Bearbeitung der Felder nicht einfach machte.

Auch hier wurde die Methode des Kompostierens erfolgreich angewendet, um die Böden zu stabilisieren, diese somit fruchtbarer zu machen und der Erosion zu trotzen, was auch gelang.

Es wurden zusätzlich Kulturen an den Feldern gepflanzt, welche das Saatgut schützten und auch genügend Feuchtigkeit speichern konnten, damit es zu einer erfolgreichen Ernte kommen konnte. Diese Methode, wurde in den Jahren erweitert und systematisch ausgebaut.

In Irland ist die Kompostierung eine weit verbreitete Praxis, um organische Abfälle in nützlichen Dünger umzuwandeln. Die irische Regierung hat sich zum Ziel gesetzt, bis 2020 organische Abfälle bis zu 50 % zu kompostieren, was aus der heutigen Sicht auch gelang.

Es gibt verschiedene Arten von Kompostierungsanlagen in Irland, von kleinen Kompostern im Haushalt bis hin zu großen industriellen Anlagen. Einige Gemeinden haben auch gemeinschaftliche Kompostierungsprojekte ins Leben gerufen, um somit die Kompostierung zu fördern und die Abfallmenge zu reduzieren.

Die Kompostierung in Irland ist vielfältig und viele Landwirte nutzen Kompost als Dünger für ihre Felder, da dieser reich an Nährstoffen ist und den Boden verbessert. Mit dieser Maßnahme führen die Landwirte eine Jahrhundert alte Tradition fort, welche sich in den Jahren immer weiter vervollkommnet hat und daraus wertvolle Erfahrungen erwachsen sind. Auch die Anwendung von Kompost im Gartenbau spielt in Irland eine wesentliche Rolle

Mit zunehmen guten Erfolgen, wovon alle profitieren. Darüber hinaus wird der Kompost auch in der Landschaftsgestaltung eingesetzt, um Böschungen und Straßenränder zu stabilisieren und somit auch eine Erosion zu verhindern.

In Irland gibt es auch eine wachsende Bewegung von Menschen, die ihre eigenen Lebensmittel anbauen und dabei auf Kompost setzen. Diese Selbstversorger nutzen oft kleine Haushalts Komposter oder auch Gemeinschaftskomposter, um damit ihren eigenen und individuellen Dünger herzustellen. Insgesamt ist die Kompostierung in Irland ein wichtiger Bestandteil des Umweltschutzes und dessen Nachhaltigkeit auf die Menschen und der Gesellschaft im Besonderen.

Deutschland

Die Kompostierung hat in Deutschland eine lange Geschichte und ist seit jeher ein wichtiger Bestandteil der Abfallwirtschaft. Schon im Mittelalter wurde Kompost als Dünger genutzt, um die Erträge auf den Äckern zu steigern. Im Laufe der Zeit haben sich verschiedene Verfahren entwickelt, um aus organischen Abfällen wertvollen Kompost herzustellen.
Eine der ältesten Methoden ist die sogenannte Haufen Kompostierung, bei der die Abfälle einfach auf einem Haufen gelagert werden. Durch regelmäßiges Wenden und Befeuchten entsteht nach einigen Monaten ein guter Kompost. Diese Methode wird auch heute noch oft angewendet, vor allem in privaten Gärten.

In den 1970– iger Jahren wurden in Deutschland vermehrt industrielle Kompostieranlagen gebaut, um die steigende Menge an organischen Abfällen zu bewältigen. Hierbei wird der Kompost in geschlossenen Behältern unter kontrollierten Bedingungen hergestellt.
Durch eine gezielte Belüftung und Feuchtigkeitsregulierung kann innerhalb weniger Wochen hochwertiger Kompost produziert werden.
Eine weitere Methode ist die sogenannte Wurmkompostierung, bei der spezielle Regenwürmer die Abfälle zersetzen und dabei wertvollen Humus

produzieren. Diese Methode eignet sich vor allem für kleinere Mengen an organischen Abfällen und kann auch in Wohnungen durchgeführt werden.

Inzwischen gibt es auch immer mehr Initiativen, die sich für die dezentrale Kompostierung einsetzen. Hierbei werden die Abfälle direkt vor Ort in kleinen Anlagen kompostiert, um lange Transportwege und damit verbundene CO_2-Emissionen zu vermeiden.

Insgesamt hat die Kompostierung in Deutschland eine lange Tradition und ist ein wichtiger Bestandteil der nachhaltigen Abfallwirtschaft.

Durch verschiedene Verfahren können aus organischen Abfällen wertvolle Rohstoffe gewonnen werden, die wiederum zur Bodenverbesserung genutzt werden können und somit die Ernteerträge auf ökologischer Basis gefördert werden.

Mittelasien

Die Kompostierung ist eine uralte Methode der Bodenverbesserung, die seit Jahrtausenden in verschiedenen Regionen der Welt praktiziert wird, so auch in Mittelasien mit all seinen unterschiedlichen geologischen Besonderheiten und klimatischen Bedingungen.

In Mittelasien hat die Kompostierung eine sehr lange Tradition und wurde schon vor mehr als tausend Jahren von den Nomadenstämmen angewendet. Die Nomaden nutzten tierische Exkremente, Stroh, Erde, Essensreste, Pflanzen und andere organische Abfälle, um daraus wertvollen Dünger zu produzieren.

Diese Methode war besonders wichtig für die Landwirtschaft in der Region, da das Klima trocken und die Böden karg und arm an Nährstoffen sind. Die Kompostierung in Mittelasien hat auch eine kulturelle Bedeutung.

In vielen Kulturen der Regionen wird der Boden als heilig betrachtet und die Kompostierung als eine Möglichkeit gesehen, den Boden zu ehren und zu respektieren. Diese traditionelle Praxis der Kompostierung wurde von

Generation zu Generation weitergegeben und ist bis heute ein wichtiger Bestandteil der Landwirtschaft in Mittelasien.

In den letzten Jahren hat sich die Landwirtschaft in Mittelasien jedoch stark verändert. Die Einführung moderner landwirtschaftlicher Methoden und Technologien hat dazu geführt, dass die traditionelle Praxis der Kompostierung immer mehr zurückgedrängt wurde. Viele Bauern bevorzugen nun synthetische Düngemittel, da diese schneller wirken und einfacher anzuwenden sind.

Trotzdem gibt es immer noch Bauern in Mittelasien, die an der traditionellen Praxis der Kompostierung festhalten. Sie schätzen die Vorteile des natürlichen Düngers und sind überzeugt davon, dass die Kompostierung eine nachhaltige und umweltfreundliche Methode der Bodenverbesserung ist. In Mittelasien ist somit die Art der Kompostierung nicht nur ein wichtiger Teil der Geschichte und Kultur der Region, sondern auch eine aktuelle Praxis, die auch in Zukunft eine wichtige Rolle spielen wird.

Afrikaner

In Afrika ist die Kompostierung seit Jahrhunderten eine wichtige Tradition, um Nahrungsmittel anzubauen und den Boden fruchtbar zu halten. Die Verwendung von Kompost in der afrikanischen Landwirtschaft hat zahlreiche Vorteile, wie die Erhöhung der Bodenfruchtbarkeit, die Verbesserung der Wasserhaltekapazität des Bodens und die Reduzierung von Erosion. Afrikanische Bauern nutzen verschiedene Materialien für die Kompostierung, wie beispielsweise Tiermist, Pflanzenreste oder auch Küchenabfälle. Diese Materialien werden auf einen Haufen gesammelt und regelmäßig umgewendet, um somit eine ausgewogene Mischung zu erreichen.

Die Kompostierung kann auch mit speziellen Behältern durchgeführt werden, um einen schnellen Abbau der organischen Materialien zu gewährleisten. In einigen afrikanischen Ländern wird Kompost auch als Dünger verwendet, um somit den Ertrag von landwirtschaftlichen Kulturen zu steigern.

Die Verwendung von Kompost anstelle von synthetischen Düngemitteln hat den Vorteil, dass sie ökologisch nachhaltiger ist und den Boden langfristig verbessert, diesen schont und somit auch wirksam gegenüber Schädlingen wird.

Trotz der vielen Vorteile der Kompostierung gibt es jedoch auch Herausforderungen bei dessen Umsetzung. Eine davon ist die begrenzte Verfügbarkeit von organischen Materialien in einigen Gebieten von Afrika. Zudem müssen Bauern oft überzeugt werden, dass die Kompostierung eine effektive Methode zur Verbesserung der Bodenqualität darstellt.

Insgesamt ist die Kompostierung in Afrika eine wichtige geführte Praxis, um den Boden fruchtbar zu halten, die Qualität zu erhöhen und die Erträge von landwirtschaftlichen Kulturen zu steigern. Es gibt jedoch noch ein enormes Potenzial, um die Verwendung von Kompost in der afrikanischen Landwirtschaft zu fördern und somit nachhaltige Methoden zur Nahrungsmittelproduktion zu unterstützen.

Amerikaner

Zunächst ist es wichtig in die Geschichte bei der Besiedelung der neuen Welt einzutauchen und den Zusammenhang der indigenen Völker und den Engländern herauszustellen, da dies einen wichtigen Aspekt in der Entwicklung der neuen Welt darstellt.

Die Geschichte der indigenen Völker und ihrer Begegnungen mit europäischen Siedlern ist eine komplexe und oft kontroverse Angelegenheit. Eine der vielen interessanten Fragen, die sich stellen, ist, welche Gruppe von Indigenen Völkern den Engländern das Kompostieren und die Frucht Mais gezeigt hat. Es gibt viele indigenen Kulturen und Stämme in Nordamerika, von denen jeder seine eigenen Technologien und landwirtschaftlichen Praktiken entwickelt hat.

Einige dieser Praktiken wurden von den Europäern übernommen und weiterentwickelt, während andere in Vergessenheit gerieten oder unterdrückt wurden. Es ist jedoch bekannt, dass die Wampanoag – Indianer in Neuengland den englischen Siedlern geholfen haben, ihre Landwirtschaft zu verbessern, indem sie ihnen beibrachten, wie man Mais anbaut und Kompost herstellt.

Die Wampanoag waren ein Volk der Algonkin-Sprachfamilie, das im heutigen Massachusetts und Rhode Island lebte. Sie hatten eine reiche Kultur und eine lange Geschichte des Anbaus von Mais und anderen Nutzpflanzen.

Als die Pilger im Jahr 1620 in Plymouth ankamen, waren sie aufgrund ihrer mangelnden Erfahrung mit dem Anbau von Mais und anderen Pflanzen auf Hilfe der Wampanoag angewiesen. Dieses Indigene Volk zeigten den Siedlern, wie man Mais anbaut und wie man Kompost herstellt, um den Boden zu verbessern. Diese Techniken waren für die englischen Siedler von unschätzbaren Wert und halfen ihnen, ihre Landwirtschaft zu verbessern und ihr Überleben in der neuen Welt zu sichern.

In den USA hat die Kompostierung in den letzten Jahren an Bedeutung gewonnen, da immer mehr Menschen sich für nachhaltige Methoden und Umweltschutz interessieren.

Da es viele Einsatzgebiete und Möglichkeiten gibt den Kompost zu verwenden, wird dieser nicht nur als Bodenverbesserer genutzt, was ein wichtiger Faktor ist, jedoch wird dieser auch als Mulch mit seiner Eigenschaft als Wasserspeicher und dies als eine wichtige Zutat für Pflanzen im Hausgarten oder auch in Blumenkästen und Blumentöpfen seine Anwendung findet. Eine der bekanntesten Methoden der Kompostierung in den USA ist die Verwendung von Wurmkompostierung. Bei dieser Methode werden spezielle Würmer verwendet, um organische Abfälle zu zersetzen und in nährstoffreichen Dünger umzuwandeln.

Wurmkompostierung ist besonders beliebt bei Stadtbewohnern, die keinen Platz für einen traditionellen Komposter besitzen.

Ein weiterer Trend in den USA ist die Verwendung von Komposttoiletten, welche keine Wasser – oder Chemikalienzufuhr verwenden und wandeln menschliche Abfälle in nährstoffreichen Dünger um. Komposttoiletten sind besonders beliebt bei Camping – und Outdoor – Enthusiasten sowie bei Menschen, die off grid leben.

Insgesamt ist die Kompostierung in den USA eine wachsende Bewegung, die von vielen Menschen unterstützt wird. Es gibt viele verschiedene Methoden und Anwendungen von Kompost, die dazu beitragen können, Abfall zu reduzieren und somit gleichzeitig den Boden zu verbessern.

Brasilien

In Brasilien gibt es eine lange Tradition in der Kompostierung, die aufgrund der hohen landwirtschaftlichen Aktivitäten im Land besonders wichtig ist. Dies stellt zugleich einen wichtigen Bestandteil der nachhaltigen Landwirtschaft und des Umweltschutzes dar.

Die Verwendung von Kompost in Brasilien ist vielfältig und reicht von der Düngung von Feldern bis hin zur Herstellung von Biokraftstoffen. Eine der bekanntesten Anwendungen von Kompost in Brasilien ist die Verwendung als Dünger. Durch die Verwendung von Kompost können Landwirte ihre Ernteerträge steigern und somit den Einsatz von chemischen Düngemitteln reduzieren.

Ein weiteres wichtiges Anwendungsgebiet von Kompost in Brasilien ist die Herstellung von Biokraftstoffen. Der Kompost wird hierbei als Substrat für die Produktion von Biogas verwendet, das dann zur Stromerzeugung genutzt wird. Diese Methode ist nicht nur umweltfreundlich, sondern auch wirtschaftlich sinnvoll, da sie es den Landwirten ermöglicht, ein zusätzliches Einkommen zu generieren.

Neben diesen beiden Anwendungsgebieten gibt es auch noch viele weitere Möglichkeiten, wie Kompost in Brasilien genutzt werden kann. So wird dieser insbesondere als Bodenverbesserer eingesetzt oder auch als Substrat für die Pilzzucht verwendet.

Insgesamt zeigt sich, dass die Kompostierung in Brasilien eine wichtige Rolle spielt und vielfältige Anwendungsmöglichkeiten bietet. Durch die

Verwendung von Kompost können nicht nur ökologische, sondern auch ökonomische Vorteile erzielt werden.

Chilenen

In Chile wird die Methode der Kompostierung immer beliebter, da sie erkannt haben, dass eine effektive Kompostierung nicht nur eine umweltfreundliche Möglichkeit ist den Abfall zu reduzieren, sondern auch eine Möglichkeit sich daraus ergibt, den Boden zu verbessern und somit bessere Ernten zu erzielen. Die Chilenen haben den Kompost auch als eine wertvolle Ressource erkannt, welche sich in der ökonomischen Bilanz des Landes sich positiv heraushebt und somit einen wichtigen Stellenwert in der Gesellschaft einnimmt.

Es gibt viele verschiedene Arten der Kompostierung, aber die häufigste Methode in Chile ist die Verwendung von organischen Abfällen wie Gemüse, Obstresten, Grünschnitt und viele weitere organische Materialien, welche in einen Grundstoff – Humus und dessen Einsatzbereich verwendet werden.

Die Chilenen verwenden den Kompost insbesondere auf den Feldern, in Gärten oder auch Parkanlagen und in Aufzuchtgebieten, wo guter Humus für Setzlinge benötigt wird. Durch die Zugabe von Kompost werden Nährstoffe in den Boden eingefügt, welche das Wachstum von Pflanzen fördert und eine Bodenstruktur erschaffen, welche vorhandene Schädlinge von den Jungpflanzen fern hält und diese sich optimal entwickeln können mit einem positiven Ernteertrag zu erreichen.

Der Kompost hilft auch maßgeblich dazu bei, Wasser im Boden zu speichern und somit die Trockenheit in den trockenen Regionen Chiles zu bekämpfen.

Es gibt auch einige Unternehmen in Chile, die sich auf die Herstellung von Kompost spezialisiert haben, welche organische Abfälle von Restaurants und Supermärkten sammeln und stellen daraus hochwertigen Kompost her.

Insgesamt zeigt sich, dass die Chilenen immer mehr Wert auf Nachhaltigkeit legen und die Kompostierung als eine Möglichkeit sehen, ihren Beitrag zur Reduzierung von Abfall und zum Umweltschutz zu leisten. Die positiven Auswirkungen auf die Landwirtschaft sind unübersehbar und helfen dabei, dem Boden eine höhere Qualität zu verleihen und diese durch reiche Erträge als Ergebnis der Bemühungen anzusehen.

Argentinien

In Argentinien gibt es eine wachsende Bewegung, die sich für die Kompostierung einsetzt und ihre Vorteile nutzt. Es gibt zahlreiche Gemeinschaftsgärten und städtische Landwirtschaftsprojekte, die Kompost verwenden, um gesunde Lebensmittel anzubauen.

In Buenos Aires gibt es sogar ein Gesetz, das die Kompostierung von organischen Abfällen vorschreibt. Ein Beispiel für die Verwendung von Kompost in Argentinien ist das Projekt – **Huerta Nino,**
Was von der Organisation – **Techo** – ins Leben gerufen wurde. Hier werden Kinder aus benachteiligten Stadtteilen in Buenos Aires in städtischer Landwirtschaft geschult und lernen wie man Gemüse anbaut und erntet.

Der Boden wird mit Kompost angereichert, um ein gesundes Pflanzenwachstum zu gewährleisten. Auch in der Landwirtschaft wird Kompost effektiv eingesetzt, um die Böden zu verbessern, die Bodenstruktur in verschiedenen Formen auszubringen, welche auf das jeweilige Saatgut abgestimmt ist und somit den Einsatz chemischer Düngemittel zu reduzieren.

Einige argentinische Bauern haben begonnen, ihre eigenen Komposthaufen anzulegen, um ihre Erträge zu steigern und gleichzeitig die Umweltbelastung zu reduzieren.

Insgesamt zeigt sich in Argentinien eine positive Entwicklung im Bereich der Kompostierung und deren Verwendung. Die Regierung unterstützt diese Bewegung durch Gesetze und Initiativen, während immer mehr Menschen auf lokaler Ebene aktiv werden.

Die Verwendung von Kompost trägt nicht nur zur Verbesserung der Boden-qualität bei, sondern auch zur Förderung einer nachhaltigen Landwirtschaft und zur Schaffung gesunder Lebensmittel.

Das Projekt – **Huerta Nino** – ist ein gemeinnütziges Unternehmen, das sich der Förderung von nachhaltiger Landwirtschaft und Umweltschutz ver-schrieben haben. Ein wichtiger Bestandteil ihrer Arbeit ist die Kompostie-rung von organischen Abfällen.

Hierbei handelt es sich um einen Prozess, bei dem biologisch abbaubare Materialien wie Obst- und Gemüsereste, Grünschnitt, Laub oder auch Tier-exkremente unter bestimmten Bedingungen zu wertvollen Dünger umge-wandelt werden. Durch die Kompostierung wird nicht nur Abfall vermie-den, sondern auch ein hochwertiger natürlicher Dünger geschaffen, welcher den Boden verbessert und somit eine gesunde Pflanzenentwicklung fördert.

Das Projekt – **Huerta Nino** setzt auf eine dezentrale Kompostierung, bei der die organischen Abfälle vor Ort in kleinen Mengen verarbeitet werden. Hierbei kommen spezielle Kompostbehälter zum Einsatz, die eine schnelle und geruchsfreie Kompostierung ermöglichen. Der fertige Kompost wird anschließend als Dünger in den eigenen Gärten und Feldern eingesetzt oder an lokale Landwirte verkauft.

Die Verwendung von Kompost hat zahlreiche Vorteile gegenüber her-kömmlichen Düngemitteln. So enthält er neben den wichtigen Nährstoffen auch viele Mikroorganismen, die das Bodenleben fördern und somit die Pflanzengesundheit verbessern.

Zudem trägt die Verwendung von Kompost zur Reduzierung von Treib-hausgasemissionen bei, da weniger synthetische Düngemittel eingesetzt werden müssen.

Insgesamt ist das Projekt – **Huerta Nino** – ein vielversprechendes Beispiel für nachhaltige Landwirtschaft und Umweltschutz. Durch die Kompostie-rung von organischen Abfällen wird nicht nur Abfall vermieden, sondern auch ein hochwertiger natürlicher Dünger geschaffen, der den Boden verbessert und somit eine gesunde Pflanzenentwicklung fördert und gleichzeitig zur Gesundung der Menschen erheblich beiträgt.

Mexikaner

Die Kompostierung ist ein wichtiger Prozess in der Abfallwirtschaft, welcher in Mexiko eine lange Tradition hat und sich über Jahrhunderte entwickelte und stets neu definiert und in seiner Art verfeinert wurde.

Die Mexikaner nutzen seit Jahrhunderten organische Abfälle, um daraus nährstoffreichen Kompost herzustellen, wobei die Zutaten wie auch woanders sich aus Abfällen, Laub, Grünschnitt, Tier Dung, als auch Kadaver genutzt werden. Auch Zuschlagstoffe wie Sand, Lehm und Erde werden zu einem speziellen Substrat verarbeitet und dem Kompost je nach Anwendung beigemischt.
Dieser wird dann auf Feldern und Gärten als Dünger und Wasserspeicher verwendet.
Eine Verwendung von Kompost ist in Mexiko weit verbreitet und wird von vielen als eine umweltfreundliche Alternative zu chemischen Düngemitteln angesehen.
Ein interessantes Beispiel für die Verwendung von Kompost in Mexiko ist ein Projekt mit dem Namen – **Eco Bordo** –.
Dabei handelt es sich um eine Methode zur Bodenverbesserung, die von den indigenen Gemeinden im Bundesstaat von Oaxaca entwickelt wurde. Hierbei wird ein flacher Damm aus Erde und Steinen gebaut, der dann mit Kompost gefüllt wird. Dieser Damm dient dazu, Regenwasser aufzufangen und den Boden zu bewässern. Auf diese Weise wird der Boden auf natürliche Weise gedüngt und somit die Bodenerträge um ein wesentliches gesteigert.
Das Projekt – **Eco Bordo** – ist eine Initiative die sich der Kompostierung und deren Verwendung widmet, wie bereits erwähnt. Diese Kompostierungsmethode, welche organische Abfälle in ertragreichen Humus umwan-

delt, ist nicht nur umweltfreundlich, sondern auch kosteneffektiv und insbesondere nachhaltig.

Eine wichtige Zielsetzung von – **Eco Bordo** –, ist die Förderung der Kompostierung und die Verwendung dessen als Düngemittel zu erhöhen, was bereits zahlreiche Erfolge erzielt hat.

In Zusammenarbeit mit lokalen Gemeinden wurden Kompostierungsanlagen errichtet, welche organische Abfälle sammeln und in wertvollen Kompost umzuwandeln. Der produzierte Kompost wird dann an lokale Landwirte und Gärtner verkauft, um ihre Ernten zu verbessern und somit ökologische Substanzen für die Gewinnung gesunder Produkte zu verwenden, wodurch sich die Ernten um ein wesentliches Verbessern. Darüber hinaus hat das Projekt Schulungen und Workshops für die Öffentlichkeit angeboten, um das Bewusstsein für die Vorteile für die Kompostierung herauszustellen und diese zu erhöhen, welche eine intensive Anwendung nach sich zieht. Eine weitere Herausstellung in diesem Projekt ist die Verwendung von Kompost als Düngemittel, als auch die Nutzung bestehender Ressourcen, gegenüber synthetischen Düngemitteln, enthält Kompost keine schädlichen Chemikalien und fördert das Wachstum von gesunden Pflanzen. Es stellt auch eine entscheidende Hilfe zur Bodenverbesserung dar, indem es Wasser zurückhält und die Bodenstruktur wesentlich verbessert. Insgesamt ist das Projekt – **Eco Bordo** – ein wichtiger Schritt in Richtung einer nachhaltigen Zukunft. Durch die Förderung der Kompostierung und der Verwendung von Kompost als Dünger, trägt diese Initiative dazu bei, die Umwelt zu schützen, diese zu Gesunden und somit eine nachhaltige Landwirtschaft zu fördern, was den Menschen im Besonderen zugutekommt.

Ein weiteres Beispiel für die Verwendung von Kompost in Mexiko und einer ökologischen Herangehensweise stellt das Projekt – **Compost Ciudadana** – dar. Hierbei handelt es sich um ein Programm der Stadtverwaltung von Mexiko – Stadt dar, welches darauf abzielt, organische Abfälle zu sammeln, um daraus Kompost herzustellen. Der produzierte Kompost wird dann an Landwirte und Gärtner verkauft oder kostenlos an Schulen und Gemeinden verteilt.

Insgesamt lässt sich sagen, dass die Kompostierung und deren Verwendung in Mexiko eine lange Tradition hat und vielen als umweltfreundliche Alternative zu chemischen Düngemitteln angesehen wird.

Es gibt zahlreiche Projekte und Initiativen, die sich mit der Herstellung von Kompost beschäftigen und dessen Verwendung gezielt fördern. Die Mexikaner haben erkannt, dass die Kompostierung ein wichtiger Beitrag zur Nachhaltigkeit und zum Umweltschutz ist.

Grönland

Die Kompostierung hat eine lange Geschichte in Grönland, die bis in die Zeit der Inuit zurückreicht. Das Volk der Inuit nutzten traditionell Tier Dung und Pflanzenreste als Dünger für ihre Gärten und Felder. Die Grönländer haben seit Jahrhunderten auf eine nachhaltige Art und Weise eine effiziente und gesunde Kompostierung betrieben. In der rauen und kargen Landschaft von Grönland war es für die Menschen notwendig, alle Ressourcen sorgfältig zu nutzen und Abfallprodukte zu recyceln. Die traditionelle Methode der Kompostierung bestand darin, organische Abfälle wie Fischreste, Tierknochen und Pflanzenreste in Gruben oder Erdlöchern zu werfen. Dies wurde dann mit Erde bedeckt und konnten somit langsam verrotten.

Die entstehende Erde wurde dann als Dünger für den Anbau von Gemüse und Obst verwendet. Eine weitere Methode der Kompostierung bestand darin, Tier Kot zu sammeln und in spezielle Behältern aufzubewahren, um ihn später als Dünger zu verwenden. Dies war besonders wichtig für die Renntierzucht, da der Kot dieser Tiere reich an Nährstoffen ist.

Die Grönländer haben auch ihre eigenen Methoden entwickelt, um den Boden fruchtbarer zu machen. Zum Beispiel haben sie Knochenmehl und Fischabfälle direkt in den Boden eingearbeitet, um ihn mit Nährstoffen anzureichern. Auch haben sie Seetang gesammelt und als Dünger verwendet.

Insgesamt haben die Grönländer durch ihre traditionelle Kompostierungsmethode gezeigt, dass sie ein tiefes Verständnis für die Bedeutung von

Nachhaltigkeit und Umweltschutz haben. Heute wird diese Methode immer noch von einigen Gemeinden praktiziert, während andere auf modernere Methoden umgestiegen sind.

Mit der Ankunft der Europäer im 18. Jahrhundert wurden jedoch neue landwirtschaftliche Praktiken eingeführt, welche die Verwendung von Chemikalien und Kunstdüngern beinhalteten. Dies führte dazu, dass die traditionelle Kompostierung in Grönland allmählich in Vergessenheit geriet. In den letzten Jahren hat sich jedoch ein wachsendes Bewusstsein für die Bedeutung der Nachhaltigkeit und des Umweltschutzes entwickelt, was zu einem erneuten Interesse an der Kompostierung geführt hat. Einige Gemeinden haben begonnen, Kompostierungsprogramme zu implementieren, um organische Abfälle wie Lebensmittelreste und Gartenabfälle zu recyceln und als Dünger für Gärten und Felder zu verwenden.

Ein Beispiel dafür ist die Stadt Nuuk, die seit 2013 ein Kompostierungsprogramm betreibt. Die Stadt sammelt organische Abfälle von Haushalten und Unternehmen und kompostiert sie auf einem zentralen Gelände außerhalb der Stadt.

Der fertige Kompost wird dann an lokale Landwirte verkauft oder zur Düngung von öffentlichen Grünflächen verwendet.

Obwohl die Kompostierung in Grönland noch nicht weit verbreitet ist, gibt es Anzeichen für eine wachsende Nachfrage nach dieser nachhaltigen Praxis. Mit der Unterstützung von Regierungsbehörden und lokalen Gemeinden könnte die Kompostierung in Grönland zu einem wichtigen Instrument für den Umweltschutz und der Nachhaltigkeit werden.

FAZIT

Dieser Streifzug durch verschieden Kulturen der menschlichen Entwicklungsgeschichte und die bestehenden Parallelen in der Art und Weise einer effektiven und Bedeutungsvollen, als auch gezielten Einsatzes von organischen Materialien in der Kompostierung, stellt die Erfordernisse als auch die Effizienz einer Gesellschaft heraus. Es ist nicht nur eine Frage einer effizienten Abfallbeseitigung, sondern auch als ein nutzbringendes Potenzial für ein gesellschaftliches Überleben und gesunden Lebensweise jedes einzelnen in der Gesellschaft lebenden Individuums dar.

Die Kompostierung ist nicht nur eine Praxis, welche seit Jahrhunderten, ja seit Jahrtausenden angewendet wird, sondern von vielen Kulturen und Völkern auf der ganzen Welt praktiziert wird.

Es ist nicht nur ein Prozess, bei dem organische Abfälle in nährstoffreichen Boden umgewandelt wird, sondern ist auch eine entscheidende Grundlage einer wirtschaftlichen und Gesunden Ackerbauwirtschaft, welche sich zum einen auf die Erträge, als auch auf die Menschen selbst und somit im gesamtgesellschaftlichen Maßstab widerspiegelt.

Die Art und Weise, wie verschiedene Kulturen und Völker das Kompostieren praktizieren, kann uns viel darüber sagen, wie sie ihre Umwelt und Ressourcen nutzen.

Es zieht sich wie ein roter Faden durch die Menschheitsgeschichte, wo die Kompostierung als eine wichtige Lebensgrundlage gesehen wird, um somit die eigene Existenz gesichert, als auch die Gesellschaft zu entwickeln, zu Stärken und des Wohlstandes beiträgt.

Die Kompostierung ist eine uralte Methode der Abfallentsorgung und Bodenverbesserung, die seit Jahrtausenden praktiziert wird, sich stets weiterentwickelt und deren Anwendungsbereiche sich stetig erweitern. Der rote Faden dieser Geschichte des Kompostierens ist die Erkenntnis, dass organische Abfälle wertvolle Nährstoffe enthalten, die durch den Prozess der Kompostierung zurück in den Boden gebracht werden können.

Die ältesten Aufzeichnungen über die Verwendung von Kompost stammen aus dem antiken China, wo bereits im 4. Jahrhundert v.Chr. Anweisungen zur Herstellung von Kompost gegeben wurden. Im Mittelalter wurde die Kompostierung g in Europa als wichtige Methode zur Verbesserung der Bodenqualität genutzt, um den Ertrag von Feldern zu steigern und die Ausbreitung von Krankheiten zu verhindern.

Im 19. Jahrhundert wurde die Bedeutung der Kompostierung erneut erkannt und führte zur Entwicklung moderner Technologien zu dessen Herstellung und einer gezielten Anwendung.

Heute stellt die Kompostierung eine wichtige Methode zur Abfallentsorgung und Bodenverbesserung auf der ganzen Welt dar und wird von vielen Regierungen gefördert, um somit eine nachhaltige Zukunft zu schaffen.

In vielen asiatischen Ländern wird das Kompostieren als Teil der täglichen Routine betrachtet. In Japan, wird beispielsweise eine lange Tradition des – Bokashi –Kompostierens, bei dem organische Abfälle in einem luftdichten Behälter fermentiert werden, gepflegt. In Indien wird das Kompostieren als Teil der religiösen Praktiken angesehen, da es als eine Möglichkeit der Reinigung und Erneuerung des Bodens angesehen wird.

Europa hat bei dem Kompostieren ebenfalls eine lange Geschichte. In den ländlichen Gebieten wurde es oft als Mittel zur Verbesserung der Bodenqualität und zur Steigerung der landwirtschaftlichen Produktion eingesetzt. Heute wird es auch von vielen städtischen Gemeinden als Mittel zur Abfallbeseitigung und zur Schaffung von gesunden Böden in städtischen Gärten und Parks genutzt.

Die Betrachtung verschiedener Kulturen und Völker im Hinblick auf das Kompostieren zeigt uns, dass es eine universelle Praxis ist, die auf der ganzen Welt genutzt wird. Es zeigt uns auch, dass es viele verschiedene Möglichkeiten gibt, das Kompostieren zu praktizieren, je nach den Bedürfnissen und Ressourcen einer bestimmten Gemeinschaft.

Aus diesen Erkenntnissen können wir den Schluss ziehen, dass das Kompostieren eine wichtige Rolle bei der Schaffung nachhaltiger Gemeinschaften spielt. Es kann dazu beitragen, Abfall zu reduzieren, gesunde Böden zu schaffen und die landwirtschaftliche Produktion zu steigern.

Durch die Betrachtung der verschiedenen Methoden des Kompostierens können wir auch lernen, wie wir diese Praxis in unserer eigenen Gemeinschaft integrieren können, um eine nachhaltige Zukunft zu schaffen.

Island und die Geothermie

Die Geschichte der Kompostierung in Island geht zurück auf die Zeit der Ureinwohner, den Wikingern. Diese nutzten bereits vor über 1000 Jahren die Vorteile von Kompost, um ihre Felder fruchtbar zu machen. Dabei wurde organisches Material wie Tier Dung, Pflanzenreste und Fischabfälle auf einem Haufen gesammelt und durch regelmäßiges Wenden zu einem nährstoffreichen Humus verarbeitet. Dieser wurde dann auf den Feldern verteilt und sorgte für eine bessere Ernte.

Auch heute noch wird in Island viel Wert auf Nachhaltigkeit und Umweltschutz gelegt, was sich auch in der Kompostierung widerspiegelt. Die meisten Haushalte haben eigene Komposthaufen oder nutzen öffentliche Sammelstellen, um ihre organischen Abfälle zu entsorgen. Auch in der Landwirtschaft wird vermehrt auf Kompost gesetzt, um den Einsatz von chemischen Düngemitteln zu reduzieren.

Die Kompostierung in Island ist ein wichtiger Bestandteil der nachhaltigen Landwirtschaft und Abfallwirtschaft des Landes. Island ist bekannt für seine vulkanische Landschaft und sein raues Klima, was die Kompostierung zu einer Herausforderung macht.

Dennoch hat das Land eine erfolgreiche Methode entwickelt, um organische Abfälle in wertvollen Kompost umzuwandeln. Die Kompostierung in Island erfolgt hauptsächlich durch die Verwendung von Geothermie. Die geothermischen Quellen des Landes werden genutzt, um Abfall zu erhitzen, damit dieser schneller Abgebaut werden kann. Der Prozess beginnt mit der Trennung von organischen Abfällen wie Lebensmittelresten, Gartenabfälle und Papierprodukten. Diese Materialien werden dann in spezielle Kompostbehälter gegeben, die in der Nähe von geothermischen Quellen platziert werden. Die Hitze der geothermischen Quellen beschleunigt den Abbau der organischen Materialien und fördert das Wachstum von Mikroorganismen, die den Kompostprozess unterstützen. Die Kompostbehälter werden regelmäßig gewendet, um sicherzustellen, dass alle Materialien gleichmäßig abgebaut werden.

Ein weiterer Vorteil der Verwendung von Geothermie bei der Kompostierung ist die Reduzierung von Treibhausgasemissionen. Durch die Verwendung von erneuerbaren Energien wird vermieden, dass fossile Brennstoffe zur Erhitzung des Abfalls verwendet werden müssen.

Insgesamt ist zu sagen, dass Island eine erfolgreiche Methode zur Kompostierung entwickelt hat, die auf erneuerbarer Energie basiert und die Umweltbelastung reduziert. Die Verwendung von Geothermie hat sich als eine effektive Methode erwiesen, um organische Abfälle in wertvollen Kompost umzuwandeln und gleichzeitig die Umwelt zu schonen.

Somit zeigt es sich, dass die geschichtliche Kompostierung in Island bis heute eine wichtige Rolle spielt und von den Ureinwohnern bereits vor langer Zeit erfolgreich praktiziert wurde.

Durch die Anwendung von Geothermie in Island, stellt dies einen wertvollen, ja, unschätzbaren Beitrag dar, um den ökologischen Fußabdruck auf unseren Planeten zu reduzieren und ist als eine wahre Pionierleistung anzusehen. Dies kann als Beispiel für viele Länder unserer Erde gesehen werden, das ökologische Gleichgewicht aufrechtzuerhalten, die Natur zu schützen und somit die Artenvielfalt auf der Erde zu bewahren.

Freude an der Gartenarbeit

Gartenarbeit kann für viele Menschen eine stressige und mühsame Aufgabe sein, jedoch gibt es auch viele, die Freude daran finden und dies Genießen in der Natur zu sein und physisch Tätig zu sein. Es ist ein Gefühl von Entspanntheit, wo die Gedanken zu neuen Horizonten eilen, eine wahre Quelle der Inspiration mit der Sicht in neue Gedankenwelten, die begleitet durch den Gesang der Vögel und der Tiere herbeieilen.

Es gibt verschiedene Möglichkeiten, wie man Freude an der Gartenarbeit haben kann. Eine dieser ist, sich auf die Schönheit und der Ruhe des Gartens zu konzentrieren. Wenn man den Ort als Entspannung betrachtet, kann man die Arbeit als angenehme Tätigkeit sehen und diese auch wahrnehmen.

Ein weiterer Aspekt des Wohlfühlens ist darauf gerichtet, sich auf das Wachstum und die Entwicklung der Pflanzen zu konzentrieren. Wenn man beobachtet, wie die Pflanzen wachsen und gedeihen, kann man ein Gefühl von Stolz und Erfüllung empfinden.

Auch das Ernten von Obst und Gemüse kann ein erfreuliches Erlebnis sein. Es besteht auch die Möglichkeit, die Gartenarbeit als kreativen Ausdruck zu sehen mit dem Blick des geistigen Auges einer zukünftigen Gestaltung, welche als Impuls zur Realität werden lässt.

Die Gestaltung des Gartens ist ein Ausdruck von Persönlichkeit und Individualismus in seiner gesamten Freiheit, wie auch das Experimentieren mit verschiedenen Pflanzen und Farben in deren Vielfalt und somit Spaß und Freude dabei bereitet.

Die körperlichen Aktivitäten in physischer Form sieht man nicht mehr als Arbeit, sondern Empfindet diese als Erholung für Körper und Seele. Es ist eine Möglichkeit aktiv zu sein und somit neue Kraft zu schöpfen.

Zusammenfassend lässt sich sagen, dass es viele Variationen gibt, wie man Wohlbefinden, Ruhe und Zufriedenheit in der erfüllenden Gartentätigkeit haben kann. Der Blick auf die Schönheit des Gartens, den Wachstum der Pflanzen zusehen kann, den kreativen Aspekt betont oder einfach nur körperlich aktiv ist, kann man diese Tätigkeit als angenehm empfinden.

Der Grüne Daumen

Der Grüne Daumen ist ein Begriff, der im Zusammenhang mit dem Gärtnern und der Pflanzenpflege verwendet wird. Er beschreibt die Fähigkeit, Pflanzen erfolgreich anzubauen und diese zu pflegen.
Menschen mit einem grünen Daumen haben ein besonderes Gespür für Pflanzen und wissen, wie man sie am besten behandelt, um ihre Gesundheit und ihr Wachstum zu fördern. Sie können oft intuitiv erkennen, welche Pflanzen an welchen Ort am besten gedeihen und welche Pflege diese benötigen.

Ein grüner Daumen kann durch Erfahrung erworben werden, aber auch durch eine gezielte Ausbildung oder Schulung stattfinden. Es gibt viele Tipps und Tricks, die dabei helfen können, den grünen Daumen zu entwickeln und zu verbessern. Dazu gehören beispielsweise das richtige Gießen, Düngen und Beschneiden von Pflanzen, sowie die Wahl des richtigen Standortes und des Bodens.

Es ist wichtig zu betonen, dass jeder einen grünen Daumen entwickeln kann, jedoch bedarf es ein wenig Geduld, Übung und Engagement. Auch wenn manche Menschen von Natur aus talentierter sind als andere, gibt es viele Ressourcen und Unterstützung für angehende Gärtnerinnen und Gärtner, dies zu erlangen. Ob man nun einen Balkon oder Garten hat, das Gärtnern kann eine lohnende und entspannende Aktivität sein, die nicht nur schöne Pflanzen hervorbringt, sondern auch dazu beitragen kann, unsere Umwelt zu schützen und diese ökologisch mit sichtbarer Nachhaltigkeit zu gestalten.

Kompost und Rotte

Kompost und Rotte sind zwei Begriffe, die oft in Zusammenhang mit der Entsorgung von organischen Abfällen verwendet werden. Beide Prozesse dienen dazu, aus organischen Materialien wie Gartenabfällen oder Küchenabfällen wertvolle Nährstoffe für den Boden zu gewinnen.

Doch was genau ist der Unterschied zwischen Kompost und Rotte?
Grundsätzlich handelt es sich bei beiden Verfahren um biologische Abbauprozesse von organischen Materialien. Bei der Rotte wird das Material in einem Haufen oder einer Grube abgelagert und durch Mikroorganismen zersetzt. Dabei entsteht Wärme, die den Abbau beschleunigt. Die Rotte ist ein aerobes Verfahren, das heißt, es findet unter die Zufuhr von Sauerstoff statt. Beim Kompostieren spielt die sogenannte Rotte eine entscheidende

Rolle. Dabei handelt es sich um den biologischen Prozess, bei dem organische Abfälle unter Einfluss von Mikroorganismen zersetzt werden. Eine Rotte ist also eine Ansammlung von organischen Materialien wie Gartenabfälle, Küchenabfällen oder auch Tiermist, die in einem Komposthaufen oder einem Komposter zusammengeführt werden und dort unter bestimmten Bedingungen zu Humus umgewandelt werden.

Eine erfolgreiche Rotte hängt von verschiedenen Faktoren ab, wie beispielsweise der Feuchtigkeit, der Belüftung und der Temperatur. Wichtig ist auch das richtige Verhältnis von Kohlenstoff- und Stickstoffanteilen im Komposthaufen, denn nur so können die Mikroorganismen effektiv arbeiten und den Abbau der organischen Materialien vorantreiben.

Eine gut funktionierende Rotte ist also essenziell für die Herstellung von hochwertigem Kompost, der als Dünger für Pflanzen genutzt werden kann. Im Gegensatz zur Rotte wird Kompost in einem geschlossenen Behälter oder auf einem Komposthaufen unter Luftabschluss durch Bakterien und Pilze abgebaut. Hierbei handelt es sich um einen anaeroben Prozess, bei dem keine Luftzufuhr benötigt wird.

Ein weiterer Unterschied zwischen Kompost und Rotte besteht darin, dass bei der Rotte oft auch tierische Abfälle wie Fleisch oder Knochen verarbeitet werden können, während diese beim Kompostieren vermieden werden sollten. Über die Verwendung von Knochen, Fleisch und Fischreste, werde ich in einem gesonderten Abschnitt zu sprechen kommen, da es dabei einiges zu beachten gilt.

Trotz dieser Unterschiede haben Kompost und Rotte auch Gemeinsamkeiten. Beide Verfahren dienen dazu, aus organischen Abfällen wertvolle Nährstoffe für den Boden zu gewinnen und somit wird eine nachhaltige Bewirtschaftung des Gartenbodens geschaffen, was sich letztlich in den Erträgen widerspiegelt.

Selbstversorger

Gärten haben seit jeher eine wichtige Rolle bei der Selbstversorgung gespielt. Sie bieten die Möglichkeit, Obst und Gemüse anzubauen, Kräuter zu ernten und sogar Hühner oder Bienen zu halten. Dabei gibt es zahlreiche Vorteile, aber auch einige Nachteile.

Ein großer Vorteil des eigenen Gartens ist die Unabhängigkeit von Lebensmittelgeschäften, da durch den Anbau von Obst und Gemüse sich selbst versorgt und somit unabhängiger von den Preisen und Angeboten im Supermarkt sein kann.

Zudem weiß man genau, woher das Essen kommt und wie es angebaut wurde. Das schafft ein gutes Gefühl und fördert das Bewusstsein für Nachhaltigkeit.

Ein weiterer Vorteil ist die Frische der Produkte, da Obst und Gemüse aus dem eigenen Garten oft viel frischer sind als gekaufte Produkte, welchen einen erheblichen Transportweg und Umladungen hinter sich gebracht haben, aber auch die eigene Ernte enthält mehr Nährstoffe. Auch der Geschmack ist oft intensiver und aromatischer durch die direkte Entnahme vom Strauch oder Beet, da diese dann auch direkt verarbeitet werden, oder auch an der Erntestelle direkt verspeist werden, kommt es zu keinem Qualitätsverlust.

Allerdings gibt es auch Nachteile beim Eigenanbau von Lebensmitteln. Zum einen benötigt man viel Zeit und Arbeit, um den Garten zu Pflegen und zu bewirtschaften. Zum anderen kann es schwierig sein, genug Platz für den Anbau von Obst und Gemüse zu finden, insbesondere in städtischen Gebieten.

Zudem kann der Garten auch anfällig für Schädlinge und Krankheiten sein, was den Ertrag mindern kann. Auch das Wetter spielt eine wichtige Rolle, da bei zu viel Regen oder Hitze können Pflanzen schnell absterben oder schlecht wachsen. Um diesen negativen Faktoren entgegenzuwirken, kommt hier der wertvolle Kompost ins Spiel, welcher gegen entstehende Krankheiten, zu viel Hitze vor allem entgegenwirkt.

Insgesamt bietet der eigene Garten viele Vorteile bei der Selbstversorgung, aber auch einige Herausforderungen, welche es zu Meistern gilt. Wer jedoch Zeit und Arbeit investiert, kann sich über, frische und gesunde Lebensmittel freuen und gleichzeitig etwas für die Umwelt leisten.

Worin besteht die Bedeutung von Kompost für Selbstversorger?

Kompost ist ein wichtiger Bestandteil für jeden Selbstversorger, da er als natürlicher Dünger dient und die Bodenqualität entscheidend verbessert, was wiederum zu einer höheren Ernte führt. Durch das Kompostieren von organischen Abfällen wie Gemüsereste, Gras, Obstreste oder Laub und Gartenabfällen wird eine nachhaltige Kreislaufwirtschaft geschaffen. Der selbst hergestellte Kompost enthält viel Nährstoffe, die den Pflanzen zugutekommen.

Im Gegensatz zu chemischen Düngemitteln belastet er weder den Boden noch das Grundwasser mit schädlichen Stoffen oder verursacht keine unerwünschten Nebeneffekte wie Überdüngung.

Ein weiterer Vorteil des Komposts ist seine Kostenersparnis im Vergleich zum Kauf von teuren Düngemitteln aus dem Handel. Außerdem kann man sicher sein, dass der eigene Kompost frei von Pestiziden und anderen Schadstoffbelastungen ist.

Denn im Gegensatz zu chemischen Düngemitteln belastet Kompost weder den Boden noch das Grundwasser mit schädlichen Stoffen. Jeder Selbstversorger, der seinen ökologischen Fußabdruck reduzieren und einen aktiven Beitrag zum Umweltschutz leisten möchte, sollte auf die Bedeutung eines eigenen Komposts nicht verzichten. Denn Kompost ist nicht nur ein natürlicher Dünger, sondern auch ein Symbol für eine nachhaltige Kreislaufwirtschaft und eine gesunde Ernährung. Kompost und Selbstversorger sind Themen, die in den letzten Jahren immer mehr an Bedeutung gewonnen haben. Immer mehr Menschen möchten sich selbst versorgen und unabhängiger von Supermärkten und der Industrie werden. Dabei spielt Kompost eine wichtige Rolle, denn er ist eine natürliche Möglichkeit, Nährstoffe für den Garten oder Balkon zu gewinnen.

Durch das Verrotten von organischen Abfällen entsteht wertvoller Humus, der den Boden auf natürliche Weise düngt und verbessert.

Selbstversorger setzen auf eine nachhaltige Lebensweise und möchten ihren ökologischen Fußabdruck reduzieren. Sie bauen ihr eigenes Gemüse und Obst an, halten Hühner oder Bienen, auch teilweise Hasen, wo dies gestattet ist und nutzen alternative Energiequellen.

Dabei geht es nicht nur um die Versorgung mit Nahrungsmitteln, sondern auch um ein bewusstes Leben im Einklang mit der Natur.

Kompost hat für Selbstversorger eine große Bedeutung, da er ein wichtiger Bestandteil der natürlichen Bodenverbesserung und dessen Düngung ist.

Durch die Verwendung von Kompost können Selbstversorger ihre eigenen organischen Abfälle recyceln und in nährstoffreichen Dünger umwandeln, der den Boden auf natürliche Weise verbessert und das Wachstum gesunder Pflanzen fördert.

Darüber hinaus kann Kompost auch dazu beitragen, den Wasserbedarf zu reduzieren und die Bodenstruktur zu verbessern, was wiederum zur Erhaltung einer gesunden Umwelt beiträgt. Für viele Selbstversorger ist der Kompost daher ein unverzichtbares Element ihrer nachhaltigen Lebensweise. Wer auf eine gesunde Ernährung Wert legt und gleichzeitig seinen ökologischen Fußabdruck reduzieren möchte, sollte nicht auf die Bedeutung eines eigenen Komposts verzichten.

Die Bedeutung von Kompost und Selbstversorgern liegt vor allem in der Nachhaltigkeit. Durch die Nutzung von Kompost wird kein künstlicher Dünger benötigt, der oft mit hohen Kosten und Umweltbelastungen verbunden ist. Selbstversorger tragen dazu bei, dass weniger Lebensmittel verschwendet werden und dass die Transportwege für Nahrungsmittel reduziert werden können.

Insgesamt ist die Stellung von Kompost und Selbstversorgern in unserer Gesellschaft noch relativ gering, aber sie gewinnen zunehmend an Bedeutung. Es gibt immer mehr Initiativen und Projekte, die sich für eine nachhaltige Lebensweise einsetzen und Menschen dazu ermutigen, selbst aktiv zu werden. Auch im Bereich der Politik wird das Thema immer wichtiger, denn es geht um die Zukunft unserer Umwelt und unserer Gesellschaft.

Gartenarbeit aus medizinischer Sichtweise

Wer gerne im Garten arbeitet, kennt das Problem, dass nach stundenlangen Bücken und Knien, schmerzt der Rücken. Doch es gibt Möglichkeiten, um Rückenschonender zu arbeiten und dennoch ein schönes Ergebnis zu erzielen.
Eine Möglichkeit ist die Verwendung von ergonomischen Werkzeugen wie beispielsweise einem langstieligen Unkraut -stecher oder einer Gartenschere mit einer gebogenen Klinge.
Diese Werkzeuge ermöglichen eine aufrechte Haltung und Entlasten somit den Rücken. Auch das Arbeiten in erhöhten Beeten oder das Anlegen von Hochbeeten kann eine Alternative sein, um das Bücken zu vermeiden. Hierbei sei gesagt, dass es, wenn erforderlich es besser ist zu Knien als sich zu beugen.
Des Weiteren kann auch das Tragen eines speziellen Rückenstützgürtels oder das Aufwärmen vor der Gartenarbeit dazu beitragen, um langfristig Gesund und schmerzfrei arbeiten zu können.

Eine weitere Möglichkeit ist das Verwenden von Knieschonern oder einer Knieschutzmatte beim Arbeiten auf dem Boden. So wird der Druck auf die Knie reduziert und Schmerzen vermieden. Zusätzlich kann auch ein regelmäßiges Dehnen vor und nach der Gartenarbeit helfen, Verspannungen im Rückenbereich zu lösen. Auch Pausen sollten regelmäßig eingelegt werden, um den Körper zu entlasten.

Gartenarbeit ist eine beliebte Freizeitbeschäftigung, die nicht nur für die Schönheit des Gartens sorgt, sondern auch zahlreiche gesundheitliche Vorteile bietet. Aus medizinischer Sicht ist Gartenarbeit eine Form der körperlichen Aktivität, die dazu beiträgt, die allgemeine Gesundheit und das Wohlbefinden zu verbessern.

Durch das Jäten, Pflanzen und Ernten von Gemüse und Obst werden Muskelgruppen im ganzen Körper beansprucht und gestärkt. Es ist auch eine Möglichkeit, Stress abzubauen und den Geist zu beruhigen, da es eine entspannende und meditative Aktivität sein kann.

Auch kann die Gartenarbeit dazu beitragen, das Risiko von Herz-Kreislauf-Erkrankungen zu reduzieren, indem es den Blutdruck senkt und das Colesterinprofil verbessert. Es kann auch helfen, das Risiko von Diabetes zu reduzieren, indem es den Blutzuckerspiegel reguliert und die Insulinsensitivität verbessert. Darüber hinaus kann Gartenarbeit dazu beitragen, das Immunsystem zu stärken und Entzündungen im Körper zu reduzieren.

Es gibt jedoch auch einige potenzielle gesundheitliche Risiken bei der Gartenarbeit. Zum Beispiel können Allergien oder Asthma durch Pollen oder Schimmel in der Luft ausgelöst werden.

Es ist wichtig, sich vor Sonnenbrand zu schützen und ausreichend Wasser zu trinken, um Dehydrierung zu vermeiden. Darüber hinaus können Verletzungen wie Schnitte oder Prellungen auftreten, wenn man mit Werkzeugen oder scharfen Gegenständen arbeitet.

Insgesamt ist Gartenarbeit eine großartige Möglichkeit, körperlich aktiv zu sein und gleichzeitig den Geist zu beruhigen. Es bietet zahlreiche gesundheitliche Vorteile und kann eine lohnende und befriedigende Aktivität sein. Es ist jedoch wichtig, sich bewusst zu sein, potenzielle Risiken zu minimieren und sicherzustellen, dass man angemessene Schutzmaßnahmen ergreift.

Tetanus

Die Gartenarbeit ist für viele Menschen ein schöner Ausgleich zum Alltagsleben und Beruf, als auch ein Ort der Erholung und Entspannung. Doch während man sich im Garten entspannt und die Natur genießt, gibt es auch Risiken, die man nicht außer Acht lassen sollte. Eine davon ist Tetanus, auch bekannt als Wundstarrkrampf. Tetanus ist eine schwere Infektionskrankheit, die durch Bakterien verursacht wird und zu Muskelkrämpfen und Atemproblemen führen kann. Die Bakterien befinden sich oft in der Erde und können durch offene Wunden in den Körper gelangen.

Deshalb ist es wichtig, dass jeder, der regelmäßig im Garten arbeitet, über eine aktuelle Tetanusimpfung verfügt. Die Impfung schützt vor einer Infektion und sollte alle zehn Jahre aufgefrischt werden. Wenn man sich verletzt hat, sollte man sofort einen Arzt aufsuchen, um sicherzustellen, dass die Wunde richtig behandelt wird und um gegebenenfalls eine Tetanusimpfung zu erhalten.

Es gibt jedoch auch einige Vorsichtsmaßnahmen, die man ergreifen kann, um das Risiko einer Tetanusinfektion zu minimieren. Dazu gehören das Tragen von Handschuhen und festem Schuhwerk während der Gartenarbeit sowie das Reinigen von Werkzeugen und Geräten nach dessen Gebrauch. Auch das Vermeiden von offenen Wunden und das Desinfizieren von Schnitten oder Kratzern können helfen, das Risiko einer Infektion zu reduzieren.

Insgesamt ist es also ratsam, sich gegen Tetanus impfen zu lassen, insbesondere wenn man regelmäßig im Garten arbeitet. Durch einfache Vorsichtsmaßnahmen kann man jedoch auch das Risiko einer Infektion minimieren und die Freude an der Gartenarbeit unbeschwert genießen.

Was ist zu beachten, wenn Kinder im Garten sind?

Gärten sind für Kinder ein wunderbarer Ort zum Spielen, Entdecken und Lernen. Allerdings gibt es auch einige Dinge zu beachten, um die Sicherheit der Kinder im Garten zu gewährleisten. Zunächst sollten scharfe Gartengeräte und andere für Kinder gefährliche Gegenstände wie zum Beispiel Kettensägen, dem direkt Zugriff, entzogen werden. Auch Chemikalien wie Putzmittel oder Sprays für Auto, Fahrrad oder auch Öle für Gartengeräte wie Kettensägen Öl und Bohr Öl, sollten verschlossen sein oder außerhalb der Reichweite aufbewahrt werden. Es ist auch wichtig, dass der Garten ausreichend eingezäunt ist, um zu verhindern, dass Kinder spontan beim Spiel auf die Straße gelangen. Wenn es einen Teich oder Pool im Garten gibt, sollten diese ebenfalls gesichert sein. Um Stürze zu vermeiden, sollten Wege und Treppen rutschfest sein und keine Hindernisse aufweisen.

Pflanzen mit giftigen Beeren oder Blättern sollten vermieden werden und es sollte darauf geachtet werden, dass Kinder keine Pflanzen essen oder sich daran verletzen können wie zum Beispiel an der Stachelbeere oder auch an Rosensträuchern. Eine weitere wichtige Sache ist die Aufsicht der Kinder im Garten. Eltern sollten immer in der Nähe sein und den Sichtkontakt pflegen, um Unfälle zu vermeiden und bei Bedarf schnell reagieren und eingreifen zu können. Wenn diese Punkte beachtet werden, kann der Garten ein sicherer und glücklicher Ort für Kinder sein, um ihre Freizeit zu genießen.

Wie kann ich mich vor starker Sonneneinstrahlung im Garten schützen?

Die Verwendung von Sonnenschutz im Garten ist ein wichtiges Thema, da die Sonne nicht nur angenehme Wärme und Licht bringt, sondern auch gefährliche UV-Strahlen. Diese können zu Hautschäden und sogar zu Hautkrebs führen. Viele Menschen sind sich dieser Gefahr bewusst und greifen daher zu Sonnenschutzmitteln für die Haut.

Doch wie steht es um den Schutz im Garten selbst?

Eine Möglichkeit den Garten und sich selbst vor der Sonne zu schützen, ist die Verwendung von Sonnensegeln oder eines Sonnenschirmes. Diese bieten nicht nur Schutz vor UV-Strahlen, sondern auch vor Hitze und Regen. Es gibt sie in verschiedenen Größen und Farben, sodass sie sich gut in das Gartenambiente einfügen lassen.

Eine weitere Möglichkeit sind Pflanzen, welche einen natürlichen Schatten spenden. Bäume wie Ahorn oder Eiche bieten nicht nur Schutz vor der Sonne, sondern sind auch ein schöner Blickfang im Garten. Auch Kletterpflanzen wie Wein können als Sichtschutz und Schattenspender dienen.

Es ist jedoch wichtig zu beachten, dass nicht alle Pflanzen für jeden Garten geeignet sind. Einige benötigen viel Platz und Pflege, während andere schnell wuchern und den Garten verwachsen lassen, was mit erheblichem Aufwand zu korrigieren ist.

Zusätzlich zum Sonnenschutz für den Garten sollte auch darauf geachtet werden, dass ausreichend Wasser zur Verfügung steht. Besonders in heißen Sommermonaten kann es schnell zu Trockenheit kommen, was nicht nur den Pflanzen schadet, sondern auch die Brandgefahr erhöht.

Insgesamt ist es wichtig, den Garten als einen Ort der Erholung und Entspannung zu betrachten und ihn entsprechend zu schützen. Mit der richtigen Wahl von Sonnenschutz und Pflanzen kann jeder Garten zu einem angenehmen und sicheren Ort werden.

Ideen für den Garten

Gärtnern ist eine wunderbare und erfüllende Tätigkeit, um der Natur nahe zu sein und gleichzeitig einen schönen Außenbereich zu schaffen. Wenn es darum geht, Ihren Garten zu gestalten, gibt es auch hier viele Möglichkeiten dies umzusetzen, wie Sie Bäume, Sträucher und Beete mit einbeziehen können.

Eine großartige Idee ist es, Bäume als Schattenspender und auch als Blickfang, wenn es die Größe des Gartens es zulässt, auch jenen als Solitär zu präsentieren.
Wählen Sie Bäume aus, die gut in Ihr Klima passen und auch die richtige Größe haben, um den Raum nicht zu überwältigen.

Sträucher sind auch eine hervorragende Wahl für Ihren Garten, da Sie Farbe und Textur hinzufügen können. Wählen Sie Sträucher aus, die blühen oder Früchte tragen, um zusätzliche Schönheit und Nutzen zu bieten.
Ein weiterer wichtiger Aspekt des Gärtners ist das Anlegen von Beeten. Diese können mit einer Vielzahl von Blumen und Pflanzen gefüllt werden, damit Farbe und Duft den Garten belebt und es somit zu einem wichtigen Beitrag für die Insektenwelt darstellt.

Verwenden Sie verschiedene Höhen und Texturen, damit hierbei ein interessantes Design entsteht. Eine weitere großartige Idee ist es, Gemüse in Ihrem Garten anzubauen. Es bietet die Möglichkeit frische Produkte zu genießen und sich an seiner Arbeit zu erfreuen.

Insgesamt gibt es viele wertvolle Gartenideen für Bäume, Sträucher und Beete. Mit ein wenig Kreativität und Planung können Sie einen schönen Außenbereich schaffen, den Sie genießen werden.

Worin bestehen die Gemeinsamkeiten zwischen Gartenideen und Kompost?

Gartenideen und Kompostierung haben mehr gemeinsam, als man auf den ersten Blick vermuten würde. Beide spielen eine wichtige Rolle im ökologischen Kreislauf und tragen zur nachhaltigen Nutzung von Ressourcen bei. Gartenideen können dazu beitragen, dass der Garten nicht nur schön aussieht, sondern auch funktional ist. Dabei kann die Verwendung von natürlichen Materialien und Pflanzen, die das lokale Ökosystem unterstützen, eine große Rolle spielen.

Die Kompostierung ist ein weiterer wichtiger Aspekt im Garten, der eng mit den Gartenideen verbunden ist. Durch die Kompostierung organischer Abfälle können wertvolle Nährstoffe zurück in den Boden gebracht werden, um das Wachstum von Pflanzen zu fördern. Somit wird nicht nur Müll vermieden, sondern auch die Bodengesundheit gefördert und verbessert.

Insgesamt zeigen Gartenideen und Kompostierung, wie wichtig es ist, nachhaltig mit unseren Ressourcen umzugehen und wie eng der Kreislauf von Natur und Garten miteinander verbunden ist. Durch die Kombination von kreativen Ideen im Garten und effektiven Kompostierungspraktiken können wir einen positiven Beitrag zum Umweltschutz leisten und gleichzeitig einen schönen und gesunden Garten genießen.

Basis für den Erfolg im Garten durch Kompost

Kompost als Grundlage des Erfolges ist ein äußerst relevantes Thema in der Landwirtschaft und im Gartenbau. Durch die Verwendung von Kompost als natürlicher Dünger und Bodenverbesserer können erhebliche Vorteile erzielt werden. Einer der wichtigsten Schwerpunkte liegt dabei auf der nachhaltigen Bewirtschaftung von landwirtschaftlichen Flächen. Kompost enthält organische Substanzen, die den Boden mit wichtigen Nährstoffen versorgen und die Bodenstruktur verbessern. Dadurch wird die Fruchtbarkeit des Bodens langfristig erhalten und das Wachstum von Pflanzen gefördert.

Ein weiterer Schwerpunkt liegt auf der Reduzierung von Abfallmengen durch die Kompostierung organischer Materialien. Indem organische Abfälle wie Küchenreste oder Gartenabfälle zu Kompost verarbeitet werden, können Ressourcen geschont und die Umwelt entlastet werden. Insgesamt ist Kompost als Grundlage des Erfolges eine effektive und nachhaltige Methode, um die Produktivität von landwirtschaftlichen Flächen zu steigern und gleichzeitig einen Beitrag zum Umweltschutz zu leisten.
Kompost spielt eine entscheidende Rolle im Gartenbau und wird von vielen Gärtnern als unverzichtbarer Bestandteil für gesunde Pflanzen und fruchtbaren Boden angesehen. Durch die natürliche Zersetzung von organischen Materialien entsteht Kompost, der reich an Nährstoffen ist und den Boden mit wichtigen Mikroorganismen versorgt.
Die Beurteilung von Kompost und Gartenbau erfolgt anhand seiner Qualität, die von verschiedenen Faktoren wie der Mischung der Ausgangsmaterialien, der Belüftung und Feuchtigkeit während des Rotteprozesses abhängt. Hochwertiger Kompost verbessert die Bodenstruktur, erhöht die Wasserspeicherkapazität und fördert das Wachstum gesunder Pflanzen.

Der Stellenwert von Kompost im Garten ist enorm, da er nicht nur als natürlicher Dünger dient, sondern auch dazu beiträgt, den Boden langfristig zu verbessen und zu schützen.

Im Gegensatz zu chemischen Düngemitteln belastet Kompost weder die Umwelt noch das Grundwasser mit schädlichen Rückständen. Zudem fördert er die biologische Vielfalt im Boden und unterstützt das ökologische Gleichgewicht im Garten.

Viele Gärtner schätzen die nachhaltige Wirkung von Kompost und setzen auf dessen natürliche Kraft, um Ihre Pflanzen gesund und vital wachsen zu lassen. Insgesamt ist Kompost also ein unverzichtbares Element für jeden Garten, der langfristig erfolgreich bewirtschaftet werden soll.

Psyche des Gartens

Gärten sind seit jeher ein Ort der Ruhe und Erholung. Sie bieten uns die Möglichkeit, dem hektischen Alltag zu entfliehen und uns mit der Natur zu verbinden.

Doch was macht genau einen Garten so beruhigend und wie wirkt sich dieser auf unsere Psyche aus?

Die Antwort liegt in der Gestaltung des Gartens selbst. Ein gut geplanter und auch teils spontan geschaffenen grünen Oase kann uns ein Gefühl von Frieden und Harmonie vermitteln. Dabei spielen die vielen Facetten von Farbe, Duft, Luft, Wind und der Gesang der Vögel eine wesentliche Rolle welche uns dabei entgegentritt. Diese Elemente, die Blumen und deren Düfte, die Pflanzen Bäume und Sträucher wirken auf uns stimulierend und bestärken unser Wohlbefinden.
Sie wirken auf unsere Sinne beruhigend und versetzen uns in eine meditative Stimmung. Auch das Gefühl von Kontrolle, was wir beim Gärtnern haben, kann uns helfen, Stress abzubauen und unsere Gedanken neu zu ordnen, welche mit neuen Impulsen versehen werden.

Darüber hinaus kann der Garten auch eine Verbindung in die Vergangenheit schaffen, wenn wir zum Beispiel Pflanzen anbauen, die schon von unseren Vorfahren gepflegt wurden. All diese Faktoren tragen dazu bei, dass ein Garten eine positive Wirkung auf unsere Psyche hat und uns dabei hilft, uns zu   entspannen   und   zu   regenerieren

Kompost als Grundlage des Erfolges

Alles, was im Vorfeld erwähnt wurde, ist nur durch einen guten Kompost möglich, welcher die Kraft und das Potenzial eines blühenden und ertragreichen Gartens in sich trägt und somit als eine wichtige Basis für ein erfolgreiches Gärtnern darstellt.

Kompost ist ein wichtiger Bestandteil für jeden Gärtner, der seinen Pflanzen, Bäumen, Sträucher und Blumen das Beste bieten möchte. Es handelt sich dabei um ein organisches Material, welches durch den Abbau von Küchen- und Gartenabfällen entsteht.

Der Kompost enthält eine Vielzahl von Nährstoffen, die für das Wachstum und die Gesundheit von Pflanzen unerlässlich sind. Darüber hinaus verbessert er die Bodenstruktur und fördert das Wachstum nützlicher Mikroorganismen deutlich, was zu einer Gesundung führt.

Eine der wichtigsten Eigenschaften des Komposts ist seine Fähigkeit, den Boden mit Nährstoffen zu versorgen. Er enthält eine Vielzahl von Mineralien wie Stickstoff, Phosphor und Kalium sowie Spurenelemente wie Eisen und Zink.

Diese Nährstoffe sind für das Wachstum der Pflanzen unerlässlich und können in ausreichender Menge nur durch regelmäßige Düngung bereitgestellt werden.

Darüber hinaus verbessert der Kompost die Bodenstruktur, indem er organisches Materie hinzufügt. Dies erhöht die Wasserspeicherkapazitäten des Bodens und verbessert die Luftzirkulation. Ein gut strukturierter Boden ermöglicht es den Pflanzen, ihr Wurzeln tief in den Boden zu treiben und somit mehr Nährstoffe aufzunehmen.

Schließlich fördert der Kompost das Wachstum nützlicher Mikroorganismen im Boden, welche wiederum helfen bei der Zersetzung von organischem Material und tragen zur Bildung von Humus bei. Dieser ist ein wichtiger Bestandteil des Bodens, der für seine Fruchtbarkeit und Gesundheit verantwortlich ist.

Insgesamt ist der Kompost eine wesentliche Grundlage für den gärtnerischen Erfolg. Er versorgt die Pflanzen mit Nährstoffen, verbessert die Bodenstruktur und fördert das Wachstum nützlicher Mikroorganismen. Gärtner sollten daher sicherstellen, dass sie regelmäßig Kompost herstellen oder auch Kaufen, um ihre Pflanzen optimal zu versorgen.

Platzwahl für den Komposter und Kommunikation mit dem Nachbarn

Platzwahlfindung für Komposter

Um einen erfolgreichen Komposthaufen anzulegen, gibt es einige wichtige Punkte zu beachten. Zunächst sollte der Standort des Komposthaufens gut gewählt werden, dies ist idealerweise an einen schattigen oder halbschattigen Platz mit ausreichender Feuchtigkeit der Fall ist. Er sollte den Elementen wie Sturm und starken Regen nicht direkt ausgesetzt sein und im Schutze von Bäumen oder Sträuchern, aber auch Hecken angelegt werden. Auch die Größe der Grundfläche für das zu kompostierenden Materials, was in Zukunft zu erwarten ist, wird dafür ein ausschlaggebender Faktor sein.

Daraus ergibt sich letztlich die Größe und Anzahl der Komposter, welche zum Einsatz kommen.

Ein zu kleiner Haufen (Komposter) kann nicht genügend Wärme erzeugen, um die Zersetzung der Abfälle zu beschleunigen. Ist man sich dessen Unsicher, dann gilt, lieber etwas Größer als zu klein, denn Bioabfall wird in einen Garten ständig produziert.

131

Damit der Komposthaufen optimal arbeiten kann, ist es wichtig, dass dieser ausreichend belüftet wird. Das bedeutet, dass der Haufen regelmäßig umgeschichtet werden sollte, um Sauerstoff hineinzubringen. Auch das Hinzufügen von Materialien, wie Holzhackschnitzel oder Stroh kann dabei helfen, die Belüftung zu verbessern. Es besteht jedoch auch die Möglichkeit eines ständigen Wendens von Kompost abzusehen, jedoch ist dabei einiges zu beachten, worauf ich noch zu Sprechen komme.

Kommen wir nun auf die Platzwahl zurück, welche für den Kompost erforderlich ist.

Ein optimaler Platz auf dem Grundstück bietet sich dessen Ende an und idealerweise in einer Ecke, welche gut erreichbar ist und niemanden stört. Es sollte auch ein praller Sonneneinfall vermieden werden, da der Kompost, insbesondere in den Sommermonaten, dieser schnell austrocknet und es zum Stillstand einer Kompostierung kommt.

Weiterhin sollte der Kompost gut Erreichbar sein und keine Geruchsbelästigung zum angrenzenden Grundstück entstehen lässt. Die Pflanzung von Ligusterhecken in der Nähe der Kompostanlage, macht es sinnvoll, da dies einen idealen Schutz darstellt und die Gehölze recht schnell wachsen. Die Standfläche der Kompostanlage muss direkt auf den Boden stehen ohne den Boden mit Platten oder sonstigen Materialien (Plastik, Beton, Ziegel etc.) versiegelt werden, da dies den Nützlingen den Weg in den Kompost erschwert oder gänzlich unmöglich macht.

Der Kompostboden muss offen bleiben, um ein optimales Kompostresultat zu erreichen.

Wenn eine Anlage zum Kompostieren auf einen lehmigen Boden errichtet wird, ist es empfehlenswert den Untergrund zu präparieren, damit auch die Feuchtigkeit abfließen kann. In diesem Fall entfernt man zusätzlich den Boden um ca. 20 cm Tiefe und füllt diesen mit Schotter, Kies, Split und Steinen auf, welche wiederum mit Sand und Erde bedeckt werden, diese kurz angedrückt wird, damit eine gute Bodenzirkulation erfolgen kann. Im Laufe der Zeit, bildet sich ein natürlicher Boden, welcher die Funktion des

Komposters gewährleistet. Dieser Boden ermöglicht eine leichte Einwanderung von Mikroorganismen, für die wichtige Aufgabe den Kompostprozess in Schwung zu bringen. Wichtige für den Prozess erforderlichen Nützlinge sind unter anderem Regenwürmer, Asseln, Ameisen, Milben, Springschwänze, um nur einige zu nennen. Weiterhin ist es wichtig, dass der Komposter gerade, idealerweise mit einer Wasserwaage ausgerichtet wird, damit die erforderliche Grundstellung erhält. Dies ist zu Beginn der Kompostierung wichtig, zumal sich die organischen Abfälle in eine unkontrollierte Richtung verteilen. Es sollte auch darauf geachtet werden, dass man bei der Kompostentnahme vor diesen, genügend Platz vorfindet, damit die Arbeiten (Umsetzen, Sieben etc.) in bequemer Art vonstattengehen kann.

Wie Sie erkennen können, ist das Anlegen eines Kompostes nicht kompliziert, jedoch ist es dabei wichtig einiges zu beachten. Die Errichtung eines Kompostsystemes ist eine Grundvoraussetzung für einen langfristigen Erfolg und des gewünschten Ertrages zu dessen im heimischen Ökosystem weiterzuverarbeitenden Materials, für einen gesamtheitlichen Gartenerfolg

Hier noch einmal die wichtigsten Eckdaten im Überblick

– die Standortwahl als absolutes Primat zum Erfolg sollte mit Bedacht gewählt werden

– Kommunikation mit dem Nachbarn ist ein sinnvoller Weg für gute Nachbarschaft

– der Ort der Aufstellung sollte Schattig oder Halbschattig sein

– Kompostbehälter nicht auf Beton, Steinplatten, Plastik oder Lehm stehen, um Fäulnis und Staunässe zu vermeiden

– die Höhe des Komposters sollte eine Gesamthöhe von 150 cm nicht überschreiten, damit auch eine leichte Pflege erfolgen kann, dies stellt lediglich einen Richtwert dar

– der Zugang zum Kompost sollte gut befestigt und barrierefrei erreichbar sein

– er sollte Windgeschützt bei Bäumen oder Hecken stehen oder gegebenenfalls eine gute Pflanzung mit Schnellwachsenden Gehölz vorzunehmen
– genügend Abstand zum Nebengrundstück einhalten, sofern nicht mit den Nachbarn anderweitiges vereinbart wurde

Kommunikation mit dem Nachbarn

Die Errichtung eines Kompostes im eigenen Garten ist eine umweltfreundliche Möglichkeit, Abfall zu reduzieren und gleichzeitig den Boden zu verbessern. Allerdings kann es bei der Kommunikation mit dem Nachbarn zu Konflikten kommen, wenn der Komposter in unmittelbarer Nähe zur Grundstücksgrenze platziert wird oder unangenehme Gerüche entstehen.
Um solche Probleme zu vermeiden, ist es ratsam, vorab das Gespräch mit dem Nachbarn zu suchen und ihm die geplante Maßnahme zu erklären.

Es kann hilfreich sein, ihm die Vorteile des Kompostierens zu erläutern und ihn einzuladen, sich an der Projektmaßnahme zu beteiligen. Auch eine gemeinsame Planung und Platzierung des Kompostes kann Konflikte vermeiden. Wichtig ist es, auf die Bedenken des Nachbarn einzugehen und gemeinsam nach Lösungen zu suchen. Eine transparente Kommunikation und ein respektvoller Umgang miteinander sind hierbei entscheidend.

Arbeitsmittel zum Kompostieren

Bevor man die Tätigkeit beginnt, ist die Art der Arbeit ein wichtiger Punkt, um die erforderlichen Arbeitsschutzmaßnahmen als auch das entsprechende passende Werkzeug sich zurechtzulegen, damit ein geordneter Ablauf unter Beachtung des eigenen Körperschutzes vorgenommen werden kann.

Die richtige Ausrüstung für das anstehende Projekt (Komposter aufstellen) wählen, um sich somit vor möglichen Gefahren zu schützen.

Als Erstes benötigen Sie für die Kompostierung einen nach Ihrem Vorstellung entsprechenden Komposter, welchen Sie aus den bestehenden Angeboten herausgesucht haben.

Hier ist für die Auswahl entscheidend, welcher Typ von Komposter (offen oder geschlossen) und aus welchem Material dieser besteht. Im Regelfall sind diese aus Kunststoff, idealerweise aus Recycelten –Kunststoff, oder aus Drahtgeflecht, Holz oder auch aus Betonplatten besteht.

In unserem Fall gehen wir von einem offenen Kunststoff Komposter aus, welcher schnell im Aufbau, als auch eine hohe Langlebigkeit besitzt. Auf die Arten der Komposter gehe ich in einem späteren Kapitel ein.

Kommen wir nun zu der erforderlichen Ausrüstung, welche vorhanden sein sollte.

Zum Kompostieren benötigt man in erster Linie, wie schon erwähnt, einen Komposter, eine Kompostgrube, falls ich diesen etwas in das Erdreich einsetzen möchte, um somit die Stabilität zu erhöhen eine Schaufel, Spitzhacke, Gabel um das Material zu mischen und umzudrehen.

Auch entsprechende Arbeitshandschuhe zu tragen, ist sehr wichtig, um sich vor scharfen Gegenständen und womöglich Verletzungen durch Insekten und Nagetieren zu schützen.

Eine Schutzbrille kann ebenfalls von Vorteil sein, um die Augen vor Staub und herumfliegenden Partikeln zu schützen, sowie wenn man störende Steine mit einem Handspitzhammer aus dem Erdreich entfernt. Auch eine kleinere Handschaufel und ein Abfalleimer gehören dazu.

Ebenso wichtig ist eine Schubkarre, um zum einen die Gerätschaften zu transportieren, als auch bei der Errichtung des Komposters etwaiges Bodenmaterial zu sammeln, welches Sie schon somit als Grundlage einer Erstbefüllung nutzen können.

Wenn man empfindlich auf Gerüche reagiert, kann auch eine Atemschutzmaske von Vorteil sein. Auch sollten Sie darauf achten, dass man geeignete Kleidung trägt, die den Körper vor Verletzungen und Verschmutzung schützt.

Dazu gehören insbesondere lange Hosen und Ärmel sowie robuste Schuhe oder Stiefel. Mit der richtigen Ausrüstung und den nötigen Körperschutz kann das Kompostieren sicher und effektiv durchgeführt werden.

Dies bezieht sich je nach geplanter Gartentätigkeit und Anwendungsfall (Sägen mit Hand oder Maschine etc.) im gesamten Gartenbereich.

Auch sollte im Gartenbereich trotz aller Vorsicht ein Verbandskasten vorhanden sein, um eventuelle Schnittverletzungen, welche durchaus vorkommen können, zur Hand zu haben, um somit diese sofort zu behandeln.

Symbiose von Kompost und Garten

Die Symbiose von Kompost und Garten ist ein Thema, was in der Welt des Gärtnerns immer mehr an Bedeutung gewinnt. Kompost ist ein natürlicher Dünger, der aus organischen Abfällen wie Gemüseresten, Laub oder Gras besteht und natürlich aus vielen anderen Zutaten um es einmal so zu formulieren.

Wenn dann dieser Kompost in den Garten gebracht wird, kann er das Wachstum von Pflanzen fördern und den Boden verbessern. Eine gute Mischung aus verschiedenen organischen Materialien ist dabei wichtig, um somit einen optimalen Nährstoffgehalt zu erreichen.

Ein weiterer Vorteil von Kompost ist seine Fähigkeit, Wasser zu speichern und somit den Boden vor Austrocknung zu schützen. Dies ist besonders wichtig in trockenen Regionen oder bei längeren Trockenperioden. Durch die Verwendung von Kompost kann also nicht nur die Qualität des Bodens verbessert werden, sondern auch die Wasserversorgung der Pflanzen gesichert werden.

Eine weitere Möglichkeit, die Symbiose von Kompost und Garten zu nutzen, ist das Anlegen von Kompost Beeten. Hierbei wird der Kompost direkt im Garten angelegt und dient als Nährstoffquelle für die Pflanzen. Dabei sollte darauf geachtet werden, dass der Kompost nicht zu nah an den Pflanzen liegt, da er sonst zu viel Stickstoff abgeben kann und die Pflanzen dabei schädigen könnte.

Insgesamt bietet die Verwendung von Kompost im Garten viele Vorteile und ist eine nachhaltige Möglichkeit, den Boden zu verbessern und das Wachstum von Pflanzen zu fördern. Wer seinen eigenen Kompost herstellen möchte, kann dies ganz einfach durch das Sammeln von organischen Abfällen und deren Lagerung in einen Komposter tun. So kann jeder Gartenbesitzer einen Beitrag zur Nachhaltigkeit leisten und gleichzeitig von den Vorteilen einer gesunden Bodenqualität profitieren.

Die Dialektik von Kompost und Garten

Kompost und Garten sind eng miteinander verbunden und bilden eine symbiotische Beziehung. Kompost ist ein organisches Material, das aus verrotteten Pflanzen – und Tierresten besteht und als Dünger für den Garten verwendet wird.

Der Garten wiederum liefert die Ausgangsmaterialien für den Kompost. Durch diesen Kreislauf wird der Boden mit Nährstoffen angereichert und das Wachstum der Pflanzen unterstützt. Der Kompost ist ein wertvolles Gut für jeden Garten und gibt den vielen Mikroorganismen die Möglichkeit diesen zu besiedeln und wertvolle Arbeit zu leisten, indem diese den Abbau beschleunigen und den Prozess in Schwung halten.

Die Dialektik zwischen Kompost und Garten zeigt sich in verschiedenen Aspekten. Zum einen ist der Kompost ein wichtiger Bestandteil des Bodens im Garten. Er verbessert die Bodenstruktur, indem er Wasser speichert und die Luftzirkulation fördert.
Dadurch wird die Wurzelbildung der Pflanzen begünstigt und das Wachstum gefördert. Zum anderen ist der Garten auch ein wichtiger Lieferant für Kompost. Die abgefallenen Blätter, Zweige und Grünschnitt werden gesammelt und zu Kompost verarbeitet. Durch diesen Prozess werden die Nährstoffe zurück in den Boden gebracht und können von den Pflanzen erneut aufgenommen werden.

Ein weiterer wichtiger Aspekt der Dialektik zwischen Kompost und Garten liegt in der Nachhaltigkeit begründet. Durch die Verwendung von Kompost als Dünger wird auf chemische Düngemittel verzichtet, die oft negative Auswirkungen auf die Umwelt haben können.

Insgesamt lässt sich sagen, dass die Dialektik zwischen Kompost und Garten eine wichtige Rolle für die Gesundheit des Bodens und das Wachstum der Pflanzen spielt. Durch den Kreislauf zwischen Kompost und Garten werden Nährstoffe zurück in den Boden gebracht und die Nachhaltigkeit gefördert. Es lohnt sich also, den eigenen Garten mit Kompost zu düngen und somit einen Beitrag zu einer gesunden Umwelt zu leisten.

Mikrokosmos und Makrokosmos

Mikrokosmos – Begriff

Der Mikrokosmos ist ein Begriff aus der Philosophie, der sich auf die Vorstellung bezieht, dass der Mensch und seine Umwelt in einem kleinen Maßstab als das Universum als Ganzes betrachtet werden können. Der Begriff wurde erstmals von den griechischen Philosophen Demokrit im 5. Jahrhundert v.Chr. Verwendet, um die Idee zu beschreiben, dass alles in der Welt aus kleinsten Teilchen besteht.
Im Laufe der Geschichte haben viele Philosophen und Wissenschaftler den Begriff Mikrokosmos verwendet, um verschiedene Aspekte des menschlichen Lebens und der Natur zu beschreiben. Zum Beispiel hat der deutsche Philosoph Immanuel Kant den Begriff verwendet, um die Idee zu beschreiben, dass die menschliche Vernunft eine Art Mikrokosmos ist, der die Gesetze des Universums widerspiegelt.
In der modernen Wissenschaft wird der Begriff Mikrokosmos oft verwendet, um die Welt der Atome und Subatomaren Teilchen (Erklärung nachfolgend) zu beschreiben.

Subatomaren:

Das Thema Subatomaren bezieht sich auf die kleinsten Bausteine der Materie, die kleiner als Atome sind. Subatomare Teilchen sind so winzig, dass sie nicht direkt beobachtet werden können, sondern nur durch indirekte

Methoden wie Teilchenbeschleuniger oder Detektoren nachgewiesen werden können.

Die wichtigsten subatomaren Teilchen sind Protonen, Neutronen und Elektronen, die Atome bilden. Allerdings gibt es noch kleinere Teilchen wie Quarks, Leptonen und Bosonen, die in der Quantenfeldtheorie beschrieben werden.

Diese subatomaren Teilchen haben ein eigenes Verhalten und Eigenschaften, die sich von den Eigenschaften der Atome unterscheiden. Zum Beispiel können sie sich schneller Bewegen als Atome und haben eine höhere Energie.

Die Erforschung der subatomaren Welt hat zu vielen wichtigen Entdeckungen geführt, wie zum Beispiel der Kernspaltung und der Entwicklung von Technologien wie den PET-Scan in der medizinischen Diagnostik.

Insgesamt ist das Verständnis der subatomaren Welt von großer Bedeutung für die moderne Physik und hat Auswirkungen auf viele Bereiche unseres Lebens.

Insgesamt bezieht sich der Begriff Mikrokosmos auf die Idee, dass es einen kleinen Maßstab gibt, auf dem die Welt betrachtet werden kann.

Dieser Maßstab kann auf verschiedene Aspekte des menschlichen Lebens und der Natur angewendet werden und hat im Laufe der Geschichte zu vielen interessanten philosophischen und wissenschaftlichen Diskussionen geführt.

Mikrokosmos und Kompost

Dies sind zwei Begriffe, die auf den ersten Blick nicht viel miteinander zu tun haben. Doch bei genauerer Betrachtung wird schnell klar, dass sie eng miteinander verbunden sind.

Der Mikrokosmos bezeichnet die Welt im kleinen, also alles, was sich unter dem Mikroskop betrachten lässt. Der Kompost hingegen ist ein Prozess der

Zersetzung von organischen Materialien zu wertvollem Humus, der wiederum als Dünger für Pflanzen genutzt werden kann.

Doch wie hängen diese beiden Begriffe zusammen?

Der Zusammenhang zwischen Mikrokosmos und Kompost liegt in der Tatsache begründet, dass der Komposthaufen ein kleines Ökosystem darstellt. Hier leben unzählige Mikroorganismen wie Bakterien, Pilze und Würmer, die für den Zersetzungsprozess verantwortlich sind. Sie zersetzen das organische Material und wandeln es in nährstoffreichen Humus um. Dabei bilden sie eine komplexe Gemeinschaft, die sich gegenseitig beeinflusst und unterstützt.

Diese Gemeinschaft im Komposthaufen ist ein Beispiel für den Mikrokosmos. Hier zeigt sich, wie auch im Kleinen ein komplexes Ökosystem entstehen kann.

Die verschiedenen Arten von Mikroorganismen interagieren miteinander und sorgen so dafür, dass der Komposthaufen zu einem fruchtbaren Boden wird. Der Bezug zwischen Mikrokosmos und Kompost liegt also darin, dass beide Begriffe für die Bedeutung des Kleinen stehen. Im Mikrokosmos zeigt sich, wie auch im Kleinsten komplexe Zusammenhänge entstehen können. Im Komposthaufen wird deutlich, wie wichtig die Wechselwirkung und deren Agieren miteinander von verschiedenen Arten und Organismen für ein gesundes Ökosystem unerlässlich ist.

Makrokosmos – Begriff

Der Begriff des Makrokosmos ist ein zentraler Begriff in der Philosophie und der Spiritualität. Er beschreibt das Konzept, dass das Universum als Ganzes betrachtet werden kann, als ein riesiger Organismus, dessen Teile alle miteinander verbunden sind. Der Makrokosmos wird oft als das Äußere bezeichnet, während der Mikrokosmos das Innere darstellt. Der Makrokosmos umfasst alles, was existiert, von den Sternen und Planeten bis hin zu den kleinsten Teilchen der Materie. In vielen spirituellen Traditionen wird der Makrokosmos als göttliches Wesen betrachtet, das alles Leben durchdringt und lenkt. Es wird angenommen, dass jeder Mensch eine Verbindung zum Makrokosmos hat und dass wir durch Meditation und spirituelle Praktiken diese Verbindung stärken können. Die Vorstellung des Makrokosmos ist auch eng mit der Idee der Einheit verbunden, da sie betont, dass alles im Universum miteinander verbunden ist und dass wir alle Teil eines größeren Ganzen ist.

In der modernen Wissenschaft wird der Begriff des Makrokosmos oft verwendet, um das Universum als Ganzes zu beschreiben. Astronomen untersuchen die Struktur und Entwicklung des Universums auf makroskopischer Ebene, während Physiker versuchen, die fundamentalen Kräfte zu verstehen, die das Universum zusammenhalten.
Auch hier ist die Idee der Einheit von großer Bedeutung, da sie zeigt, dass alle Phänomene im Universum auf dieselben grundlegenden Gesetze zurückzuführen sind.

Zusammenfassend lässt sich sagen, dass der Begriff des Makrokosmos ein zentrales Konzept in der Philosophie und der Spiritualität ist, dass die Idee der Einheit betont und das Universum als Ganzes betrachtet. Es ist ein Thema, welches von vielen verschiedenen Disziplinen untersucht wird und das uns hilft, unsere Verbindung zum Universum zu verstehen.

Makrokosmos und Kompost

Makrokosmos und Kompost scheinen auf den ersten Blick als zwei völlig unterschiedliche Dinge zu sein, aber bei genauer Betrachtung wird schnell klar, dass diese eng miteinander verbunden sind. Der Makrokosmos bezieht sich auf das Universum als Ganzes, während der Kompost ein kleiner Teil davon ist, es ist ein Prozess der Umwandlung von organischen Materialien in nährstoffreichen Boden.

Aber wie hängen diese beiden Konzepte zusammen?

Der Zusammenhang zwischen Makrokosmos und Kompost liegt in ihrer Wechselwirkung. Der Kompostprozess ist ein Beispiel für die natürliche Kreislaufwirtschaft, bei der organische Abfälle zu Nährstoffen für Pflanzen umgewandelt werden. Dieser Prozess findet nicht nur auf einer mikroskopischen Ebene statt, sondern auch auf einer makroskopischen Ebene im gesamten Ökosystem.

Das bedeutet, dass der Kompostprozess nicht nur dazu beiträgt, unseren Garten zu düngen, sondern auch dazu dient, das Gleichgewicht des gesamten Ökosystems aufrechtzuerhalten. Wenn wir organische Abfälle in den Kompost geben, fördern wir das Wachstum von Mikroorganismen und Insekten, die wiederum als Nahrung für andere Tiere dienen. Diese Tiere können dann als Nahrung für größere Tiere dienen und so weiter.

Auf der makroskopischen Ebene kann der Kompostprozess auch dazu beitragen, das Klima zu regulieren. Wenn wir organische Abfälle in den Boden bringen, tragen wir zur Speicherung von Kohlenstoff bei, der sonst in die Atmosphäre freigesetzt würde. Dies kann dazu beitragen, den Klimawandel zu verlangsamen.

Insgesamt zeigt der Zusammenhang zwischen Makrokosmos und Kompost, wie wichtig es ist, unsere natürlichen Ressourcen zu erhalten und zu nutzen. Dies gelingt uns insbesondere, indem wir organische Abfälle in den Kompost geben, können wir nicht nur unseren Garten düngen, sondern auch dazu beitragen, das Gleichgewicht des gesamten Ökosystems aufrechtzuerhalten und den Klimawandel zu bekämpfen.

Zusammenspiel von Mikrokosmos und Makrokosmos im Kompostprozess

Die Kompostierung ist ein Prozess, bei denen organische Abfälle wie Gartenabfälle, Küchenabfälle und Tiermist zu einem nährstoffreichen Boden-

144

verbesserer umgewandelt werden. Dieser Prozess findet sowohl im Mikrokosmos als auch im Makrokosmos statt.

Im Makrokosmos, bezieht sich die Kompostierung, auf die Wechselwirkung, zwischen den verschiedenen Organismen, die am Abbau der organischen Materie beteiligt sind. Der Mikrokosmos bezieht, sich auf die Kompostierung, welche die chemischen und biologischen Prozesse, die innerhalb der organischen Materie stattfindet.

Es spielen im Makrokosmos verschiedene Organismen eine wesentliche Rolle bei der Kompostierung. Zum Beispiel zersetzen Bakterien und Pilze die organische Materie und produzieren dabei Wärme, die den Abbau beschleunigt. Dabei sind Regenwürmer und andere Bodenorganismen wertvolle Helfer, die dafür sorgen, dass der Kompost belüftet wird und dass Nährstoffe gleichmäßig verteilt werden. Diese Wechselwirkung zwischen den Organismen ist wichtig und entscheidend für den Erfolg des Kompostierungsprozesses.

Im Mikrokosmos hingegen sind es chemische und biologische Prozesse, die den Abbau von organischer Materie vorantreiben. Bakterien und Pilze produzieren Enzyme, die komplexe Moleküle in einfache Verbindungen aufspalten, welche von anderen Organismen wie Regenwürmer oder Pflanzen aufgenommen werden. Durch diesen Prozess wird organische Materie in Nährstoffe umgewandelt und dienen der Aufnahme durch Pflanzen.

Insgesamt zeigt sich der Zusammenhang von Mikrokosmos und Makrokosmos bei der Kompostierung, wie wichtig es ist, die natürlichen Prozesse in der Natur zu verstehen und zu nutzen. Die Kompostierung ist ein Beispiel dafür, wie wir durch Zusammenarbeit mit der Natur nachhaltige Lösungen für unsere ökologischen Probleme finden können. Die Bedeutung der Kompostierung für Ökologie und Gesellschaft ist enorm, was im weiteren Verlauf in diesem Buch deutlich wird.

Rechtliches zum Kompostieren

Kompostieren im eigenen Garten ist eine nachhaltige Möglichkeit, organische Abfälle zu reduzieren und gleichzeitig den Boden mit wertvollen Nährstoffen anzureichern. Allerdings gibt es einige rechtliche Grundlagen, die bei der Errichtung eines Kompostes im Garten beachtet werden müssen.

Zunächst einmal ist es wichtig zu wissen, dass ein Kompostieren von organischen Abfällen grundsätzlich erlaubt ist, solange keine Geruchsbelästigung oder anderen Beeinträchtigungen für die Nachbarschaft entstehen. Es empfiehlt sich daher, den Kompost möglichst weit entfernt von Wohngebäuden und Nachbargrundstücken aufzustellen und regelmäßig zu wenden, um unangemessene Gerüche zu vermeiden. Darüber hinaus sollten keine tierischen Abfälle wie Fleisch oder Knochen in den Kompost gegeben werden, um Ratten und andere Schädlinge keinen Anreiz zu bieten. Auch chemische oder synthetische Stoffe wie Lacke oder Farben haben im Kompost nichts zu suchen. Werden diese Regeln beachtet, steht dem erfolgreichen Kompostieren im eigenen Garten nichts mehr im Wege.

Kompostieren im eigenen Garten ist nicht nur ökologisch sinnvoll, sondern auch eine gute Möglichkeit, den eigenen Abfall zu reduzieren und wertvolle Nährstoffe für den Garten zu gewinnen.

Doch welche rechtliche Grundlage gibt es für einen Kompost im Garten und welche, gesetzliche Bestimmungen, müssen beachtet werden.

Grundsätzlich gilt in Deutschland das Abfallrecht, welches auch für den Kompost im Garten relevant ist. Hierbei ist wichtig zu beachten, dass nur biologisch abbaubare Materialien auf dem Kompost landen dürfen. Das bedeutet, dass keine Kunststoffe oder andere nicht abbaubare Stoffe auf den Kompost gegeben werden dürfen.

Des Weiteren gibt es je nach Bundesland unterschiedliche Vorschriften bezüglich der Größe und des Standorts des Komposthaufens. In manchen Regionen bedarf es einer Genehmigung durch die zuständige Behörde, bevor ein Komposthaufen angelegt werden darf.

Eine rechtzeitige Information im jeweiligen Bundesland ist zwingend zu beachten.

Auch in Bezug auf die Benutzung des Komposts, gibt es gesetzliche Vorgaben.

So darf der Kompost beispielsweise nicht für den Anbau von Gemüse verwendet werden, wenn dieser mit schädlichen Stoffen wie Pestiziden oder Schwermetallen belastet ist.

Zusammenfassend lässt sich sagen, dass es für einen Kompost im Garten einige rechtliche Grundlagen und gesetzliche Bestimmungen zu beachten gilt. Wer sich an diese Vorgaben hält, kann mit einem gesunden und nährstoffreichen Boden im eigenen Garten belohnt werden.

Da jedes Bundesland, Städte und Gemeinden oft spezifische Bestimmungen haben, ist es ratsam, sich im Vorfeld bei den betreffenden Behörden eine entsprechende Information einzuholen, welche auch für diesen Zweck entsprechendes Informationsmaterial besitzen.
Eine gute Informationsquelle bilden hierbei auch die Ordnungsämter, welche einen dabei hilfreiche Unterstützung geben.

Hat man sich entsprechend mit den örtlichen Bestimmungen vertraut gemacht, kann man dieses Umsetzen, auf der Basis der gesetzlichen Gegebenheiten.

Schnellkomposter

Schnellkomposter und deren Arten

Was versteht man unter Schnellkomposter?

Schnellkomposter sind ein beliebtes Hilfsmittel für Hobbygärtner, um organische Abfälle schnell und effektiv in nährstoffreichen Kompost umzuwandeln. Im Gegensatz zum traditionellen Kompostieren, was oft mehrere Monate dauern kann, versprechen Schnellkomposter eine schnelle Zersetzung der Abfälle innerhalb nur weniger Wochen.

Der Einsatz von Schnellkomposter ist eine großartige Möglichkeit, organische Abfälle schnell und effektiv in nährstoffreichen Kompost umzuwandeln. Diese Komposter sind so konzipiert, dass sie den natürlichen Zersetzungsprozess von organischen Materialien beschleunigen und somit innerhalb weniger Wochen fertigen Kompost produzieren können. Im Gegensatz zu herkömmlichen Kompostern, die oft Monate oder sogar Jahre brauchen, um vollständig zu zersetzen, können Schnellkomposter in nur wenigen Wochen eine große Menge an organischen Abfällen in wertvollen Kompost verwandeln.

Diese Art von Kompost ist besonders nützlich für Menschen, die nur begrenzten Platz haben oder die Kompostierung beschleunigen und ein gutes Ergebnis erreichen möchten.

Ein Schnellkomposter kann in verschiedenen Formen und Größen erhältlich sein und können aus verschiedenen Materialien wie Kunststoff, Holz oder Metall hergestellt werden.

Es gibt zum Beispiel spezielle Behälter, welche mit Belüftungssystemen ausgestattet sind, um den Prozess zu beschleunigen. Andere Modelle können als offene Haufen auf dem Boden angelegt werden und durch regelmäßiges Wenden der Abfälle ebenfalls schnell zu Kompost umgewandelt werden. Es gibt verschiedene Arten von Schnellkomposter auf dem Markt, darunter elektrische Modelle und solche, welche manuell betrieben werden. Elektrische Schnellkomposter verwenden Heizstäbe und Ventilatoren, um den Kompostprozess zu beschleunigen, während manuelle Modelle durch regelmäßiges Umschichten des Materials aktiviert werden.

Um einen Schnellkomposter effektiv nutzen zu können, sollten bestimmte Regeln beachtet werden. Zum Beispiel sollten nur bestimmte Arten von Abfällen in den Kompost gegeben werden, wie zum Beispiel Obst- und Gemüsereste, Kaffeesatz oder Eierschalen.
Fleisch- und Milchprodukte sollten vermieden werden, da sie den Prozess verlangsamen und unangenehme Gerüche verursachen können. Eine weitere wichtige Regel ist das regelmäßige Wenden des Komposts. Durch das Umschichten der Abfälle wird Sauerstoff zugeführt und der Prozess damit beschleunigt. Auch das Hinzufügen von feuchtem Material wie Gras oder Laub kann den Prozess unterstützen. Insgesamt bieten Schnellkomposter eine einfache und effektive Möglichkeit, organische Abfälle in wertvollen Kompost umzuwandeln. Durch ihre schnelle Wirkung und ihre praktischen Funktionen sind sie eine gute Wahl für Menschen, die schnell und effizient kompostieren möchten. Durch die richtige Anwendung können innerhalb kurzer Zeit wertvolle Nährstoffe für den Garten oder Balkon gewonnen werden.

Funktionsweise von Schnellkomposter

Die Funktionsweise von Schnellkomposter beruht auf einer Kombination aus verschiedenen Faktoren. Zum einen sorgen sie für eine optimale Belüftung des Kompostmaterials, indem sie Löcher oder Schlitze haben, die es ermöglichen, dass Luft in den Kompost eindringen kann. Dies ist wichtig, da der Zersetzungsprozess von organischen Materialien viel Sauerstoff benötigt. Eine gute Belüftung fördert auch das Wachstum von aeroben Bakterien und anderen Mikroorganismen, die für die Zersetzung verantwortlich sind.

Zusätzlich zu einer guten Belüftung sorgen Schnellkomposter auch für eine optimale Feuchtigkeit im Kompostmaterial, was bedeutet, dass sie genug Wasser speichern können, um das Material feucht zu halten, jedoch nicht so viel Wasser aufnehmen, dass es zu nass wird und der Zersetzungsprozess beeinträchtigt wird. Eine gute Feuchtigkeit fördert das Wachstum von Mikroorganismen und beschleunigt den Zersetzungsprozess.

Ein weiterer wichtiger Faktor bei der Funktionsweise von Schnellkomposter ist die Größe des Kompostbehälters, denn je größer der Behälter ist, desto mehr organische Abfälle können darin aufbewahrt werden, was den Zersetzungsprozess beschleunigt. Einige Arten von Schnellkomposter verfügen auch über eine Möglichkeit, das Material zu wenden, um sicherzustellen, dass alle Teile des Komposts gleichmäßig zersetzt werden.

Schnellkomposter funktionieren durch die Verwendung von speziellen Bakterienkulturen und Enzymen, die den Zersetzungsprozess beschleunigen. Diese Mikroorganismen helfen dabei, den Kompost schneller abzubauen und reduzieren gleichzeitig unangenehme Gerüche und Schädlinge. Ein weiterer Vorteil von Schnellkomposter ist, dass sie oft mit einer Belüftungsfunktion ausgestattet sind, die sicherstellt, dass der Kompost ausreichend Sauerstoff erhält, um optimal zu gedeihen.

Die Funktionsweise eines Schnellkomposter basiert auf der Verwendung von Mikroorganismen und Wärme. Der Komposter besteht aus einem geschlossenen Behälter, der Luftlöcher aufweist, um eine gute Belüftung zu gewährleisten. Diesen Umstand kann man nicht genug erwähnen, da dieser in der Praxis oft vernachlässigt wird oder schlimmstenfalls mit Folie oder anderen Materialien verdeckt wird.

In diesem Behälter werden organische Abfälle wie Obst- und Gemüsereste oder Kaffeesatz platziert. Durch die Zugabe von Wasser und gelegentliches Umschichten wird das Material feucht gehalten und die Mikroorganismen beginnen mit dem Abbau der Abfälle.

Während des Kompostier Prozesses erzeugen die Mikroorganismen Wärme, die den Inhalt des Schnellkomposter auf Temperaturen von bis zu 60 Grad Celsius erhöhen kann. Diese Hitze beschleunigt den Abbau der organischen Materialien und tötet gleichzeitig unerwünschte Bakterien und Schädlinge ab. Nach einigen Wochen ist der Kompost fertig und kann als nährstoffreicher Dünger für Pflanzen verwendet werden. Der Schlüssel zum schnellen Kompostieren ist die Erhöhung der Temperatur im Inneren des Komposters. Um einen erfolgreichen Kompostierungsprozess zu gewährleisten, ist es wichtig, dass der Schnellkomposter ausreichend mit organischen Abfällen gefüllt wird.

Hierbei sollten sowohl grüne (Stickstoffreiche) als auch braune (Kohlenstoffreiche) Materialien verwendet werden. An dieser Stelle möchte ich auf das Kapitel zum Verhältnis C/N verweisen.

Ein weiterer wichtiger Faktor für den Erfolg eines Schnellkomposter, ist die regelmäßige Überprüfung und Wartung durch Schaffung einer guten Zirkulation von Luft und Wasser durch eine gute Durchmischung der Materialien darin. Die ideale Temperatur für den Kompostierungsprozess liegt zwischen 50 und 70 Grad Celsius. Um diese Temperatur zu erreichen, können Schnellkomposter mit einer Isolierschicht ausgestattet sein oder durch den Einsatz von speziellen Kompostbeschleunigern unterstützt werden.

Auch spielt die Feuchtigkeit eine wichtige Rolle bei der Kompostierung. Ist das Material zu trocken, kommt es zu keiner ausreichenden Zersetzung, jedoch ist es zu feucht, droht Schimmelbildung. Ein guter Schnellkomposter verfügt daher über eine Entwässerungsfunktion oder eine Auffangschale für überschüssiges Wasser.

Insgesamt wäre zu sagen, dass Schnellkomposter eine großartige Möglichkeit bieten, um organische Abfälle schnell und effizient zu kompostieren. Durch die Verwendung von Materialien, die Wärme besser leiten und Belüftungssysteme, die für eine bessere Luftzirkulation sorgen, können Schnellkomposter den Kompostierungsprozess beschleunigen und in nur wenigen Tagen oder Wochen fertigen Kompost produzieren. Des Weiteren bieten Schnellkomposter eine praktische und zeitsparende Möglichkeit, organische Abfälle effizient in wertvollen Kompost umzuwandeln. Durch die optimale Kombination aus Luftzufuhr, Feuchtigkeit und Temperatur wird eine schnelle und effektive Zersetzung der Abfälle ermöglicht.

Was versteht man unter künstliche Schnellkomposter?

Künstliche Schnellkomposter sind eine innovative Möglichkeit, um organische Abfälle schnell und effektiv zu kompostieren. Im Gegensatz zur herkömmlichen Kompostierungsmethode, bei denen es Monate oder auch Jahre dauern kann bis der Kompost fertig ist, können künstliche Schnellkomposter innerhalb weniger Tage oder Wochen einen hochwertigen Kompost produzieren. Diese Geräte nutzen eine Kombination aus Wärme, Feuchtigkeit und Belüftung, um den Abbau von organischen Materialien zu beschleunigen.
Es gibt verschiedene Arten von künstlichen Schnellkomposter auf dem Markt, wovon einige elektrisch betrieben werden und verfügt über Heiz- und Belüftungssysteme, die den Kompostprozess beschleunigen. Andere verwenden natürliche Enzyme und Mikroorganismen, um den Abbau von organischen Materialien zu fördern.
Einige Modelle sind auch besonders für den Einsatz in kleineren Gärten oder auf Balkone geeignet.

Weiterhin gibt es verschiedene Arten von Schnellkomposter wie zum Beispiel Trommel Komposter und Belüftungskomposter. Trommel Komposter sind wahrscheinlich die bekannteste Art von Schnellkomposter. Sie bestehen aus einer Trommel, die sich um eine horizontale Achse dreht. Wenn der Komposter mit organischen Abfällen gefüllt ist, kann er durch Drehen der Trommel regelmäßig belüftet werden.
Durch diese Belüftung wird der Abbau der organischen Materialien beschleunigt und der Kompost wird schneller fertiggestellt.

Belüftungskomposter sind eine weitere Art von Schnellkomposter. Sie haben normalerweise einen offenen Boden und sind mit Löchern oder Schlitzen versehen, um eine gute Belüftung zu gewährleisten. Einige Modelle haben auch einen Deckel oder eine Abdeckung, um Feuchtigkeit und Wärme im Inneren des Komposters zu halten. Durch die Belüftung und die Einhaltung der richtigen Feuchtigkeit und Temperatur kann der Kompost schneller reifen.

An dieser Stelle möchte ich noch einmal auf die Wichtigkeit einer guten Belüftung und deren Einfluss auf den Kompostierungsprozess und dessen Resultat eingehen.

Es ist jedoch wichtig zu verstehen, dass der Kompostprozess nicht von selbst abläuft. Eine der wichtigsten Schritte bei der Herstellung von Kompost ist die Belüftung.

Warum sollte der Kompost belüftet werden?

Die Antwort ist einfach, denn durch die Aufrechterhaltung des Sauerstoffgehaltes wird der Abbau der organischen Materialien beschleunigt.

Wenn organische Materialien wie Gemüse- und Gartenabfälle auf einen Haufen liegen, beginnen sie zu verrotten. Während dieses Prozesses geben sie Wärme und Feuchtigkeit ab, was dazu führen kann, dass sich im Inneren des Haufens anaerobe Bedingungen bilden. Dies bedeutet, dass es keinen Sauerstoff gibt, der für den Abbau von organischen Materialien notwendig ist. Wenn der Kompost nicht belüftet wird, kann dies zu einer Verlangsamung des Zersetzungsprozesses führen und unangenehme Gerüche verursachen.

Durch die Belüftung des Komposts wird frischer Sauerstoff in diesen eingebracht, was dazu beiträgt, die anaeroben Bedingungen zu beseitigen. Dies fördert das Wachstum von aeroben Bakterien, die für den Abbau von organischen Materialien benötigt werden. Wenn der Komposthaufen regelmäßig belüftet wird, erhöht sich die Temperatur im Inneren des Komposts und beschleunigt den Zersetzungsprozess erheblich.

Es gibt verschiedene Methoden, um den Kompost zu belüften. Eine Möglichkeit ist es, den Komposthaufen regelmäßig zu wenden, damit genügend Sauerstoff eindringen kann. Dadurch erhöht sich die Sauerstoffzirkulation im Kompost und das Material wird gleichmäßig verteilt, was wiederum zu einem schnelleren Abbau führt.

Eine andere Möglichkeit ist es, Löcher in den Kompost einzubringen, damit sich der Luftstrom erhöht.

Der eingebrachte Sauerstoff ist wichtig für nützliche Bakterien und Mikroorganismen, welche für den Abbau des organischen Materials zuständig sind. Je besser die Belüftung stattfindet, desto besser können sich auch die Mikroorganismen vermehren, was wiederum zu einem schnelleren Abbau der organischen Materialien führt.

Eine gute Belüftung sorgt also nicht nur für einen schnelleren Abbau des organischen Materials, sondern auch für einen geruchsfreien und hochwertigen Kompost. Ohne eine ausreichende Belüftung kann der Kompost schnell sauer werden und somit auch unangenehme Gerüche entwickeln. Das liegt daran, dass bei einem Mangel an Sauerstoff anaerobe Bakterien entstehen, die den Abbau des organischen Materials verlangsamen und dabei unangenehme Gerüche produzieren.

Insgesamt ist zu sagen, dass die Belüftung des Komposts ein wichtiger Schritt bei der Herstellung von nährstoffreichem Boden darstellt. Durch die Aufrechterhaltung von aeroben Bedingungen kann der Abbau von organischem Material wesentlich beschleunigt werden, was wiederum zu einem hochwertigen Humus führt. Dies fördert das Wachstum der Pflanzenwelt und verbessert zudem deutlich die Bodenstruktur.

Ein Thermokomposter ist ein spezieller Komposter, der organische Abfälle zu wertvollem Kompost umwandelt. Im Gegensatz zu herkömmlichen Kompostern, die auf natürliche Weise durch Mikroorganismen und Würmern zersetzt werden, arbeitet ein Thermokomposter mithilfe von Wärme. Durch den Einsatz von isolierenden Materialien und einer Belüftungseinrichtung wird eine hohe Temperatur im Inneren des Komposts erzeugt, die den Zersetzungsprozess beschleunigt.

Der Thermokomposter besteht aus einem geschlossenen Behälter, der aus isolierendem Material wie Kunststoff oder Holz gefertigt ist. Im Inneren des Behälters befindet sich eine Heizquelle, die den Kompost auf eine konstante Temperatur von etwa 60 Grad Celsius erhitzt. Diese hohe Temperatur tötet schädliche Bakterien und Keime ab und beschleunigt den Zersetzungsprozess. Dadurch kann der Kompost in nur wenigen Wochen statt Monaten oder Jahren hergestellt werden.

Ein weiterer Vorteil des Thermokomposter ist, dass er auch Fleisch- und Milchprodukte sowie gekochte Lebensmittel kompostieren kann, die in herkömmlichen Kompostern vermieden werden sollten. Der fertige Kompost ist reich an Nährstoffen und kann als Dünger für Pflanzen verwendet werden.

Ein Thermokomposter eignet sich besonders für Menschen, die wenig Platz haben oder in städtischen Gebieten leben, da er kompakt und geruchsfrei ist. Es gibt verschiedene Arten von Thermokomposter, wie zum Beispiel Behälter Komposter oder Trommel Komposter, die je nach Bedarf ausgewählt werden können.

Insgesamt ist ein Thermokomposter eine umweltfreundliche und effektive Möglichkeit, organische Abfälle zu entsorgen und gleichzeitig einen wertvollen Rohstoff zu gewinnen.

Ein weiterer Vorteil des Thermokomposter ist, dass er auch im Winter genutzt werden kann. Durch die Verwendung von Kompost anstelle von chemischen Düngemitteln können wir unseren Garten oder unsere Pflanzen auf eine natürliche Weise pflegen und die Umwelt schonen. Schnellkomposter sind auch eine großartige Möglichkeit, um den eigenen ökologischen Fußabdruck zu reduzieren und einen Beitrag zum Umweltschutz zu leisten.

Eine der bekanntesten Marken für künstliche Schnellkomposter ist der Hotbin. Dieses Gerät nutzt eine Kombination aus Wärme und Belüftung, um organische Abfälle innerhalb von nur 30 – 90 Tagen in einen hochwertigen Kompost verwandelt. Der Hotbin ist einfach zu bedienen und kann eine Vielzahl von Materialien wie Gartenabfälle, Küchenabfälle und Papierprodukte verarbeiten. Da jedoch der Hotbin nicht jedem geläufig ist, möchte ich diesen hier etwas näher beschreiben.

Der Hotbin ist ein Kompostbehälter, der speziell für die schnelle und effektive Zersetzung von organischen Abfällen entwickelt wurde. Im Gegensatz zu herkömmlichen Kompostern, die oft nur langsam arbeiten und viel Platz benötigen, kann ein Hotbin innerhalb weniger Wochen hochwertigen Kompost produzieren.

Der Name – Hotbin – kommt von der Tatsache, dass dieser Behälter eine hohe Temperatur im Inneren aufrechterhält, was dazu beiträgt, dass die Bakterien und Mikroorganismen, die für den Abbau von organischen Materialien verantwortlich sind, schneller arbeiten.

Der Hotbin besteht aus einem isolierten Kunststoffbehälter mit einem Deckel, der Luftdicht verschlossen werden kann. Im Inneren des Behälters befindet sich eine Kammer, in der die organischen Abfälle platziert werden. Eine Klappe am Boden des Behälters ermöglicht den Zugang zum fertigen Kompost, der sich am Boden ansammelt. Der Hotbin hat auch einen Belüftungsschlauch, der Luft in den Behälter leitet und den Abbau von organischen Materialien unterstützt.

Die Vorteile eines Hotbin sind zahlreich. Zum einen produziert er innerhalb kürzester Zeit hochwertigen Kompost, der als Dünger im Garten verwendet werden kann. Zum anderen benötigt er wenig Platz und kann auch auf Balkonen oder Terrassen aufgestellt werden.

Darüber hinaus ist er geruchsneutral und verhindert das Eindringen von Schädlingen wie Ratten, Mäuse oder Fliegen.

Insgesamt ist der Hotbin eine innovative Lösung für die Kompostierung von organischen Abfällen. Er bietet eine schnelle und effektive Möglichkeit, den Abfall in nützlichen Kompost umzuwandeln, ohne dabei viel Platz oder Zeit zu benötigen.

Wer also nach einer umweltfreundlichen Möglichkeit sucht, seine Abfälle zu entsorgen und gleichzeitig seinen Garten zu düngen, sollte sich einen Hotbin zulegen.

Ein weiteres beliebtes Modell ist der Green Johanna. Dieser Schnellkomposter verwendet natürliche Mikroorganismen, um organische Abfälle innerhalb von 6 – 12 Monaten in Kompost umzuwandeln.

Der Green Johanna ist besonders für den Einsatz in kleineren Gärten oder auf Balkone geeignet und kann eine Vielzahl von Materialien wie Küchenabfälle, Papierprodukte und Gartenabfälle verarbeiten.

Auch hier werden viele noch keine Information dazu besitzen oder gehört haben. Deshalb werde ich etwas näher darauf eingehen.

Ein Green Johanna ist ein Komposter der speziell für den Einsatz in Gärten und auf Balkonen entwickelt wurde. Er besteht aus einem robusten Kunststoff und hat eine Größe von etwa 330 Litern. Der Name – Green Johanna – leitet sich von der schwedischen Stadt Jönköping ab, wo das Unternehmen entwickelt wurde, das diesen Komposter herstellt.

Das Besondere an einem Green Johanna ist, dass er nicht nur organische Abfälle wie Obst- und Gemüsereste, Kaffeesatz oder Eierschalen aufnehmen kann, sondern auch gekochte Speisereste wie Fleisch und Fisch. Dies ist möglich, da der Komposter mit einem Deckel verschlossen wird, der Gerüche und Schädlinge fernhält. Im Inneren des Komposters sorgen Mikroorganismen für eine schnelle Zersetzung der Abfälle und wandeln sie in nährstoffreichen Humus um.

Ein weiterer Vorteil des Green Johanna ist seine einfache Handhabung. Der Kompost muss nicht umständlich umgeschichtet werden, sondern die fertige Komposterde kann einfach aus einem Entnahmefach entnommen werden. Zudem ist der Green Johanna sehr platzsparend und kann auch auf kleineren Balkonen oder in kleinen Gärten eingesetzt werden.

Insgesamt ist der Green Johanna eine umweltfreundliche Alternative zur Entsorgung von Küchenabfällen und bietet zugleich eine Möglichkeit, nährstoffreiche Erde für den eigenen Garten oder Balkon zu produzieren.

Eine andere Art von künstlichem Schnellkomposter ist der Wurm Komposter. In diesem System werden spezielle Würmer verwendet, um organische Abfälle zu zersetzen und in nährstoffreichen Kompost umzuwandeln. Der Vorteil dieses Systems ist, dass es sehr platzsparend ist und auch in Innenräumen verwendet werden kann. Außerdem produziert der Wurm Komposter einen besonders nährstoffreichen Kompost. Hier möchte ich auf das Kapitel Kompostierungsarten verweisen, wo dies näher besprochen wird.

Ein weiterer Ansatz für künstliche Schnellkomposter sind Bokashi-Komposter. Hierbei handelt es sich um ein fermentierendes System, bei dem organische Abfälle mit einem speziellen Startergemisch behandelt werden. Dies beschleunigt den Abbau und erzeugt einen nährstoffreichen Kompost. Auch hier ein Blick zu den Kompostierungsarten, wo diese Thematik eingehend beschrieben wird.

Insgesamt wäre zu sagen, dass Schnellkomposter eine effektive Möglichkeit darstellen, um organische Abfälle in nützlichen Dünger umzuwandeln in einer kürzeren Zeit, als herkömmliche Kompostierungsverfahren. Sie sind einfach zu bedienen und können in jeden Garten oder auf jeden Balkon einen Platz finden.

Ob elektrisch betrieben oder mit natürlichen Enzymen und Mikroorganismen arbeitend, können diese Geräte dazu beitragen entstehende Abfälle zu reduzieren und einen wertvollen Rohstoff für den Garten zu produzieren. Durch die Verwendung eines Schnellkomposter können Sie nicht nur den Garten mit nährstoffreichen Dünger versorgen, sondern auch dazu beitragen, den Müllberg zu reduzieren und die Umwelt zu schonen.

Vorteile und Nachteile von Schnellkomposter zu herkömmlichen Kompostern

Es gibt verschiedene Methoden, um Kompost herzustellen, eine davon ist der Schnellkomposter. Im Vergleich zu herkömmlichen Kompostern, bietet der Schnellkomposter einige Vorteile. Der größte Vorteil besteht darin, dass er den Kompostier Prozess beschleunigt. Während es bei einem herkömmlichen Komposter Monate dauern kann, bis der Kompost fertig ist, kann ein Schnellkomposter den Prozess auf Wochen reduzieren.

Ein weiterer Vorteil des Schnellkomposter ist seine Effizienz. Da er den Kompostierungsprozess beschleunigt, kann er mehr organische Abfälle in kürzerer Zeit verarbeiten als ein herkömmlicher Komposter. Dies ist besonders nützlich für Menschen, die viel organischen Abfall produzieren oder einen begrenzten Platz haben. Darüber hinaus ist der Schnellkomposter oft einfacher zu handhaben als ein herkömmlicher Komposter. Er ist in der Regel kleiner und kompakter und kann leichter bewegt werden. Einige Modelle sind auch mit Rädern und Griffen ausgestattet, was das Bewegen noch einfacher macht.

Darüber hinaus sind sie oft mit einer Klappe oder einem Deckel ausgestattet, der das Entnehmen des fertigen Komposts erleichtert.

Einige Schnellkomposter verwenden auch spezielle Technologien wie Belüftungssysteme oder Rührwerke, um den Kompostierungsprozess zu beschleunigen. Diese Technologien können dazu beitragen, dass der Kompost schneller und effektiver produziert wird.

Ein Nachteil des Schnellkomposter ist jedoch, dass er in der Regel teurer ist als ein herkömmlicher Komposter. Dies liegt daran, dass er speziell dafür entwickelt wurde, den Kompostierungsprozess zu beschleunigen. Wenn man jedoch bedenkt, dass man mit einem Schnellkomposter mehr organische Abfälle in kürzerer Zeit verarbeiten kann, wird sich die Investition langfristig auszahlen.

Insgesamt bietet der Schnellkomposter viele Vorteile gegenüber herkömmlichen Kompostern. Er beschleunigt den Kompostprozess, ist effizienter und oft einfacher zu handhaben. Wenn man bereit ist, etwas mehr Geld auszugeben, kann mit einem Schnellkomposter viel Zeit und Platz gespart werden und gleichzeitig einen nährstoffreichen Dünger herstellen.

Letztendlich hängt die Wahl zwischen einem Schnellkomposter und einem herkömmlichen Komposter von den individuellen Bedürfnissen ab. Wenn man schnell fertigen Kompost benötigt und nicht viel Platz hat, kann ein Schnellkomposter die beste Wahl sein. Wenn man jedoch mehr Platz zur Verfügung hat und bereit ist etwas länger auf den fertigen Kompost zu warten, kann ein herkömmlicher Komposter eine gute Option sein.

Ist genügend Platz vorhanden, bietet sich auch eine Kombination von herkömmlichen Komposter und Schnellkomposter an, was eine höhere Flexibilität in der Gartenbewirtschaftung zulässt.

Die Bedeutung von Schnellkomposter liegt darin, dass sie eine Möglichkeit bieten, organische Abfälle schnell und effektiv in nützlichen Kompost umzuwandeln. Dies ist nicht nur gut für den Gartenbau, sondern auch für die Umwelt, da organische Abfälle normalerweise auf Deponien landen und Methan produzieren, ein Treibhausgas, das zur Klimaerwärmung beiträgt. Durch die Verwendung von Schnellkomposter können wir organische Abfälle recyceln und gleichzeitig wertvollen Kompost produzieren, der unseren Pflanzen zugutekommt.

Kompostbeschleunigen

Bei herkömmlichen Kompostern verwendet man geeignete Kompost-Beschleuniger mit dem Ziel den Verrottungsprozess zu beschleunigen, um den Zeitraum bis zur Nutzung des Endproduktes zu verkürzen. Es stellt sich jedoch die Frage, warum sollte ich ein Kompostbeschleunigen bei einem Schnellkomposter verwenden, wo der Zeitraum schon geringer ist, als bei einem herkömmlichen Komposter. Die Antwort ist relativ einfach, denn zum einen beschleunige ich diesen weiterhin und das Endprodukt stellt eine sehr hohe Qualität dar, was sich letztlich auch in seiner Körnung erkennen lässt.

Kompost-Beschleuniger sind spezielle Produkte, die dazu beitragen, den Kompostierungsprozess zu beschleunigen und die Qualität des Endprodukts zu verbessern. Sie enthalten in der Regel eine Mischung aus Mikroorganismen, Enzymen und Nährstoffen, die den Abbau von organischen Materialien beschleunigen und somit den Kompostierungsprozess beschleunigen. Es gibt verschiedene Arten von Kompost-Beschleunigern auf dem Markt, die sich in ihrer Zusammensetzung und Wirkungsweise unterscheiden.

Einige Kompost-Beschleuniger enthalten zum Beispiel spezielle Bakterienstämme, die dafür sorgen, dass der Abbau von organischen Materialien schneller vonstattengeht. Andere enthalten Enzyme, die den Abbau von Proteinen, Kohlenhydraten und Fetten beschleunigen können. Wieder andere enthalten Mineralien wie Kalium oder Phosphor, die das Wachstum von Mikroorganismen fördern und somit den Kompostier Prozess beschleunigen. Eine Art von Kompost-Beschleuniger sind diejenigen, die auf Mikroorganismen beruhen. Diese Produkte enthalten eine Mischung aus nützlichen Bakterien und Pilzen, die den Abbau von organischen Materialien beschleunigen und somit den Kompostierungsprozess beschleunigen. Einige der häufig verwendeten Mikroorganismen sind Bacillus subtilis, Trichoderma harzianum und Aspergillus niger.

Eine andere Art von Kompost-Beschleuniger sind Enzym-basierte Produkte. Diese enthalten eine Mischung aus Enzymen, die den Abbau von organischen Materialien beschleunigen und somit den Kompostierungsprozess beschleunigen. Einige der häufig verwendeten Enzyme sind Cellulase, Amylase und Protease.

Neben diesen beiden Arten gibt es auch noch Kompost-Beschleuniger, die auf einer Kombination aus Mikroorganismen und Enzymen basieren. Diese Produkte kombinieren die Vorteile beider Ansätze und können daher besonders effektiv sein.

Weiterhin wäre noch zu erwähnen, dass es auch Kompost-Beschleuniger gibt, die speziell für bestimmte Arten von organischen Abfällen entwickelt wurden. So gibt es beispielsweise Beschleuniger für Gartenabfälle wie Laub und Gras oder für Küchenabfälle wie Gemüsereste und Kaffeesatz.

Insgesamt wäre zu sagen, dass Kompost-Beschleuniger dazu beitragen können, den Kompostierungsprozess zu beschleunigen und die Qualität des Endprodukts zu verbessern. Es ist jedoch wichtig zu beachten, dass sie kein Ersatz für eine richtige Kompostierung sind und dass es immer noch wichtig ist, eine ausgewogene Mischung aus organischen Materialien und einer soliden Luftzufuhr zu garantieren, um somit einen erfolgreichen Kompostierungsprozess zu erreichen.

Sie stellen eine nützliche Ergänzung für jeden Kompost dar, da sie den Abbau von organischen Abfällen beschleunigen und somit dazu beitragen, dass wertvolle Nährstoffe zurück in den Boden gelangen. Auch aus ökologischer Sicht hilft dies zur Entlastung der Umwelt und zu einem besseren Klima auf unseren Planeten.

Es lohnt sich jedoch, die verschiedenen Arten von Kompost-Beschleuniger zu vergleichen und sorgfältig auszuwählen, um sicherzustellen, dass man das richtige Produkt für seine spezifischen Bedürfnisse wählt.

Wie sollte ein Kompost-Beschleuniger eingesetzt werden und welche Mischungsangaben sind dabei zu beachten?

Die Anwendung von Kompost-Beschleuniger ist relativ einfach und unkompliziert, wobei einiges dabei zu beachten ist, um ein gutes Endergebnis in Form von qualitativ gutem Humus zu erhalten.
Um einen Kompost-Beschleuniger effektiv einzusetzen, ist es wichtig, die richtige Mischung zu finden. Die meisten Kompost-Beschleuniger werden als Pulver oder Granulat geliefert und sollten gemäß den Anweisungen des Herstellers verwendet werden.

In der Regel wird empfohlen, einen Teelöffel bis einen Esslöffel des Beschleunigers pro Quadratmeter an Kompost hinzuzufügen, was in etwa einer Dosierung von 50 bis 100 Gramm pro Quadratmeter entspricht.
Es ist auch wichtig, darauf zu achten, dass Sie eine ausgewogene Mischung aus grünen und braunen Materialien in Ihrem Komposthaufen haben. Grüne Materialien wie Gemüseabfälle und Gras enthalten viel Stickstoff und sorgen dafür, dass der Kompost schnell zersetzt wird. Braune Materialien wie Laub und Zweige enthalten hingegen viel Kohlenstoff und sorgen dafür, dass der Kompost stabil bleibt. Hier möchte ich auch auf das Kapitel zum C/N-Verhältnis hinweisen.
Eine gute Faustregel ist es, etwa zwei Teile braunes Material zu einem Teil grünes Material hinzuzufügen. Wenn Sie Ihren Kompost-Beschleuniger hinzufügen, sollten Sie sicherstellen, dass er gleichmäßig über den Komposthaufen verteilt wird. Ein anschließendes einarbeiten in den Kompost der oberen Schicht des ersten Viertels mit einer darauffolgenden Benetzung mit Wasser, garantiert eine optimale Verteilung und erhöht die Wirkungsweise deutlich.
Bei der Wahl, des richtigen Kompostbeschleunigers, sollte darauf geachtet werden, dass er aus natürlichen Inhaltsstoffen besteht und keine chemischen Zusätze enthält. Hierbei sind die Produkte auf der Basis von Mikroorganismen oder Enzymen eine sehr gute Wahl.

Auch die Verwendung von Zuschlagstoffen, welche letztlich auch als Kompost-Beschleuniger dienen, stellt eine hervorragende Wahl dar. Der Vorteil von den Zuschlagstoffen besteht darin, dass Sie diese speziell für Ihre Bedürfnisse selbst zusammenstellen können.

Hier möchte ich auf das Kapitel der Zuschlagstoffe hinweisen, wo diese eingehend beschrieben werden mit deren Vorteilen als auch Nachteilen.

Insgesamt wäre zu sagen, dass die Verwendung eines Kompostbeschleunigers eine einfache Möglichkeit darstellt, den Kompostierungsprozess zu beschleunigen und sicherzustellen, dass Sie in kürzerer Zeit einen reichhaltigen und nahrhaften Kompost erhalten. Wenn Sie jedoch sicherstellen möchten, dass Sie die bestmöglichen Ergebnisse erzielen, sollten Sie sich an die Anweisungen des Herstellers halten und eine ausgewogene Mischung aus grünen und braunen Materialien verwenden.

Auch eine eigene Herstellung von Kompost-Beschleuniger mithilfe der einzelnen Zuschlagstoffe, stellt eine hervorragende Möglichkeit dar die Qualität des Kompostes wesentlich zu verbessern.

Was sollte Kompostiert werden und was nicht?

Es stellt sich für viele die Frage, was kann kompostiert werden und was gehört nicht auf dem Kompost? Diese Frage ist mehr als berechtigt, da es auch organische Materialien gibt, welche man nicht auf den Kompost einbringen sollte und dies einer gesonderten Entsorgung bedarf. Hier werden diese zwei Möglichkeiten, dem für und dem entgegen zum Kompostieren dargestellt. Natürlich gibt es auch Grenzfälle, was man dennoch auf dem Kompost verbringen kann, jedoch ist dafür einiges zu beachten, was hier im Anschluss nach der Gegenüberstellung eine Erwähnung findet.

Was kann kompostiert werden?

Kompostierbare Materialien sind eine wichtige Ressource für die Umwelt und können dazu beitragen, den Müllberg zu reduzieren. Es handelt sich dabei um organische Materialien, die durch den natürlichen Zersetzungsprozess in nährstoffreichen Boden umgewandelt werden können. Kompostierbare Materialien können aus verschiedenen Quellen stammen, wie Gartenabfälle, Küchenabfälle oder auch speziell hergestellte Produkte. Einige Beispiele für kompostierbare Materialien sind Obstreste, Gemüseabfälle, Kaffeesatz, Teebeutel, Eierschalen, Kartoffel – und Möhren schalen, Papier, Zellstoff und Kartonagen ohne Beschichtung und Plastikanteil, Holzspäne, Holzschnitzel, verrottetes Holz mit Moos in kleinen Stücken, Laub, Geäst von Bäumen und Büschen am besten in gehäckselter Form, Grasschnitt und auch Alterde von Beete, welche eine Aufwertung bei der Kompostierung erhalten.
Auf weitere Materialien und Zuschlagstoffe wird in einem anderen Kapitel wie dies von Zuschlagstoffen näher eingegangen.
Insgesamt gibt es viele Möglichkeiten, kompostierbare Materialien in den Alltag zu integrieren und somit einen Beitrag zur Nachhaltigkeit und eines gesunden Ökosystems zu leisten. Durch die Verwendung von kompostierbaren Produkten und das richtige Entsorgen von organischen Abfällen, kann jeder Einzelne dazu beitragen, die Umwelt zu schonen und die Ressourcen zu erhalten.

Was sollte nicht Kompostiert werden

Kompostieren ist eine großartige Möglichkeit, um organische Abfälle in nährstoffreichen Boden zu verwandeln. Es gibt jedoch einige Dinge, die nicht auf dem Kompost gehören und es ist weiterhin wichtig zu beachten, dass nicht alle Materialien automatisch kompostierbar sind. Einige Materialien können nur unter bestimmten Bedingungen kompostiert werden, andere Materialien sollten vermieden werden, da sie Schadstoffe enthalten oder den

Kompostierungsprozess negativ beeinflussen können, wie behandeltes Holz, Plastik und Metall, auch dies in Kleinstmengen ist zu vermeiden.

Es sollten zum Beispiel tierische Produkte wie Fleisch, Fisch oder auch Knochen vermieden werden, da sie eine starke Geruchsentwicklung und unerwünschte Schädlinge anziehen können. Auch Milchprodukte sollten vermieden werden, da sie schnell verderben und den Komposthaufen unangenehm riechen lassen können.

Ein weiteres Problem sind chemische Stoffe wie Pestizide oder Herbizide, diese können den Kompost vergiften und die Mikroorganismen zerstören, die für den Abbau der organischen Materialien verantwortlich sind.

Wie man ohne diese Produkte einen ökologischen Garten bearbeiten kann und welche natürlichen Mittel dafür zum Einsatz gebracht werden, wird in diesem Buch eingehend behandelt. Denn wir möchten keinen chemischen Garten, sondern einen Garten, welcher auf natürlicher und gesunder Basis gestaltet wird und somit der Umwelt und den Tierleben in diesen eine solide ökologische Basis bietet.

Auch behandeltes Holz oder Papier mit Farben oder anderen chemischen Zusätzen oder Bleichmitteln sollten vermieden werden, da sie schädliche Chemikalien enthalten können.

Des Weiteren sind Öle, Fette sowohl organisch als auch synthetisch, Farben oder deren Abriebe, Metalle jeglicher Art und Metallspäne, Verdünnung, also alle chemisch basierenden Stoffe, sind dringlichst zu vermeiden. Diese Elemente zerstören nicht nur den Kompost und machen diesen Unbrauchbar, sondern stellt ein essenzielles ökologisches Risiko dar, weil diese Substanzen bis tief in das Erdreich eindringen und die ökologischen Strukturen zerstören und es kann dabei zu langfristigen Flurschäden kommen, welche dann durch erheblichen Aufwand entsorgt werden müssen.

Schließlich sollten auch kranke Pflanzen vermieden werden, da sie Krankheitserreger auf den Komposthaufen übertragen können. Gleiches gilt für Unkraut, die Samen tragen können und diese sich dann im Garten ausbreiten können.

Zusammenfassend sollte beim Kompostieren darauf geachtet werden, nur organische Materialien zu verwenden und auf tierische Produkte. Chemische Stoffe und kranke Pflanzen verzichten. Auf diese Weise kann ein gesunder und nährstoffreicher Boden hergestellt werden, der den Garten oder die Pflanzen optimal unterstützt und zu einem gesunden ökologischen Gleichgewicht beiträgt.

Grenzfälle für die Nutzung der Vorteile für die Kompostierung und richtigen Verwendung

Wie vorab beschrieben, sollten Milchprodukte, Fisch, Fleisch oder Fett nicht auf dem Kompost eingebracht werden, da es einige Nachteile bei dessen Verwendung gibt, welche sich negativ auf dem Kompostierungsprozess auswirken.

Jedoch kann man unter Beachtung einiger Faktoren diese Elemente in kleinen Mengen zugeben, ohne dabei den Zersetzungsprozess und die Mikroorganismen zu stören oder zu zerstören. Diese Produkte beinhalten wichtige Elemente und Nährstoffe, die man sich unter kontrollierten Bedingungen zunutze machen kann.

Im nachfolgenden, werde ich auf einige der gebräuchlichsten Produkte eingehen und was es im Einzelnen dabei zu beachten gilt.

Letztlich ist es eine individuelle Entscheidung jedes einzelnen, ob diese Möglichkeit genutzt oder doch eher verworfen wird. Doch die Möglichkeit zu kennen dies effektiv zu nutzen, sollte zumindest hier eine Erwähnung finden.

Milchprodukte im Kompost

Milchprodukte sind ein wichtiger Bestandteil unserer Ernährung und werden in vielen Haushalten täglich konsumiert. Doch was passiert mit den Resten dieser Produkte, wenn sie auf dem Kompost landen? Was geschieht mit den Resten, die bei der Zubereitung von Milchprodukten wie Joghurt, Quark oder Käse anfallen? Können diese auf dem Kompost gegeben werden oder beeinträchtigen sie die Kompostierung?

Milchprodukte können sich sowohl positiv als auch negativ auf die Kompostierung auswirken. Einerseits enthalten Milchprodukte wertvolle Nährstoffe wie Kalzium, Magnesium, Phosphor und Proteine, die für das Wachstum von Pflanzen wichtig sind. Wenn sie auf den Kompost gelangen, können sie dazu beitragen, dass der Kompost reich an Nährstoffen wird und somit das Wachstum von Pflanzen fördert. Außerdem können Milchprodukte dazu beitragen, dass der Kompost schneller verrottet, da sie eine gute Nahrungsquelle für Mikroorganismen darstellen. Durch den Einsatz von Milchprodukten kann also die Qualität des Komposts verbessert werden.

Grundsätzlich können Milchprodukte auf dem Kompost gegeben werden, da es sich um organische Abfälle handelt. Allerdings sollten sie nur in Maßen verwendet werden, da sie schnell verderben und zu einem unangenehmen Geruch führen können. Zudem locken sie Fliegen und Nagetiere an, die den Komposthaufen durchwühlen und die Umgebung verschmutzen können.

Ein weiterer Nachteil von Milchprodukten auf dem Kompost ist ihre saure Wirkung. Durch den hohen Säuregehalt können sie das Gleichgewicht im Kompost stören und das Wachstum von Bakterien und anderer Mikroorganismen hemmen. Dies kann dazu führen, dass der Kompost nicht richtig zersetzt wird und somit unbrauchbar bleibt.

Ein weiterer negativer Aspekt von Milchprodukten auf die Kompostierung ist letztlich, wenn diese nicht richtig verarbeitet werden und in der Urform, d. H., ohne diese vorher zu behandeln eingesetzt werden. Dies hat dann zur Folge einer, schnellen unangenehmen Geruchsbildung, was wiederum Ungeziefer anzieht. Außerdem kann es dazu führen, dass der Kompost sauer wird und somit das Wachstum von Pflanzen behindert.

Es ist daher wichtig, Milchprodukte richtig zu kompostieren. Dies sollte in kleinen Mengen zusammen mit anderen organischen Abfällen wie Obst- und Gemüseresten, Gras, Alterde vermischt werden und dann den Kompost beigegeben werden. Eine abschließende Schicht mit einfacher Erde und ein

Benetzen mit Wasser wären ideal dafür. Somit kann man ohne Schäden für den Kompost die wertvollen Inhaltsstoffe nutzen, ohne dabei einen negativen Effekt zu erzielen. Wichtig ist vor allem ein gründliches Einarbeiten in den Kompost, um die Belüftung weiter zu aktivieren. Dadurch kommt es auch zu keinen unangenehmen Gerüchen.

Zusammenfassend lässt sich sagen, dass Milchprodukte auf dem Kompost verwendet werden können, aber nur in Maßen und mit Vorsicht. Es ist wichtig, darauf zu achten, dass der Komposthaufen nicht zu sauer wird und dass keine unangenehmen Gerüche entstehen.

Wenn Milchprodukte in angemessener Menge, wie es in einem Privathaushalt der Fall ist, verwendet wird, können sie jedoch dazu beitragen, einen nährstoffreichen Kompost herzustellen, der das Wachstum von Pflanzen fördert.

Fett im Kompost

Die Kompostierung ist eine effektive Methode, um organische Abfälle in wertvollen Dünger umzuwandeln. Dabei spielt die Zusammensetzung des Kompostmaterials eine entscheidende Rolle für den Erfolg des Prozesses. Jedoch können fettige Abfälle wie Fleischreste oder Speisereste zu Problemen führen.

Fett hat einen hohen Anteil an gesättigten Fettsäuren, die von den Mikroorganismen im Kompost nicht abgebaut werden können. Dadurch kann es zu einer Verstopfung der Poren im Komposthaufen kommen, was die Belüftung und damit die Zersetzung des Materials beeinträchtigt. Zudem lockt Fett Ungeziefer wie Ratten, Mäuse oder Fliegen an, die den Kompostprozess schädigen könnten.

Die Auswirkungen von Fett auf die Kompostierung sind ein wichtiger Faktor bei der Entsorgung von organischen Abfällen. Fettige Lebensmittelreste wie Fleisch, Käse oder Butter, können den Kompostprozess beeinträchtigen und zu unerwünschten Folgen führen.

Einerseits kann Fett dazu führen, dass der Komposthaufen zu feucht wird, was das Wachstum von schädlichen Bakterien und Pilzen begünstigt. Andererseits kann es auch dazu führen, dass der Komposthaufen zu trocken wird, da das Fett Wasser abweist und somit die Feuchtigkeit im Kompost reduziert.

Darüber hinaus kann auch Fett den pH-Wert des Komposts verändern und somit das Wachstum von nützlichen Mikroorganismen hemmen. Aufgrund dieser negativen Auswirkungen wird empfohlen, fettige Lebensmittelreste nur in begrenzten Mengen auf dem Komposthaufen zu geben oder sie besser über die Biotonne zu entsorgen.

Es gibt jedoch auch Vorteile von Fett in der Kompostierung. Zum Beispiel kann es als Kohlenstoffquelle dienen und somit den Kohlenstoffgehalt im Kompost erhöhen. Darüber hinaus kann es auch dazu beitragen, dass der Komposthaufen schneller erwärmt wird, was den Abbau von organischen Materialien beschleunigt.

Ein weiterer Vorteil von fettigen Abfällen in der Kompostierung besteht darin, dass Fett viele Nährstoffe enthält wie Stickstoff und Phosphor, die für das Wachstum von Pflanzen wichtig sind.

Wenn das Fett in kleinen Mengen dem Kompost zugeführt wird, kann es als Energiequelle für die Mikroorganismen dienen und somit den Abbau des Materials beschleunigen. Außerdem kann das Fett durch seine wasserabweisende Wirkung dazu beitragen, dass der Komposthaufen nicht zu nass wird und somit eine optimale Feuchtigkeit beibehält.

Wie sollte Fett für die Kompostierung vorbereitet werden?

Um ein gutes Kompostierungsergebnis zu erzielen, ist es erforderlich das Fett für die Zugabe im Kompost vorzubereiten. Als Erstes ist zu beachten, das Fett nicht in seinem Urzustand in den Kompost einzuarbeiten. Da es verschiedene Fettformen gibt, wie flüssig oder in festen Bestandteilen ist es stets Ratsam, kleine Mengen in Zellstoff zu verbringen und diese in einem vorbereiteten Eimer mit Erde zu geben dazu können auch Obst- oder Gemüseabfälle beigemischt werden und diese ebenfalls mit Erde zu überdecken. Durch die abgegebene Feuchtigkeit wird das Fett mit seinem Geruch neutralisiert. Auch hier können Zuschlagstoffe wie Laub, Gras oder auch Alterde von Blumentöpfen oder Gartenbeeten hinzugefügt werden. Dies sollte gut vermischt werden und drei bis vier Tage ruhen und danach gleichmäßig in den Kompost eingearbeitet werden.

Auch hier empfiehlt es sich nach dessen Einbringung in den Kompost diesen mit einer Erdschicht zu bedecken von ca. 5 cm und diese dann mit Wasser zu benetzen. Somit entstehen keine Gerüche und der Kompost kann ungehindert seine Arbeit fortführen.

Insgesamt ist es wichtig, beim Kompostieren von organischen Abfällen auf eine ausgewogene Mischung aus Kohlenstoff – und Stickstoffquellen zu achten und fettige Lebensmittelreste nur in begrenzten Mengen zu verwenden.

Durch eine sorgfältige Kompostierung können wertvolle Nährstoffe zurückgewonnen werden und somit ein wichtiger Beitrag zur nachhaltigen Abfallentsorgung geleistet werden.

Fleisch im Kompost

Die Kompostierung von organischen Materialien ist eine umweltfreundliche und nachhaltige Methode, um Abfall zu reduzieren und wertvolle Nährstoffe für den Boden zu gewinnen.

Doch wie wirkt sich Fleisch auf die Kompostierung aus und welche Vorteile als auch Nachteile ergeben sich dabei?

Fleisch enthält große Mengen an Proteinen und Fett, die den Kompostierungsprozess beeinflussen können. Einerseits kann der hohe Stickstoffgehalt im Fleisch dazu beitragen, dass der Kompost schneller reift und somit schneller in den Boden eingearbeitet werden kann. Andererseits kann das Fett im Fleisch dazu führen, dass der Kompost stinkt und unangenehme Gerüche verursacht. Zudem können Fleischreste auch Krankheitserreger enthalten, die zu einer Verschlechterung der Qualität des Komposts führen können.

Aus diesem Grund empfehlen Experten, Fleischreste nur in kleinen Mengen und gut zerkleinert in den Kompost zu geben.

Insgesamt kann Fleisch einen positiven Effekt auf die Kompostierung haben, solange es in Maßen eingesetzt wird und keine unerwünschten Gerüche oder Krankheitserreger verursacht.

Es ist wichtig zu beachten, dass Fleisch nur in kleinen Mengen in den Kompost gegeben wird.

Der Grund hierfür ist, dass Fleisch sehr langsam verrottet und eine hohe Konzentration an Proteinen, Fett und Salzen enthält. Dies kann dazu führen, dass der Kompost unangenehme Gerüche verursacht, was wiederum Ungeziefer wie Ratten und Fliegen anzieht.

Ein weiterer Nachteil von Fleisch im Kompost ist, dass es die Temperatur erhöht. Wenn der Komposthaufen zu heiß wird, können die Mikroorganismen absterben und der Kompostprozess wird erheblich gestört. Auch die Qualität des fertigen Komposts kann beeinträchtigt werden, da das Fleisch den pH-Wert verändern kann.

Auf der anderen Seite kann Fleisch auch Vorteile für den Kompost haben. Es enthält viele Nährstoffe wie Stickstoff, Phosphor und Kalium, die für das Pflanzenwachstum wichtig sind. Wenn Fleisch in kleinen Mengen zusammen mit anderen organischen Materialien wie Obst- und Gemüseabfällen kompostiert wird, kann es dazu beitragen, einen nährstoffreichen Boden zu schaffen.

Die Verfahrensweise ist ähnlich wie bei Fett im Kompost, wo die Fleischreste in Zellstoff verbracht werden, da dieser zum einen die Feuchtigkeit entzieht und eine Geruchsbindung erfolgt. Zudem, sollte dieser Fleischabfall noch zusätzlich in Papier gewickelt werden, was bei der Kompostierung sehr hilfreich ist und zusätzlich den Geruch neutralisiert. Auch hier ist es Empfehlenswert, dies in einem Gefäß mit Erde zu verbringen und dies ebenfalls mit Erde zu befüllen. Dies sollte zwei bis drei Tage darin verweilen, bevor dies dem Kompost beigegeben und untermischt wird.

Hier sollte dann ebenfalls eine Erdbedeckung von ca. 5 cm vorgenommen werden und mit Wasser benetzt. Somit ist eine solide Grundlage für den Zersetzungsprozess gegeben und die frei werdenden Stoffe können von den Bakterien und Mikroorganismen gezielt abgebaut werden.

Zusammenfassend lässt sich sagen, dass Fleisch in kleinen Mengen im Kompost verwendet werden kann. Es ist wichtig, eine ausgewogene Mischung aus verschiedenen organischen Materialien zu haben, um einen gesunden und qualitativ hochwertigen Kompost zu erhalten. Wenn Fleisch im Kompost verwendet wird, sollte darauf geachtet werden, dass der Komposthaufen regelmäßig gewendet wird, um die Luftzirkulation zu verbessern und unangenehme Gerüche zu reduzieren.

Fischabfälle im Kompost

Fischreste auf dem Kompost sind ein umstrittenes Thema. Während einige Gärtner argumentieren, dass sie eine wertvolle Quelle für Nährstoffe darstellen, gibt es auch Bedenken hinsichtlich der Geruchsbelästigung und der Anziehung von Schädlingen. Es gibt jedoch noch einen weiteren wichtigen Grund, warum man keinen Fisch auf dem Kompost geben sollte und dies ist das Risiko von Krankheitserregern.

Gehen wir zunächst den Gedanken und der Auffassung nach, dass Fischabfälle nicht auf dem Kompost gehören und schauen uns die Argumente etwas näher an. Zunächst einmal können Fischreste einen unangenehmen Geruch verursachen, der nicht nur unangenehm ist, sondern auch unerwünschte Tiere wie Nager, also Ratten und Mäuse als auch Fliegen anziehen kann.

Dies ist nicht akzeptabel und erzeugt Unmut und Belästigung, dies trifft insbesondere dann zu, wenn Sie in einem städtischen Gebiet leben oder Nachbarn haben, die empfindlich auf Gerüche reagieren, sollten Sie auf das Hinzufügen von Fischabfällen verzichten.

Ein weiteres Problem mit Fischabfällen ist, dass sie schnell verderben und zu einer Quelle von Krankheitserregern werden können. Wenn Sie nicht sicher sind, ob ihre Fischreste noch frisch genug sind, um auf den Komposthaufen zu gelangen, ist es besser diese zu entsorgen.

Fischabfälle können auch dazu führen, dass der pH-Wert des Komposts aus dem Gleichgewicht gerät. Fische sind reich an Stickstoff und Phosphor, was dazu führen kann, dass der Kompost zu sauer wird.

Wenn der pH-Wert zu niedrig ist, können sich nützliche Mikroorganismen im Komposthaufen nicht vermehren und der Kompost wird langsamer abgebaut. Auch können Fischreste verschiedene Krankheitserreger enthalten, wie beispielsweise Bakterien oder Parasiten. Diese können sich im Kompost vermehren und bei der Verwendung des Komposts in Gemüsebeeten oder Blumenkübeln auf Pflanzen und schließlich auf Menschen übertragen werden. Besonders gefährdet sind Personen mit geschwächtem Immunsystem oder Kinder.

Kommen wir nun zu einer anderen Sichtweise zur Verwendung von Fischabfällen im Kompost und Tauchen noch einmal kurz in die Welt der alten Kulturen ein.

In der frühen Menschheitsgeschichte und den alten Kulturen, wie z.b. den Indigenen Völkern oder den Grönländern wurden und dies bis heute die Fischabfälle als Dünger sehr geschätzt.

Diese wurden zum einen, in Gruben mit anderen organischen Abfällen verbracht und dies mit Erde bedeckt, worauf die nächste Schicht an Abfällen beigefügt wurde und diese wiederum mit Erde abgedeckt. Diese Methode ermöglichte es auf eine natürliche und ökologische weise einen nährstoffreichen Boden zu produzieren, den die Völker für ihre landwirtschaftlichen Flächen genutzt haben und eine deutliche Ertragssteigerung erzielte, was für eine wachsende Bevölkerung auch Wichtig gewesen ist. Die alten Kulturen nutzten die bestehenden Ressourcen und brachten diese in den natürlichen Kreislauf wieder ein und kamen dem Prinzip, im Einklang mit der Natur zu leben, als Lebensphilosophie und verinnerlichten diese und schätzten sie.

Doch kommen wir in die Jetztzeit zurück und zu dem Thema der Fischabfälle. Es ist wie mit vielen Dingen im Leben, so auch bei der Kompostierung, die Mischung und die Technik macht es aus, um negative Aspekte in positive umzuwandeln.

Bei der Verwendung von Fischabfällen sollte man zunächst unterscheiden zwischen rohen, gebratenen oder gekochten Fisch, welche eine entsprechende Vorbereitung zur Kompostierung benötigen. Gehen wir nun auf die einzelnen Fischzustände etwas näher ein.

Roher Fisch

Die Kompostierung von rohem Fisch ist ein wichtiger Aspekt der nachhaltigen Abfallentsorgung. Roher Fisch enthält viele Nährstoffe, die für den Boden und das Pflanzenwachstum von Vorteil sind. Allerdings kann die Kompostierung von rohem Fisch auch schwierig sein, da es schnell zu unangenehmen Gerüchen und einer erhöhten Anzahl von Fliegen kommen kann.

Um rohen Fisch erfolgreich zu kompostieren, ist es wichtig, ihn in kleine Stücke zu schneiden und ihn mit anderen organischen Materialien wie Grünschnitt, Laub oder Gemüseabfällen zu vermischen. Es ist auch ratsam, den Komposthaufen regelmäßig zu wenden, um sicherzustellen, dass der Fisch gleichmäßig verrottet und keine unangenehmen Gerüche entstehen. Bevor man jedoch den vorbereiteten Fisch in den Kompost verbringt, ist Folgendes zu beachten. Als Erstes wird dem Abfall entsprechend eine oder zwei Zeitungsseiten der Tagespresse als Grundlage genommen, anschließend wird Zellstoff in der Größe einer Küchenrolle in zwei bis drei Lagen ausgelegt, damit dieser die Feuchtigkeit aufnimmt.

Als Nächstes werden die Fischabfälle auf dem Papier verteilt und mit Küchenresten wie Kartoffelschalen oder Stücke, wie auch Mörenschnitt oder auch Lauch ebenfalls gleichmäßig verteilt. Nachdem dies geschehen ist fügen Sie etwas Erde oder Sägemehl hinzu und überdecke dies ebenfalls mit Zellstoff. Abschließend wird dies zu einem kleinen handlichen Paket gefaltet und dies in den Kompost eingebracht.

Nachdem dies geschehen ist, wird diese Stelle mit einfacher Erde oder auch Alterde überdeckt und leicht angegossen, damit die Struktur erhalten bleibt. Dies alles ist mit etwas Aufwand verbunden, jedoch wird sich dieser in der Qualität des Komposts wiederfinden.

Durch diese Maßnahme werden keinerlei unangenehme Gerüche produziert und auch keinerlei Schädlinge angezogen. Mit dem Wenden des Komposts, sollte Sie etwa zwei bis drei Wochen warten, damit sich der Prozess der Verwesung und der Abbau durch die Mikroorganismen auf ein Niveau begeben hat, dass eventuelle Reste, welche jedoch weitestgehend zersetzt worden sind, kein Ungeziefer anlocken können.

Diese beschriebene Maßnahme trifft für alle Fischvariationen zu und können so entsprechend angewendet werden. In der Verwendung von Zellstoff, was ein Naturprodukt darstellt, verweise ich auf das Kapitel der Zuschlagsstoffe, wo näher darauf eingegangen wird.

Wichtig während der gesamten Kompostierung ist die Sicherstellung einer optimalen Belüftung und ein feucht halten des Komposts in seiner Gesamtheit. Weiterhin sollte auch darauf geachtet werden, dass der Fisch nicht zu salzig ist, da dies den Kompostprozess beeinträchtigen kann.

Insgesamt wäre zu sagen, dass die Kompostierung von rohem Fisch eine effektive Möglichkeit sein kann, um Abfall zu reduzieren und den Boden mit wertvollen Nährstoffen zu versorgen. Mit ein paar einfachen Schritten kann man sicherstellen, dass der Kompostprozess reibungslos verläuft und unangenehme Gerüche vermieden werden.

Es ist auch wichtig zu beachten, dass man Fisch nie in seinen Urzustand auf den Kompost verbringt, sondern die beschriebene Methode nutzt, um ein optimales Ergebnis zu erzielen und somit den negativen Eigenschaften keine Chance zu deren Entfaltung gibt.

Gekochter Fisch

Gekochter Fisch ist eine beliebte Delikatesse, die in vielen Küchen auf der ganzen Welt zubereitet wird. Wenn es jedoch um die Entsorgung von übrig gebliebenen Fischresten geht, kann es schwierig sein zu wissen, wie man sie richtig kompostiert. Hier verweise ich auf die Verarbeitung zur Kompostierung wie schon bei rohem Fisch beschrieben.

Diese Art von gekochten Fischabfall stellt eine hervorragende Quelle für Nährstoffe und organische Materialien dar, die Ihrem Garten oder Ihrer Pflanzenwelt zugutekommen können. Bevor Sie jedoch mit der Vorbereitung zur Kompostierung beginnen, müssen Sie sicherstellen, dass der Fisch vollständig abgekühlt ist.
Ein Vorteil von gekochtem Fisch ist, dass die Gräten durch das Kochen vorbehandelt sind und somit auch schneller im Kompost sich zersetzen, als dies bei rohem Fisch der Fall ist.
Bei der Kompostierung kann auch hier zusätzlich Laub und Grasschnitt beigefügt werden, was dann anschließend wiederum mit einfacher Erde von ca. 5 cm dicke zugegeben wird und diese dann anschließend leicht mit Wasser benetzt wird. Auch hier sollte bis zum Wenden zwei bis drei Wochen gewartet werden, damit der Zersetzungsprozess nicht gestört wird.
Insgesamt ist gekochter Fisch eine großartige Ergänzung für Ihren Komposthaufen und kann dazu beitragen, Ihre Pflanzen und den Garten gesund und produktiv zu halten.

Gebratener Fisch!

Auch hier stellt sich die Frage, was mit den Resten tun?

Die Möglichkeit der Kompostierung bietet sich hier ebenfalls gut an, da auch gebratener Fisch viele Nährstoffe enthält, jedoch auch Bratöl oder auch Bratfett, welches im Kompost zu einer Verlangsamung des Kompostier Prozesses führen kann. Die Verfahrensweise ist der gleichen wie schon bei rohem Fisch beschrieben. Jedoch sollte wegen des Fettes oder Öls, welches zum Braten verwendet wurde zusätzliche Lagen mit Zellstoff oder Holzspänen, als auch Erde verwendet werden, damit diese Fettpartikel gebunden und mit den Küchenabfällen den unangenehmen Geruch binden.
Es sollten hier ebenfalls kleine Stücke in die Vermischung kommen, damit der Verrottungsprozess zügig voranschreiten kann und somit auch der Komposthaufen nicht beeinträchtigt wird. Bei der Kompostierung empfiehlt es sich auch zwei bis drei Wochen zu warten, bevor Sie den Kompost wenden. Auch die Schaffung einer guten Luftzirkulation ist entscheidend für einen reibungslosen Zersetzungsprozess, welche durch die Mikroorganismen erfolgt. Insgesamt kann das Kompostieren von gebratenen Fischresten eine gute Möglichkeit sein, Abfall zu reduzieren und gleichzeitig nährstoffreichen Dünger für den Garten zu produzieren. Mit ein paar einfachen Schritten kann der Kompostprozess erfolgreich verlaufen und unangenehme Gerüche vermieden werden.

Materialien, welche bei der Fischkompostierung verwendet werden, können

Die Kompostierung von Fischabfällen ist eine effektive Methode, um diese Abfälle zu reduzieren und gleichzeitig nährstoffreichen Dünger für den Garten zu produzieren. Allerdings können bei der Kompostierung von Fisch unangenehme Gerüche entstehen, die vermieden werden sollten. Um eine optimale Zersetzung zu gewährleisten und Gerüche zu vermeiden, gibt es verschiedene Zusatzstoffe, die verwendet werden können.

Ein wichtiger Zusatzstoff ist Kalk, welcher den pH-Wert des Komposts erhöht und fördert dadurch die Aktivität von Mikroorganismen, die für die Zersetzung des Fischs verantwortlich sind. Gleichzeitig neutralisiert Kalk auch unangenehme Gerüche. Es empfiehlt sich daher, den Kalk in kleinen Mengen hinzuzufügen, um eine Überdüngung zu vermeiden.

Ein weiterer Zusatzstoff ist Holzkohle, da sie eine poröse Struktur aufweist, die Wasser und Nährstoffe speichern kann. Dadurch wird die Feuchtigkeit im Kompost stabilisiert und unangenehme Gerüche werden reduziert. Holzkohle hat auch den Vorteil, dass sie reich an Kohlenstoff ist und dadurch den Kohlenstoffgehalt im Kompost erhöht. Eine weitere Möglichkeit zur Geruchsreduzierung ist die Zugabe von EM (Effektive Mikroorganismen). Diese fördern die Zersetzung von organischen Materialien und verbessern gleichzeitig die Bodenqualität. Sie können als Pulver oder Flüssigkeit dem Kompost zugesetzt werden.

Zusammenfassend lässt sich sagen, dass Kalk, Holzkohle und EM gute Zusatzstoffe sind, um eine optimale Zersetzung von Fischabfällen zu gewährleisten und unangenehme Gerüche zu vermeiden. Es ist jedoch wichtig, die Zusatzstoffe in der richtigen Menge hinzuzufügen, um eine Überdüngung zu vermeiden und ein gesundes Gleichgewicht im Kompost zu halten.

Mischungsverhältnis von Zuschlagsstoffen bei der Kompostierung von Fisch!

Die Kompostierung von Fischabfällen ist eine effektive Methode, um biologische Abfälle zu reduzieren und gleichzeitig nährstoffreichen Dünger für Pflanzen herzustellen. Um einen erfolgreichen Kompostierungsprozess zu gewährleisten, ist es wichtig, die richtigen Materialien in den richtigen Mengen zu verwenden.

Die Hauptmaterialien für die Kompostierung von Fisch sind Kohlenstoff- und Stickstoffquellen. Kohlenstoffquellen wie Stroh, Sägemehl oder Laub helfen dabei, Feuchtigkeit im Kompost zu halten und den Zersetzungsprozess zu unterstützen. Stickstoffquellen wie Gras, Gemüseabfälle oder Knochenmehl sind notwendig, um das Wachstum von Mikroorganismen im Kompost zu fördern. Für die Kompostierung von Fisch sollten Kohlenstoff- und Stickstoffquellen im Verhältnis von 3: 1 verwendet werden. Dies bedeutet, dass drei Teile an Kohlenstoffquellen auf einen Teil an Stickstoffquellen kommen sollten. Bei der Verwendung von Fischabfällen als Stickstoffquelle ist es wichtig, diese in kleinen Mengen hinzuzufügen, um ein Übermaß an Stickstoff zu vermeiden, was den Kompostprozess beeinträchtigen kann.

Ein weiterer wichtiger Faktor bei der Kompostierung von Fisch ist die Belüftung des Komposts. Durch regelmäßiges Umschichten und Belüften wird Sauerstoff in den Kompost gebracht, was für ein optimales Wachstum von Mikroorganismen sorgt.

Zusammenfassend lässt sich sagen, dass die Kompostierung von Fischabfällen eine effektive Methode zur Reduzierung von biologischen Abfällen und zur Herstellung von nährstoffreichen Düngemitteln ist. Um einen erfolgreichen Kompostierungsprozess zu gewährleisten, sind Kohlenstoff- und Stickstoffquellen im richtigen Verhältnis und eine ausreichende Belüftung des Komposts entscheidend. Bei der Verwendung von Fischabfällen als Stickstoffquelle sollte darauf geachtet werden, diese in kleinen Mengen hinzuzufügen, um ein Übermaß an Stickstoff zu vermeiden.

Kompostierungsarten-Haufenkompostierung
Kompostierungsarten

Es gibt verschiedene Möglichkeiten einen Kompost anzulegen und dessen Ertrag als Dünger zu verwenden. Beginnend von der Haufen Kompostierung zur Tiefen Kompostierung als auch die Offene und geschlossene Kompostierung.

Die Art und Anwendung dieser verschiedenen Methoden sind in erster Linie vom Betreiber des Komposters abhängig, als auch vom Platzangebot, welches für einen Komposter zur Verfügung steht. In jedem dieser Fälle wird ein hochwertiger Kompost entstehen, welcher sich jedoch in seiner Art und Zusammensetzung unterscheiden wird.

Auch der Zeitfaktor spielt dabei eine wesentliche Rolle, welcher bei der Auswahl der Kompostierungsarten ausschlaggebend ist. Im nachfolgenden werden die einzelnen Kompostier arten näher vorgestellt, als auch dessen Vorteile und Nachteile dabei herausgestellt.

Haufenkompost

Haufenkompost ist eine der ältesten und effektivsten Methoden, um organische Abfälle in wertvolle Nährstoffe für den Garten in Humus umzuwandeln. Im Gegensatz zu anderen Kompostmethoden, bei denen die Abfälle in einem Behälter oder einer Box eingelagert werden, wird der Haufenkompost einfach auf einem freien Grundstück aufgeschichtet.

Der Vorteil dieser Methode liegt darin, dass sie sehr einfach und kostengünstig ist.

Es ist keine spezielle Ausrüstung oder Technologie erforderlich und kann jederzeit begonnen werden. Die Vorteile von Haufenkompost sind vielfältig und umfassen sowohl ökologische als auch wirtschaftliche Aspekte.

Heutzutage wird in der Großkompostierung von Städten und Gemeinden die Haufen Kompostierung durchgeführt, indem das geschredderte Material in offene Bunker verbracht wird und diese durch Abdeckung mit Planen und einer regelmäßigen Umschichtung zu Humus verarbeitet. Dieser wird dann in den Städten und Gemeinden verarbeitet und zum Teil zum Kauf angeboten. Ein wichtiger Vorteil von Haufenkompost ist die Reduzierung von Abfalldeponien.

Indem organische Abfälle wie Küchenabfälle, Gartenabfälle und Laub auf einem Haufen kompostiert werden, wird das Volumen des Abfalls reduziert, der auf Deponien entsorgt werden muss. Dies trägt dazu bei, den Platzbedarf für Deponien zu reduzieren und die Umweltbelastung durch Methanemissionen zu minimieren.

Ein weiterer Vorteil von Haufenkompost ist die Verbesserung der Bodenqualität, was eine natürliche Art der Bodenverbesserung darstellt. Durch die Zugabe von organischen Materialien wie Küchenabfälle, Gras, Laub und Geäst, wird der Boden mit wichtigen Nährstoffen angereichert. Diese Nährstoffe sind essenziell für das Wachstum gesunder Pflanzen und können auch dazu beitragen, den pH-Wert des Bodens auszugleichen.

Darüber hinaus fördert Haufenkompost auch die Bodenstruktur und das Wasserhaltevermögen des Bodens.

Der fertige Kompost enthält eine Vielzahl von Nährstoffen wie Stickstoff, Phosphor und Kalium sowie Mikroorganismen, die zur Gesundheit des Bodens beitragen.

Durch die Zugabe von Kompost zum Boden wird dessen Struktur verbessert, was zu besserer Wasserretention und Belüftung führt. Darüber hinaus kann Kompost helfen, den pH-Wert des Bodens auszugleichen und Schadstoffe im Boden zu reduzieren.

Haufenkompost kann auch dazu beitragen, den Einsatz von chemischen Düngemitteln und Pestiziden zu reduzieren, was für die Gesamtgesundheit von enormer Bedeutung ist.

Da Kompost natürliche Nährstoffe enthält, kann er als Alternative zu synthetischen Düngemitteln verwendet werden. Darüber hinaus kann die Zugabe von Kompost dazu beitragen, den Boden widerstandsfähiger gegen Schädlinge und Krankheiten zu machen.

Schließlich ist der Haufenkompost eine kostengünstige Möglichkeit, um Dünger herzustellen. Im Gegensatz zum Kauf von Düngemitteln im Geschäft ist die Herstellung von Kompost fast Kostenfrei und erfordert lediglich Zeit und etwas Mühe, welche sich letztlich aus auszahlt in Form einer guten Ernte.

Insgesamt bietet der Haufenkompost eine Vielzahl von Vorteilen, die sowohl ökologische als auch wirtschaftliche Auswirkungen haben. Durch die Reduzierung von Abfalldeponien, die Verbesserung der Bodenqualität und die Reduzierung des Einsatzes von synthetischen Düngemitteln kann Haufenkompost dazu beitragen, eine nachhaltige Zukunft zu schaffen und somit gesunde Pflanzen zu fördern.

Weiterhin ist die Haufen Kompostierung eine einfache und kostengünstige Methode, um organische Abfälle in wertvolle Nährstoffe für den Garten umzuwandeln. Es verbessert die Bodenstruktur und das Wasserhaltevermögen des Bodens und fördert das Wachstum gesunder Pflanzen. Darüber hinaus kann die Kompostierung auch dazu beitragen, den Boden zu verbessern und die Biodiversität zu fördern, indem sie das Wachstum von nützlichen Bakterien als auch von Pilzen zu fördern.   .

Nachteile von Haufenkompost

Obwohl diese Methode viele Vorteile bietet, gibt es auch einige Nachteile, die berücksichtigt werden sollten.

Einer der größten Nachteile von Haufenkompost ist der Platzbedarf. Da der Komposthaufen regelmäßig gewendet werden muss, benötigt er eine ausreichend große Fläche, die nicht nur Platz für den Haufen selbst bietet, sondern auch genügend Raum zum Wenden und Umschichten benötigt. Dies kann in kleinen Gärten schwierig sein.

Ein weiterer Nachteil von Haufenkompost ist der Geruch. Während des Zersetzungsprozesses können unangenehme Gerüche entstehen, insbesondere wenn der Komposthaufen nicht richtig belüftet wird oder zu feucht ist. Dies kann zu Beschwerden von Nachbarn führen und sollte daher berücksichtigt werden.

Auch die Unordnung bei der Verwendung von Haufenkompost stellt ein ernstes Problem dar. Der Komposthaufen kann schnell unansehnlich werden und unerwünschte Tiere wie Ratten, Mäuse oder Fliegen anzieht. Um dies zu vermeiden, sollte der Komposthaufen regelmäßig gewendet und abgedeckt werden.

Schließlich kann Haufenkompost auch ein Risiko für die Gesundheit darstellen. Wenn der Komposthaufen nicht richtig belüftet wird, können sich schädliche Bakterien und Pilze bilden, die zu Atemwegserkrankungen oder anderen Gesundheitsproblemen führen können. Daher ist es wichtig, beim Umgang mit Haufenkompost immer Handschuhe und eine Atemschutzmaske zu tragen.

Insgesamt bietet der Haufenkompost viele Vorteile, aber es gibt auch einige Nachteile, die berücksichtigt werden sollen. Wenn Sie sich dafür entscheiden, diese Methode zu verwenden, sollten Sie sicherstellen, dass der Komposthaufen ausreichend belüftet wird, regelmäßig gewendet und abgedeckt wird und dass Sie beim Umgang mit dem Kompost immer Vorsichtsmaßnahmen treffen.

Wurmkompostierung

Die Wurmkompostierung stellt eine Sonderform dar und ist eine natürliche Methode, um organische Abfälle in nährstoffreichen Kompost umzuwandeln. Im Gegensatz zur herkömmlichen Kompostierung, bei der der Verrottungsprozess durch Mikroorganismen vorangetrieben wird, nutzen Würmer ihre Verdauungssysteme, um die organischen Materialien zu zersetzen und in wertvolle Nährstoffe umzuwandeln. Die Vorteile der Wurmkompostierung sind vielfältig. Zum einen ist sie eine umweltfreundliche Methode, da sie dazu beiträgt, den Abfallberg zu reduzieren und die Menge an organischen Abfällen, die auf Deponien landen, zu verringern. Zum anderen ist der produzierte Wurmkompost ein hervorragender Dünger für Pflanzen und Gemüse.

Er enthält alle notwendigen Nährstoffe wie Stickstoff, Phosphor und Kalium sowie zahlreiche Mikroorganismen, die das Pflanzenwachstum fördern und Krankheiten bekämpfen können. Darüber hinaus ist der Wurmkompost auch eine kostengünstige Alternative zu herkömmlichen Düngemitteln und kann sogar in Innenräumen verwendet werden, da er geruchlos und platzsparend ist.

Insgesamt bietet die Wurmkompostierung also zahlreiche Vorteile für Umwelt und Gartenbau und ist eine einfache Möglichkeit, nachhaltiger zu leben. Eine der größten Vorteile ist, dass Wurmkompostierung viel schneller als traditionelle Methoden ist und in nur wenigen Monaten hochwertigen Kompost produziert. Darüber hinaus ist der produzierte Kompost reich an Nährstoffen und Mineralien, die für Pflanzenwachstum und deren Entwicklung unerlässlich sind.

Ein weiterer Vorteil der Wurmkompostierung ist, dass sie sehr platzsparend ist und in Innenräumen durchgeführt werden kann. Dies macht es ideal für Menschen, die in städtischen Gebieten leben oder keinen Garten haben.

Außerdem erzeugt die Methode keine unangenehmen Gerüche oder Schädlinge, wie es bei traditionellen Kompostmethoden der Fall sein kann. Wurmkompostierung ist auch umweltfreundlicher als traditionelle Methoden, da sie dazu beiträgt, organische Abfälle aus Mülldeponien zu reduzieren und somit den Kohlenstoff-Fußabdruck zu verringern. Die Verwendung von Wurmkompost als Dünger trägt auch zur Reduzierung des Einsatzes von chemischen Düngemitteln bei, die schädlich für die Umwelt sein können.

Zusammenfassend lässt sich sagen, dass Wurmkompostierung eine effektive und umweltfreundliche Methode zur Herstellung von hochwertigem Kompost ist. Es ist platzsparend, geruchsfrei und produziert in kurzer Zeit reichhaltigen Kompost, der für Pflanzenwachstum und deren Entwicklung unerlässlich ist. Darüber hinaus trägt es zur Reduzierung von organischen Abfällen auf Mülldeponien bei und verringert den Einsatz von schädlichen chemischen Düngemitteln.

Nachteile einer Wurmkompostierung

Obwohl es viele Vorteile gibt, die mit der Wurmkompostierung verbunden sind, gibt es auch einige Nachteile, die berücksichtigt werden sollten. Einer der größten Nachteile der Wurmkompostierung ist, dass sie nicht für jeden geeignet ist. Wenn Sie in einer Wohnung oder einem Haus ohne Garten leben, kann es schwierig sein, genügend Platz für einen Wurm Komposter zu finden. Darüber hinaus kann die Wurmkompostierung auch unangenehme Gerüche verursachen, wenn sie nicht richtig gepflegt wird. Ein weiterer Nachteil der Wurmkompostierung ist, dass sie Zeit und Aufmerksamkeit erfordert. Die Würmer müssen regelmäßig gefüttert und gepflegt werden, um sicherzustellen, dass sie gesund bleiben und den Kompost effektiv produzieren können. Wenn Sie keine Zeit haben, sich um Ihre Würmer zu kümmern, kann die Wurmkompostierung schnell zu einem Problem werden. Schließlich kann die Wurmkompostierung auch teuer sein.

Sie benötigen einen geeigneten Behälter, spezielle Bettwäsche und natürlich Würmer. Obwohl diese Kosten im Laufe der Zeit durch Einsparung bei der Entsorgung von Abfällen ausgeglichen werden können, sollten Sie sich bewusst sein, dass es anfangs eine Investition erfordert. Insgesamt gibt es also einige Nachteile, die mit der Wurmkompostierung verbunden sind.

Wenn Sie jedoch bereit sind, Zeit und Aufmerksamkeit zu investieren und die richtigen Bedingungen schaffen können, kann die Wurmkompostierung eine großartige Möglichkeit sein, um Kompost herzustellen und Ihren ökologischen Fußabdruck zu reduzieren.

Gras-Kompostierung

Diese Form der Kompostierung, stellt ebenfalls eine Sonderform im Kompostierungsprozess dar.

Wie sollte Gras professionell kompostiert werden?

Gras-Kompostierung ist ein wichtiger Prozess, um organische Abfälle zu recyceln und wertvolle Nährstoffe für den Boden zurückzugewinnen. Es gibt jedoch bestimmte Schritte, die unternommen werden müssen, um sicherzustellen, dass das Gras effektiv und professionell kompostiert wird. Zunächst sollte das Gras in kleine Stücke geschnitten werden, um eine schnelle Zersetzung zu ermöglichen. Es ist auch wichtig, das Gras regelmäßig zu durchmischen, um somit eine gleichmäßige Belüftung und Feuchtigkeit zu gewährleisten. Eine ausgewogene Mischung aus Gras, anderer organischer Materialien wie Laub kann dazu beitragen, dass der Kompostprozess effektiver wird.

Es sollte auch darauf geachtet werden, dass keine Fremdmaterialien wie Plastik oder Metall sich darin befinden und gegebenenfalls entfernt werden sollten.

Während des Kompostierungsprozesses sollten Temperaturen von mindestens 55 Grad Celsius erreicht werden, um schädliche Bakterien abzutöten und den Abbau von Materialien zu beschleunigen. Sobald der Kompost fertig ist, kann dieser entsprechend und unter Beimischung von Erde benutzt werden oder diesen direkt in Maßen in den Boden eingearbeitet werden. Hierbei ist zu beachten, dass die Einbringung des Düngers mit Abstand zur Pflanze erfolgen sollte, um eine eventuelle Wurzelschädigung zu vermeiden.

Durch die Einhaltung dieser Schritte kann Gras professionell kompostiert werden und als wertvolles Düngemittel für den Garten oder der Landwirtschaft genutzt werden.

Gras Kompost hat viele Vorteile gegenüber synthetischen Düngemitteln. Er enthält mehrere Nährstoffe wie Stickstoff, Phosphor und Kalium, die für das Wachstum von Pflanzen notwendig sind. Es verbessert auch die Bodenstruktur, indem es Wasser speichert und die Belüftung verbessert. Darüber hinaus fördert Gras-Kompost das Wachstum von nützlichen Mikroorganismen im Boden, die dazu beitragen, Krankheiten zu bekämpfen und Schädlinge zu reduzieren.

Es gibt verschiedene Arten von Gras-Kompost, einschließlich heißer Kompostierung und kalter Kompostierung. Bei der heißen Kompostierung wird der Komposthaufen auf hohe Temperaturen erhitzt, um schneller abgebaut zu werden. Bei der kalten Kompostierung wird der Komposthaufen langsam abgebaut und erfordert weniger Aufwand.

Wenn der Kompost fertig ist, sollte er gesiebt werden, um alle groben Stücke herauszufiltern und diese in den Hauptkompost zurückzuführen, was für den weiteren Kompostprozess dienlich ist.

Insgesamt ist die professionelle Kompostierung von Gras ein wichtiger Schritt, um organische Abfälle in nützlichen Dünger umzuwandeln. Durch das Befolgen der oben genannten Schritte kann sichergestellt werden, dass der Kompost von hoher Qualität ist und keine schädlichen Bestandteile oder Krankheitserreger enthält. Es stellt eine Verbesserung der Bodenqualität und zur Unterstützung des Pflanzenwachstums dar. Es ist eine kostengünstige Alternative zu synthetischen Düngemitteln und kann dazu beitragen, den Einsatz von Chemikalien in der Landwirtschaft zu reduzieren.

Laub-Kompost

Als eine weitere Sonderform der Kompostierung stellt der Laub-Kompost eine Art dar, welcher vorwiegend aus Laub und anderen organischen Materialien hergestellt wird. Es stellt einerseits eine großartige Möglichkeit dar, Gartenabfälle zu recyceln und gleichzeitig den Boden zu verbessern, als auch den Materialien andererseits eine sinnvolle Bestimmung zu geben, welche der Gartenkultur in Form von Dünger zugutekommt. Laub-Kompost ist reich an Nährstoffen und kann dazu beitragen, das Wachstum der Pflanzen zu fördern. Es gibt jedoch auch einige Nachteile bei der Verwendung von Laub Kompost. Einer der größten Nachteile ist, dass es viel Zeit und Mühe erfordert, um ihn herzustellen. Das Sammeln von Laub und anderen organischen Materialien kann zeitaufwändig sein und das Kompostieren selbst erfordert Geduld und auch Sorgfalt.
Ein weiterer Nachteil von Laub-Kompost ist, dass er möglicherweise nicht so schnell wirkt wie anderen organischen Düngemitteln. Da Laub-Kompost eine natürliche Quelle von Nährstoffen ist, kann es einige Zeit dauern, bis die Nährstoffe im Boden freigesetzt werden und von den Pflanzen aufgenommen werden können.

Kommen wir nun zu den Vorteilen von Laub-Kompost, welcher ein natürlicher Rohstoff ist, der in seiner Vielfalt, ein großes Potenzial, für den Gartenbau darstellt. Wenn Laub und andere organischen Materialien kompostiert werden, entsteht ein kraftvoller Bodenverbesserer, der diesen mit wichtigen Nährstoffen versorgt. Darüber hinaus kann durch die Verwendung von Laub-Kompost dazu beitragen, den Boden zu lockern und die Wasserhaltekapazität zu erhöhen.
Ein weiterer Vorteil von Laub-Kompost ist, dass er eine umweltfreundliche Alternative zu chemischen Düngemitteln darstellt. Diese chemischen Dün-

gemittel können schädlich für die Umwelt sein und können dazu führen, dass sich Schadstoffe im Boden ansammeln.

Laub-Kompost hingegen ist eine natürliche Quelle von Nährstoffen und enthält keine schädlichen Chemikalien.

Zusammenfassend wäre zu sagen, dass Laub-Kompost eine hervorragende Möglichkeit darstellt Gartenabfälle zu recyceln und den Boden zu verbessern, was auch den im Boden lebenden Mikroorganismen zugutekommt. Es stellt eine umweltfreundliche Alternative zu chemischen Düngemitteln dar und kann dazu beitragen, das Wachstum von Pflanzen zu fördern.

Allerdings erfordert die Herstellung von Laub-Kompost einige Zeit und Mühe und es kann einige Zeit dauern, bis die Stoffe in den Boden freigesetzt werden, was diesen wiederum als einen Langzeitdünger auszeichnet und gezielt eingesetzt werden kann.

Rinden-Kompost

Eine weitere Sonderform der Kompostierung stellt der Rinden-Kompost dar. Rinden-Kompost ist eine Art von Kompost, der aus zerkleinerten Rinden und anderen organischen Materialien hergestellt wird. Dieser Kompost wird oft als Bodenverbesserer in Gärten und Landwirtschaft eingesetzt. Der Hauptvorteil von Rinden-Kompost liegt darin, dass er den Boden auf natürliche Weise mit wichtigen Nährstoffen und Mikroorganismen versorgt.

Dadurch, wird das Wachstum von Pflanzen gefördert, und die Bodenqualität erhöht, die Wasserspeicherkapazität steigert und somit die Bodenstruktur verbessert.

Allerdings gibt es auch Nachteile bei der Verwendung von Rinden-Kompost. Zum einen kann er den pH-Wert des Bodens erhöhen, was für manche Pflanzenarten ungünstig sein kann. Zum anderen kann Rinden-Kompost auch Schwermetalle enthalten, die durch die Verarbeitung der Rinde in den Kompost gelangen, können. Es ist daher wichtig sicherzustellen, dass der Rinden-Kompost aus einer zuverlässigen Quelle stammt und regelmäßig auf Schwermetalle getestet wird.

Insgesamt bietet Rinden-Kompost viele Vorteile für den Gartenbau und der Landwirtschaft, solange er korrekt verwendet wird. Durch die Zugabe von Rinden-Kompost können Pflanzen besser wachsen und sich gesünder entwickeln, während gleichzeitig die Bodenqualität verbessert wird. Es ist jedoch wichtig, sich bewusst zu sein, dass es auch einige potenzielle Nachteile gibt, die berücksichtigt werden sollten.

Nadel-Kompost

Auch diese Form der Kompostierung stellt eine Sonderform dar, bei der hauptsächlich Nadeln von Nadelbäumen verwendet werden. Diese Methode wird oft in ländlichen Gebieten angewendet, wo Nadelbäume häufig vorkommen und als Abfallprodukt anfallen. Der Prozess des Nadel-Kompostierens dauert länger als bei anderen Arten von Kompostieren, da die Nadeln langsamer zersetzt werden. Es kann bis zu zwei Jahren dauern, bis der Kompost vollständig reif ist.

Als eine effektive Beigabe für einen Langzeit-Kompost ist dies ein optimales Material, welches den Kompost bereichert und durch seine Inhaltsstoffe die Qualität erheblich erhöht. Durch die Beigabe in den Mischkompost, werden die Komponenten gut gemischt und fördert auch gleichzeitig die Artenvielfalt im Kompost, was wiederum zu einem beschleunigten Wachstum der Mikroorganismen führt und einen schnelleren Abbau der organischen Materialien bewirkt.

Ein Vorteil von Nadel-Kompost ist, dass er einen hohen Anteil an Kohlenstoff hat, was ihn zu einem idealen Bodenverbesserer klassifiziert. Er hilft dabei, den pH-Wert des Bodens zu senken und die Feuchtigkeit im Boden zu halten. Darüber hinaus enthält er viele wichtige Nährstoffe wie Stickstoff, Kalium und Phosphor, die für das Pflanzenwachstum unerlässlich sind.

Es gibt jedoch auch Nachteile beim Nadel-Kompostieren. Zum einen kann es schwierig sein, genügend Material zu sammeln, um einen ausreichenden Komposthaufen zu erstellen. Zum anderen können die Nadeln den Komposthaufen sauer machen und den pH-Wert des Bodens zu stark senken. Dies kann dazu führen, dass bestimmte Pflanzen nicht gut wachsen oder sogar absterben.

Insgesamt betrachtet ist der Nadel-Kompost eine effektive Möglichkeit, um Abfallprodukte von Nadelbäumen zu nutzen und den Boden zu verbessern. Es ist jedoch wichtig, den pH-Wert des Bodens im Auge zu behalten und sicherzustellen, dass genügend Material vorhanden ist, um einen erfolgreichen Komposthaufen zu erstellen.

Hat man zu wenig Material, dies gilt übrigens für alle Sonderkompostverfahren, kann der spezielle Prozess auch in kleineren Behältnissen durchgeführt werden. Nach der Kompostreifung kann dann dieses Material Zielgerichtet eingesetzt werden.

Auch eine Mischung, die speziellen Kompost arten, bietet eine Möglichkeit den Garten reicher und bunter zu gestalten und die Ernteerträge zu steigern. Jedoch sollte bei der Mischung auf die Verträglichkeit gegenüber den Pflanzen geachtet werden. Durch kleinere Versuche kann man durchaus beachtliche Erfolge erzielen.

Offener Kompost

Ein offener Kompost ist eine Methode zur organischen Abfallentsorgung, bei der Garten- und Küchenabfälle auf einen offenen Haufen im Freien abgebaut werden. Im Gegensatz zu geschlossenen Kompostsystemen, bei denen das Material in Behältern oder Fässern gesammelt wird, wird beim offenen Komposter das Material direkt auf den Boden gelegt.

Der offene Komposthaufen bietet eine natürliche Umgebung für die Zersetzung von organischen Materialien durch Mikroorganismen und Bodenlebewesen. Durch die Belüftung und die Feuchtigkeit des Bodens wird der Abbau beschleunigt und es entsteht ein nährstoffreicher Dünger für den Garten.

Ein wesentlicher Vorteil eines offenen Komposters ist, dass er einfach und Kostengünstig zu bauen ist und keine besonderen Fähigkeiten zum Bau dessen erfordert. Er kann auch mehr Platz bieten, um größere Mengen an organischen Abfällen zu kompostieren.

Ein offener Kompost kann aus einer Vielzahl von Materialien bestehen, wie zum Beispiel aus Kunststoff, Holz, Beton oder Metall und kann verschiedene Materialien wie Gras- und Laubabfälle, Gemüse- und Obstreste, Kaffeesatz, Eierschalen und auch Papierprodukte wie Kartons und Zeitungen aufnehmen.

Es ist jedoch wichtig, dass keine Fleisch-, Milch- oder Fettprodukte in den Kompost gelangen, da sie nicht nur schlecht riechen können, sondern auch Schädlinge anziehen und den Abbauprozess stören könnten. Um einen erfolgreichen offenen Komposthaufen zu erstellen, sollte das Material regelmäßig umgedreht werden, um eine gleichmäßige Zersetzung zu gewährleisten.

Es ist auch ratsam, den Kompost mit Wasser zu behandeln, um somit sicherzustellen, dass er feucht bleibt. Ein weiterer Vorteil eines offenen Komposters ist die Möglichkeit, ihn mit anderen Gartenabfällen wie Blättern und Zweigen zu vermischen, um einen ausgeglichenen Dünger zu erhalten.

Weiterhin ist es von Vorteil, bei einem offenen Komposter, dass die Elemente wie Wasser Luft und Temperatur direkt auf diesen wirken und eine natürliche Zersetzung gewährleisten. Es ist jedoch auch wichtig, eine Kontrolle über den Zustand des Komposters in gewissen Abständen vorzunehmen, um gegebenenfalls auf zu großer oder zu geringer Feuchtigkeit angemessen zu reagieren.

Ein weiterer Vorteil, ist die Durchlüftung, welche durch Wind und offenen Komposter gewährleistet wird, was auch die befindlichen Mikroorganismen stark unterstützen, und somit beitragen, dass der Kompost schneller abgebaut wird. Allerdings gibt es auch Nachteile bei einem offenen Komposter.

Einer der größten Nachteile ist, dass er unansehnlich sein kann und möglicherweise unangenehme Gerüche verursacht.

Dies kann ein Problem darstellen, wenn man in einer Wohngegend lebt oder einen kleinen Garten hat. Ein weiterer Nachteil ist, dass der offene Kompost anfälliger für Schädlinge wie Nagetiere und Insekten sein kann. Wenn man also in einer Gegend mit vielen Tieren lebt oder Probleme mit Schädlingen hat, kann es schwierig sein, den offenen Komposthaufen zu kontrollieren.

Insgesamt ist der offene Komposter eine einfache und effektive Methode zur Abfallentsorgung und zur Schaffung eines nährstoffreichen Bodens für den Garten. Es ist jedoch wichtig, sicherzustellen, dass nur geeignete Materialien verwendet werden und dass der Kompost regelmäßig gewartet wird, um eine optimale Zersetzung zu gewährleisten.

Weiterhin wäre zu sagen, dass ein offener Kompost viele Vorteile bietet, aber auch einige Nachteile hat. Es hängt von den individuellen Umständen ab, ob ein offener Komposthaufen die beste Wahl darstellt oder auch nicht.

Wenn man genügend Platz hat und nicht in einer Wohngegend lebt oder Probleme mit Schädlingen hat, kann ein offener Kompost eine großartige Möglichkeit sein, um organische Abfälle in nährstoffreichen Boden umzuwandeln.

Darstellung eines Oberflächenkomposters – offen

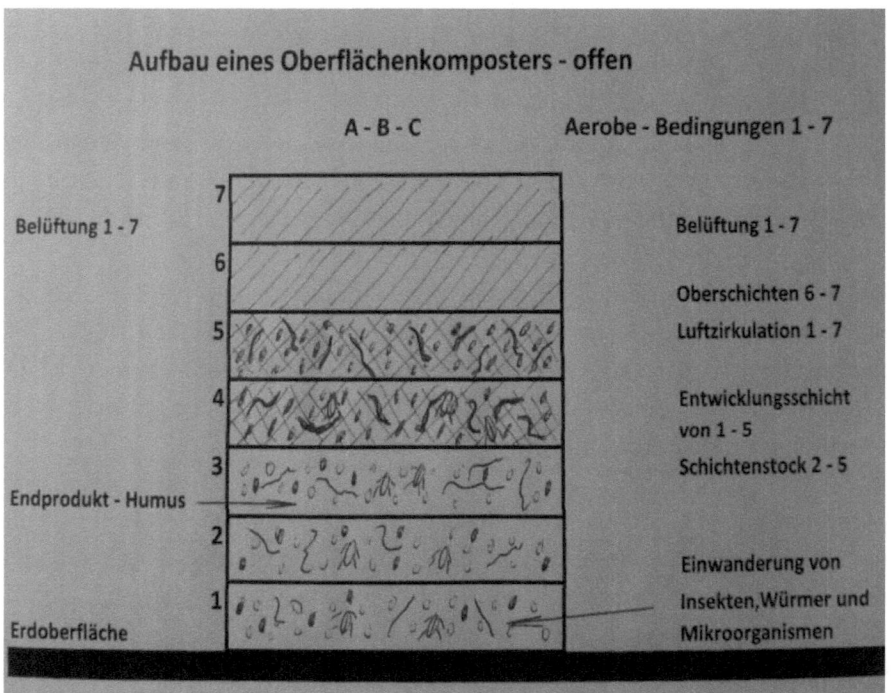

Aufbau eines Oberflächenkomposters - offen

Erklärung zur Bilddarstellung

1-Grundstockerstellung für einen gut funktionierenden Kompost und Schaffung einer soliden Basis für die weitere Kompostierung. Als Erstes wird grobes Material wie Zweige, kleine Äste, Laub, Grasschnitt und Oberflächenerde von Beeten und Sträuchern, gehäckseltes Material (Grün und Braun), unter Beachtung des C/N-Verhältnisses beigegeben.

Weiterhin ist eine Zugabe von unbehandelter Pappe in kleinen Stücken und Papierschnipsel von Vorteil. Eine entsprechende Beimischung mit Küchenabfällen und die Zugabe von Regenwürmern empfehlen sich, als auch einige Holzschnitzel, welche jedoch schon gut eingemischt werden sollten.

Es hat sich auch als positiv herausgestellt, zum einen von bereits bestehendem Kompost die Oberschicht zu verwenden, da diese bereits mit vielen Mikroorganismen und hilfreichen Bakterien versehen sind.

Dies sollte dann mit einer Schicht mit Gartenerde oder einfacher Baumarkterde mit einer Dicke von etwa 5 – 8 cm befüllt und gleichmäßig verteilt werden. Im Anschluss wird dies entsprechend der Wetterlage angegossen. Somit ist eine gute Grundlage geschaffen, um den Kompostprozess erfolgreich zu starten.

1-7-Stellen die einzelnen Kompostierungsschichtungen dar, die bei der Zugabe verschiedener Materialien während der Befüllung entstehen. Diese entstehenden Schichtungen, sollten stets gut vermischt werden, bis letztlich der Kompost gefüllt ist, wodurch eine optimale Durchlüftung erfolgt und der Verrottungsprozess sich entsprechend beschleunigt.

6-7-Dieser Bereich im Komposthaufen wird als ständige Befüllungszone bezeichnet und bedarf einer regelmäßigen Durchmischung bei der Neuzugabe von organischem Material und den gewünschten Zuschlagsstoffen.

1-5-Diese Bereiche sollten unberührt bleiben, damit sich das Leben im Kompost frei und ungestört Entwickeln und vermehren kann, damit die Arbeit der dort befindlichen Mikroorganismen effektiv den Abbauprozess durchführen können.

A-B-C-Zugabe von organischem Material aus dem Garten und den vorhandenen Küchenabfällen, welche nach der Einbringung in den Kompost gut vermischt werden. Die Zugabe von Zuschlagsstoffen können dabei nach den eigenen Bedürfnissen zugegeben werden. Danach sollten Sie zusätzlich, dies mit einer Schicht von Alterde oder auch Baumarkterde bedecken, um eine eventuelle Geruchsbildung zu eliminieren.

Abschließend ist eine Zugabe von Wasser auf der bestehenden Erdschicht empfehlenswert, damit der Kompost sofort beginnt seine Arbeit zu verrichten und die neu hinzugefügten organischen Materialien sich schnell zersetzen.

Geschlossener Kompost

Ein geschlossener Kompost ist eine Methode zur Kompostierung von organischen Materialien, die in einem abgeschlossenen Behälter oder System durchgeführt wird.
Im Gegensatz zu offenen Kompostern, bei denen organische Materialien einfach auf den Haufen gelegt werden, wird beim geschlossenen Kompostieren das Material in einem abgeschlossenen System belüftet und kontrolliert. Dies führt zu einer schnelleren Zersetzung und einem höheren Nährstoffgehalt im fertigen Kompost.

Ein geschlossener Kompost kann aus verschiedenen Materialien hergestellt werden, wie zum Beispiel aus Kunststoff, Holz oder Metall. Das System kann entweder manuell oder automatisch betrieben werden und es gibt verschiedene Arten von geschlossenen Kompostsystemen wie zum Beispiel die Rotationskomposter oder Wurmkisten.

Das Ziel des geschlossenen Kompostierens ist es, organische Abfälle wie Gartenabfälle, Küchenabfälle und Tiermist in wertvollen Dünger umzuwandeln. Durch den Einsatz eines geschlossenen Systems wird der Geruch reduziert und es ist möglich, den Kompost auch in städtischen Gebieten einzusetzen, um Kompost zu produzieren, ohne unangenehme Gerüche zu verursachen.
Zusätzlich bietet das geschlossene Kompostieren eine Möglichkeit zur Reduzierung von Treibhausgasemissionen. Organische Abfälle, die auf Deponien landen, produzieren Methan, ein starkes Treibhausgas. Durch das Kompostieren dieser Abfälle können diese Emissionen reduziert werden.

Ein geschlossener Komposthaufen hat den Vorteil, dass er den Kompost-prozess beschleunigt, indem er die Wärme und Feuchtigkeit im Inneren des Komposts hält. Dies führt zu einer schnelleren Zersetzung des organischen Materials und einen schnelleren Abbau von Unkrautsamen und Krankheits-erregern.

Ein weiterer Vorteil eines geschlossenen Komposters ist, dass er Gerüche minimiert und Schädlinge fernhält. Geschlossene Komposthaufen sind auch ideal für kleinere Gärten oder Gemeinschaftsgärten, da sie weniger Platz benötigen als offene Komposter.

Allerdings gibt es auch einige Nachteile bei der Verwendung eines ge-schlossenen Komposters. Der große Nachteil ist, dass es schwieriger ist, den Komposthaufen umzudrehen oder zu belüften, was jedoch wichtig ist, um sicherzustellen, dass der Komposthaufen gut durchgemischt und belüftet wird. Wenn der Kompost nicht gut belüftet wird, kann dies zu einem anae-roben Abbau führen, der unangenehme Gerüche verursacht und den Kom-postprozess verlangsamt. Ein weiterer Nachteil ist, dass ein geschlossener Komposthaufen teurer sein kann als ein offener Komposter.

Insgesamt bietet das geschlossene kompostieren eine effektive Möglichkeit zur Reduzierung von organischen Abfällen und zur Produktion von wertvol-lem Dünger. Er besitzt viele Vorteile, jedoch auch Nachteile, die es zu be-achten gilt. Es stellt eine sinnvolle Alternative für kleine Gärten oder Gar-tengemeinschaften dar. Es stellt gleichzeitig eine umweltfreundliche Methode dar, die in vielen verschiedenen Umgebungen eingesetzt werden kann.

Bokashi – Kompostierung

Bokashi – Komposter sind in Japan und Korea seit Jahrhunderten im Ein-satz und erfreuen sich auch in anderen Teilen der Welt zunehmender Beliebtheit. Diese Art von Kompostierung ist eine anaerobe Methode, bei der organische Abfälle durch Fermentation zersetzt werden. Im Gegensatz zur traditionellen Kompostierung, die auf Sauerstoff angewiesen ist, um den Abbau von organischen Stoffen zu fördern, nutzt der Bokashi – Komposter eine Mischung aus Mikroorganismen, welche in einem speziellen Starterkit enthalten sind. Diese Mikroorganismen wandeln organische Abfälle in nährstoffreichen Dünger um, der dann als Bodenverbesserer verwendet werden kann.

Bokashi – Komposter sind eine Methode zur Kompostierung von organischen Abfällen, die in den letzten Jahren immer beliebter geworden ist. Die Technik stammt aus Japan und wurde erstmals in den 1980 iger Jahren von Dr. Teruo Higa einen japanischen Agrarwissenschaftler entwickelt, was durch seine Entdeckung der effektiven Mikroorganismen, hat er auf neue Wege verwiesen die Umwelt und Gesundheitsprobleme auf natürliche Weise zu lösen. Seitdem hat sich die Methode weltweit verbreitet und wird heute in vielen Ländern eingesetzt.

In Japan ist der Einsatz von Bokashi – Kompostern weit verbreitet und seit vielen Jahren in dieser Form etabliert. Auch in anderen asiatischen Ländern wie Korea und Taiwan wird die Methode genutzt. In Europa wurde die Technik erstmals in Deutschland eingeführt und hat sich seitdem auch in anderen Ländern wie Österreich, der Schweiz und Frankreich verbreitet.

In Nordamerika wird die Bokashi – Methode ebenfalls immer beliebter. Besonders in den USA gibt es viele Anwender, die dessen Vorteile dieser Technik schätzen. Auch in Kanada und Mexiko wird diese Methode genutzt. Die Vorteile der Bokashi – Methode liegen vor allem darin, dass sie eine schnelle Kompostierung ermöglicht und dabei Gerüche minimiert. Zudem können auch Fleisch- und Milchprodukte sowie gekochte Speisereste verarbeitet werden, was bei herkömmlichen Kompostier Methoden oft nicht möglich ist.

Insgesamt lässt sich sagen, dass die Bokashi-Methode weltweit immer beliebter wird und von vielen Menschen genutzt wird, um ihre organischen Abfälle zu kompostieren. Besonders in Japan und anderen asiatischen Ländern ist die Technik seit vielen Jahren etabliert, aber auch in Europa und Nordamerika gibt es immer mehr Anwender, die es schätzen.

Die Funktionsweise eines Bokashi – Komposters ist einfach, denn die organischen Abfälle werden in einen speziellen Behälter gegeben, der mit dem Starterkit bestückt ist. Der Starterkit enthält eine Mischung aus effektiven Mikroorganismen (EM), die den Fermentierungsprozess in Gang setzen. Der Behälter wird dann luftdicht verschlossen, um Sauerstoff von außen fernzuhalten und die anaerobe Fermentation zu fördern.

Doch was sind eigentlich effektive Mikroorganismen?

Diese sind eine Mischung aus verschiedenen Mikroorganismen, die in der Natur vorkommen und für den Menschen von großem Nutzen sein können Diese Mikroorganismen haben eine positive Wirkung auf die Umwelt und können dazu beitragen, dass Pflanzen besser wachsen und gesünder werden, Abfälle schneller abgebaut werden und das Wasser sauberer wird. EM sind eine natürliche Alternative zu chemischen Düngemitteln und Pestiziden und können dazu beitragen, die Umweltbelastung zu reduzieren. Die effektiven Mikroorganismen bestehen aus verschiedenen Arten von Bakterien, Pilzen und Hefen. Diese Mikroorganismen kommen natürlicherweise in der Umwelt vor und können auch im Boden gefunden werden. Sie sind in der Lage, organische Stoffe abzubauen und Nährstoffe für Pflanzen verfügbar zu machen. Einige der bekanntesten effektiven Mikroorganismen sind EM-1, Terra Preta und Biochar.

EM-1 ist eine Mischung aus Milchsäurebakterien, Hefen und Fotosynthese Bakterien. Es wird oft als Bodenhilfsstoff verwendet, um das Wachstum von Pflanzen zu fördern und den Boden zu verbessern.

Bokashi ist eine fermentierte Mischung aus organischen Materialien wie Küchenabfällen und Grünschnitt. Es wird als Dünger verwendet und kann auch zur Kompostierung eingesetzt werden.

Terra Preta ist eine spezielle Art von Boden, die durch die Zugabe von Holzkohle und effektiven Mikroorganismen entsteht. Es ist besonders fruchtbar und kann dazu beitragen, den Boden zu verbessern und das Pflanzenwachstum zu fördern. Biochar ist eine Form von Kohle, die aus organischen Materialien hergestellt wird. Es kann als Bodenhilfsstoff verwendet werden, um den Boden zu verbessern und das Wachstum von Pflanzen zu fördern.

Zusammenfassend kann man sagen, dass die Effektive Mikroorganismen eine natürliche Alternative zu chemischen Düngemitteln und Pestiziden darstellen. Sie können dazu beitragen, die Umweltbelastung zu reduzieren und das Pflanzenwachstum zu fördern. Durch die Verwendung von effektiven Mikroorganismen können wir dazu beitragen, die Umwelt zu schützen und nachhaltiger zu leben.

Der Aufbau eines Bokashi – Komposters ist relativ einfach und besteht aus einem luftdichten Behälter mit einem Abfluss, der es ermöglicht, überschüssige Flüssigkeit abzulassen. Die Abfälle werden in den Behälter gegeben und dann mit einer Mischung aus effektiven Mikroorganismen (EM) und Bokashi – Getreide behandelt. Diese Mischung fördert die Fermentation und verhindert das Wachstum von schädlichen Bakterien. Sobald der Behälter voll ist, wird er für etwa zwei Wochen verschlossen gehalten, damit die Fermentation stattfinden kann. Nach dieser Zeit können die Abfälle als wertvoller Dünger für den Garten verwendet werden.

Während des Fermentierungsprozesses produzieren die Mikroorganismen Milchsäure und andere Verbindungen, die dazu beitragen, den pH-Wert im Behälter zu senken und das Wachstum von schädlichen Bakterien zu hemmen.

Die Verwendung von Bokashi – Kompost hat viele Vorteile, da er als Dünger für Pflanzen im Garten oder in Töpfen verwendet werden kann und fördert somit das Wachstum und die Gesundheit der Pflanzen. Der saure pH-Wert des Bokashi – Komposts hilft auch dabei, den Boden zu verbessern und das Wachstum von unerwünschten Pflanzen zu hemmen. Darüber hinaus können die effektiven Mikroorganismen im Bokashi-Kompost dazu beitragen, Krankheiten in Pflanzen abzuwehren und das Bodenleben zu fördern. Es gibt jedoch auch einige Einschränkungen bei der Verwendung von Bokashi – Kompost. Da er saurer ist als traditioneller Kompost, sollte er nicht direkt auf Pflanzen aufgetragen werden, sondern vorher mit Erde vermischt werden, da dies den pH-Wert des Bodens zu stark beeinflussen kann. Das Mischungsverhältnis sollte 1-Teil Bokashi und 3 – Teile Erde betragen, somit kann dies gut durchmischt an den geplanten Stellen der Pflanzen aufgetragen werden. Für die Anwendung bei Zimmerpflanzen wird empfohlen 1 –Teil Bokashi und 5 – Teile Erde zu verwenden. Die Möglichkeit weniger Erde zu verwenden ist schon gegeben, wobei hier jedoch die Gefahr einer Wurzelverbrennung bestehen kann. Sollte der Dünger in flüssiger Form den Zimmerpflanzen verabreicht werden, so empfiehlt es sich 1 – Teil Bokashiflüssigkeit und 8 – 10 Teile an Wasser zu vermischen. Insgesamt bietet die Bokashi-Kompostierung eine vielversprechende Alternative zur traditionellen Kompostierung. Diese Methode ist Umweltfreundlich, ökologisch wertvoll und in seiner Effizienz breitflächig einsetzbar

Komposttoilette

Eine andere Art der Kompostierung bildet die Komposttoilette, welche unter bestimmten Umständen, sinnvoll ist, jedoch nicht jeder dafür Empfänglich ist. Da dies eine Kompostierungsmethode einer anderen Art darstellt, ist es jedoch wichtig davon Kenntnis zu besitzen.
Ob diese Art der Kompostierung zum Einsatz kommt oder nicht hängt natürlich von der individuellen Einstellung dazu, als auch deren Anwendungsmöglichkeiten ab.
Eine Komposttoilette ist eine umweltfreundliche Alternative zu herkömmlichen Toiletten, die Abwasser in die Kanalisation leiten. Der Betrieb einer Komposttoilette basiert auf dem Prinzip der Trockenkompostierung, bei der menschliche Ausscheidungen und Toilettenpapier in einem Behälter gesammelt werden. Durch die Zugabe von organischem Material wie Säge-

spänen oder Stroh wird der Inhalt der Toilette belüftet und zersetzt sich durch Mikroorganismen zu wertvollem Humus.

Der Einsatz von Komposttoiletten erfolgt weltweit, insbesondere in ländlichen Gebieten, wo es keine sanitären Einrichtungen gibt. In Europa sind Länder wie Schweden, Norwegen und Finnland führend bei der Verwendung von Komposttoiletten. In diesen Ländern wird die Methode bereits seit den 1970 iger Jahren genutzt und hat sich als effektive Lösung für die Entsorgung von menschlichen Ausscheidungen erwiesen. Komposttoiletten haben sich in den USA, der letzten Jahren, ebenfalls zunehmend verbreitet. Insbesondere in ländlichen Gebieten, wo es keine Kanalisation gibt, sind sie eine beliebte Alternative zu herkömmlichen Toiletten.

Auch in Entwicklungsländern wie Indien und Kenia werden Komposttoiletten genutzt, um die sanitäre Versorgung zu verbessern und die Umweltbelastung zu reduzieren.

Die Idee der Komposttoilette wurde erstmals in den 1950 iger Jahren von dem schwedischen Architekten Rikard Lindström vorgestellt. Seitdem haben sich viele Menschen weltweit für diese Methode interessiert und weiterentwickelt.

Heute gibt es verschiedene Arten von Komposttoiletten, die je nach Bedarf und Standort eingesetzt werden können.

Insgesamt ist die Verwendung von Komposttoiletten eine vielversprechende Alternative zu herkömmlichen Toiletten. Sie ist umweltfreundlich, kostengünstig und einfach zu installieren. Die Methode wird Weltweit eingesetzt und hat sich als effektive Lösung für die Entsorgung von menschlichen Ausscheidungen erwiesen.

Komposttoiletten gibt es in verschiedenen Ausführungen, aber im Allgemeinen bestehen sie aus einem Behälter oder einer Kammer, in der die Abfälle gesammelt werden. Einige Modelle haben auch einen Belüftungsmechanismus, um den Zersetzungsprozess zu beschleunigen. Die meisten Komposttoiletten sind für den Einsatz im Freien konzipiert, aber es gibt auch Modelle, die für den Innenbereich geeignet sind. Ein großer Vorteil von Komposttoiletten ist ihre Nachhaltigkeit. Sie sparen Wasser und Energie, da sie ohne Wasserspülung auskommen und keine chemischen Reinigungsmittel benötigen. Außerdem produzieren sie wertvollen Dünger, der im Garten oder auf dem Feld verwendet werden kann. Darüber hinaus sind Komposttoiletten oft einfacher und kostengünstiger zu installieren als herkömmliche Toiletten.

Komposttoiletten sind besonders für abgelegene Orte geeignet, wo es keine Anbindung an die Kanalisation gibt. Auch in Wohnmobilen oder Tiny Houses sind sie eine platzsparende Alternative zu herkömmlichen Toiletten. Diese Art von Toilette ist besonders beliebt bei ökologisch bewussten Menschen, die ihre Auswirkungen auf die Umwelt minimieren möchten.

Allerdings gibt es auch einige Nachteile bei der Verwendung von Komposttoiletten. Zum einen müssen sie regelmäßig entleert und der Inhalt fachgerecht entsorgt werden. Zum anderen erfordert sie eine gewisse Pflege und Wartung, um Geruchsbildung zu vermeiden. Zudem sind sie nicht für jeden Geschmack geeignet und können bei empfindlichen Personen oder in engen Räumen als unangenehm empfunden werden.

Insgesamt wäre zu sagen, dass die Verwendung einer Komposttoilette eine nachhaltige und umweltfreundliche Alternative zu herkömmlichen Toiletten darstellt. Mit der richtigen Pflege und Wartung können sie eine sinnvolle Ergänzung für jeden Haushalt oder jedem Projekt sein, welches auf Nachhaltigkeit und Umweltschutz setzt.

Allerdings sollte man sich vorher genau überlegen, ob man bereit ist, den Aufwand für die Reinigung und Wartung zu betreiben und ob man mit dem unangenehmen Geruch zurechtkommt.

Obwohl es einige Nachteile gibt, können diese durch sorgfältige Planung und Wartung minimiert werden. Wenn Sie daran interessiert sind, eine Komposttoilette zu installieren, sollten Sie sich gründlich über die verschiedenen Modelle informieren und sicherstellen, dass Sie die notwendigen Schritte unternehmen, um eine effektive und hygienische Nutzung zu gewährleisten.

Tiefen Komposter

Ein Tiefen Komposter ist eine großartige Möglichkeit, um organische Abfälle in wertvollen Kompost zu verwandeln. Im Gegensatz zu herkömmlichen Kompostern, die nur oberflächlich arbeiten, geht ein Tiefen Komposter, wie der Name schon sagt, in die Tiefe des Erdreiches hinein, was erhebliche Vorteile bietet.

Zu beachten bei der Erstellung eines Tiefen Komposters ist die Reifezeit, welche je nach Tiefe zwischen 18 und 36 Monaten liegen kann, je nach Verwendung der Eingesetzten organischen Materialien in diesem. Es ist somit auch ein Langzeit Komposter, jedoch mit einer hohen Effizienz in seinem Resultat, was sich letztlich positiv auf den Ertrag und der Gesundung der Gartenerde und deren Kulturen beiträgt. Hier kann man mit Recht sagen, dass sich die Geduld bezahlt macht.

Die Tiefe des Kompostes sollte jeder für sich entscheiden, was letztlich auch von dessen Verwendung abhängig ist. Zu empfehlen ist ein Kompostdurchmesser von 1 mal 1 Meter und einer Tiefe von 1,30 Meter, was genügend Volumen für organische Materialien bietet.

Es besteht jedoch immer die Möglichkeit die Tiefe zu erweitern, was jedoch bei einer Entleerung des Kompostes beschwerlicher ist und Hilfsmittel wie einer Leiter erfordert.

Die Wahl des Komposter Material ist ebenfalls vielfältig, wobei in diesem Fall von der Verwendung von Holz abzuraten ist, da dieses mit der Zeit instabil wird und mit in den Verrottungsprozess eingebunden wird.

Um einen Langlebigen und stabilen Komposter zu errichten bieten sich Materialien wie Kunststoffsegmente, welche mit Fasern hergestellt worden sind und sehr robust gegen Witterungsverhältnisse und Temperaturen sind und haben zugleich den Vorteil diesen zu erweitern. Eine weitere Möglichkeit bieten Betonplatten, die ebenfalls sehr widerstandsfähig sind und eine gute Option darstellen.

Bei dem Bau des Komposters sollte auch unbedingt darauf geachtet werden, dass die Segmente so zum Einsatz kommen, dass zwischen den Elementen ein Spalt besteht, um die Durchlüftung zum einen und zum anderen die Einwanderung der Mikroorganismen und der Würmer zu gewährleisten. Auch ein offener Boden zum Erdreich ist sehr wichtig, um keine Staunässe zu erhalten und diese ungehindert in das Erdreich abfließen kann.
Werden diese Hinweise beachtet, wird einer erfolgreichen Kompostierung nichts mehr entgegenstehen.

Er ermöglicht dadurch so eine effektive Zersetzung von organischen Materialien, wobei sich in der Tiefe des Komposters eine andere Struktur als bei herkömmlichen Kompostern entwickelt. Weiterhin wird dadurch viel Platz gespart und mehr Volumen geschaffen auf wenig Quadratmeter, sowie auch eine höhere Qualität des Komposts erreicht wird.
Die Vorteile eines Tiefen Komposters sind vielfältig. Zum einen bietet er eine höhere Kapazität als bei herkömmlichen Komposter, da er tiefer in den Boden eingegraben werden kann. Dadurch können größere Mengen an organischen Abfällen aufgenommen werden.
Zum anderen ist ein Tiefen Komposter sehr effektiv bei der Zersetzung der Materialien. Durch die tiefere Lage im Boden wird das organische Material besser belüftet und es entsteht eine höhere Temperatur im Inneren des Komposters. Dies führt zu einer schnelleren Zersetzung und somit zu einem schnelleren Kompostierungsprozesses.
Auch ist das Leben im Kompost anders strukturiert, als bei herkömmlichen Kompostern. Bei dem Zersetzungsprozess wo die Mikroorganismen, als auch Würmer und andere Insekten verantwortlich sind, kommt es zu inneren Strukturen der Mikroorganismen, welche sich in Form von Brutstätten und Gemeinschaften bilden, als auch ein Hort dessen Vermehrung darstellt. Man kann dies mit kleinen Siedlungen für die jeweiligen Gemeinschaften vergleichen, die sich in dieser Struktur zu einer großen Gemeinschaft entwickeln und somit die Qualität des Kompostes steigern und schneller verarbeiten.

Die Schaffung dieser Lebensräume wird durch die Mikroorganismen geschaffen und gepflegt, was letztlich auch zu einer guten Belüftung führt. Im Laufe der Zeit verdichtet sich der Kompost und der gebildete Humus sinkt weiter herab und verdichtet sich, was jedoch keinen Nachteil darstellt, da auch in diesen festen Strukturen sich Mikroorganismen ansiedeln und wertvolle Arbeit verrichten.

Die Pflege des Tiefen Komposters ist Gleichfalls zu anderen Kompostern zu handhaben, insbesondere zu den offenen Kompostern, zu welchen auch dieser gehört. Die Beigabe von gemischten organischen Abfällen und die feuchte Haltung des Komposts sind ebenfalls sehr wichtig.

Eine regelmäßige Wendung ist hier nur in der Oberschicht empfehlenswert, zumal die Gesamtdurchmischung eine Zumutung wäre und in diesem Fall auch nicht ratsam, da die bestehenden Mikroorganismen Kulturen im unteren Bereich des Kompostes erhalten bleiben sollten.

Bestimmte Arten von Mikroorganismen, haben sich auf tief liegende Materialien und den entstehenden Druck im Kompost, auf welchen ich noch gesondert eingehen werde, spezialisiert und verrichten eine sehr wichtige Arbeit in diesem Bereich der Kompost Ebene.

Die Qualität des Komposts aus einem Tiefen Komposter ist ebenfalls höher als bei herkömmlichen Kompostern. Durch die effektivere Zersetzung der Materialien entsteht ein reicherer Nährstoffreicher Kompost, der ideal für den Einsatz im Garten oder auf dem Feld geeignet ist. Der Kompost aus einem Tiefen Komposter enthält auch weniger unerwünschte Stoffe wie Unkrautsamen oder Krankheitserreger, da diese durch die höhere Temperatur im Inneren des Komposters abgetötet werden. Trotz all dieser Vorteile gibt es auch einige Nachteile, die bei der Verwendung eines Tiefen Komposters berücksichtigt werden sollten.

Zum einen ist ein Tiefen Komposter aufgrund seiner Größe und Tiefe schwer zu handhaben als herkömmliche Komposter.

Zum anderen kann es schwierig sein, den Kompost aus einem Tiefen Komposter zu entnehmen, da er tief im Boden vergraben ist.

Insgesamt bietet jedoch ein Tiefen Komposter viele Vorteile und ist eine großartige Möglichkeit, um organische Abfälle in wertvollem Kompost zu verwandeln. Durch seine effektive Zersetzung von Mineralien und die höhere Qualität des Komposts ist er ideal für den Einsatz im Garten oder auf dem Feld geeignet. Mit etwas Geduld und Sorgfalt bei der Handhabung kann ein Tiefen Komposter eine lohnende Investition sein.

Darstellung eines Tiefenkomposters – offen

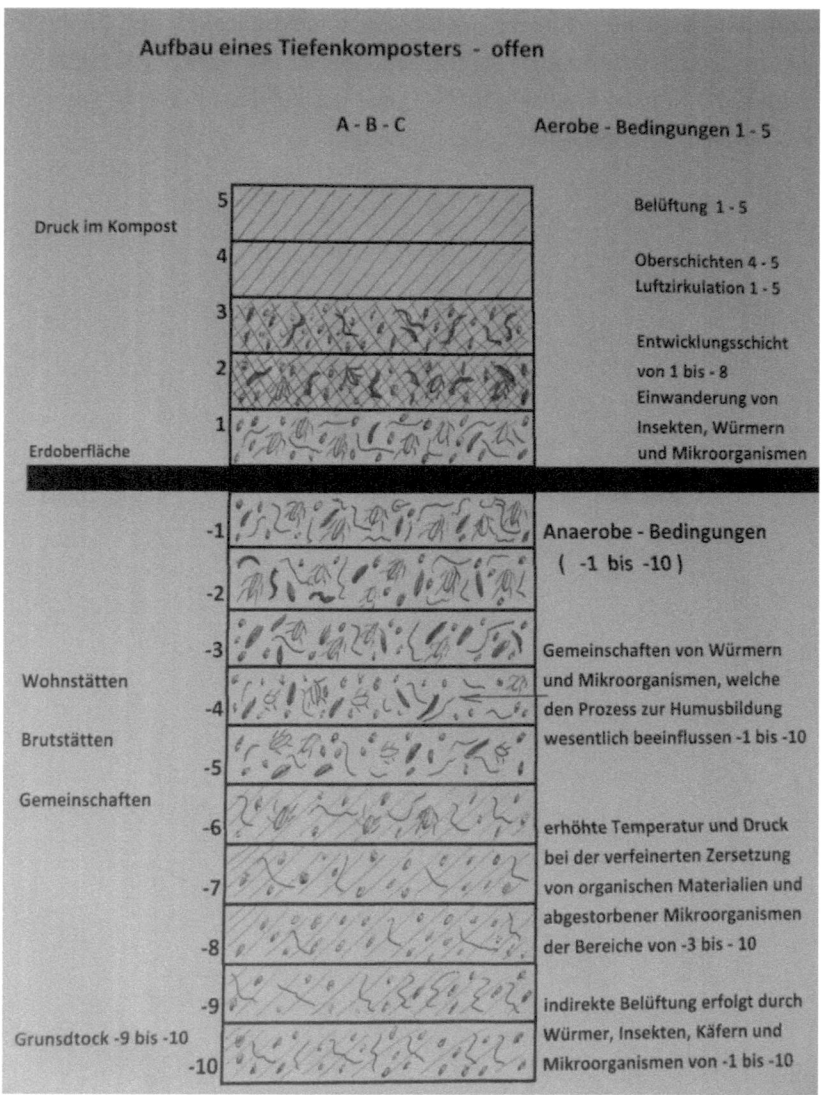

Aufbau eines Tiefenkomposters - offen

A - B - C   Aerobe - Bedingungen 1 - 5

Druck im Kompost

5
4
3
2
1

Belüftung 1 - 5

Oberschichten 4 - 5
Luftzirkulation 1 - 5

Entwicklungsschicht
von 1 bis - 8
Einwanderung von
Insekten, Würmern
und Mikroorganismen

Erdoberfläche

-1
-2
-3
-4
-5
-6
-7
-8
-9
-10

Anaerobe - Bedingungen
(-1 bis -10)

Gemeinschaften von Würmern
und Mikroorganismen, welche
den Prozess zur Humusbildung
wesentlich beeinflussen -1 bis -10

erhöhte Temperatur und Druck
bei der verfeinerten Zersetzung
von organischen Materialien und
abgestorbener Mikroorganismen
der Bereiche von -3 bis - 10

indirekte Belüftung erfolgt durch
Würmer, Insekten, Käfern und
Mikroorganismen von -1 bis -10

Wohnstätten

Brutstätten

Gemeinschaften

Grunsdtock -9 bis -10

210

Der Tiefenkompost produziert besonders wertvollen Humus, was jedoch Zeit und auch Geduld erfordert. In den Bereichen von -1 bis -10 wird auch bei kühleren Bedingungen ein wertvoller Zersetzungsprozess durchgeführt, welcher auch durch die bestehende Erdwärme, begünstigt wird. Dieser bestehende Bereich ist frei von Wind und starker Übernässung, wodurch sich die Kulturen der Mikroorganismen besonders gut entfalten können.

In den Bereichen von 1 bis -10 erfolgt eine ständige Einwanderung neuer Insekten und Mikroorganismen, welche den Kompostierungsprozess beschleunigen und es wird hierbei wertvoller und sehr hochwertiger Humus produziert, welcher auch durch seine schwarze Farbe und dessen Krümelung erkennbar wird.

Druck im Kompost

Kompostieren ist eine der einfachsten und effektivsten Möglichkeiten, organische Abfälle zu reduzieren und gleichzeitig nährstoffreichen Boden für Pflanzen zu produzieren und einen wichtigen Beitrag zum ökologischen Gleichgewicht in der Natur zu schaffen.

Doch wie wirkt sich der Druck auf das Kompostmaterial aus?

Der Druck kann sowohl positiv als auch negativ auf den Kompostierungsprozess wirken. Einerseits kann ein gewisser Druck dazu beitragen, dass das Material kompakter wird und somit mehr Platz im Komposter eingenommen werden kann. Andererseits kann ein zu hoher Druck dazu führen, dass das Material zu dicht gepackt wird und die Luftzirkulation behindert wird, was wiederum den Abbau von organischen Materialien verzögert.

Um den Verzögerungsprozess zu verhindern und der festen Struktur im Kompost einen Aktivitätsprozess weiterzuführen zu können, kann bei der Zugabe von organischen Materialien von Beginn an stärkere Holzstücke wie Obst äste von 4 bis 8 cm im Durchmesser und ca. 40 cm in der Länge in unregelmäßigen Abständen beifügt werden.

Diese Holzstücke haben zum einen die Aufgabe die Luftzirkulation zu unterstützen und zum anderen den Mikroorganismen die Möglichkeiten bieten sich anzusiedeln und sich zu vermehren. Dadurch wird der Kompostierungsprozess beschleunigt und bietet einen Hort der Vermehrung dieser. Im Laufe der Zeit werden diese Holzstücke im Kompostier Prozess zersetzt und dem Kompost beigefügt.

Da dies ein langwieriger Prozess ist bis sich diese Materialien zersetzen, können diese bei der Entnahme des Humus für den neuen Kompost als Starterkultur verwendet werden kann und erfüllt somit weiterhin einen sinnvollen Beitrag für weitere Kompostierung. Dies kann so lange genutzt werden, bis diese vollständig zersetzt sind.

Ein weiterer Faktor, der den Druck beeinflusst, ist die Feuchtigkeit des Materials. Wenn das Material zu feucht ist, kann es unter dem Gewicht des Komposts zusammengedrückt werden, was wiederum die Luftzirkulation behindert und den Abbau verlangsamt. Eine ausreichende Belüftung ist jedoch unerlässlich für einen erfolgreichen Kompostierungsprozess.

Um den Druck auf das Kompostmaterial zu regulieren, ist es wichtig, das Material regelmäßig umzudrehen oder zu wenden. Dadurch wird das Material gelockert und die Luftzirkulation verbessert. Auch das Hinzufügen von trockenen Materialien wie Laub oder Sägemehl kann dazu beitragen, den Druck zu reduzieren und die Luftzirkulation zu verbessern.

Insgesamt ist der Druck auf das Kompostmaterial ein wichtiger Faktor für einen erfolgreichen Kompostierungsprozess. Ein ausgewogenes Verhältnis zwischen Feuchtigkeit und Luftzirkulation sowie ein regelmäßiges Wenden des Materials sind entscheidend, um den Druck zu regulieren und eine schnelle und effektive Kompostierung zu gewährleisten.

Mikroorganismen welche sich dem Druck im Kompost angepasst haben

Tiefen Kompostierung ist eine Methode zur Kompostierung von organischen Abfällen, die in tiefe Gruben oder Schächte verbracht werden. Der

Prozess findet unter anaeroben Bedingungen statt, was bedeutet, dass die Abfälle ohne Sauerstoff abgebaut werden.

Dies führt zu einer erhöhten Temperatur und einem hohen Druck im inneren des Komposts.

Die Bedingungen schaffen ein einzigartiges Umfeld, das für viele Mikroorganismen eine enorme Herausforderung darstellt. Dennoch haben sich einige Arten der Spezies von Mikroorganismen an diesen Bedingungen angepasst und sind in der Lage, im Tiefenkompost zu überleben.

Ein Beispiel für solche Mikroorganismen sind die anaeroben Bakterien der Gattung Clostridium. Diese Bakterien sind in der Lage, unter anaeroben Bedingungen zu wachsen und können verschiedene organische Substanzen abbauen.

Ein weiteres Beispiel sind die Methanbildner, wie Methanobacterium und Methanosarcina.

Diese Bakterien produzieren Methan als Nebenprodukt des Stoffwechsels und tragen so zur Reduzierung des Kohlenstoffgehaltes im Kompost bei.

Auch Pilze haben sich an die Bedingungen im Tiefenkompost angepasst. Zum Beispiel können bestimmte Arten von Schimmelpilzen wie Aspergillus fumigatus unter anaeroben Bedingungen wachsen und helfen bei der Zersetzung von organischen Materialien.

Insgesamt gibt es eine Vielzahl von Mikroorganismen, die sich an die Bedingungen im Tiefenkompost angepasst haben. Diese Organismen sind entscheidend für den Abbau von organischen Abfällen und tragen zur Entstehung von nährstoffreichem Kompost bei.

Anlegen von einem Kompostbeet

Ein Kompost Beet anzulegen ist einfach und erfordert nur wenige Schritte, um sicherzustellen, dass der Kompostprozess optimal verläuft.

Zunächst sollte ein geeigneter Standort für das Kompostbeet ausgewählt werden. Ideal ist ein schattiger Platz mit guter Belüftung und genügend Platz, um das Beet zu erweitern.

Es ist wichtig, dass der Boden unter dem Beet frei von Unkraut und Steinen ist, um eine optimale Belüftung und Drainage zu gewährleisten. Als Nächstes muss das Material für den Kompost vorbereitet werden. Hierbei können alle organischen Abfälle wie Obst- und Gemüsereste, Kaffeesatz, Eierschalen, Laub und Gras verwendet werden.

Es ist wichtig, dass keine tierischen Produkte wie Fleisch oder Milchprodukte in den Kompost gegeben werden, da dies den Prozess stören kann. Das Material sollte dann in Schichten aufgetragen werden. Beginnend mit einer Schicht aus groben Materialien wie Zweige oder Ästen, um somit eine optimale Belüftung zu gewährleisten. Anschließend wird eine Schicht aus feinerem Material wie Laub oder Gras aufgetragen. Die Schichten sollten abwechselnd fortgesetzt werden, bis das Beet vollständig gefüllt ist. Um den Kompostprozess zu beschleunigen, kann das Material regelmäßig mit einer Mistgabel umgedreht werden. Dies fördert die Durchlüftung und beschleunigt den Zersetzungsprozess. Sobald der Kompost fertig ist, kann er als Dünger für den Garten verwendet werden. Ein guter Kompost ist dunkel, krümelig und riecht erdig. Es ist wichtig, dass der Kompost vollständig durchgebrochen ist, bevor er verwendet wird, um sicherzustellen, dass alle organischen Materialien vollständig zersetzt sind.

Insgesamt ist das Anlegen eines Kompostbeets eine einfache und effektive Möglichkeit, organische Abfälle zu entsorgen und gleichzeitig wertvollen Dünger für den Garten zu gewinnen. Mit ein wenig Aufwand und Sorgfalt kann jeder einen erfolgreichen Kompostprozess erreichen.

In den nachfolgenden Kapiteln, möchte ich schon an dieser Stelle einen Bezug auf offene, als auch geschlossene Beete nehmen, da dies aus meiner Sicht, hier gut einfügt. Auch die Verwendung von Mulch und dessen Nutzung und Bedeutung, wird große Aufmerksamkeit geschenkt, da dies ein wichtiges Element zum Erfolg einer guten Ernte und Bodenstruktur beiträgt.

Zeitraum zum Anlegen eines Kompost-Beetes

Es stellt sich immer wieder die Frage, wann sollte ich ein Kompost Beet anlegen?
Jedoch ist es wichtig zu wissen, wann das Kompost-Beet angelegt werden sollte, damit es effektiv genutzt werden kann.
Zunächst sollte das Kompost-Beet an einem Ort platziert werden, der gut belüftet ist und zugleich auch ohne Hindernisse zu erreichen ist. Es sollte auch über ausreichend Platz verfügen, um eine größere Menge an organischen Material aufzunehmen.

Das Anlegen eines Kompost- Beetes sollte idealerweise im Herbst oder Frühling erfolgen. Zu diesem Zeitpunkt sind die Temperaturen mild genug, um die Bakterien und Mikroorganismen im Komposthaufen aktiv zu halten. Wenn Sie den Komposthaufen im Winter anlegen, kann es schwierig sein, ihn warm genug zu halten, um den Verrottungsprozess aufrechtzuerhalten.

Bevor Sie mit dem Anlegen des Kompost -beets beginnen, sollten Sie sicherstellen, dass Sie alle notwendigen Materialien zur Hand haben. Dies beinhaltet eine ausreichende Menge an organischen Materialien wie Laub, Gras und Gemüsereste oder auch Küchenabfälle, als auch eine Schaufel und Gartengabel zum Umschichten der vorhandenen Materialien.
Sobald das Kompost-Beet angelegt ist, müssen Sie geduldig sein und ihm Zeit geben, sich zu entwickeln. Es kann mehrere Monate dauern, bis der Kompost vollständig verrottet ist und geeignet für den Einsatz als Dünger für die Pflanzen.
Während dieser Zeit müssen Sie den Komposthaufen regelmäßig umschichten und entsprechend feucht halten, um somit sicherzustellen, dass dieser nicht austrocknet.
Insgesamt ist das Anlegen eines Kompost-Beetes eine großartige Möglichkeit, um organische Abfälle in nährstoffreichen Dünger umzuwandeln. Wenn Sie jedoch sicherstellen möchten, dass Ihr Komposthaufen effektiv

genutzt werden kann, sollten Sie ihn im Herbst oder Frühling anlegen und ihm Zeit geben sich zu entwickeln.

Mit ein wenig Geduld und Sorgfalt können Sie einen reichhaltigen Dünger herstellen, der Ihre Pflanzen gedeihen lässt.

Offenes Beet und geschlossenes Beet in der Gegenüberstellung:

Beim Anbau von Gemüse und anderen Pflanzen gibt es verschiedene Methoden, um ein optimales Wachstum und einen hohen Ernteertrag zu erreichen. Eine wichtige Unterscheidung dabei ist die zwischen offenen und geschlossenen Beeten.

Offene Beete sind in der Regel einfach angelegte Flächen, auf dem Pflanzen direkt in den Boden gesät oder gepflanzt werden. Geschlossene Beete hingegen sind in der Regel mit einer Abdeckung versehen, die entweder aus Folie, Glas oder Netz besteht. Der Zweck dieser Abdeckung ist es, das Wachstum der Pflanzen zu fördern, indem sie vor äußeren Einflüssen wie Wind, Regen und Schädlingen geschützt werden. Ein weiterer Vorteil von geschlossenen Beeten ist, dass sie es ermöglichen, das Klima innerhalb des Beetes zu kontrollieren. Durch die Abdeckung kann die Temperatur im Beet höher gehalten werden als in der Umgebung, was insbesondere für wärmebedürftige Pflanzen wie Tomaten oder Paprika von Vorteil ist.

Auch die Luftfeuchtigkeit kann durch eine Abdeckung reguliert werden, was das Wachstum der Pflanzen begünstigt.

Offene Beete hingegen haben den Vorteil, dass sie einfacher anzulegen und weniger kostenintensiv sind als geschlossene Beete. Zudem bieten sie eine größere Flexibilität bei der Auswahl der Pflanzen, da diese nicht auf bestimmte klimatische Bedingungen angewiesen sind. Allerdings sind offene Beete anfälliger für Schädlinge und Krankheiten, da sie nicht durch eine Abdeckung geschützt sind.

Insgesamt gibt es also Vor- und Nachteile sowohl bei offenen als auch bei geschlossenen Beeten. Die Wahl der richtigen Methode hängt von verschiedenen Faktoren ab, wie zum Beispiel den klimatischen Bedingungen vor

Ort, den gewünschten Pflanzen und dem verfügbaren Budget. Auch spielt dabei insbesondere die persönliche Einstellung und von Vorliebe dazu eine entscheidende Rolle.

Geschlossene Beete

Diese sind eine innovative Methode der Gartengestaltung, die in den letzten Jahren immer beliebter geworden ist. Im Gegensatz zu traditionellen offenen Beeten sind geschlossene Beete von einer Umrandung aus Holz, Stein oder Metall umgeben und bieten somit eine abgeschlossene Fläche für das Pflanzen von Gemüse, Kräutern oder Blumen.
Die Vorteile von geschlossenen Beeten liegen auf der Hand, denn sie schützen die Pflanzen vor Schädlingen und Unkraut, halten Feuchtigkeit besser im Boden und sind einfacher zu pflegen.

Ein Einsatzgebiet von geschlossenen Beeten ist die Stadtbegrünung, da es in städtischen Gebieten oft nur begrenzte Flächen für Gärten gibt, welche oft von Schadstoffen belastet sind. Geschlossene Beete bieten eine Möglichkeit, auch auf kleinsten Raum gesunde Pflanzen anzubauen und somit zur Verbesserung der Luftqualität und des Klimas beizutragen.
Ein weiteres Einsatzgebiet ist die Schulgartenarbeit. Geschlossene Beete bieten hier den Vorteil, dass sie leichter zu pflegen sind und somit auch für Kinder geeignet sind.
Sie können als physisches Lernmittel genutzt werden, um Kindern das Wachsen und Gedeihen von Pflanzen näherzubringen und ihnen ein Verständnis für Nachhaltigkeit und Umweltschutz, als auch die Bedeutung des ökologischen Gleichgewichtes zu vermitteln.
Auch in der Landwirtschaft werden geschlossene Beete immer häufiger eingesetzt. Sie bieten hier den Vorteil, dass sie den Einsatz von Pestiziden reduzieren können und somit zu einer nachhaltigen Landwirtschaft beitragen.

Zusammenfassend lässt sich sagen, dass geschlossene Beete eine innovative Methode der Gartengestaltung darstellen, welche viele Vorteile bieten. Ob in der Stadt, in Schulen oder in der Landwirtschaft, können geschlossene Beete dazu beitragen, gesunde Pflanzen anzubauen und somit zur Verbesserung der Umwelt beizutragen.

Bodenverbesserung von geschlossenen Beeten

Die Bodenstruktur und deren Qualität sind entscheidend für das Wachstum und die Gesundheit der Pflanzen in geschlossenen Beeten. Eine schlechte Bodenstruktur kann zu, einer unzureichendem, Wasser und Nährstoffaufnahme führen, was wiederum zu schwachen Wachstum und einer geringeren Ernte führen kann. Es gibt jedoch verschiedene Möglichkeiten, die Bodenstruktur und deren Qualität in geschlossenen Beeten zu verbessern.
Eine Möglichkeit ist die Zugabe von organischem Material wie Kompost oder Dünger wie zum Beispiel von Zuschlagstoffen, welchen den ökologischen Gesichtspunkten entsprechen. Diese Materialien können dazu beitragen, den Boden aufzulockern und seine Struktur zu verbessern, indem sie Nährstoffe und Mikroorganismen liefern, die für das Wachstum von Pflanzen notwendig sind. Es ist jedoch wichtig sicherzustellen, dass der Kompost oder Zuschlagsdünger vollständig verrottet ist, um eine Überdüngung zu vermeiden.
Auch eine Möglichkeit zur Verbesserung der Bodenstruktur stellt die Verwendung von Mulch dar. Dieser kann dazu beitragen, den Boden feucht zu halten und Unkrautwachstum zu reduzieren, während er gleichzeitig organische Materie liefert, welche den Boden auflockert. Es ist dabei wichtig, den Mulch regelmäßig zu erneuern, um somit sicherzustellen, dass er seine Wirkung beibehält.

Der entfernte organische Mulch wird dann dem Kompostbeet wieder zugeführt und mit den vorhandenen organischen Materialien vermischt und somit wieder mit wichtigen Nährstoffen und Mikroorganismen angereichert. Somit wird der ökologische Kreislauf geschlossen und einer neuen Bestimmung zugeführt.

Im nachfolgenden Kapitel, werde ich auf den Mulch noch etwas näher eingehen, um dies in diesem Zusammenhang noch deutlich zu vereinen und somit dessen Wichtigkeit des Einsatzes herauszustellen.

Ein weiterer wichtiger Faktor bei der Verbesserung der Bodenstruktur und dessen Qualität ist die pH-Wert – Einstellung des Bodens. Ein pH-Wert zwischen 6,0 und 7,0 ist ideal für die meisten Pflanzenarten. Wenn der pH-Wert zu niedrig ist, kann dies durch die Zugabe von Kalk ausgeglichen werden. Wenn der pH-Wert zu hoch ist, kann dies durch die Zugabe von Schwefel oder saurem Dünger ausgeglichen werden.

Zusammenfassend lässt sich sagen, dass die Verbesserung der Bodenstruktur und deren Qualität in geschlossenen Beeten entscheidend für das Wachstum und die Gesundheit von Pflanzen sind. Die Zugabe von organischem Material, Mulch und eine Einstellung des pH-Wertes können alle dazu beitragen, den Boden aufzulockern und seine Struktur zu verbessern. Es ist wichtig, regelmäßig den Zustand des Bodens zu überprüfen und gegebenenfalls Maßnahmen zur Verbesserung zu ergreifen.

Mulch

Mulch ist ein wichtiger Bestandteil in der Gartenpflege und hat eine Vielzahl von Vorteilen für Beete und Pflanzen. Mulch ist eine Schicht aus organischen oder anorganischen Materialien, die auf den Boden aufgetragen wird, um ihn zu schützen und zu verbessern.
Es kann aus verschiedenen Materialien wie Laub, Gras Stroh, Rindenmulch oder Steinen bestehen.

Eine der wichtigsten Funktionen von Mulch ist die Erhaltung der Feuchtigkeit im Boden. Durch das Abdecken des Bodens mit einer Mulch Schicht, wird die Verdunstung reduziert und der Boden bleibt länger feucht. Dies ist besonders wichtig in trockenen Regionen oder während der Dürreperioden. Mulch hilft auch dabei, Unkrautwachstum zu reduzieren. Eine dicke Schicht von Mulch verhindert das Keimen von Unkrautsamen und reduziert somit den Bedarf an Unkraut Bekämpfungsmitteln.

Darüber hinaus fördert Mulch die Bodengesundheit, indem es organische Substanz in den Boden einbringt. Wenn Mulch langsam zersetzt wird, gibt es Nährstoffe frei, die von Pflanzen aufgenommen werden können. Außerdem verbessert Mulch die Bodenstruktur, speichert Wasser und fördert das Wachstum von nützlichen Mikroorganismen im Boden.

Mulch hat auch immer eine isolierende Wirkung auf den Boden. Im Winter schützt es die Wurzeln vor Frostschäden und im Sommer vor Überhitzung.

Zusammenfassend lässt sich sagen, dass Mulch eine wichtige Rolle in der Gartenpflege spielt. Es verbessert die Bodengesundheit, reduziert den Bedarf an Unkrautbekämpfung-Mitteln und erhält die Feuchtigkeit im Boden. Wenn Sie also ein gesundes und schönes Beet oder Pflanzen haben möchten, sollten Sie unbedingt Mulch verwenden.

Mulch Arten

Mulch ist ein wichtiger Bestandteil der Gartenpflege und kann aus verschiedenen Materialien bestehen. Die Wahl des richtigen Mulchs hängt von verschiedenen Faktoren ab, wie zum Beispiel dem Bodentyp, den Pflanzen und das Klima. Es gibt verschiedene Arten von Mulch, darunter organischen Mulch, der aus natürlichen Materialien wie Holzspänen oder Blättern besteht und anorganischen Mulch, der aus künstlichen Materialien wie Kunststofffolie oder Steinen besteht.

Organischer Mulch besteht aus natürlichen Materialien wie Rindenmulch, Laub, Gras oder Stroh. Diese Art von Mulch ist besonders nützlich für den Boden, da er langsam zersetzt wird und Nährstoffe freisetzt, die den Pflanzen zugutekommen. Ein Mulch aus organischem Material hilft auch dabei, Feuchtigkeit im Boden zu halten, zu regulieren und somit das Wachstum von Unkraut zu unterdrücken.

Anorganischer Mulch hingegen besteht aus künstlichen Materialien wie Kunststofffolie. Diese Art von Mulch ist besonders nützlich für Bereiche mit starkem Verkehr oder starkem Regenfall, da sie nicht weggespült werden können. Anorganischer Mulch hilft auch dabei, Feuchtigkeit im Boden zu halten und das Wachstum von Unkraut zu unterdrücken.

Ein weiterer wichtiger Faktor bei der Wahl des richtigen Mulchs ist die Zusammensetzung, welche je nach Material variieren kann und Auswirkungen auf den Boden haben. Zum Beispiel kann Rindenmulch den pH-Wert des Bodens senken, was für saure Böden nützlich sein kann, aber für alkalische Böden schädlich wirken kann.

Es ist wichtig, den pH-Wert des Bodens zu berücksichtigen und den Mulch entsprechend auszuwählen.

Insgesamt gibt es viele verschiedene Arten von Mulch, die je nach Bedarf ausgewählt werden können. Die Wahl des richtigen Mulchs kann dazu beitragen, den Boden Gesund zu halten, Wasser zu speichern und zu regulieren, als auch das Wachstum der Pflanzen zu fördern.

Vorteile und Nachteile von Mulch

Einer der größten Vorteile von Mulch ist, dass er den Boden vor Austrocknung schützt. Durch die Schichtung des Materials wird die Verdunstung reduziert und der Boden bleibt feucht. Dies ist besonders wichtig in trockenen Regionen oder während langer Trockenperioden. Zudem kann Mulch auch dazu beitragen, den Boden vor Erosion zu schützen, indem er Regentropfen abfängt, diese Speichert und die Bodenerosion durch Wind reduziert.

Ein weiterer Vorteil von Mulch ist, dass er das Wachstum von Unkraut hemmt und somit einen wichtigen Beitrag für die Pflanzen bildet, da das Unkraut auch als Kraftdiebe für die Pflanzen zu sehen ist. Durch weniger Unkraut werden die Pflanzen kräftiger und bilden einen höheren Ertrag. Weiterhin wird der Aufwand zum Entfernen des Unkrautes minimiert, sondern auch den Bedarf an Herbiziden.

Mulch trägt auch Maßgeblich zu einem besseren Boden bei, was durch die Abgabe von Nährstoffen gewährleistet wird. Wenn organische Materialien wie Laub oder Kompost als Mulch verwendet werden, zersetzen sie sich allmählich und setzen dabei wertvolle Nährstoffe frei, welche von den Pflanzen aufgenommen werden können.

Dies führt zu einem gesünderen Boden und zu einem besseren Wachstum der Pflanzen.

Allerdings gibt es auch einige Nachteile von Mulch. Eine zu dicke Schicht kann dazu führen, dass der Boden nicht genügend Sauerstoff erhält, was das Wachstum der Pflanzen beeinträchtigen kann. Zudem kann eine unzureichende Belüftung dazu führen, dass sich Pilzkrankheiten entwickeln.

Ein weiterer Nachteil von Mulch besteht darin, dass er die Bodentemperatur beeinflussen kann. In kalten Regionen kann Mulch dazu beitragen, den Boden warmzuhalten, aber in heißen Regionen kann es dazu führen, dass der Boden zu warm wird und die Pflanzen schädigt, indem die Wurzeln der Pflanzen verbrennen oder mit Erregern befallen werden, die sich wiederum negativ auf die Pflanzen durch eventuelles Absterben auszeichnen.

Es ist immer wichtig abzuwägen, wo und wie viel ich an Mulch den Pflanzen beigebe. In der Praxis hat es sich bewährt einen gesunden Mix von Komposterde und Rindenmulch herzustellen, welcher dann ausgebracht werden kann. Das Mischungsverhältnis ist je nach Qualität des Kompostes abhängig, jedoch kann man als Faustregel 2 – Teile Komposterde und 1-Teil Rindenmulch grundsätzlich als optimal ansehen.

Zusammenfassend lässt sich sagen, dass Mulch viele Vorteile besitzt, wie die Reduzierung von Unkrautwachstum und Bodenerosion, sowie die Verbesserung des Bodens. Allerdings sollte darauf geachtet werden, dass eine angemessene Menge an Mulch verwendet wird und dass der Boden ausreichend belüftet wird, um Pilzkrankheiten zu vermeiden.

Mulch auf dem Kompost

Rindenmulch ist ein beliebtes Material, das oft zur Bodenverbesserung und Unkrautbekämpfung verwendet wird.

Doch wie wirkt sich Rindenmulch auf dem Komposthaufen aus?

Einige Gärtner verwenden Rindenmulch als Zutat für ihren Kompost, während andere es vermeiden. Es gibt dabei Vorteile als auch Nachteile bei der Verwendung von Rindenmulch auf dem Komposthaufen.

Einer der Vorteile von Rindenmulch ist, dass es den Kompost belüftet und lockert. Die groben Stücke von Rindenmulch helfen dabei, dass Luft in den Haufen gelangt, was für eine bessere Belüftung sorgt. Außerdem kann Rindenmulch den pH-Wert des Komposts senken und somit dazu beitragen, dass der Kompost sauer wird. Dies kann besonders vorteilhaft sein, wenn man Pflanzen anbaut, die einen sauren Boden bevorzugen.

Ein weiterer Vorteil von Rindenmulch auf dem Komposthaufen ist, dass es Feuchtigkeit speichert und so den Kompost feucht hält. Dies ist wichtig, da ein zu trockener Komposthaufen nicht gut funktioniert. Wenn der Haufen zu trocken ist, kann es schwierig sein, ihn zu drehen oder umzuschichten.
Es gibt jedoch auch einige Nachteile bei der Verwendung von Rindenmulch auf dem Komposthaufen. Zum Beispiel kann es den Stickstoffgehalt im Kompost reduzieren.

Stickstoff ist ein wichtiger Nährstoff für Pflanzenwachstum, jedoch wenn dieser im Kompost fehlt, kann dies dazu führen, dass die Pflanzen nicht genügend Nährstoffe erhalten. Außerdem kann Rindenmulch den Kompost sauer machen, was für einige Pflanzenarten nicht geeignet ist.

Zusammenfassend lässt sich sagen, dass die Verwendung von Rindenmulch auf dem Komposthaufen Vorteile als auch Nachteile besitzt. Es kann dazu beitragen, den Kompost zu belüften und feucht zu halten, aber es kann auch den Stickstoffgehalt reduzieren und den pH-Wert senken. Wenn man sich entscheidet, Rindenmulch auf dem Komposthaufen zu verwenden, sollte man sicherstellen, dass man genügend Stickstoff hinzufügt und den pH-Wert in gewissen festen Abständen regelmäßig überprüft.

Kurzzeit und Langzeit Kompost

Kurzzeit Kompost

Kurzzeitkompostierung ist eine Methode, um organische Abfälle schnell in nährstoffreichen Kompost umzuwandeln. Im Gegensatz zur traditionellen Kompostierung, die mehrere Monate dauern kann, ist die Kurzzeitkompostierung in nur wenigen Wochen bereit eingesetzt zu werden. Diese Methode ist besonders attraktiv für Menschen, die in städtischen Gebieten leben und keinen Platz für einen großen Kompostbehälter haben.

Die Vorteile der Kurzzeitkompostierung sind zahlreich. Zum einen ist es eine schnelle und effektive Möglichkeit, organische Abfälle zu reduzieren und gleichzeitig nährstoffreichen Kompost herzustellen. Der Kompost kann dann als Dünger für Pflanzen verwendet werden, was wiederum den Bedarf an chemischen Düngemitteln reduziert. Darüber hinaus kann die Verwendung von Kompost den Boden verbessern und das Wachstum von Pflanzen fördern.

Ein weiterer Vorteil von Kurzzeitkompostierung liegt darin, dass sie Platz spart und schnelle Ergebnisse liefert. Es ist auch eine effektive Möglichkeit, Gartenabfälle und Küchenabfälle zu recyceln und den Boden mit Nährstoffen anzureichern.
Darüber hinaus ist es eine umweltfreundliche Alternative zur Entsorgung von Abfällen auf Deponien.

Es gibt jedoch auch Nachteile bei der Kurzzeitkompostierung. Diese Methode erfordert mehr Aufmerksamkeit und Pflege als die traditionelle Methode, da sie regelmäßig gewendet werden muss, um sicherzustellen, dass die Materialien gleichmäßig zersetzt werden.
Zum Beispiel kann es schwierig sein, die richtige Mischung aus grünen und braunen Materialien zu finden, um den optimalen pH-Wert zu erreichen. Es

kann auch schwierig sein, die Temperatur des Komposts im Auge zu behalten, um sicherzustellen, dass er nicht zu heiß wird und die Mikroorganismen dadurch abgetötet werden.

Außerdem kann es auch schwieriger sein, eine ausreichende Temperatur zu erreichen, um alle Krankheitserreger abzutöten, was zu einem unhygienischen Kompost führen kann. Darüber hinaus kann der Geruch von Kurzzeitkompost unangenehm sein und es können Fliegen und andere Schädlinge anziehen.

Insgesamt wäre zu sagen, dass die Kurzzeitkompostierung eine großartige Möglichkeit darstellt, um organische Abfälle schnell und effektiv zu reduzieren und nährstoffreichen Kompost herzustellen. Obwohl es einige Herausforderungen gibt, können diese durch sorgfältige Planung und Überwachung des Komposts überwunden werden.

Wenn Sie in einer städtischen Umgebung leben und nach einer Möglichkeit suchen, Ihre organischen Abfälle zu reduzieren, kann die Kurzzeitkompostierung eine ideale Lösung darstellen.

Die vielen Vorteile, insbesondere für Menschen mit wenig Platz und Zeit, stellt dies einen Weg der Realisierung einer Kompostierung dar. Es ist jedoch wichtig, sich bewusst zu sein, dass es auch Nachteile gibt und das die Methode sorgfältig durchgeführt werden muss, um ein sicheres und hygienisches Ergebnis zu erzielen.

Langzeit Kompost

Langzeitkompost ist eine Methode, wie auch andere Kompostierungsvarianten, organische Abfälle in einen nährstoffreichen Dünger umzuwandeln. Im Gegensatz zu herkömmlichen Kompost wird der Langzeitkompost über einen längeren Zeitraum von mehreren Monaten bis hin zu einem Jahr oder länger aufgeschichtet und regelmäßig gewendet, um eine optimale Zersetzung und Durchmischung der Materialien zu gewährleisten. Diese Methode hat wie viele auch hier sowohl Vorteile als auch Nachteile.

Die Vorteile von Langzeitkompost sind zahlreich. Zum einen wird durch die langsame Zersetzung der organischen Materialien ein besonders Nährstoffreicher Dünger produziert, der den Boden nachhaltig verbessert. Zum anderen ist Langzeitkompost auch für den Gartenboden schonender als herkömmlicher Kompost, da er weniger salzhaltig ist und somit das Bodenleben nicht beeinträchtigt. Außerdem kann Langzeitkompost auch bei schlechten Witterungsbedingungen wie starkem Regen oder Frost weiterverarbeitet werden.

Einer der größten Vorteile von Langzeitkompost ist, dass er eine effektive Möglichkeit bietet, organische Abfälle zu recyceln und in wertvolle Nährstoffe umzuwandeln.

Durch die Kompostierung können Nährstoffe wie Stickstoff, Phosphor und Kalium freigesetzt werden, die für das Pflanzenwachstum unerlässlich sind. Der produzierte Kompost kann als Dünger für Gärten, Grünanlagen, Felder und Pflanzen verwendet werden.

Ein weiterer Vorteil der Langzeitkompostierung besteht darin, dass sie dazu beitragen kann, den Kohlenstoff-Fußabdruck zu reduzieren. Die Kompostierung von organischen Abfällen reduziert die Menge an Methan, welches bei der Deponierung von Abfällen freigesetzt wird. Methan ist ein Treibhausgas, das wesentlich zur Erderwärmung beiträgt.

Hierbei rückt unmittelbar der Umweltaspekt in den Fokus, welcher zur Reduzierung von Umweltbelastenden Gasen beitragen sollte. Jeder kann etwas dazu beitragen, was sich in der Gesamtsumme als positiv zu betrachten ist und die Umweltbelastung reduziert.

Es gibt jedoch auch Nachteile bei der Langzeitkompostierung. Einer der größten Nachteile ist, dass es viel Zeit und Platz benötigt. Die Kompostierung erfordert eine konstante Überwachung und Wartung, um sicherzustellen, dass die Bedingungen optimal sind. Darüber hinaus kann die Kompostierung unangenehme Gerüche verursachen und Schädlinge anziehen, als auch die Schimmelbildung begünstigen.

Insgesamt wäre zu sagen, dass die Langzeitkompostierung eine wichtige Methode zur Reduzierung von Abfall und zur Produktion von wertvollen Nährstoffen darstellt.

Es ist jedoch wichtig, die Vor- und Nachteile dieser Methode zu verstehen und sicherzustellen, dass sie unter den richtigen Bedingungen durchgeführt wird.

Trotzdem lohnt es sich die Verwendung von Langzeitkompost aufgrund seiner vielen Vorteile für den Gartenboden und der Umwelt. Mit etwas Geduld und Sorgfalt kann jeder Hobbygärtner seinen eigenen nährstoffreichen Dünger herstellen und somit einen wichtigen Beitrag zur Nachhaltigkeit leisten.

Pflege von Kompost im Winter:

Der Komposthaufen ist ein wichtiger Bestandteil eines jeden Gartens. Er sorgt dafür, dass organische Abfälle wie Küchenreste und Gartenabfälle recycelt werden und zu nährstoffreichen Humus umgewandelt werden.

Doch was passiert im Winter mit dem Komposthaufen?
Wie sollte er gepflegt werden, damit er auch bei niedrigen Temperaturen optimal arbeitet?

Zunächst einmal sollte der Komposthaufen im Winter nicht vernachlässigt werden. Auch wenn es draußen kalt ist und man vielleicht weniger Zeit im Garten verbringt, benötigt der Komposthaufen weiterhin Aufmerksamkeit und Pflege. Eine wichtige Maßnahme ist das Abdecken des Haufens mit einer dicken Schicht aus Laub oder Stroh. Diese Schicht schützt den Kompost vor Frost und hält ihn warm.

Darüber hinaus sollte man den Komposthaufen im Winter nicht zu feucht halten. Durch Regen oder Schnee kann der Komposthaufen schnell durchnässen, was zu Fäulnis führen kann. Um dies zu vermeiden, sollte man den

Kompost regelmäßig umsetzen und lockern, damit die Feuchtigkeit entweichen kann.

Dies wäre der Idealfall den Kompost im Winter zu wenden, jedoch stehen dem auch einige Hindernisse im Wege wie zum Beispiel starker Frost, welcher dieser Tätigkeit nicht hilfreich ist. Jedoch kann man in diesem Fall mit einer Metallstange einige Löcher in den Kompost verteilen, welche eine gute Belüftung ermöglicht.

Auch die Arbeit bestimmter Mikroorganismen kommen nicht vollständig zum Stillstand, sondern gehen langsamer voran. Im nachfolgenden, möchte ich noch auf spezielle Mikroorganismen eingehen, welche sich den frostigen Temperaturen besonders gut angepasst haben.

Im Winter und bei starker Kälte denken wir oft an eine ruhige und fast sterile Umgebung, doch dies ist ein Trugschluss, denn auch bei niedrigen Temperaturen sind zahlreiche Mikroorganismen aktiv. Diese haben sich im Laufe der Evolution an die Bedingungen angepasst und können sogar in Eis und Schnee überleben. Ein Beispiel dafür sind sogenannte psychrophile Bakterien, die auf niedrigeren Temperaturen spezialisiert sind. Diese leben in Schnee und Eis und können dort wichtige Funktionen erfüllen, wie zum Beispiel die Produktion von Enzymen, die den Abbau von organischen Stoffen ermöglichen.

Auch Pilze können im Winter aktiv sein und beispielsweise Holz zersetzen oder als Schimmelpilze in Gebäuden auftreten.

Eine weitere Gruppe von Mikroorganismen sind die Cyanobakterien, auch bekannt als Blaualgen. Sie können in Gewässern unter dem Eis wachsen und durch ihre Fotosynthese Sauerstoff produzieren. Dadurch tragen sie zur Erhaltung des Ökosystems bei.

Mikroorganismen sind in der Natur allgegenwärtig und spielen eine wichtige Rolle im Ökosystem, die in allen erdenklichen Umgebungen leben können, einschließlich Eis und Kälte. Einige der Mikroorganismen, die in Eis und Kälte leben, sind Bakterien wie Pseudomonas syringae und Flavobactererium frigoris. Diese Bakterien haben spezielle Enzyme, die ihnen helfen, in kalten Umgebungen zu überleben und zu Wachsen und Gedeihen. Andere Mikroorganismen wie Hefen sind auch in der Lage, in Eis und Kälte zu leben.

Doch wie verhalten sich diese kleinen Lebewesen in starken Kälteperioden wie im Winter?

Ein interessantes Phänomen ist auch das Überleben von Mikroorganismen in gefrorenen Zustand. So können einige Bakterien und Pilze ihre Aktivität einstellen und in eine Art von Ruhezustand gehen, um dann, bei höheren Temperaturen, wieder aktiv zu werden. Dieses Phänomen wird als Kryobiose bezeichnet und ist ein wichtiger Überlebensmechanismus für viele Organismen in kalten Regionen.

In Bezug auf den Kompost spielen diese Mikroorganismen eine wichtige Rolle bei der Zersetzung von organischen Materialien. Sie brechen das organische Material auf und wandeln es in Nährstoffe um, die wiederum von Pflanzen aufgenommen werden können. Die Bakterien produzieren Enzyme, die das organische Material zersetzen und es für andere Mikroorganismen zugänglich machen. Die Hefen und Pilze sind ebenfalls an diesem Prozess beteiligt und produzieren Enzyme, die bei der Zersetzung von Cellulose helfen.

Allerdings gibt es auch Mikroorganismen, die bei niedrigen Temperaturen nicht mehr aktiv sind und sich zurückziehen. So können zum Beispiel viele Bodenbakterien im Winter inaktiv werden, da die Bodentemperatur zu niedrig ist. Auch andere Faktoren wie Nährstoffmangel oder Trockenheit können das Überleben von Mikroorganismen beeinträchtigen.

Ein weiterer wichtiger Aspekt ist die Zugabe von Materialien, die den Komposthaufen aktivieren und für eine schnelle Zersetzung sorgen. Dazu gehören beispielsweise Kaffeesatz, Teeblätter oder auch Eierschalen. Auch Pflanzenreste wie Grünschnitt oder Unkraut können den Haufen zugeführt werden.

Zusammenfassend lässt sich sagen, dass der Komposthaufen auch im Winter gepflegt werden muss, um eine optimale Verrottung zu gewährleisten. Eine Abdeckung mit Laub oder Stroh, ein Umsetzen und die Zugabe von aktivierenden Materialien sind wichtige Maßnahmen, um den Komposthaufen auch bei niedrigen Temperaturen in Schwung zu halten.

Des Weiteren lässt sich sagen, dass Mikroorganismen auch in extremen Umgebungen wie Eis und Kälte leben können. In Bezug auf den Kompost spielen sie eine wichtige Rolle bei der Zersetzung von organischen Materialien und tragen zur Schaffung eines gesunden Bodens bei. Es ist wichtig, diese Mikroorganismen zu verstehen und zu schätzen, da sie einen wichtigen Beitrag zur Aufrechterhaltung der Umwelt leisten. Es ist auch wichtig zu erkennen, dass es auch im Winter eine Vielzahl von aktiven Mikroorganismen gibt, die wichtige Funktionen erfüllen und unsere Umwelt beeinflussen. Die Population von Mikroorganismen kann in starken Kälteperioden sehr unterschiedlich reagieren. Einige Arten sind in der Lage, auch bei niedrigen Temperaturen aktiv zu bleiben und sich zu vermehren, während andere sich zurückziehen oder in einem Ruhezustand gehen. Die Anpassungsfähigkeit von Mikroorganismen an extreme Bedingungen ist jedoch faszinierend und zeigt, wie vielfältig das Leben auf unseren Planeten ist.

Vermeidung von Gerüchen beim Kompostieren

Dies ist eine Thematik, was viele Gärtner beschäftigt und sich sicherlich nicht immer vermeiden lässt, trotz aller Bemühungen diesen Umstand keine Chance zu geben.

Doch was sind die richtigen Schritte, die man Unternehmen kann, dass diese Gerüche so gering wie möglich gehalten werden oder erst überhaupt nicht auftreten. Es ist eine hervorragende Möglichkeit, durch Kompostierung organische Abfälle zu Recyceln, um diese in wertvollen Humus umzuwandeln. Dies ist nicht nur effektiv für uns selbst und spart Kosten, sondern wirkt sich auch positiv als das ökologische System aus.

Allerdings kann es auch dazu führen, dass unangenehme Gerüche entstehen, die nicht nur unangenehm sind, sondern auch unerwünschte Insekten und Tiere anziehen können.

Gleichfalls können diese Gerüche störend gegenüber den Nachbarn wirken, was man jedoch vermeiden möchte. Es gibt einige einfache Schritte, welche Sie unternehmen können, um Gerüche beim Kompostieren zu vermeiden.

Zunächst einmal ist es wichtig, sicherzustellen, dass Sie die richtigen Materialien in Ihren Komposter verwenden. Vermeiden Sie tierische Produkte wie Fleisch, Milchprodukte oder auch Fisch sowie fettige oder ölige Lebensmittel. Diese können schnell verderben und unangenehme Gerüche verursachen. Stattdessen sollten Sie sich auf pflanzliche Materialien wie Obst und Gemüsereste, Kaffeesatz und Eierschalen konzentrieren. Ein weiterer wichtiger Schritt ist die Belüftung Ihres Komposters. Wenn das Kompostmaterial nicht ausreichend belüftet wird, kann dies dazu führen, dass sich Feuchtigkeit ansammelt und somit unangenehme Gerüche entstehen. Stellen Sie sicher, dass Ihr Komposthaufen über ausreichende Belüftungslöcher oder Schlitze verfügt und Wenden Sie den Kompost regelmäßig um, damit eine gute Luftzirkulation erfolgen kann.

Schließlich sollten Sie darauf achten, dass der Kompost nicht zu feucht wird. Wenn dieser zu nass ist, kann dies ebenfalls zu unangenehmen Gerüchen führen. Eine starke Geruchsentwicklung kann insbesondere bei der Einbringung von Gras in den Komposter entstehen, welche jedoch durch eine gute Verteilung und Schichtung, als auch durch eine optimale Vermischung mit bestehendem Kompostmaterial umgangen wird.

Stellen Sie sicher, dass Ihr Komposthaufen an einem Ort steht, der vor Regen geschützt ist, und fügen Sie bei Bedarf trockenes Material wie Laub oder Stroh hinzu, um überflüssige Feuchtigkeit aufzunehmen.

Eine weitere effektive Möglichkeit, Gerüche zu vermeiden, besteht darin, den Komposthaufen abzudecken. Diese hilft dabei, Feuchtigkeit und Wärme im Inneren des Haufens zu halten und verhindert so unangenehme Gerüche.

Zusammenfassend lässt sich sagen, dass es einige einfache Schritte gibt, die Sie unternehmen können, um Gerüche beim Kompostieren zu vermeiden. Verwenden Sie die richtigen Materialien, belüften Sie Ihren Komposter ausreichend und achten Sie darauf, dass der Kompost nicht zu feucht wird. Auch ein Abdecken des Komposthaufens und auf die Feuchtigkeit achten, können Sie sicherstellen, dass die Materie im Haufen nährstoffreichen Boden produziert, ohne unangenehme Gerüche zu verursachen.

Wenn Sie diese Tipps befolgen, können Sie sicherstellen, dass Ihr Komposter effektiv arbeitet und gleichzeitig unangenehme Gerüche vermieden werden.

Gase bei der Kompostierung

Kompostierung ist ein wichtiger Prozess, um organische Abfälle in nützlichen Dünger umzuwandeln. Während des Kompostierungsprozesses entstehen verschiedene Gase als Nebenprodukte. Das Hauptgas, was bei der Kompostierung entsteht, ist Kohlendioxid (CO_2). Dieses wird von der Mikroorganismen produziert, die den Abbau von organischen Materialien unterstützen.

Ein weiteres Gas, was bei der Kompostierung entsteht, ist Methan (CH_4). Dieses Methangas wird von anaeroben Bakterien produziert, die in sauerstoffarmen Umgebungen leben. Es ist wichtig zu beachten, dass die Produktion von Methan während der Kompostierung vermieden werden sollte, da es ein Treibhausgas ist und zur globalen Erwärmung beitragen kann. Stickstoffoxide (NOx) können auch während des Kompostierungsprozesses freigesetzt werden. NOx sind schädliche Luftschadstoffe und können zur Bildung von Smog beitragen. Es ist wichtig zu beachten, dass die Freisetzung von NOx reduziert werden kann, indem man sicherstellt, dass der Komposthaufen gut belüftet ist und regelmäßig gewendet wird.

Insgesamt ist es wichtig zu verstehen, welche Gase bei der Kompostierung entstehen und wie man ihre Freisetzung kontrollieren kann, um eine nachhaltige und umweltfreundliche Kompostierung zu gewährleisten.

Die Reduktion von Methanemissionen durch Kompostierung ist ein wichtiger Aspekt im Kampf gegen den Klimawandel. Dies ist ein Thema, das in der heutigen Zeit immer mehr an Bedeutung gewinnt. Methan ist ein Treibhausgas, welches etwa 28-mal stärker zur Erderwärmung beiträgt als Kohlendioxid.

Weiterhin entsteht bei der Zersetzung von organischen Materialien wie Abfällen und landwirtschaftlichen Produkten.

Die Landwirtschaft ist eine der Hauptquellen für Methanemissionen, da sie große Mengen an organischen Abfällen produziert, die in der Regel auf Deponien entsorgt werden.

Durch die Kompostierung dieser Abfälle kann jedoch eine erhebliche Reduktion der Methanemissionen erreicht werden.

Eine Studie des Umweltbundesamtes hat gezeigt, dass durch die Kompostierung von organischen Abfällen eine Reduktion der Methanemissionen um bis zu 80 % erreicht werden kann. Dies liegt daran, dass bei der Kompostierung die organischen Abfälle unter Sauerstoffzufuhr abgebaut werden, was wiederum dazu beiträgt, dass weniger synthetischer Dünger benötigt wird. Auch dies führt zu einer Reduktion der Emissionen von Methan, da bei der Herstellung von synthetischen Düngern viel Energie verbraucht wird und somit auch zur Entstehung von Methan beiträgt.

Durch eine Reduktion von Methanemissionen durch Kompostierung hat also nicht nur positive Auswirkungen auf das Klima, sondern auch auf die Abfallentsorgung und der Bodengesundheit. Es ist daher wichtig, dass die Kompostierung als eine effektive Methode zur Reduktion von Treibhausgasemissionen weiterhin gefördert wird.

Mithilfe des Kompostierungsprozesses wird das organische Material in einen stabilen Bodenverbesserer umgewandelt. Dabei wird das Methan, was normalerweise bei der Zersetzung entstehen würde, durch aerobe Bakterien in Kohlendioxid umgewandelt.

Kohlendioxid hat eine geringere Treibhauswirkung als Methan und wird auch schneller abgebaut.

Eine Studie des US- amerikanischen Landwirtschaftsministeriums hat gezeigt, dass die Kompostierung von landwirtschaftlichen Abfällen die Methanemissionen um bis zu 90 % reduzieren kann. Auch in Städten kann die Kompostierung dazu beitragen, die Methanemissionen zu senken. In San Francisco zum Beispiel wurde durch die Einführung einer verpflichtenden Kompostierungspflicht die Menge an organischen Abfällen, die auf Deponien landen, um 80 % reduziert.

Insgesamt lässt sich sagen, dass die Reduktion von Methanemissionen durch Kompostierung ein wichtiger Schritt im Kampf gegen den Klimawandel ist. Es ist jedoch auch wichtig zu beachten, dass die Kompostierung nur dann effektiv ist, wenn sie richtig durchgeführt wird. Eine unsachgemäße Kompostierung kann auch dazu führen, dass mehr Methan entsteht als bei der Deponierung der Abfälle. Daher ist es wichtig, dass die Kompostierung von organischen Abfällen mit den erforderlichen Sachkenntnissen durchgeführt wird.

Pflege und Wartung eines Komposters

Für einen guten und effizient arbeitenden Komposter ist es unerlässlich diesen stets im Auge zu behalten und eine entsprechende Pflege zukommen zu lassen. Die Pflege und Wartung von Kompost ist jedoch entscheidend, um auch sicherzustellen, dass dieser optimal arbeitet und keine unangenehmen Gerüche verursacht. Zunächst einmal ist es wichtig, den Kompost regelmäßig zu wenden, je nach Zustandsbeurteilung, um sicherzustellen, dass er genügend Sauerstoff bekommt.

Dies kann manuell mit einer Gabel erfolgen, welche schonend in den Kompostier Prozess eingreift, wodurch die Mikroorganismen geschont werden. Die Durchmischung des Materials, sollte im obersten Viertel des Komposters erfolgen, damit die tieferen Kulturen und Gemeinschaften nicht gestört werden und diese ungehindert ihrer Arbeit weiterführen können.

Es ist auch wichtig, sicherzustellen, dass der Kompost ausreichend feucht gehalten wird.

Wenn er zu trocken ist, kann dies den Abbauprozess verlangsamen oder sogar stoppen. Um dies jedoch zu vermeiden, sollte der Kompost regelmäßig bewässert werden.

Darüber hinaus sollten größere Stücke von Materialien wie Zweige und Äste zerkleinert werden, um somit den Abbau zu beschleunigen.

Schließlich ist es wichtig, keine nicht-kompostierbaren Materialien wie Plastik oder Metall in den Kompost zu geben. Durch die Beachtung dieser einfachen Schritte kann jeder einen gesunden und produktiven Komposthaufen pflegen.

Kompost ist ein wichtiger Bestandteil des ökologischen Kreislaufes und kann in vielen Gärten und Landwirtschaftsbetrieben als natürlicher Dünger eingesetzt werden. Um jedoch eine hohe Qualität des Komposts zu gewährleisten, ist eine regelmäßige Pflege und Wartung unerlässlich.

Das A und O eines Effizient arbeitenden Komposters ist eine gute Durchlüftung und eine angemessene Bewässerung, welche optimale Bedingungen dafür darstellen. Auch die Temperatur ist ein wichtiger Faktor bei dessen Funktion, welche wiederum den Zersetzungszeitraum wesentlich beeinflusst.

Weiterhin ist es empfehlenswert, beim Wenden zwei bis drei stärkere Holzstücke mit einzufügen, da sich die Mikroorganismen schnell ansiedeln und entsprechende Gemeinschaften bilden, welche sich schneller vermehren. Dies wirkt gleichzeitig als ein natürlicher Kompostbeschleuniger, welcher einen positiven Einfluss auf die Qualität des zu produzierenden Humus hat.

Um den Kompost feucht zu halten, sollte er bei Bedarf bewässert werden. Dabei ist darauf zu achten, dass er nicht zu nass wird, da dies die Zersetzung behindern kann. Zusätzlich kann das Hinzufügen von Stickstoffquellen wie Grünschnitt oder Kaffeesatz die Zersetzung beschleunigen.

Es ist auch wichtig, den Kompost auf Schädlinge und Krankheiten zu überprüfen. Wenn beispielsweise Schimmel auftritt oder der Kompost einen unangenehmen Geruch entwickelt, sollte er umgehend belüftet werden und gegebenenfalls mit zusätzlichen Materialien wie Laub oder Stroh abgedeckt werden.

Insgesamt erfordert die Pflege und Wartung von Kompost ein gewisses Maß an Aufmerksamkeit und Engagement. Wenn jedoch alle notwendigen Schritte unternommen werden, kann hochwertiger Kompost produziert werden, der als natürlicher Dünger für Pflanzen und Böden verwendet werden kann.

Verwendung von Kompost

Kompost ist ein wertvolles Naturprodukt und bietet eine großartige Möglichkeit, organische Abfallprodukte aus dem Haushalt und dem Garten in nährstoffreiche Erde umzuwandeln. Es ist eine großartige Möglichkeit, Abfall zu reduzieren und gleichzeitig den Boden zu verbessern. Es ist jedoch nicht nur ein einfacher Prozess, sondern auch eine nachhaltige Methode, um Pflanzen zu düngen und den Boden zu verbessern. Kompost kann auf verschiedene Arten verwendet werden, um das Wachstum von Pflanzen zu fördern und den Boden zu verbessern.
Kompost enthält Nährstoffe, die für das Pflanzenwachstum notwendig sind und verbessert die Bodenstruktur, was zu gesünderen Pflanzen führt. Es gibt viele Möglichkeiten, Kompost im Garten zu verwenden. Eine Möglichkeit ist, ihn als Dünger zu verwenden. Einfach eine Schicht von Kompost auf den Boden auftragen und leicht einarbeiten. Der Kompost versorgt die Pflanzen mit Nährstoffen und verbessert die Bodenstruktur.
Eine weitere Möglichkeit ist, Kompost als Mulch zu verwenden. Hierbei wird der Kompost einfach auf die Oberfläche des Bodens aufgetragen und dient als Schutzschicht gegen Unkraut, welches dadurch unterdrückt wird.

Auch wirkt dieser gegen Erosion und hält den Boden feucht, schützt diesen vor Austrocknung und versorgt die Pflanzen mit wertvollen Nährstoffen, was die Gesundheit von Pflanzen und des Bodens fördert.

Des Weiteren kann der Kompost dazu verwendet werden, um den Boden in Ihrem Garten oder auf Ihrem Rasen zu verbessern. Wenn der Boden arm an Nährstoffen ist oder einen schlechten pH-Wert hat, kann das Hinzufügen von Kompost helfen, dieses Problem zu lösen. Sie können es auf den Boden auftragen oder es mit dem vorhandenen Boden vermischen.

Dies fördert wiederum die Bodengesundheit und die weitere Entwicklung von Mikroorganismen, was letztlich sich im Ernteertrag bemerkbar macht.

Man kann auch Kompost in Töpfen oder Beeten verwenden, um das Wachstum von Gemüse oder Blumen zu fördern. Es ist jedoch wichtig zu beachten, dass nicht alle Pflanzen denselben pH-Wert bevorzugen. Daher sollte man sich vor der Verwendung von Kompost über die Bedürfnisse der jeweiligen Pflanze informieren. Insgesamt ist Kompost ein wertvolles und nützliches Produkt für jeden Gärtner und kann auf vielfältige Weise verwendet werden, um den Garten gesund und produktiv zu halten.

Kompost kann auch als Basis für selbstgemachte Blumenerde verwendet werden. Hierbei wird die Kompostsubstanz mit Sand, Torfmoos und anderen Materialien gemischt, um eine nährstoffreiche Erde herzustellen. Diese kann dann zum Einpflanzen von Blumen und anderen Pflanzen verwendet werden, die für das Wachstum von Pflanzen ideal ist. Diese kann dann auch für die Aussaat von Samen als Anzucht Erde, als auch für das Umtopfen von Pflanzen verwendet werden. Eine weitere Verwendungsmöglichkeit von Kompost ist die Herstellung von Biogas.

In Biogasanlagen werden organische Abfälle genutzt wie Tiermist, Lebensmittelabfälle oder Gülle, um Methan zu produzieren, welches als Brennstoff genutzt werden kann.

Der verbleibende Kompost kann dann als Dünger in der Landwirtschaft eingesetzt werden.

Zusammenfassend wäre zu sagen, dass Kompost eine wertvolle Ressource für Gärtner ist und nicht genug geschätzt werden kann. Er kann auf verschiedene Arten verwendet werden, um Pflanzen zu düngen, den Boden zu verbessern und somit auch eine wertvolle Hilfe bei der Bodengesundheit darstellt. Ob als direkte Bodenverbesserung, als Mulch Schicht oder als Basis für selbst produzierte Blumenerde – Kompost stellt eine effektive und nachhaltige Methode dar, um den Garten zu pflegen und gesunde Pflanzen zu fördern.

Die Kompostierung stellt eine einfache und kostengünstige Möglichkeit, Abfall zu reduzieren und gleichzeitig den Boden zu verbessern. Dieser Prozess stellt ein wichtiges Bindeglied im ökologischen Kreislauf dar. Wichtig ist auch zu erwähnen, dass bei der Einarbeitung von Kompost in den Boden oder der Beigabe an Pflanzen direkt, der Kompost nicht zu frisch ist, sondern seine Reife hat und vollständig zersetzt ist, da er sonst den Boden und Pflanzen schädigen kann. Kompost enthält viele Nährstoffe wie Stickstoff, Phosphor und Kalium, die für das Wachstum von Pflanzen unerlässlich sind.

Er kann auch dazu beitragen, den pH-Wert des Bodens auszugleichen und Wasser besser zu speichern.

Die Verwendung von Kompost und dessen Vorteile liegen klar auf der Hand in Bezug des Einsatzes gegenüber der Umwelt und der Landwirtschaft. Es stellt eine nachhaltige Möglichkeit dar, organische Abfälle zu recyceln und gleichzeitig fruchtbaren Boden zu schaffen. Der Einsatz von Kompost kann dazu beitragen, die Umweltbelastung zu reduzieren und die Gesundheit von Pflanzen und Tieren zu verbessern.

Kompost stellt auch eine vernünftige und umweltfreundliche Alternative zu chemischen Düngemitteln dar, welche den Boden schädigen und das Grundwasser verschmutzen und somit negative Auswirkungen auf die Umwelt haben.

Die Inhaltsstoffe von Kompost hingegen bestehen aus natürlichen Nährstoffen und verbessert somit die Bodenstruktur als auch die Bodengesundheit, was sich letztlich positiv auf die Pflanzen auswirkt und deren Ertrag.

Erkennen, wann Kompost fertig ist

Kompostieren ist ein effiziente, als auch eine umweltfreundliche Methode organisches Material in nährstoffreichen Boden umzuwandeln und somit die Schadstoffemissionen zu senken, was der Umwelt zugutekommt. Zudem ist dies auch eine wirtschaftliche Möglichkeit die Produktion von Humus kostengünstig zu betreiben und den Kreislauf des Ökosystems zu schließen.

Doch wie erkennt man, wann der Kompost fertig ist?

Es gibt einige Anzeichen dafür, dass der Kompost bereit ist, verwendet zu werden. Zunächst sollten Sie darauf achten, dass sich das Material im Komposthaufen stark reduziert hat. Wenn das Volumen des Komposts um etwa die Hälfte geschrumpft ist, deutet dies darauf hin, dass der Kompost fertig ist, sieht man an der Farbe. Der Kompost sollte dunkelbraun oder schwarz sein und keine großen Stücke von unzersetztem Material enthalten. Wenn der Kompost feucht und krümelig ist, kann er auch als fertig betrachtet werden.
Eine einfache Möglichkeit, dies zu testen, besteht darin, eine Handvoll Kompost zu nehmen und sie fest zu drücken. Wenn der Kompost zusammenhält und keine Feuchtigkeit freisetzt, ist er bereit zur Verwendung. Eine weitere und einfache Möglichkeit, den Fortschritt des Kompostierungsprozesses zu überprüfen, besteht darin, einen kleinen Teil des Komposts in einem Behälter mit Wasser zu geben. Wenn sich der Kompost auf den Boden absetzt und das Wasser klar bleibt, ist der Kompost fertig. Weiterhin besteht die Möglichkeit darin, ein Thermometer in den Kompost zu stecken. Wenn die Temperatur unter 40 Grad Celsius fällt und stabil bleibt, ist der Kompost bereit zur Verwendung. Es ist wichtig den Kompost

vollständig ausreifen zu lassen, bevor er im Garten verwendet wird, da unreifer Kompost die Pflanzen schädigen kann.

Weiterhin gibt es eine Möglichkeit festzustellen, ob der Kompost fertig ist, indem man ihn auf Keime testet. Dazu kann man eine Handvoll des Komposts in einem Plastikbeutel geben und ihn für ein paar Tage verschließen. Wenn sich im Beutel Kondenswasser bildet und sich Schimmel oder Pilze bilden, dann ist der Kompost noch nicht fertig. Wenn jedoch keine Anzeichen von Keimen vorhanden sind und der Beutel trocken bleibt, dann ist der Kompost bereit zur Verwendung. Es gibt verschiedene Faktoren, welche die Komposttemperatur beeinflussen können.

Zum Beispiel spielt die Art der verwendeten Materialien eine Rolle. Grüne Materialien wie Gras oder Gemüsereste erzeugen mehr Wärme als braune Materialien wie Blätter oder Stroh. Auch die Größe des Komposthaufens ist wichtig, da größere mehr Wärme erzeugen als kleinere.

Schließlich können Sie auch den Geruch des Komposts überprüfen. Wenn er einen erdigen Geruch hat und nicht mehr nach verrottenden Material riecht, ist er bereit zur Verwendung.

Es ist auch wichtig zu beachten, dass der Reifeprozess von verschiedenen Faktoren abhängig ist, wie zum Beispiel der Art der verwendeten Materialien, der Größe des Haufens und der Umgebungstemperatur. In der Regel dauert es jedoch etwa 6 – 12 Monate, bis ein Kompost vollständig gereift ist.

Ein wichtiger Faktor ist die Art des Materials, welches in den Kompost gegeben wird. Grünschnitt und andere schnell abbaubaren Materialien können innerhalb von 3 bis 6 Monaten zu einem fertigen Kompost führen. Hingegen benötigen holzige Materialien wie Zweige und Stämme viel länger, um vollständig abgebaut zu werden. Es kann somit bis zu zwei Jahre dauern, bis diese Materialien vollständig zersetzt sind.

Die Temperatur im Komposthaufen ist auch ein wesentlicher Faktor bei der Zersetzung von organischen Materialien. Ein gut funktionierender Komposthaufen sollte eine Temperatur zwischen 55 und 65 Grad Celsius haben.

Wenn die Temperatur niedriger ist, dauert es entsprechend länger bis der Kompost fertig ist.

Zusammenfassend lässt sich sagen, dass ein fertiger Kompost dunkelbraun oder schwarz sein sollte, feucht und krümelig ist und keinen unangenehmen Geruch haben sollte. Wenn Sie diese Anzeichen beachten, können Sie sicher sein, dass Ihr Kompost bereit zur Verwendung ist und Ihre Pflanzen mit den notwendigen Nährstoffen versorgt.

Haben Sie etwas Geduld bei der Kompostierung und lassen Sie den Kompost vollständig reifen, bevor Sie ihn verwenden, damit er seine volle Nährstoffkraft entfalten kann, das Ergebnis wird sich lohnen.

Beste Zeit einer schnellen Kompostierung

Kompost ist ein wichtiger Bestandteil jeden Gartens. Er liefert Nährstoffe und verbessert die Bodenqualität.

Doch zu welcher Jahreszeit entwickelt sich der Komposthaufen am besten?

Die Antwort auf diese Frage ist nicht ganz einfach, da es von verschiedenen Faktoren abhängt. Im Allgemeinen kann man sagen, dass der Kompost im Frühling und Sommer am besten gedeiht. Die höheren Temperaturen fördern den Abbau von organischen Materialien und beschleunigen den Prozess der Zersetzung. Auch die Feuchtigkeit spielt eine wichtige Rolle. Im Sommer ist es oft trockener, deshalb sollte man den Kompost regelmäßig bewässern, um sicherzustellen, dass dieser genügend Feuchtigkeit erhält.

Im Herbst und Winter hingegen verlangsamt sich der Zersetzungsprozess. Die niedrigen Temperaturen und die geringe Sonneneinstrahlung beeinträchtigen das Wachstum der Mikroorganismen, die für den Abbau des organischen Materials verantwortlich sind.

Auch die Feuchtigkeit kann im Winter ein Problem sein, da der Kompost bei zu viel Nässe verklumpen kann und somit nicht mehr ausreichend belüftet wird.

Um den Kompost das ganze Jahr über optimal zu nutzen, empfiehlt es sich, eine Mischung aus verschiedenen Materialien zu verwenden. Grüne Abfälle wie Gras- oder Küchenabfälle enthalten viel Stickstoff und sorgen für eine schnelle Zersetzung.

Braune Abfälle wie Laub oder Holzschnitzel hingegen enthalten viel Kohlenstoff und sorgen für eine gute Belüftung des Komposts. Eine ausgewogene Mischung aus beiden Materialien sorgt für eine optimale Zersetzung und ein gesundes Wachstum der Mikroorganismen.

Insgesamt lässt sich sagen, dass der Kompost im Frühling und Sommer am besten gedeiht. Doch auch im Herbst und Winter kann man den Kompost nutzen, indem man eine ausgewogene Mischung aus verschiedenen Materialien verwendet und darauf achtet, dass er genügend Feuchtigkeit und Belüftung erhält.

Welche Vorteile hat Kompost?

Der Kompost bietet viele Vorteile für den Gartenbau und der Umwelt. Es stellt eine natürliche Art der Entsorgung von Abfällen dar und bietet eine hervorragende Möglichkeit, den Boden zu verbessern und diesen fruchtbarer zu machen, als auch die Bodengesundheit zu fördern. Durch die Verwendung von Kompost als Dünger, Bodenverbesserer oder Mulch, können Pflanzen und Gemüse gesünder wachsen und Unkraut reduziert werden.

Es bietet auch die Möglichkeit, selbstgemachten Dünger herzustellen, welcher auf bestimmte Pflanzenarten zugeschnitten ist, als auch den Boden langfristig fruchtbar zu halten.

Hier einige Tipps wie Sie Kompost am besten nutzen können:

1- als Dünger für Ihre Pflanzen im Garten und auch den Zimmerpflanzen
2- als Basis für Topfpflanzen, für ein schnelles Anwachsen durch schnellen Wurzeltrieb
3 –als Basis für selbstgemachte Pflanzen- und Gemüsedünger
4-als Zutat zum Mischen mit Erde, um den Boden und dessen Struktur zu verbessern
5-Verwendung als Mulch, um Unkraut zu unterdrücken
6-als natürlichen Wasserspeicher für Pflanzen, um die Feuchtigkeit im Boden zu halten
7-als Basismaterial zum Anlegen von Beeten oder zur Verbesserung von Rasenflächen
8-als natürlichen Schutz gegen Schädlinge und Krankheiten
9-als Ersatz für Torfmoos in Blumenerde
10-als Grundlage für Regenwurmkompostierung
11-als Basis für die Herstellung von Biokohle
12-zur Herstellung von Tee-Kompost als flüssigen Dünger
13-zur Herstellung von Wurmhumus als hochwertigen Dünger
14-zur Herstellung von Terra Preta, um den Boden langfristig fruchtbar zu halten

Im nachfolgenden, möchte ich auf einige Punkte etwas näher eingehen, um somit die Bedeutung und deren Anwendung näher in den Fokus zu rücken.
Verwenden Sie Kompost als Dünger für Pflanzen und Gemüse

Kompost ist ein organischer Dünger, der aus pflanzlichen und tierischen Abfällen hergestellt wird. Er ist eine ausgezeichnete Quelle für Nährstoffe, die Pflanzen benötigen, um zu wachsen und zu gedeihen und stellt eine natürliche und nachhaltige Art dar. Der Kompost enthält Stickstoff, Phosphor und Kalium, die alle wichtigen Nährstoffe für Pflanzen sind.

Darüber hinaus enthält er auch Spurenelemente wie Eisen, Mangan und Zink, die für das Wachstum der Pflanzen unerlässlich sind.

Ein weiterer Vorteil von Kompost als Dünger ist, dass er den Boden verbessert. Wenn Kompost in den Boden eingearbeitet wird, erhöht er den Gehalt an organischer Substanz im Boden, was zu einer besseren Bodenstruktur und Textur als auch zu einer höheren Wasserspeicherkapazität führt. Der Boden wird dadurch auch lockerer und luftiger, was wiederum das Wurzelwachstum fördert.

Kompost hat auch den Vorteil, dass er den pH-Wert des Bodens ausgleicht. Wenn der Boden zu sauer oder zu alkalisch ist, kann dies das Wachstum von Pflanzen beeinträchtigen.

Somit wirkt der Kompost als natürlicher Puffer und hilft dabei, den pH-Wert des Bodens zu stabilisieren. Auch ein entscheidender Vorteil von Kompost liegt in seiner Fähigkeit begründet, die Bodenstruktur zu verbessern, was letztlich entscheidend für ein gesundes Gedeihen von Pflanzen darstellt. Wenn Kompost in den Boden eingearbeitet wird, bildet er kleine Hohlräume im Boden, diese ermöglichen es dem Boden, Wasser und Nährstoffe besser aufzunehmen und zu speichern. Dadurch wird das Wurzelwachstum der Pflanzen verbessert und Ihre Widerstandsfähigkeit gegenüber Krankheiten und Schädlingen gestärkt.

Im Gegensatz zu synthetischen Düngemitteln ist Kompost umweltfreundlich und fördert die Bodengesundheit. Darüber hinaus ist Kompost eine kostengünstige Lösung für Gärtner und Landwirte. Er kann einfach hergestellt werden, indem man organische Abfälle in einem Kompostbehälter oder auf einem Komposthaufen sammelt und diese regelmäßig durchmischt Auf diese Weise kann man nicht nur Abfall reduzieren, sondern auch einen wertvollen Dünger für den eigenen Garten produziert.

Zusammenfassend lässt sich sagen, dass Kompost ein ausgezeichneter Dünger für Pflanzen und Gemüse ist. Er enthält wichtige Nährstoffe, verbessert die Bodenstruktur und die Bodengesundheit, gleicht den pH-Wert des Bodens aus und fördert das Wurzelwachstum der Pflanzen. Wenn Sie also einen Garten anlegen oder Ihre bestehenden Pflanzen und Gemüsebeete verbessern möchten, sollten Sie unbedingt Kompost als Dünger verwenden. Dies stellt einer sinnvollen Alternative gegenüber den Einsatz von synthetischen Düngemitteln dar, welche die Umwelt und die Pflanzen unnötig belasten und diese als auch den Boden schädigen können.

Verwenden Sie Kompost als Bodenverbesserer, um diesen, Fruchtbarer zu machen

Kompost ist ein organisches Material, welches aus der Zersetzung von pflanzlichen und tierischen Abfällen entsteht. Es ist ein natürlicher Bodenverbesserer, welcher viele Vorteile bietet. Einer der größten Vorteile von Kompost ist seine Fähigkeit den Boden effektiv zu verbessern. Er hilft ebenso dabei die Bodenstruktur zu verbessern, indem es den Boden lockerer und krümeliger macht.

Dies ermöglicht es den Wurzeln der Pflanzen, tiefer in den Boden zu wachsen, mehr Nährstoffe aufzunehmen und somit auch einen stabileren Stand im Erdreich aufweist, was sich wiederum nützlich bei starkem Wetter erweist.

Der in das Erdreich eingebrachte Kompost enthält nicht nur wichtige Nährstoffe, sondern diese werden langsam freigesetzt, was dazu beiträgt, dass sie über einen längeren Zeitraum hinweg verfügbar sind. Die Wasserspeicherung im Boden wird durch Kompost nicht nur gefördert, sondern durch seine poröse Struktur eine fruchtbare Erde entsteht, wodurch die Pflanzen ausreichend bewässert werden. Dies ist vor allem wichtig bei entstehenden Trockenperioden, wodurch die pflanzen besser überleben können. Auch kann der Kompost wesentlich dazu beitragen, die Anzahl der nützlichen Mikroorganismen im Boden zu erhöhen, was wiederum dazu beiträgt, dass Pflanzen besser wachsen und gesünder sind.

Es gibt jedoch auch einige Nachteile von Kompost als Bodenverbesserer. Ein Nachteil ist, dass es einige Zeit dauern kann, bis der Kompost vollständig abgebaut ist und seine Nährstoffe freisetzt. Ein weiterer Nachteil kann darin bestehen, dass der Kompost möglicherweise nicht alle notwendigen

Nährstoffe enthält, welche die Pflanzen benötigen, um ein optimales Wachstum zu erreichen. Daher ist es wichtig, den Kompost mit anderen geeigneten Zuschlagstoffen zu kombinieren, um sicherzustellen, dass alle notwendigen Nährstoffe vorhanden sind.

Ein weiterer Nachteil von Kompost kann sein, dass er Bakterien und Krankheitserreger enthält, die schädlich für Pflanzen sein können. Es ist daher wichtig, dass der Kompost vollständig durch gegart ist, damit alle schädlichen Bakterien abgetötet wurden.

Auch besteht die Möglichkeit, dass der Kompost möglicherweise nicht ausgewogen ist. Wenn der Kompost aus einer begrenzten Anzahl von Materialien hergestellt wird, kann er eventuell nicht alle Nährstoffe enthalten, welche die Pflanzen benötigen.

Es ist daher wichtig, dass der Kompost aus einer Vielzahl von Materialien hergestellt wird, diese gut durchmischt werden, um somit sicherzustellen, dass er alle notwendigen Nährstoffe enthält.

Insgesamt ist Kompost als Bodenverbesserer eine hervorragende Wahl für Gärtner und Landwirte, die nachhaltige und natürliche Methoden suchen, um Ihre Böden zu verbessern.

Die Vorteile von Kompost überwiegen bei weitem die Nachteile und können dazu beitragen, gesunde Pflanzen und eine gesunde Umwelt zu fördern.

Verwenden Sie Kompost als Mulch, um die Feuchtigkeit im Boden zu halten

Kompost als Mulch zu verwenden ist eine äußerst effiziente Methode, um den Boden zu verbessern und das Wachstum von Pflanzen zu fördern. Mulch ist eine Schicht aus organischem Material, was auf den Boden aufgetragen wird, um Feuchtigkeit zu speichern, Unkrautwachstum zu reduzieren und den Boden vor extremen Temperaturen und Erosion zu schützen. Kompost ist ein besonders nährstoffreicher Mulch, der aus organischen

Abfällen wie Laub, Gras, Küchenabfällen, Tiermist und Gartenschnitt hergestellt wird.

Darüber hinaus verbessert Kompost als Mulch die Bodenstruktur, indem es die Bodenbelüftung erhöht und den pH-Wert ausgleicht. Er fördert auch das Wachstum der Mikroorganismen im Boden, was wiederum zur Bildung von Humus führt.
Dieser Humus ist ein wichtiger Bestandteil des Bodens, der Wasser speichert und Nährstoffe freisetzt.

Ein weiterer Vorteil von Kompost als Mulch ist, dass er das Unkrautwachstum reduziert.
Durch das Auftragen einer dicken Schicht Kompost auf den Boden, wird das Licht blockiert, was dazu führt, dass Unkrautsamen nicht keimen können. Dies spart Zeit beim Jäten, was der Gartenlandschaft zugutekommt.
Schließlich fördert Kompostmulch auch das Wachstum von nützlichen Mikroorganismen im Boden. Diese sind wichtige Indikatoren für den Zersetzungsprozess von organischem Material und tragen zur Gesundheit des Bodens bei. Durch die Zugabe von Kompostmulch wird das Bodenleben angeregt, was wiederum das Wachstum der Pflanzen fördert.

Zusammenfassend ist Kompost als Mulch eine äußerst effiziente Methode, um den Boden zu verbessern und das Wachstum von Pflanzen zu fördern. Kompost enthält viele Nährstoffe, wirkt positiv verändernd auf die Bodenstruktur und setzt Nährstoffe langsam frei. Auch die Förderung der Mikroorganismen ist ein wichtiger Faktor für den Boden und der Pflanzenwelt, welche sich Gesund entwickeln kann und es mit gutem Ertrag dankt.
Ein wichtiger Punkt ist auch die Reduzierung von Unkraut und schädlichen Bakterien.

Durch die Verwendung von Kompost als Mulch können Gärtner nicht nur gesündere Pflanzen anbauen, sondern auch einen positiven Einfluss auf die Umwelt haben.

Verwenden Sie Kompost als natürlichen Unkrautvernichter

Kompost ist ein natürlicher Unkrautvernichter, der eine nachhaltige und umweltfreundliche Alternative zu chemischen Pestiziden darstellt. Der Grund dafür liegt in der Zusammensetzung des Komposts. Dieser enthält eine Vielzahl von Mikroorganismen wie Bakterien, Pilze und Würmer, die dazu beitragen, dass ein gesundes Bodenleben bestehen bleibt und dies weiter verbessert und Unkräuter auf natürliche Weise bekämpft werden.

Die Mikroorganismen und Insekten im Kompost brechen organische Materialien ab und setzen dabei Nährstoffe und Wärme frei, die für das Wachstum von Pflanzen erforderlich sind. Diese Nährstoffe sind jedoch nicht nur für Pflanzen wichtig, sondern auch für das Bodenleben. Wenn das Bodenleben gesund ist, können sich Unkräuter nicht so leicht ausbreiten, da sie sonst mit anderen Pflanzen und Organismen um Nährstoffe konkurrieren müssen. Auch die Wärme spielt eine wesentliche Rolle bei der Unterdrückung von Unkräutern und kann schon genügen, um Unkrautsamen abzutöten oder zu deaktivieren, bevor diese keimen können. Darüber hinaus enthält Kompost auch Huminsäuren, die den pH-Wert des Bodens stabilisieren und somit das Wachstum von Unkräutern hemmen können.

Diese Huminsäuren wirken auch als natürlicher Bodenverbesserer, indem sie die Bodenstruktur verbessern und Wasser speichern können. Ein weiterer Vorteil von Kompost als natürlicher Unkrautvernichter ist, dass er keine schädlichen Auswirkungen auf die Umwelt hat. Im Gegensatz zu chemischen Pestiziden belastet Kompost den Boden nicht mit giftigen Chemikalien und trägt somit zur Erhaltung der Biodiversität bei. Auch kann Kompost dazu beitragen, dass der Boden gesünder wird und somit weniger anfällig für Unkräuter ist. Ein gesunder Boden enthält eine Vielzahl von

Mikroorganismen und Insekten, die dazu beitragen, dass Pflanzen gesund bleiben und Unkräuter in Schach gehalten werden.

Zusammenfassend lässt sich sagen, dass Kompost ein natürlicher Unkrautvernichter ist, der aufgrund seiner Zusammensetzung und seiner positiven Auswirkungen auf das Bodenleben eine nachhaltige und umweltfreundliche Alternative zu chemischen Pestiziden darstellt. Durch die Verwendung von Kompost können Unkräuter auf natürliche Weise bekämpft werden, ohne die Umwelt dabei zu belasten.

Verwenden Sie Kompost als Ersatz für Torfmoos in Blumenerde

Kompost ist ein hervorragender Ersatz für Torfmoos, da er eine nachhaltige und umweltfreundliche Alternative darstellt. Torfmoos wird oft als Bestandteil von Blumenerde und anderen Pflanzsubstraten verwendet, da es eine gute Wasserhaltekapazität besitzt und den pH-Wert reguliert. Allerdings werden für die Gewinnung von Torfmoos oft Moore abgebaut, die wichtige Ökosysteme darstellen und eine wichtige Rolle im Klimaschutz spielen. Durch den Abbau von Torfmoos werden große Mengen an Kohlenstoff freigesetzt, was zu einer Verschlechterung des Klimas beiträgt.

Kompost hingegen wird aus organischen Abfällen hergestellt und ist somit eine nachhaltige Ressource. Er enthält viele Nährstoffe, die für das Wachstum von Pflanzen wichtig sind und verbessert zugleich die Bodenstruktur. Durch die Zugabe von Kompost kann der pH-Wert des Bodens stabilisiert werden und die Wasserhaltekapazität verbessert werden.

Ein weiterer Vorteil von Kompost ist, dass er dazu beitragen kann, den Kohlenstoffgehalt im Boden zu erhöhen. Durch die Zugabe von organischen Materialien wird Kohlenstoff im Boden gespeichert, was zur Reduzierung von Treibhausgasemissionen beiträgt.

Kompost ist eine großartige Wahl als Blumentopferde, da er viele Vorteile bietet. Im Gegensatz zu herkömmlicher Blumenerde ist Kompost reich an Nährstoffen und Mikroorganismen, die das Wachstum und die Gesundheit von Pflanzen fördert.

Kompost enthält auch eine Vielzahl von Mineralien, die für das Pflanzenwachstum unerlässlich sind, wie Stickstoff, Phosphor und Kalium. Ein weiterer Vorteil von Kompost als Blumentopferde ist seine Fähigkeit, Wasser zu speichern und gleichzeitig eine gute Drainage zu bieten. Dies ist besonders wichtig für Pflanzen, die in Töpfen wachsen, da sie oft schneller austrocknen als solche im Boden.

Durch die Verwendung von Kompost als Blumentopferde können Sie auch dazu beitragen, Abfall zu reduzieren und den ökologischen Fußabdruck zu minimieren.

Zusammenfassend wäre zu sagen, dass es viele Gründe gibt, warum Kompost als Ersatz für Torfmoos genutzt werden sollte. Es stellt eine nachhaltige und umweltfreundliche Alternative dar, welche dazu beitragen kann, wichtige Ökosysteme zu schützen und den Klimawandel zu bekämpfen.

Kompostieren ist eine nachhaltige Praxis, die organische Materialien in nährstoffreiche Erde umwandelt und somit den Bedarf an chemischen Düngemitteln reduziert.

Der Einsatz von Kompost als Blumenerde ist ideal, da er reich an Nährstoffen und Mineralien ist, Wasser speichert und eine gute Drainage bietet, als auch einen wichtigen umweltfreundlichen Faktor darstellt.

Verwenden Sie Kompost als Grundlage für die Herstellung von Biokohle

Kompost ist ein organisches Material, dass durch den Abbau von pflanzlichen und tierischen Abfällen entsteht. Es ist eine wertvolle Ressource für die Bodenverbesserung und wird oft als Dünger eingesetzt. Biokohle hingegen ist ein Kohlenstoffprodukt, welches aus der Pyrolyse von Biomasse hergestellt wird. Die Pyrolyse ist ein Prozess, bei dem organische Materialien bei hohen Temperaturen in Abwesenheit von Sauerstoff zersetzt werden. Dabei entsteht Biokohle als eine feste Kohlenstoffstruktur.

Kompost bildet eine Grundlage für die Herstellung von Biokohle, da er reich an organischen Stoffen ist, die bei der Pyrolyse zu Kohlenstoff umgewandelt werden können. Durch die Zugabe von Kompost zur Biomasse kann die Qualität der Biokohle verbessert werden, da der Kompost wichtige Nährstoffe enthält, die für das Wachstum von Pflanzen und Mikroorganismen im Boden benötigt werden.

Darüber hinaus kann die Zugabe von Kompost zur Biomasse auch dazu beitragen, den Kohlenstoffgehalt im Boden zu erhöhen. Wenn Biokohle in den Boden eingearbeitet wird, bleibt sie dort für Hunderte oder sogar Tausende von Jahren erhalten.
Dadurch wird Kohlenstoff im Boden gespeichert und nicht in die Atmosphäre freigesetzt, wo er zur Klimaerwärmung beitragen würde.

Verwenden Sie Kompost zur Herstellung von Tee-Kompost als flüssigen Dünger

Tee-Kompost ist ein organischer Dünger, der aus den Überresten von Teeblättern und anderen organischen Materialien hergestellt wird. Er ist ein wichtiger Bestandteil für die Gesundheit von Pflanzen und kann in jedem Garten oder auf dem Feld verwendet werden.
Der bestehende Tee-Kompost enthält viele Nährstoffe wie Stickstoff, Phosphor und Kalium, die für das Wachstum von Pflanzen unerlässlich sind.
Tee-Kompost ist eine flüssige Form von Kompost, die durch Einweichen von Kompost in Wasser hergestellt wird. Diese Technik ermöglicht es, die Nährstoffe des Komposts in einer konzentrierten Form zu extrahieren und als Flüssigdünger zu verwenden.
Es gibt viele Gründe, warum Kompost zur Herstellung von Tee-Kompost als flüssiger Dünger verwendet werden sollte. Erstens ist Kompost eine natürliche Quelle von Nährstoffen, die für das Wachstum von Pflanzen notwendig sind. Im Gegensatz zu synthetischen Düngemitteln enthält Kompost keine schädlichen Chemikalien oder Toxine, die das Bodenleben beeinträchtigen können.

Zweitens hilft Tee-Kompost den Boden zu verbessern und das Wachstum von Pflanzen zu fördern. Durch das Einweichen von Kompost im Wasser werden die Nährstoffe freigesetzt und können von den Pflanzen leicht aufgenommen werden. Dies führt zu einem schnellen Wachstum und einen höheren Ernteertrag.

Drittens ist Tee-Kompost einfach herzustellen und kostengünstig. Es erfordert nur eine kleine Menge an Kompost und Wasser, um eine ausreichende Menge an flüssigen Dünger herzustellen. Im Vergleich zu synthetischen Düngemitteln ist Tee-Kompost auch viel günstiger und kann leicht zu Hause hergestellt werden.

Die Herstellung von Tee-Kompost beginnt mit der Sammlung von Teeblättern und anderen organischen Material wie Gras, Blätter und Zweigen. Diese Materialien werden dann in einem Komposter gesammelt, wo sie durch Mikroorganismen zersetzt werden. Die Zersetzung erfolgt durch einen Prozess namens aerobe Kompostierung, bei dem Sauerstoff verwendet wird, um das organische Material zu zersetzen.

Während des Zersetzungsprozesses entsteht Wärme, die dazu beiträgt, dass organische Materialien schneller abgebaut werden. Durch eine gute Durchlüftung einerseits durch Wenden der obersten Schicht, um die Materialien gleichmäßig zersetzt werden. Sobald der Kompost fertig ist, wird dieser gesiebt und kann als Dünger verwendet werden.

Die Rückstände des Siebens werden dem Kompost erneut zugeführt, damit dieser weiter durch die Mikroorganismen bearbeitet werden kann.

Der Prozess der Herstellung von Tee-Kompost ist einfach und erfordert nur wenige Materialien. Zunächst müssen Sie Teebeutel oder losem Tee sammeln, die nicht mit synthetischen Materialien oder chemischen Zusätzen behandelt wurden.

Diese können dann in einem Kompostbehälter gegeben werden, zusammen mit anderen organischen Materialien wie Gemüse und Obstschalen. Es ist wichtig, dass der Kompostbehälter gut belüftet ist und regelmäßig gewendet wird, um eine ausreichende Belüftung zu gewährleisten.

Nach einigen Wochen bis Monaten wird der Tee-Kompost reif sein und kann als Dünger für Ihre Pflanzen verwendet werden.

Es ist jedoch wichtig zu beachten, dass einige Teesorten wie grüner Tee aufgrund Ihres hohen Tannin Gehaltes möglicherweise nicht für den Kompost geeignet sind und vermieden werden sollten. Durch die Herstellung von Tee-Kompost können Sie nicht nur Abfall reduzieren, sondern auch Ihre Pflanzen mit einem natürlichen und nährstoffreichen Dünger versorgen.

Tee-Kompost ist besonders nützlich für Pflanzen, da er nicht nur Nährstoffe liefert, sondern auch den Boden verbessert. Er hilft dabei, den pH-Wert des Bodens zu regulieren und sorgt dafür, dass der Boden Feuchtigkeit besser speichern kann.

Insgesamt gibt es viele Gründe, warum Kompost zur Herstellung von Tee-Kompost als flüssigen Dünger verwendet werden sollte. Es ist eine natürliche Quelle von Nährstoffen, hilft dabei, den Boden zu verbessern und das Wachstum von Pflanzen zu fördern, ist einfach herzustellen und kostengünstig. Wenn Sie also einen umweltfreundlichen und effektiven Dünger suchen, sollten Sie in Erwägung ziehen, Tee-Kompost aus Kompost herzustellen.

Kommen wir nun noch auf die Vorteile als auch die Nachteile von Tee-Kompost zu sprechen. Er hat viele Vorteile, aber auch einige Nachteile. Einer der größten Vorteile von Tee-Kompost ist, dass er reich an Nährstoffen ist, die für das Wachstum von Pflanzen unerlässlich sind. Er enthält Stickstoff, Phosphor und Kalium sowie andere wichtige Mineralien und Spurenelemente. Darüber hinaus hat Tee-Kompost eine hohe Wasserspeicherkapazität und fördert die Bodenstruktur, was zu gesunden Pflanzen und dessen Wachstum führt.

Ein weiterer Vorteil von Tee-Kompost ist seine Umweltfreundlichkeit. Er ist eine natürliche Alternative zu synthetischen Düngemitteln, die oft schädliche Chemikalien enthalten.

Tee-Kompost kann auch dazu beitragen, den Abfall zu reduzieren, da er aus recycelten Teeblättern und anderen organischen Materialien hergestellt wird.

Es gibt jedoch auch einige Nachteile bei der Verwendung von Tee-Kompost. Einer davon ist, dass er möglicherweise nicht so schnell wirkt wie synthetische Düngemittel. Es kann einige Wochen oder sogar Monate dauern, bis die Nährstoffe im Boden verfügbar sind. Darüber hinaus kann Tee-Kompost auch unangenehm riechen und Fliegen anziehen. Es empfiehlt sich daher, diesen als Langzeitdünger zu verwenden und mit bestehendem Kompost zu mischen, um den Geruch zu reduzieren und die Wirkung auf lange Sicht zu entfalten.

In Bezug auf den Verwendungszweck kann Tee-Kompost für verschiedene Zwecke genutzt werden. Er eignet sich besonders gut für Gemüsegärten und Obstbäume, als auch für Zierpflanzen und Sträucher. Tee-Kompost kann auch als Mulch verwendet werden, um das Wachstum von Unkraut zu hemmen und den Boden vor Austrocknung zu schützen.

Insgesamt bietet Tee-Kompost viele Vorteile für Pflanzen und die Umwelt. Es ist eine natürliche und nachhaltige Alternative zu synthetischen Düngemitteln und kann dazu beitragen, den Abfall zu reduzieren. Wenn er richtig angewendet wird, kann Tee-Kompost dazu beitragen, gesunde und produktive Pflanzen zu fördern.

Verwenden Sie Kompost zur Herstellung von Wurmhumus als hochwertigen Dünger

Kompost ist ein wichtiger Bestandteil bei der Herstellung von Wurmhumus, da er die Grundlage für eine erfolgreiche Vermehrung von Regenwürmern bildet. Regenwürmer sind bekannt dafür, dass sie organische Materialien wie Kompost und Pflanzenreste in nährstoffreichen Wurmhumus umwandeln können. Dabei sorgen sie nicht nur für eine Verbesserung der Bodenstruktur, sondern auch für die Erhöhung des Nährstoffgehalts im Boden.

Auch wird dadurch der Kompost gut durchlüftet, was wiederum zu einer beschleunigten Zersetzung des organischen Materials führt.

Kompost enthält eine Vielzahl von Mikroorganismen, die für das Wachstum und die Vermehrung der Regenwürmer unerlässlich sind. Diese Mikroorganismen bilden das Nahrungsangebot der Würmer und helfen ihnen dabei, Nährstoffe aus dem Kompost aufzunehmen und in den Wurmhumus umzuwandeln. Ohne ausreichend Kompost als Nahrungsquelle würden die Regenwürmer nicht genügend Nährstoffe erhalten und somit nicht in der Lage sein, hochwertigen Wurmhumus zu produzieren.

Darüber hinaus enthält Kompost auch eine Vielzahl von Nährstoffen wie Stickstoff, Phosphor und Kalium, die für das Pflanzenwachstum unerlässlich sind. Diese Nährstoffe werden durch den Regenwurmprozess in den Wurmhumus umgewandelt und stehen somit den Pflanzen als hochwertigen Dünger zur Verfügung.

Wurmhumus ist ein hochwertiger Dünger, der aus dem Kot von Regenwürmern und den organischen Materialien, die sie fressen, hergestellt wird. Es ist eine natürliche und nachhaltige Art, den Boden zu verbessern und Pflanzen zu ernähren. Die Herstellung von Wurmhumus ist einfach und erfordert nur wenige Schritte.

Zunächst benötigt man einen Wurm Komposter, der aus einem Behälter mit Löchern im Boden besteht. Dieser Behälter sollte mit einer Schicht aus Zeitungspapier oder Karton ausgelegt werden, um das Abfließen von Flüssigkeit zu verhindern. Dann füllt man den Komposter mit einer Mischung aus organischen Material wie Laub, Stroh, Gemüseresten und Kaffeesatz.

Als Nächstes fügt man die Regenwürmer hinzu. Es ist wichtig sicherzustellen, dass es sich um Kompostwürmer handelt, die Sie am besten für die Herstellung von Wurmhumus geeignet sind. Die Würmer werden dann mit einer dünnen Schicht von organischem Material bedeckt und der Deckel des Komposters wird geschlossen.

Die Würmer beginnen nun damit, das organische Material zu fressen und in nährstoffreichen Wurmhumus umzuwandeln. Es ist wichtig, den Komposter regelmäßig zu überprüfen und sicherzustellen, dass er feucht genug ist. Wenn der Kompost zu trocken wird, können die Würmer sterben oder sich nicht vermehren.

Nach einigen Wochen bis Monaten kann der Wurmhumus geerntet werden. Dazu wird der Komposter auf eine saubere Fläche gestellt und der Inhalt vorsichtig ausgeleert. Der Wurmhumus kann dann von den restlichen Materialien getrennt werden, indem er durch ein Sieb gegeben wird. Somit erhält man einen sehr hochwertigen Kompost, welcher auch gut für Zimmerpflanzen geeignet ist.

Die Siebrückstände kann man auf den Hauptkompost beimischen, da er viele wertvolle Mikroorganismen besitzt und dazu beiträgt den Kompost schneller zu zersetzen. Somit schließt sich der Kreislauf und stellt eine nachhaltige Anwendung von Ressourcen dar.

Zusammenfassend kann gesagt werden, dass Kompost ein wichtiger Bestandteil bei der Herstellung von Wurmhumus ist, da er die Grundlage für eine erfolgreiche Vermehrung von Regenwürmern bildet und somit für die Produktion von hochwertigem Wurmhumus unerlässlich ist. Durch den Regenwurmprozess werden die Nährstoffe aus dem Kompost in den Wurmhumus umgewandelt und stehen somit den Pflanzen als hochwertigen Dünger zur Verfügung.

Die Herstellung von Wurmhumus ist eine einfache Sache und eine effektive Möglichkeit, den Boden zu verbessern und Pflanzen zu nähren. Es ist eine nachhaltige Alternative zu chemischen Düngemitteln und kann dazu beitragen, den ökologischen Fußabdruck zu reduzieren.

Verwenden Sie Kompost zur Herstellung von Terra Preta, um den Boden langfristig fruchtbar zu halten

Terra Preta ist ein Begriff, der in den letzten Jahren immer häufiger im Zusammenhang mit nachhaltiger Landwirtschaft und Klimaschutz genannt wird. Dabei handelt es sich um eine spezielle Art von fruchtbarem Boden, die in Südamerika entdeckt wurde. Terra Preta ist ein portugiesischer Ausdruck, der übersetzt – Schwarze Erde bedeutet. Diese Erde zeichnet sich durch Ihre besonders hohe Fruchtbarkeit aus, die auf einer besonderen Zusammensetzung von organischen und mineralischen Bestandteilen beruht.
Die Entstehung von Terra Preta geht auf die indigene Bevölkerung des Amazonas zurück, die vor Jahrhunderten begann, organische Abfälle wie Pflanzenreste, Tierknochen oder menschliche Fäkalien gezielt auf bestimmten Flächen zu sammeln und zu vergraben.
Durch den Zersetzungsprozess entstanden dabei langfristig fruchtbare Böden, die auch heute noch genutzt werden.
Inzwischen wird Terra Preta auch außerhalb Südamerikas als Modell für nachhaltige Landwirtschaft und Klimaschutz diskutiert. Denn die besondere Zusammensetzung des Bodens hat nicht nur positive Auswirkungen auf das Pflanzenwachstum, sondern kann auch dazu beitragen CO_2 aus der Atmosphäre zu binden und somit den Klimawandel zu bremsen. Durch den gezielten Einsatz von organischen Abfällen und anderen Materialien kann Terra Preta auch in anderen Regionen der Welt entstehen und so zur Verbesserung der Bodenqualität und zur Reduktion von Treibhausgasen beitragen.

Allerdings gibt es auch kritische Stimmen, die darauf hinweisen, dass die Entstehung von Terra Preta ein langfristiger Prozess ist und nicht ohne weiteres auf andere Regionen übertragbar ist. Zudem muss bei der Nutzung von organischen Abfällen darauf geachtet werden, dass keine schädlichen Stoffe in den Boden gelangen. Trotzdem bleibt Terra Preta ein vielversprechendes Modell für eine nachhaltige Landwirtschaft und einen wirksamen Klimaschutz.

Terra Preta ist ein fruchtbarer Boden, der hauptsächlich in den Amazonas-Regionen Brasiliens vorkommt. Es ist bekannt für seine hohe Fruchtbarkeit und ist ein wichtiger Bestandteil der Landwirtschaft in der Region. Die Zusammensetzung von Terra Preta ist eine Kombination aus organischen und mineralischen Materialien. Es besteht aus Kohlenstoff, Stickstoff, Phosphor, Kalzium, Magnesium und anderen Nährstoffen. Der Boden hat auch eine hohe Konzentration an Mikroorganismen wie Bakterien und Pilzen, die dazu beitragen, dass Pflanzen besser wachsen und gedeihen können.

Hier möchte ich an dieser Stelle auf den Abschnitt der Zuschlagsstoffe für den Kompost hinweisen, wo die Möglichkeit einer Mikroorganismenvervielfältigung gegeben ist.

Die Entstehung von Terra Preta geht auf die prähistorische Zeit zurück, als die indigenen Völker des Amazonasgebietes begannen, organische Abfälle wie Tierknochen, Pflanzenreste und menschliche Fäkalien in Gruben verbrachten und diese zu vergraben. Diese Gruben wurden dann mit Erde bedeckt und über Jahrhunderte hinweg durch natürliche Prozesse wie Verrottung und Kompostierung zu dem fruchtbaren Boden entwickelt, den wir heute als Terra Preta kennen.

Die Zusammensetzung von Terra Preta macht es zu einem idealen Boden für die Landwirtschaft. Es kann Wasser besser speichern als andere Böden und hat eine höhere Nährstoffdichte, was bedeutet, dass Pflanzen schneller wachsen und mehr Ertrag produzieren können. Darüber hinaus ist Terra Preta auch ein wichtiger Faktor bei der Bekämpfung des Klimawandels, da es Kohlenstoff im Boden speichert und somit dazu beiträgt, den Kohlenstoffgehalt in der Atmosphäre zu reduzieren.

Terra Preta ist ein nachhaltiges Baumaterial, das aus natürlichen Rohstoffen hergestellt wird. Es besteht hauptsächlich aus Sand, Kalk und Kompost. Dabei spielt der Kompost eine entscheidende Rolle, da er ein organisches Material darstellt, was durch den Abbau von pflanzlichen und tierischen Abfällen entsteht. Er enthält viele Nährstoffe und Mikroorganismen, die für das Wachstum von Pflanzen wichtig sind. Diese Eigenschaften machen ihn auch für die Herstellung von Terra Preta so wertvoll.

Durch die Zugabe von Kompost wird das Baumaterial nicht nur nährstoffreicher, sondern auch widerstandsfähiger gegenüber Schädlingen und Krankheiten. Die Mikroorganismen im Kompost helfen dabei, schädliche Bakterien und Pilze abzuwehren und das Wachstum von gesunden Pflanzen zu fördern. Zudem verbessert der Kompost die Bodenstruktur des Materials, indem er ihm mehr Luftigkeit verleiht und somit die Drainage verbessert.

Ein weiterer Vorteil von Kompost in Terra Preta ist seine Nachhaltigkeit. Durch die Verwendung von Kompost als Rohstoff wird Abfall vermieden und Ressourcen geschont. Außerdem kann der Kompost nach der Verwendung in Terra Preta wieder in den Boden eingearbeitet werden und somit als Dünger dienen.

Insgesamt ist der Einsatz von Kompost in der Herstellung von Terra Preta unverzichtbar. Er sorgt für eine höhere Qualität des Materials, macht es widerstandsfähiger und nachhaltiger. Durch die Verwendung von Terra Preta mit Kompost als Baumaterial können somit nicht nur ökologische, sondern auch ökonomische Vorteile erzielt werden.

Des Weiteren wäre zu sagen, dass die Zusammensetzung von Terra Preta ein einzigartiges Beispiel für die enge Beziehung zwischen Mensch und Natur darstellt. Es zeigt, wie die indigenen Völker des Amazonasgebietes durch Ihre, nachhaltige Landwirtschaftspraktiken, einen fruchtbaren Boden geschaffen haben, der bis heute von großer Bedeutung ist.

Wie jedoch bei allem, was uns umgibt und mit was wir auch zu tun haben gibt, es Vorteile als auch Nachteile, was auch letztlich auf Terra Preta zutrifft. Im nachfolgenden möchte ich darauf etwas näher eingehen und auch die Anwendung von Terra Preta anschneiden.

Terra Preta ist ein Bodenverbesserer, der aus einer Mischung von organischen Materialien wie Holzkohle, Kompost und Dünger besteht. Es ist bekannt für seine Fähigkeit, die Fruchtbarkeit von Böden zu verbessern und gleichzeitig den Kohlenstoffgehalt im Boden zu erhöhen. Einer der Vorteile von Terra Preta ist, dass es den Boden mit Nährstoffen anreichert und das Wachstum von Pflanzen fördert. Darüber hinaus kann Terra Preta auch dazu beitragen, den Wasserbedarf von Pflanze zu reduzieren, da es in der Lage ist, Feuchtigkeit im Boden zu speichern.

Ein weiterer Vorteil von Terra Preta ist, dass es dazu beitragen kann, den Kohlenstoffgehalt im Boden zu erhöhen und damit zur Bekämpfung des Klimawandels beizutragen. Da Terra Preta aus organischen Materialien hergestellt wird, enthält es eine hohe Konzentration an Kohlenstoff und kann daher dazu beitragen, diesen wichtigen Nährstoff im Boden zu speichern.

Auf der anderen Seite gibt es auch einige Nachteile von Terra Preta. Einer der größten Nachteile ist der hohe Preis, da Terra Preta aus einer Mischung von organischen Materialien hergestellt wird, ist es oft teurer als andere Bodenverbesserer auf dem Markt. Darüber hinaus kann die Herstellung von Terra Preta auch zeitaufwendig sein und erfordert spezielle Kenntnisse und Fähigkeiten.

Ein weiterer Nachteil von Terra Preta ist, dass es nicht für alle Arten von Böden geeignet ist. Da es aus einer Mischung von organischen Materialien besteht, kann es in einigen Böden zu einer Überdüngung führen, was zu einem Ungleichgewicht im Boden führen kann. Es ist daher wichtig, den Boden vor der Verwendung von Terra Preta sorgfältig zu testen, um sicherzustellen, dass es für den jeweiligen, Bodentyp geeignet ist.

Bei der Anwendung von Terra Preta oder auch schwarze Erde bezeichnet, ist eine fruchtbare Bodenmischung, welche sich in der Landwirtschaft als äußerst effektiv erwiesen, da sie nicht nur den Boden nährt, sondern auch die Wasserretention verbessert und die Kohlenstoffbindung fördert. Es gibt viele Einsatzgebiete von Terra Preta, von der Landwirtschaft bis hin zur Abfallwirtschaft. Ein Beispiel für den Einsatz von Terra Preta in der Landwirtschaft ist die Anwendung auf Feldern und Gärten. Die Mischung kann direkt in den Boden eingearbeitet werden, um die Nährstoffaufnahme von Pflanzen zu verbessern und das Wachstum zu fördern.

Terra Preta kann auch als Top-Dressing verwendet werden, um den Boden zu Mulchen und Feuchtigkeit zu speichern.

Ein weiteres Einsatzgebiet ist die Abfallwirtschaft. Terra Preta kann aus organischen Abfällen hergestellt werden, indem diese in einem speziellen Verfahren zu Kompost verarbeitet werden. Dieser Kompost wird dann mit Holzkohle gemischt, um Terra Preta herzustellen. Durch die Verwendung von Terra Preta als Bodenverbesserer können organische Abfälle sinnvoll wiederverwendet werden, anstatt sie einfach zu entsorgen.

Schließlich eignet sich Terra Preta auch für den Einsatz in städtischen Umgebungen. In vielen Städten gibt es nicht genügend Platz für Gärten oder landwirtschaftliche Flächen. Aber durch die Verwendung von Terra Preta können kleine Gärten auf Balkonen oder Terrassen angelegt werden. Die Mischung kann auch in städtischen Parkanlagen verwendet werden, um den Boden zu verbessern und die Pflanzenwelt zu fördern.

Doch für welche Bodenarten ist Terra Preta geeignet und welche nicht?

Terra Preta ist ein Bodenverbesserungsmittel, welches aus der Amazonas-Region stammt und seit einigen Jahren auch in anderen Teilen der Welt eingesetzt wird. Doch nicht alle Böden sind für den Einsatz von Terra Preta geeignet.

Generell eignen sich Böden mit einem niedrigen pH-Wert besser für Terra Preta als solche mit einem hohen pH-Wert. Auch Böden mit einem niedrigen Humusgehalt können von Terra Preta profitieren, da es die Bodenstruktur verbessert und Nährstoffe speichert.

Allerdings sollten Böden, die bereits sehr fruchtbar sind, nicht mit Terra Preta behandelt werden, da dies zu einer Überdüngung führen kann.

Des Weiteren ist es wichtig zu beachten, dass Terra Preta nicht auf allen Bodentypen gleich gut wirkt. So sind sandige Böden oft weniger geeignet als lehmige oder tonhaltige Böden, da sie weniger Wasser und Nährstoffe speichern können. Auch sehr schwere Böden mit einer hohen Dichte können problematisch sein, da sie schwer zu durchdringen sind und das Wurzelwachstum behindern können. Es besteht jedoch die Möglichkeit auch bei diesen schweren Böden eine Pflanzung vorzunehmen, jedoch sollte dabei einiges beachtet werden.

Wichtig ist es vor allem zu wissen wie die Wurzelentwicklung der Pflanze ist, breitet diese sich seitlich und flach aus, auch als Flachwurzler bekannt, oder besitzt diese eine Tiefenwurzel, welche sich in das Erdreich tief hinein bewegt. Dementsprechend sind die Pflanzengruben zu gestalten. Die Größe der Pflanzengruben sollte jedoch erheblich größer sein ca. 5 – 6-mal größeres als bei einer Normalpflanzung. Es sollte dabei sichergestellt werden, dass die Pflanze in der geschaffenen Pflanzengrube bis zum 4 – 5 Lebensjahr optimal gedeihen kann und starke Wurzeln herausbildet, welche dann auch in festere Böden eingreifen können. Sollte dieses Vorhaben anstehen, wäre es ratsam einen Spezialisten auf diesem Gebiet zu konsultieren, da dies eine sehr komplexe Aufgabe darstellt.

Weiterhin sind Böden mit hohen Anteilen an Tonmineralien oder Eisenoxiden weniger geeignet, da sie bereits reich an Nährstoffen sind und eine zusätzliche Anreicherung durch Terra Preta möglicherweise zu einer Überdüngung führen könnte. Auch Böden mit einem hohen pH-Wert oder salzhaltige Böden sind weniger geeignet, da sie das Wachstum von Pflanzen hemmen können.

Auf der anderen Seite sind Böden mit niedrigen Nährstoffgehalten oder schlechten Bodenstruktur ideal für den Einsatz von Terra Preta. Diese Böden können durch die Zugabe von Terra Preta signifikant verbessert werden und somit das Wachstum von Pflanzen fördern. Auch Böden, die aufgrund von menschlichen Aktivitäten wie Abholzung oder Überweidung degradiert wurden, können von der Verwendung von Terra Preta profitieren.

Hier, möchte ich noch etwas näher auf die Herstellung von Terra Preta kommen, was sich lohnt und immer einen eigenen Versuch wert ist. Terra Preta ist eine schwarze Erde, die durch die Vermischung von organischen und mineralischen Material entsteht. Diese Erde ist besonders fruchtbar und nährstoffreich, was sie zu einer idealen Wahl für den Anbau von Pflanzen macht. Auch eignet sich diese Erde besonders gut für eine Bewurzelung von Absenkern, was zu einer schnellen Wurzelbildung führt und die Pflanze von Beginn an stabilisiert und unempfindlicher gegen Schädlingen ist, da diese wie im Vergleich zum Menschen ein starkes Immunsystem hervorbringt.
Wenn Sie Terra Preta selbst herstellen möchten, gibt es einige wichtige Dinge zu beachten. Zunächst einmal sollten Sie sicherstellen, dass Sie genügend organische Materialien zur Verfügung haben. Dazu gehören beispielsweise Kompost, Laub, Stroh oder Holzkohle. Diese Materialien sollten in einem Verhältnis von etwa (3: 1) zu mineralischen Materialien wie Ton oder Sand gemischt werden.
Um die Mischung herzustellen, können Sie alle Materialien auf einen Haufen oder auch dem Wunsch entsprechenden in einem Behälter sammeln und dann diese Substanzen gut durchmischen, dies sollte unbedingt mehrmalig erfolgen, damit alle Materialien gleichmäßig verteilt werden.
Wenn Sie die Mischung fertiggestellt haben, sollten Sie diese an einem trockenen Ort lagern und regelmäßig vermischen, um sicherzustellen, dass sie gut belüftet bleibt.
Nach einigen Wochen oder Monaten sollte die Mischung zu Terra Preta umgewandelt sein und bereit für den Einsatz im Garten.
Es ist jedoch wichtig, bei der Herstellung von Terra Preta geduldig zu sein und sicherzustellen, dass alle Materialien gut gemischt und belüftet sind. Wenn Sie diese Schritte befolgen, werden Sie bald eine fruchtbare Erde haben, die Ihren Pflanzen helfen wird, gesund und stark zu wachsen.

Insgesamt bietet Terra Preta viele Vorteile für die Landwirtschaft und den Umweltschutz. Es kann dazu beitragen, die Erträge von landwirtschaftlichen Betrieben zu steigern und gleichzeitig den Kohlenstoffgehalt im Boden zu erhöhen. Diese Vorteile dieser Bodenmischung sind vielfältig und können dazu beitragen, die Nachhaltigkeit und Produktivität von Landwirtschaft und Gartenbau zu verbessern.

Allerdings gibt es auch einige Nachteile, wie den hohen Preis und die Notwendigkeit einer sorgfältigen Bodentestung vor der Verwendung.

Weiterhin lässt sich sagen, dass Terra Preta vor allem auf Böden eingesetzt werden sollte, die eine Verbesserung benötigen und noch nicht sehr fruchtbar sind. Dabei ist es wichtig, den Bodentyp und den pH-Wert zu berücksichtigen, um eine optimale Wirkung zu erzielen.

Es ist also wichtig, dass bei der Verwendung von Terra Preta sorgfältig geprüft wird, ob der Boden für den Einsatz geeignet ist. Eine falsche Anwendung kann zu einer Überdüngung oder anderen negativen Auswirkungen führen.

Kompost – Wenden

Es stellt sich für viele die Frage "muss ein Komposthaufen gewendet werden" oder kann ich dies umgehen, indem ich diesen auf natürliche Weise setzen lasse?

Diese Frage nach dem Für oder wider wird von vielen Diskutiert, wobei die einen auf die Methode des Wendens beharren, da diese sich sehr bewährt hat und andere wiederum den Standpunkt vertreten diesen auf natürliche Weise zu setzen und reifen zu lassen, um somit eine bessere Qualität zu erreichen.

Beide Methoden eignen sich hervorragend, um organische Abfälle in nährstoffreichen Humus zu verwandeln und diesen für die Gartenfruchtbarkeit zu nutzen. Jedoch gibt es für beide Methoden viele Vorteile als auch Nachteile, auf die ich im nachfolgenden etwas näher eingehen werde.

Es ist jedoch immer eine persönliche Einstellung für welche Methode ich mich entscheide, sei es aus traditionellen Gründen heraus oder auch von der inneren Überzeugung und der eigenen Sichtweise dazu.

Wenden von Kompost

Kompostieren ist nicht nur eine großartige Möglichkeit den Abfall zu reduzieren und wertvolle Nährstoffe für den Garten zu gewinnen, sondern stellt auch eine umweltfreundliche Alternative zur Deponierung dar, um den ökologischen Fußabdruck deutlich zu reduzieren.
Das Wenden des Komposts hilft auch dabei, ungleichmäßige Feuchtigkeitsbedingungen auszugleichen.

Wenn der Kompost nicht regelmäßig gewendet wird, kann es dazu kommen, dass er an einigen Stellen zu trocken oder zu feucht wird. Dies kann das Wachstum von nützlichen Bakterien und Pilzen hemmen und sogar dazu führen, dass der Kompost schlecht riecht.
Ein weiterer Vorteil vom Wenden ist die Reduzierung von Gerüchen durch die aktive Belüftung des durchgeführten Vorgangs. Wenn der Kompost nicht regelmäßig gewendet wird, können sich anaerobe Bedingungen entwickeln, die zu einem unangenehmen Geruch führen können. Durch das Wenden wird Sauerstoff in den Kompost eingeführt, was dazu beiträgt, dass sich aerobe Bedingungen entwickeln und somit unangenehme Gerüche reduziert werden. Auch ein weiterer Vorteil darin besteht in der schnelleren Verrottung der Kompostmasse, was jedoch von deren Zusammensetzung abhängig ist. Ein weiterer Vorteil des Wendens ist nicht nur die Erhöhung des Sauerstoffgehaltes, was den Prozess der aeroben Zersetzung fördert, sondern das es den pH-Wert des Komposts ausgleicht. Durch das Mischen von sauren und alkalischen Materialien wird der pH-Wert ausgeglichen und der Kompost wird neutralisiert. Dies bedeutet, dass der Dünger für eine breitere Palette von Pflanzen geeignet ist.

Es gibt jedoch auch einige Nachteile beim Wenden des Komposts. Einer der größten Nachteile ist die Störung des Bodenlebens. Durch das Wenden werden die Mikroorganismen und Würmer im Kompost gestört, was an einem Verlust an Nährstoffen führen kann und wenn er zu trocken wird die Bakterien absterben. Wenn Sie den Kompost zu oft wenden, kann dies auch dazu führen, dass er zu fein wird und somit seine Struktur verliert.

Zu den Nachteilen des Wendens wäre zu sagen, dass ein erheblicher Nachteil darin besteht, diesen ständig zu Wenden und dies mit viel Zeit und Kraftaufwand verbunden ist. Auch mit den Jahren fällt es immer schwerer dieser Tätigkeit aktiv nachzugehen.
Viele Gärtner gehen somit schrittweise, jedoch unbewusst über, den Komposthaufen sich zu überlassen und somit in einen natürlichen Setzungsprozess des Kompostes zu versetzen.

Zusammenfassend lässt sich sagen, dass ein Wenden von Kompost ein wichtiger Schritt im Prozess der Kompostierung darstellt. Es trägt dazu bei, dass die Materialien im Inneren des Kompostes gleichmäßig zersetzt werden, Sauerstoff eingeführt wird, ungleichmäßige Feuchtigkeitsbedingungen ausgeglichen werden und Gerüche reduziert werden.
Wenn man also einen gesunden und nährstoffreichen Kompost für den Garten haben möchte, sollte man diesen regelmäßig wenden.

Kompost natürlich setzen zu lassen, ohne zu wenden

Ein Kompost kann auf verschiedene Arten gepflegt werden, aber eine Methode, die immer beliebter wird, ist die Kompostierung ohne Wenden und auf natürliche Art und Weise.
Auch bei dieser Methode gibt es viele Vorteile als auch Nachteile, welche es dabei zu beachten gilt.

Ein großer Vorteil des Kompostierens ohne Wenden ist, dass es viel Zeit und weniger Arbeit erfordert als andere Methoden. Da der Komposthaufen nicht umgedreht werden muss, spart man sich Zeit und Energie, welche ich im Gartenprozess einbringen kann.

Es ist auch wichtig dabei zu beachten, dass der Boden unter den Komposthaufen nicht gestört wird, was dazu beiträgt, dass das Bodenleben intakt bleibt und sich weiterentwickelt.

Die sich gebildeten Gemeinschaften von Mikroorganismen können sich in den verschiedenen Schichten und Bereichen weiterentwickeln, sich vermehren und somit aktiv bei der Zersetzung der organischen Abfälle wirken. Eine weitere Stärke bei der natürlichen Kompostierung ist, dass sie ein sehr effektiver Prozess ist. Der Komposthaufen wird einfach aufgeschichtet, siehe Schichtungen, und dann sich selbst überlassen. Eine Pflege ist jedoch auch hier erforderlich zum Beispiel die Zugabe von Wasser oder Zuschlagsstoffen, welchen den Prozess wesentlich beeinflussen.

Die Mikroorganismen und Regenwürmer im Boden arbeiten zusammen, um den Kompost zu zersetzen und zu verdichten, wodurch der Kompost sehr dicht und Nährstoffreich wird.

Hier sei an den Abschnitt Tiefenkompost und Druck im Kompost verwiesen. Es gibt jedoch auch einige Nachteile beim Kompostieren ohne Wenden, wovon einer der größten Nachteile ist, dass es länger dauert, bis der Kompost fertig ist, dies kann bis zu einem Jahr oder länger dauern. Auch an dieser Stelle einen Vermerk an den Abschnitt der Zuschlagsstoffe, welche eine Beschleunigung ermöglichen.

Ein weiterer Nachteil ist, dass der Komposthaufen möglicherweise ungleichmäßig verrottet. Hierbei sollte der Punkt der Schichtungen Beachtung finden, wo dieser Faktor eliminiert wird. Wenn bestimmte Materialien wie Zweige oder Stroh nicht in kleine Stücke zerkleinert werden, kann es sein, dass sie nicht vollständig zersetzt werden. Dies kann dazu führen, dass der Kompost ungleichmäßig ist und nicht die gleiche Nährstoffzusammensetzung hat.

Insgesamt hat das Kompostieren ohne Wenden und auf natürliche Art und Weise seine Vorteile als auch Nachteile, welche jedoch aus meiner Sichtweise einen echten Vorteil darstellt.

Der natürliche Prozess der Zersetzung gibt dem Leben im Kompost, insbesondere den Mikroorganismen und Würmern, eine effektive Möglichkeit der Zersetzung und durch die Vervielfältigung der Mikroorganismen einen hochwertigen Humus zu produzieren.

Eine Pflege des Kompostes ist dennoch unerlässlich, welcher sich jedoch Übersichtlich gestaltet und mit geringem Aufwand zu realisieren ist. Es stellt auch eine großartige Option für Menschen dar, die nicht viel Zeit oder Energie haben, um ihren Komposthaufen zu pflegen. Es erfordert jedoch Geduld und ein Verständnis dafür, dass der Prozess länger dauern kann, als bei anderen Methoden.

Gegenüberstellung beider Methoden

Das Kompostieren ist eine umweltfreundliche Methode, um organische Abfälle in nährstoffreichen Dünger umzuwandeln. Es gibt jedoch unterschiedliche Methoden des Kompostierens, die sich in ihrer Effektivität unterscheiden können. Eine dieser Methoden ist das Wenden des Komposts, bei dem der Haufen regelmäßig umgedreht wird, um eine bessere Belüftung und Durchmischung zu gewährleisten.

Doch wie unterscheidet sich das Kompostieren mit und ohne Wenden?

Das Kompostieren ohne Wenden wird auch als passive Kompostierung bezeichnet. Hierbei wird der Komposthaufen lediglich aufgeschichtet und nicht weiter bearbeitet. Die natürlichen Prozesse der Zersetzung und Verrottung finden von alleine statt. Diese Methode erfordert weniger Aufwand und Zeit, da der Komposthaufen nicht regelmäßig gewendet werden muss. Allerdings kann es hierbei zu einer ungleichmäßigen Verteilung von Luft und Feuchtigkeit kommen, was zu einem langsameren Abbau der organischen Materialien führen kann.

Die Kompostierung mit Wenden hingegen, auch als aktive Kompostierung bezeichnet, sorgt für eine bessere Durchmischung des Materials und eine gleichmäßige Verteilung von Luft und Feuchtigkeit. Dadurch wird der Abbau beschleunigt und der fertige Kompost ist schneller verfügbar. Allerdings erfordert diese Methode mehr Arbeit und Zeit, da der Komposthaufen regelmäßig gewendet werden muss.

Insgesamt lässt sich sagen, dass ein Kompostieren mit Wenden effektiver ist, da es zu einem schnellen, Abbau der organischen Materialien führt unregelmäßig mit Wasser versorgt wird und somit schneller nährstoffreichen Dünger liefert. Wer jedoch weniger Zeit hat und den Aufwand reduzieren möchte, kann auf das Kompostieren ohne Wenden zurückgreifen. Hierbei sollte jedoch darauf geachtet werden, dass der Komposthaufen regelmäßig mit Wasser versorgt wird und ausreichend belüftet ist, um eine optimale Zersetzung zu gewährleisten.

Kombination von Wenden und ohne Wenden des Kompostes

Hier kommen wir zu einer Möglichkeit, den Kompost mit beiden Komponenten das Wenden von Kompost als auch einer natürlichen Zersetzung ohne Wenden vorzunehmen.

Hier stellt sich die Frage, ist dies überhaupt Möglich und macht dies auch einen Sinn?

Als Erstes zu dieser Thematik sei gesagt, dass dies eine optimale Methode darstellt einen wertvollen Humus herzustellen unter den Gesichtspunkt einer ökologischen Lebensvielfalt im Kompost zu schaffen, diese zu erhalten und deren Vermehrung eine solide Basis zu geben. Ja, es ist sinnvoll, diese Methode anzuwenden.

Kompost ist ein wichtiger Bestandteil für eine gesunde und fruchtbare Erde. Es ist jedoch nicht immer notwendig, den Kompost vollständig zu Wenden. Eine Mischung aus Wenden, dies sollte im oberen Viertel des Komposters erfolgen, als auch eine natürliche Setzung kann ebenfalls von Vorteil sein.

Beim Wenden des Komposts wird Sauerstoff in den Haufen eingeführt, was den Abbau von organischen Materialien beschleunigt. Durch das Wenden wird die Temperatur im Kompost erhöht, was dazu führt, dass schädliche Bakterien und Krankheitserreger abgetötet werden.

Allerdings kann das Wenden auch Nachteile haben, da es die Mikroorganismen im Kompost stört und zerstören kann.

Wenn der Kompost nur teilweise gewendet wird, können die Mikroorganismen ungestört arbeiten, wachsen und gedeihen und den Kompost auf natürliche Weise abbauen.

Eine Mischung aus Wenden und natürlicher Setzung kann somit zu einem gesünderen Komposthaufen führen, der reich an Nährstoffen ist und das Bodenleben fördert.

Es ist jedoch wichtig darauf zu achten, dass der Kompost nicht zu trocken oder zu feucht wird, da dies das Wachstum der Mikroorganismen hemmen kann.

An dieser Stelle, möchte ich noch auf die Humus Qualität zu sprechen kommen, da dieser ein wichtiger Indikator für die Pflanzenwelt darstellt. Die Qualität des produzierten Humus ist von verschiedenen Faktoren abhängig wie zum Beispiel der Art des verwendeten Materials, der Schichtung innerhalb des Kompostes und auch den verwendeten Zuschlagstoffen während der Befüllung. Der Humus verbessert die Bodenstruktur, erhöht die Wasserspeicherfähigkeit und fördert somit das Wachstum der Pflanzen.

Doch wie sieht es mit der Humus Qualität bei teilweise gewendetem Kompost aus?

Hier scheiden sich die Geister. Einige Experten sind der Meinung, dass eine regelmäßige Belüftung des Komposts durch das Wenden zu einer höheren Humus Qualität führt. Durch das Wenden wird der Kompost gelockert und es entsteht mehr Sauerstoffzufuhr. Hierbei können Mikroorganismen besser arbeiten und der Abbau von organischen Materialien wird beschleunigt. Dies führt letztlich zu einem höheren Anteil an stabilisiertem Humus im Kompost.

Andere Experten argumentieren jedoch, dass eine zu häufige Belüftung und damit ein zu häufiges Wenden des Komposts eher negative Auswirkungen auf die Humus Qualität hat.
Durch das Wenden wird der Kompost stark beansprucht und es kann zu einem Verlust von Nährstoffen kommen. Auch kann es passieren, dass beim Wenden des Komposthaufens unerwünschte Mikroorganismen eingeschleppt werden, die den Abbau von organischen Materialien behindern.

Die im Kompost lebenden Mikroorganismen und Würmer in ihrer Tätigkeit erheblich gestört und auch dabei Kulturen, welche für die Zersetzung von Bedeutung sind, behindert oder auch zerstört, was sich wiederum negativ auf dem gesamten Kompostprozess auswirkt und letztlich auf die Qualität des produzierten Humus.
Die Kompostierung kann jedoch eine Herausforderung darstellen, insbesondere wenn es darum geht, den Kompost umzudrehen oder teilweise zu wenden.
Eine häufig gestellte Frage ist daher, wie sich die Humus Qualität bei teilweise gewendeten Kompost verhält.
Humus ist der dunkle, krümelige Boden, der aus abgebautem organischem Material besteht.

Es ist ein wichtiger Bestandteil des Bodens, da es Wasser und Nährstoffe speichert und somit das Wachstum von Pflanzen fördert. Die Qualität des Humus hängt von vielen Faktoren ab, einschließlich der Art des organischen Materials, welches in den Kompost verbracht wird, der Feuchtigkeit und Temperatur des Komposts sowie der Zeit, die der Kompost benötigt.

Wenn ein Kompost teilweise gewendet wird, kann dies Auswirkungen auf die Humus Qualität haben. Durch das Wenden wird nicht nur Sauerstoff hineingebracht, sondern kann auch dazu beitragen, dass der Kompost schneller abgebaut wird. Dies kann jedoch auch dazu führen, dass der Kompost zu trocken wird und wichtige Nährstoffe verloren gehen. Um die Humus Qualität bei teilweise gewendetem Kompost zu erhalten oder zu verbessern, ist es wichtig, den Kompost regelmäßig zu überwachen und gegebenenfalls Feuchtigkeit beizufügen. Es ist auch ratsam, den Kompost vollständig ausreifen zu lassen, bevor dieser verwendet wird. Ein vollständig ausgereifter Kompost ist dunkel und krümelig und hat einen erdigen Geruch. Es enthält auch eine Vielzahl von nützlichen Mikroorganismen, die dazu beitragen können, die Bodengesundheit zu verbessern.
Insgesamt lässt sich sagen, dass die Humus Qualität bei teilweise gewendeten Kompost stark von verschiedenen Faktoren abhängt. Dazu gehören unter anderem die Art und Menge des eingebrachten organischen Materials, die Temperatur und Feuchtigkeit im Kompost, sowie die Häufigkeit des Wendens. Es ist daher wichtig, den Kompost regelmäßig zu überwachen und gegebenenfalls anzupassen, um eine optimale Humus Qualität zu erreichen.

Nutzung durch Kompost und dessen Einsatzgebiet

Kompost ist ein wertvolles Produkt, welches aus organischen Abfällen hergestellt wird und als ein natürlicher Dünger für Pflanzen eingesetzt werden kann. Die aktuellen bestehenden Einsatzgebiete von Kompost sind besonders in der Landwirtschaft, im Gartenbau, als auch in der Landschaftsgestaltung sinnvoll anzusehen.

Besonders in der Landwirtschaft kann dieser dazu beitragen, Böden zu verbessern, diese gesund zu gestalten und die Fruchtbarkeit zu steigern. Durch eine gezielte und Planbare effektive Nutzung von Kompost, können Schädlinge und Krankheiten reduziert werden wodurch Pflanzen widerstandsfähiger sind.

Im Gartenbau eignet sich insbesondere der Kompost sehr gut an, der als Bodenverbesserer eingesetzt und zur Düngung von Gemüse- und Blumenbeeten dient. Auch bei dem Anlegen von Rasenflächen kann dieser helfen, eine gesunde Bodenstruktur zu schaffen, sowie das Wachstum des Rasens zu fördern.

In der Landschaftsgestaltung wird Kompost zur Begrünung von Flächen eingesetzt, um eine natürliche Vegetation zu fördern und die Bodenqualität zu verbessern.

Zusammenfassend lässt sich sagen, dass die Verwendung von Kompost in allen Bereichen, bei denen Pflanzen angebaut oder gepflegt werden sinnvoll ist und zu einer nachhaltigen Bewirtschaftung beitragen kann.

Starterkulturen

Starterkulturen für die Kompostierung

Die Verwendung von Starterkulturen und Organismen kann dabei helfen, den Kompostprozess in Schwung zu bringen und zu beschleunigen, damit sichergestellt werden kann, dass der fertige Kompost reich an Nährstoffen ist.

Eine der einfachsten Möglichkeiten, einen guten Kompost zu starten, ist die Verwendung von Gartenabfällen wie Gras, Laubabfällen sowie Küchenabfällen wie Obst- und Gemüseabfällen. Diese können mit einer Handvoll Erde oder Kompost aus dem Garten vermischt werden, um den Prozess zu starten.

Besitzt man mehrere Komposter, welche man zu unterschiedlichsten Zeiten verwendet, je nach Reifungsgrad und Alter des jeweiligen Komposts, kann man aus diesem von der Oberschicht, welche Angerottet ist, einiges abtragen und in den neuen Komposter hinzugeben. Dabei sollten alle Materialien gut vermischt und gleichmäßig ausgebreitet werden. Danach sollten Sie eine Schicht von Alterde oder Baumarkterde einbringen diese ebenfalls gleichmäßig verteilen und letztlich dies angießen. Es wird nicht lange auf sich warten lassen, bis der Kompostprozess beginnt.

Es gibt auch spezielle Starterkulturen auf dem Markt, die aus einer Mischung von Bakterien und Pilzen bestehen, die den Abbau von organischem Material beschleunigen können.

Diese Starterkulturen sind in der Regel kostengünstig und können online oder im Gartencenter erworben werden. Eine weitere Möglichkeit ist die Verwendung von Wurmkompostierung, bei der Regenwürmer verwendet werden, um organische Abfälle zu zersetzen. Dies kann auch kostengünstig sein, da Regenwürmer oft in Gärten gefunden werden können.

Um ökonomische Wege zur Kompostierung zu finden, kann man auch auf lokale Ressourcen zurückgreifen. Viele Gemeinden bieten kostenlose Kompostbehälter an oder haben Recyclingprogramme für organische Abfälle. Auch das Sammeln von Blättern im Herbst oder das Sammeln von Kaffeesatz, kann eine kostengünstige Möglichkeit sein, Materialien für den Kompost zu sammeln. Darüber hinaus kann man auch selbst Kompostbehälter bauen, wie zum Beispiel aus alten Holzkisten oder Paletten, um somit Kosten zu sparen, was auch den Umweltkreislauf positiv unterstützt.

Durch die Verwendung von Starterkulturen und Organismen sowie durch die Nutzung lokaler Ressourcen kann man den Prozess noch effektiver und wirtschaftlicher gestalten.

Auf eine sehr hilfreiche Starterkultur möchte ich noch etwas näher eingehen, welcher zwar jeder kennt, jedoch in der Kompostierung wenig Beachtung geschenkt wird, wobei diese außerordentlich nützlich zum Beginn als auch während der Kompostierung eine wichtige Funktion ausübt. Es geht um Hefe, welche im nachfolgenden beschrieben und deren Anwendung näher dargestellt wird.

Hefe

Hefe kann ein wichtiger Bestandteil des Kompostier Prozesses sein, da sie dazu beitragen kann, den Abbau von organischen Materialien zu beschleunigen und somit eine entscheidende und wichtige Starterkultur darstellt.

Hefen sind Mikroorganismen, die in der Natur weit verbreitet sind und eine wichtige Rolle bei der Fermentation spielen. Wenn Hefe im Komposthaufen eingebracht wird, kann sie dazu beitragen, dass sich die Abfälle schneller zersetzen und somit schneller zu einem fertigen Kompost führen. Ein weiterer Vorteil von Hefe in der Kompostierung ist, dass sie dazu beitragen kann, unangenehme Gerüche zu reduzieren.

Es gibt jedoch auch Nachteile bei der Verwendung von Hefe in der Kompostierung. Wenn zu viel Hefe verwendet wird, kann dies dazu führen, dass der pH-Wert des Komposts zu stark absinkt und somit das Wachstum von Pflanzen beeinträchtigt wird. Darüber hinaus können einige Arten von Hefe auch schädliche Toxine produzieren, die für Pflanzen und Tiere giftig sein können.

Insgesamt kann die Anwendung von Hefe in der Kompostierung ein wertvolles Werkzeug sein, um den Prozess zu beschleunigen und unangenehme Gerüche zu reduzieren.

Es ist jedoch wichtig, die richtige Menge an Hefe zu verwenden und sicherzustellen, dass keine schädlichen Toxine produziert werden. Wenn Sie also daran interessiert sind, Hefe in Ihren Komposthaufen zu verwenden, sollten Sie sich vorher ausreichend informieren und gegebenenfalls einen Experten konsultieren.

Anwendung von Hefe im Kompostierungsprozess – allgemein

Die Zugabe von Hefe in den Kompost kann daher dazu beitragen, dass der Kompost schneller reift und somit schneller als Dünger verwendet werden kann. Um eine erfolgreiche Anwendung von Hefe im Kompost zu gewährleisten, sollten bestimmte Mischungsverhältnisse beachtet werden.

Für die Anwendung von Hefe im Kompost empfiehlt es sich, etwa 1 bis 2 Esslöffel Hefe pro Kubikmeter Kompost zu verwenden. Eine höhere Dosierung ist nicht empfehlenswert, da dies die natürliche Zusammensetzung des Komposts beeinträchtigen kann. Es ist auch wichtig, die Hefe gleichmäßig im Kompost zu verteilen, um eine optimale Wirkung zu erzielen.

Eine weitere Möglichkeit, Hefe im Kompost zu verwenden, besteht darin, sie mit Wasser zu vermischen und dann auf den Kompost zu gießen. Hierbei sollte man darauf achten, dass das Verhältnis von Hefe zu Wasser etwa 1:10 beträgt.

Es gibt auch spezielle Hefeprodukte auf dem Markt, der speziell für die Verwendung im Kompost entwickelt wurden. Diese Produkte enthalten oft zusätzliche Enzyme und Mikroorganismen, die den Abbau von organischen Materialien unterstützen können.

Insgesamt wäre zu sagen, dass die Zugabe von Hefe einen positiven Einfluss auf den Kompostprozess hat und dazu beitragen, dass der Kompost schneller reift und als Dünger verwendet werden kann. Es ist jedoch wichtig, die richtigen Mischungsverhältnisse zu beachten und die Hefe gleichmäßig im Kompost zu verteilen, um somit eine optimale Wirkung zu erzielen.

Hefeanwendung im Kompost mit verschiedenen Hefearten –speziell

Hefe kann bei der Kompostierung helfen, den Kompostierungsprozess zu beschleunigen und zu verbessern. Es gibt verschiedene Hefearten, die sich für die Kompostierung eignen, darunter Saccharomyces cerevisiae, Cndida utilis und Kluyveromyces marxianus.

Saccharomyces cerevisiac ist eine der bekanntesten Hefearten und wird oft in der Lebensmittelindustrie verwendet. Sie produziert Enzyme, die Kohlenhydrate in Zucker umwandelt, was den Abbau von organischen Materialien im Kompost beschleunigt. Candida utilis ist eine weitere Hefeart, die häufig in der Tierfutterindustrie verwendet wird. Sie kann Stickstoff aus organischen Materialien binden und so den Nährstoffgehalt des Komposts erhöhen.

Kluyveromyces marxianus ist eine Hefeart, die bei höheren Temperaturen arbeiten kann und somit auch bei der Kompostierung von warmen Materialien wie Grünschnitt oder Küchenabfällen eingesetzt werden kann.

Die Vorteile bei der Kompostierung bei der Verwendung von Hefe sind vielfältig. Zum einen beschleunigt sie den Abbau von organischen Materialien und verkürzt somit den Zeitraum bis zur fertigen Komposterde. Zum anderen erhöht sie den Nährstoffgehalt des Komposts und verbessert somit dessen Qualität als Dünger. Zudem kann Hefe dazu beitragen, unangenehme Gerüche zu reduzieren.

Allerdings gibt es auch Nachteile bei der Verwendung von Hefe. Zum einen kann sie teuer sein und somit die Kosten für die Kompostierung erhöhen. Zum anderen kann sie bei falscher Anwendung auch negative Auswirkungen auf den Kompost haben, beispielsweise wenn zu viel Hefe verwendet wird und dadurch ein unerwünschter Gärprozess entsteht.
Insgesamt eignen sich verschiedene Hefearten für die Kompostierung von organischen Abfällen, wobei jede Ihre eigenen Vorteile und Nachteile hat. Bei richtiger Anwendung kann Hefe jedoch dazu beitragen, den Kompostierungsprozess zu verbessern und somit einen wichtigen Beitrag zur Reduzierung von Müll und zur Schonung der Umwelt zu leisten.

Gewinnung von Regenwürmern:

Regenwürmer sind eine wichtige Komponente bei der Kompostierung von organischen Abfällen, da sie helfen, die Nährstoffe im Kompost zu zersetzen und zu verteilen, was zu einem gesunden Boden führt. Wenn Sie Regenwürmer zur Kompostierung gewinnen möchten, gibt es verschiedene Methoden, welche Sie ausprobieren können.
Eine Möglichkeit ist es, Regenwürmer direkt in den Komposthaufen zu setzen, welche Sie im Garten gesammelt haben, welcher etwas Aufwand bedarf, jedoch von großem Nutzen ist, da sich diese Würmer im bestehenden Ökosystemgebiet entwickelt haben und somit auch die besten Voraussetzungen für eine erfolgreiche Kompostierung darstellen.
Ein erfolgreiches Sammeln von Regenwürmern kann zum Beispiel durch Umgraben im Beet oder auch zwischen Sträuchern oder dem Anheben von Graswurzeln erfolgen, wo man diese dann Mühelos einsammeln kann.
Eine weitere Methode ist die Suche in schattigen Gebieten unter Laub. Hier kann man einen alten Indianertrick anwenden, indem man ein angespitztes Holzstück mit einem Holz in die Erde treibt, was durch die Geräuschbildung

die Würmer an die Oberfläche bringt und diese nur noch eingesammelt werden müssen.

Die gesammelten Würmer sollten dann in den Kompost gut verteilt werden und mit Alterde, Gras oder Baumarkterde bedeckt werden danach sollte dies angegossen werden, damit der Kompost feucht ist, jedoch nicht zu Feucht wird. Eine Faustregel zum Einbringen von Regenwürmern in den Komposthaufen besagt, dass etwa ein Kilogramm Würmer pro Quadratmeter Kompostfläche zu verwenden ist.

Eine andere Methode ist die Verwendung von Wurm Kompostern. Diese speziellen Behälter sind so konzipiert, dass sie das Wachstum von Regenwürmern fördern und gleichzeitig eine effektive Kompostierung ermöglichen. Sie können Sie auch online oder im Gartencenter kaufen oder auch selbst bauen. Achten Sie darauf, dass der Behälter ausreichend belüftet ist und dass Sie regelmäßig Futter für die Würmer hinzufügen. Um Regenwürmer anzulocken, sollten Sie darauf achten, dass Ihr Garten und Ihr Komposthaufen für die Regenwürmer attraktiv sind. Dies bedeutet, dass der Boden locker und feucht sein sollte und ausreichend organische Materialien wie Blätter oder Grünschnitt, als auch Grasschnitt vorhanden sind. Vermeiden Sie es unbedingt, chemische Düngemittel oder Pestizide zu verwenden, da diese die Würmer abstoßen könnten.

Insgesamt gibt es viele Möglichkeiten, Regenwürmer zur Kompostierung zu gewinnen. Egal für welche Methode Sie sich letztlich entscheiden, ist es wichtig, dass Sie Geduld haben und darauf achten, dass die Bedingungen für die Würmer optimal sind.
Mit etwas Zeit und Mühe können Sie jedoch bald von den Vorteilen einer gesunden und nachhaltigen Kompostierung profitieren.

Hefearten

Hefe ist ein wichtiger Bestandteil in der Herstellung von Brot, Bier und Wein. Es gibt verschiedene Arten von Hefe, die sich in ihrer Zusammensezung und ihren Eigenschaften unterscheiden.

Eine der bekanntesten Hefearten ist Saccharomyces cerevisiae, auch bekannt als Bäckerhefe oder Bierhefe. Diese Hefeart wird häufig für die Herstellung von Brot, Bier, und Wein verwendet. Ein Vorteil dieser Hefeart ist ihre schnelle Fermentationsrate, was bedeutet, dass sie schnell Kohlenstoffdioxid produziert und somit den Teig aufgehen lässt oder das Bier oder Wein fermentiert.

Ein Nachteil dieser Hefeart ist jedoch, dass sie bei höheren Temperaturen schnell absterben kann.

Eine weitere Hefeart ist Candida utillis, auch bekannt als Torula-Hefe.

Diese Hefeart wird häufig in der Lebensmittelindustrie verwendet, da sie reich an Proteinen und Vitaminen ist. Ein Vorteil dieser Hefeart ist ihre hohe Nährstoffdichte, was sie zu einer guten Quelle für vegane Proteine macht.

Ein Nachteil dieser Hefeart ist jedoch ihre langsame Fermentationsrate, was bedeutet, dass es länger dauert, bis sie Kohlenstoffdioxid produziert.

Weiterhin ist eine Hefeart zu erwähnen, welche als Kluyveromyces lactis bezeichnet wird, auch bekannt als Milchhefe. Diese Hefeart wird häufig in der Milchproduktion verwendet, da sie in der Lage ist, Lactose zu fermentieren und somit Milchsäure zu produzieren.

Ein Vorteil dieser Hefeart ist ihre Fähigkeit zur Lactose Fermentation, was bedeutet, dass sie für Menschen mit Laktoseintoleranz geeignet ist. Ein Nachteil dieser Hefeart ist jedoch ihre geringe Fermentationsrate, was bedeutet, dass es länger dauert bis sie Milchsäure produziert.

Insgesamt wäre anzuführen, dass es viele verschiedene Hefearten gibt, die jeweils ihre eigenen Vorteile und Nachteile besitzen. Die Wahl der Hefeart hängt von der Art des Produkts ab, das hergestellt werden soll, wie von den gewünschten Eigenschaften wie Geschmack, Textur und Nährstoffgehalt.

In welcher Beziehung und Wirkung stehen die verschiedenen Hefearten bei der Kompostierung?

Die verschiedenen Hefearten spielen eine bedeutende Rolle bei der Kompostierung und beeinflussen maßgeblich den Prozess der Zersetzung organischer Materialien. Hefen sind Mikroorganismen, die in der Lage sind, organische Substanzen abzubauen und dabei Energie zu gewinnen. Sie tragen zur Umsetzung von organischen Stoffen im Kompost bei, indem sie diese zersetzen und mineralisieren. Dabei produzieren sie Enzyme, die den Abbau beschleunigen und die Nährstoffe für Pflanzen verfügbar machen.

Es gibt verschiedene Arten von Hefen, die sich in ihrer Wirkung auf die Kompostierung unterscheiden können. Einige Hefen sind aerob, das heißt, sie benötigen Sauerstoff für ihren Stoffwechsel, während andere anaerob sind und ohne Sauerstoff auskommen.

Aerobe Hefen können dazu beitragen, den Kompostierungsprozess zu beschleunigen und unangenehme Gerüche zu reduzieren, da sie die organischen Materialien effizienter abbauen. Anaerobe Hefen hingegen können unter bestimmten Bedingungen zur Bildung von unerwünschten Gasen wie Methan führen.

Insgesamt ist die Zusammensetzung der Hefearten im Kompost entscheidend für die Effizienz des Zersetzungsprozesses und die Qualität des Endprodukts. Eine ausgewogene Population von aeroben und anaeroben Hefen kann dazu beitragen, dass der Kompost schnell und effektiv umgesetzt wird und dabei wertvolle Nährstoffe für Pflanzen freigesetzt werden. Es ist daher wichtig, die Bedeutung der verschiedenen Hefearten bei der Kompostierung zu beachten und gegebenenfalls Maßnahmen zu ergreifen, um ein optimales Mikrobiom im Kompost zu fördern.

Wie wirkt sich die natürliche Hefe in der Luft, auf die Kompostierung aus?

Die natürliche Hefe in der Luft spielt eine wichtige Rolle bei der Kompostierung von organischen Materialien. Hefe ist ein Mikroorganismus, der in der Luft vorkommt und beim Abbau von organischen Substanzen eine entscheidende Rolle spielt. Wenn organische Abfälle auf einem Komposthaufen liegen, beginnen diese zu verrotten.

Dabei setzen sie Energie frei, die von den Hefezellen genutzt werden, um sich zu vermehren und den Zersetzungsprozess zu beschleunigen. Die Hefe produziert Enzyme, welche organische Materialien zersetzen und in ihre Bestandteile zerlegen. Dadurch entstehen Nährstoffe, die von anderen Mikroorganismen und Pflanzen aufgenommen werden können. Die natürliche Hefe in der Luft trägt also maßgeblich zur Effizienz und Wirksamkeit des Kompostierungsprozesses bei.

Wie wirkt sich die natürliche Hefe und Fermentierung auf die Kompostierung aus und wie ist dies im Einzelnen zu verstehen?

Die natürliche Hefe und Fermentierung spielen eine entscheidende Rolle bei der Kompostierung von organischen Materialien. Durch den Prozess der Fermentation werden organische Substanzen durch die Aktivität von Mikroorganismen wie Hefen und Bakterien abgebaut. Diese Mikroorganismen produzieren Enzyme, welche die Zersetzung beschleunigen und die Nährstoffe im Material freisetzen. Die natürliche Hefe ist dabei besonders wichtig, da sie für die Umwandlung von Zucker und Alkohol verantwortlich ist, was wiederum zu einer effizienten Kompostierung beiträgt.

Die Fermentierung sorgt dafür, dass der pH-Wert im Kompost stabil bleibt und unerwünschte Gerüche vermieden werden. Zudem werden durch die natürliche Hefe und Fermentierung pathogene Keime abgetötet, was zu einem hygienischen und gesunden Kompost führt. Darüber hinaus wird durch die Aktivität der Mikroorganismen die Struktur des Komposts verbessert, was zu einer besseren Belüftung und Durchlüftung führt.

Insgesamt ist die Wirkung der natürlichen Hefe und Fermentierung auf die Kompostierung also sehr positiv. Durch diesen Prozess wird organische Materie effizient abgebaut, Nährstoffe freigesetzt und ein hochwertiger Kompost erzeugt. Es ist daher wichtig, diese natürlichen Prozesse zu verstehen und gezielt zu fördern, um eine nachhaltige und umweltfreundliche Kompostierung zu gewährleisten.

Worin besteht der Kontext von Hefe bei der Kompostierung?

Die Rolle von Hefe bei der Kompostierung ist ein wichtiger Aspekt, der oft übersehen wird.
Hefe sind Mikroorganismen, die in der Natur weit verbreitet sind und eine entscheidende Rolle bei der Zersetzung von organischen Materialien spielen. In einem Komposthaufen sorgen Hefen für die Umwandlung von organischen Stoffen in nährstoffreichen Humus.
Sie produzieren Enzyme, die dabei helfen, komplexe Verbindungen in einfache Moleküle zu zerlegen, die dann von anderen Mikroorganismen weiter abgebaut werden können.

Durch diesen Prozess wird die Kompostierung beschleunigt und die Entstehung von wertvollem Dünger gefördert. Darüber hinaus, können Hefen auch dazu beitragen, unerwünschte Gerüche im Komposthaufen zu reduzieren und das Gleichgewicht der Mikroorganismen aufrechtzuerhalten. Es ist also klar, dass Hefe eine entscheidende Rolle im Kontext der Kompostierung spielt und maßgeblich zum Erfolg dieses nachhaltigen Prozesses beiträgt.

Bioindikatoren

Bioindikatoren sind Lebewesen oder Gruppen von Lebewesen, die zur Überwachung der Umweltqualität eingesetzt werden. Sie sind ein wichtiges Instrument in der Umweltüberwachung und Bewegung, da sie anzeigen können, ob eine bestimmte Umgebung gesund oder gestört ist. Sie können als Indikatoren für Veränderungen in der Umwelt dienen, da sie empfindlich auf Veränderungen reagieren und bestimmte Merkmale aufweisen, die auf Umweltbelastungen hinweisen können.

Bioindikatoren können sowohl Pflanzen als auch Tiere sein und werden häufig zur Überwachung von Luft- und Wasserqualität sowie von Bodenbelastungen eingesetzt.

Ein Beispiel für einen Bioindikator sind Flechten, die aus einer symbiotischen Beziehung zwischen Pilzen und Algen besteht. Da Flechten sehr empfindlich auf Luftverschmutzung reagieren, können sie als Indikator für die Luftqualität dienen. Wenn Flechten in einem Gebiet absterben oder ihre Farbe verändern oder in einem Gebiet nicht mehr vorkommen, kann dies ein Hinweis auf eine hohe Schadstoffbelastung in der Luft sein.

Auch bestimmte Fischarten können als Bioindikatoren dienen. So können beispielsweise Forellen als Indikatoren für die Wasserqualität verwendet werden. Wenn das Wasser zu stark mit Schadstoffen belastet ist, kann dies Auswirkungen auf die Gesundheit der Forellen haben und sich in einer Reduktion ihrer Population zeigen.

Bioindikatoren, sind daher ein wichtiges Instrument zur Überwachung der Umweltqualität und können dazu beitragen, Umweltbelastungen rechtzeitig zu erkennen und Maßnahmen zur Verbesserung der Umweltqualität einzuleiten. Ein weiteres Beispiel für einen Bioindikator ist der Buntspecht. Dieser Vogel ist ein Indikator für den Zustand des Waldes, da er in gesunden Wäldern lebt und sich von Insekten ernährt, die nur in gesunden Wäldern vorkommen. Wenn der Buntspecht in einem Gebiet nicht mehr vorkommt, kann dies ein Hinweis sein, dass der Wald gestört ist.

Insgesamt wäre zu sagen, dass die Bioindikatoren ein wichtiger Bestandteil der Umweltüberwachung ist. Sie können helfen, Umweltprobleme zu identifizieren und geeignete Maßnahmen zur Verbesserung der Umweltqualität und der Lebensräume zu ergreifen.

Verhältnis der Bioindikatoren in Bezug auf die Kompostierung

Das Kompostieren ist eine wichtige Methode zur Reduzierung von Abfällen und zur Herstellung von nährstoffreichem Boden. Dabei spielen Bioindikatoren eine wichtige Rolle, da sie Aufschluss über den Zustand des Komposts geben können. Bioindikatoren sind Lebewesen, die auf Veränderungen in ihrer Umgebung reagieren und somit als Indikatoren für bestimmte Umweltbedingungen dienen können. Im Kontext des Kompostierens können Bioindikatoren beispielsweise Hinweise auf den pH-Wert, die Feuchtigkeit oder den Nährstoffgehalt des Komposts geben.

Eine wichtige Gruppe von Bioindikatoren im Zusammenhang mit dem Kompostieren sind Mikroorganismen wie Bakterien und Pilze. Diese sind für den Abbau von organischen Materialien im Kompost verantwortlich und können somit als Indikator für die Aktivität des Komposts dienen.
Eine hohe Anzahl an Mikroorganismen im Kompost deutet auf einen aktiven Abbau von organischen Materialien, während eine niedrige Anzahl auf einen stagnierenden oder ineffektiven Prozess hindeutet.
Auch Regenwürmer können als Bioindikatoren im Zusammenhang mit dem Kompostieren betrachtet werden. Sie tragen durch ihre Verdauung und Bewegung im Boden zur Durchmischung des Komposts bei und fördern somit den Abbau von organischen Materialien effizient bei. Eine hohe Anzahl an Regenwürmern im Kompost deutet somit auf einen aktiven und gesunden Prozess hin.

Insgesamt kann das Verhältnis der Bioindikatoren im Zusammenhang mit dem Kompostieren als wichtiger Indikator für die Qualität des Komposts betrachtet werden.

Eine hohe Anzahl von Mikroorganismen und Regenwürmern deutet auf einen aktiven und gesunden Prozess hin, während eine niedrige Anzahl auf Probleme im Kompostierungsprozess hindeuten kann.

Durch die Beobachtung und Analyse der Bioindikatoren können somit Rückschlüsse auf den Zustand des Komposts gezogen werden und gegebenenfalls Maßnahmen zur Verbesserung des Prozesses ergriffen werden.

Die positive Beeinflussung der Bioindikatoren

Im Kompostierungsprozess spielen Bioindikatoren dabei eine entscheidende Rolle, da sie anzeigen, ob der Kompostprozess erfolgreich abläuft und somit den Zustand des Ökosystems anzeigen können, wo beispielsweise Bakterien, Pilze und Regenwürmer zuständig sind diesen Prozess des Abbaus effektiv zu gestalten. Es ist jedoch wichtig zu beachten, dass nur ein fein abgestimmtes Zusammenspiel aller Mikroorganismen diese wichtige Tätigkeit verrichten kann.

Um die Bioindikatoren bei der Kompostierung positiv zu beeinflussen, gibt es verschiedene Möglichkeiten. Eine wichtige Rolle spielt dabei die Zusammensetzung des Komposts.

Eine ausgewogene Mischung aus grünen und braunen Materialien wie Gras, Laub und Holz sorgt für eine gute Durchmischung und Feuchtigkeit im Komposthaufen. Dadurch wird das Wachstum von Mikroorganismen gefördert, die den Abbau der organischen Substanzen vorantreiben.

Auch die Zugabe von Mikroorganismen kann die Bioindikatoren positiv beeinflussen.

Hierzu können beispielsweise spezielle Bakterienkulturen oder Pilzsporen verwendet werden, die den Zersetzungsprozess von organischen Stoffen beschleunigen und somit den Kompostprozess positiv beeinflussen. Hierbei kann man einen Kompostbeschleuniger aus dem Baumarkt einsetzen, welcher bei jeder Schichtung im Kompost gleichmäßig verteilt werden sollte und nach Beendigung gewässert werden, um den Prozess in Schwung zu bringen.

Eine weitere Möglichkeit ist die Zugabe von Nährstoffen wie Stickstoff oder Phosphor. Diese unterstützen das Wachstum von Mikroorganismen und fördern somit den Abbau der organischen Substanz.

Zusammenfassend lässt sich sagen, dass eine ausgewogene Mischung aus grünen und braunen Materialien, die Zugabe von Mikroorganismen und Nährstoffen sowie eine gute Durchlüftung und Feuchtigkeit im Komposthaufen entscheidend sind, um die Bioindikatoren bei der Kompostierung positiv zu beeinflussen.

Durch diese Maßnahmen kann ein erfolgreicher Kompostier Prozess gewährleistet werden, der nicht nur zur Reduzierung von organischen Abfällen beiträgt, sondern auch nährstoffreichen Boden für Pflanzen liefert

Biosphäre

Biosphäre – Begriff und Bedeutung

Die Biosphäre ist ein Begriff, der sich auf den Teil der Erde bezieht, in dem alle lebenden Organismen existieren. Es handelt sich um eine komplexe und dynamische Umgebung, die aus verschiedenen Ökosystemen besteht, die miteinander interagieren und voneinander abhängig sind. Die Biosphäre umfasst alle Bereiche der Erde, einschließlich der Atmosphäre, der Lithosphäre und der Hydrosphäre.

Eine Biosphäre wird oft in verschiedene Schichten unterteilt, die jeweils unterschiedliche Ökosysteme enthalten. Die unterste Schicht ist die Lithosphäre, die aus Gestein und Boden besteht. Über der Lithosphäre befindet sich die Hydrosphäre, die alle Gewässer auf der Erde umfasst. Die Atmosphäre ist die äußerste Schicht und umfasst die Luftschichten über der Erdoberfläche.

Hierzu ist eine klare Definition der Biosphäre jedoch schwierig zu geben und stellt eine Herausforderung dar. Da sie keine klaren Grenzen hat und ständig im Wandel ist. Einige Experten definieren die Biosphäre als den Bereich der Erde, in dem Leben existiert und sich darin ausbreitet. Andere wiederum betrachten die Biosphäre als das Zusammenspiel von Ökosystemen und biologischen Gemeinschaften, die in einem bestimmten geografischen Gebiet leben.

Unabhängig von der Definition ist es wichtig zu verstehen, dass die Biosphäre eine fragile Umgebung ist, die durch menschliche Aktivitäten bedroht werden kann. Die Auswirkungen des Klimawandels, der Umweltverschmutzung und der Zerstörung von Lebensräumen haben bereits schwerwiegende Folgen für die Biosphäre und ihre Bewohner.

Die Biosphäre ist als ein lebendes System unseres Planeten zu betrachten in Unabhängigkeit der Klimazonen und der teils extremen Temperaturen in verschiedenen Regionen in denen sich das Leben entsprechend angepasst und entwickelt hat.

Dies gilt es zu bewahren und zu schützen für den Fortbestand allen Lebens auf dem Planeten, der Erde.

Insgesamt ist die Biosphäre ein komplexes und faszinierendes System, das eine Vielzahl von Lebensformen beherbergt und eine wichtige Rolle bei der Aufrechterhaltung des Lebens auf der Erde spielt. Eine klare Definition der Biosphäre kann jedoch schwierig sein, da sie sehr viele Komponenten umfasst, welche wiederum sich gegenseitig bedingen und fördern, Erhalten und sich in diesem System entwickeln. Sie kann auch als ein System betrachtet werden, das Leben auf der Erde unterstützt und aufrechterhält. Es stellt ein komplexes Netzwerk von Prozessen und Wechselwirkungen zwischen verschiedenen Komponenten des Systems dar.

Die Biosphäre spielt eine wichtige Rolle bei der Aufrechterhaltung des Klimas und der Stabilität der Umweltbedingungen auf der Erde. Es ist wichtig, diese Umgebung zu schützen und zu erhalten, um somit das Überleben aller Arten auf unseren Planeten zu gewährleisten.

Biosphäre und Kompost

Die Biosphäre in einem Kompost ist ein faszinierendes Thema, das viele Menschen interessiert. Ein Kompost ist ein Ort, an dem organische Abfälle wie Gemüsereste, Gartenabfälle und Laub zu nährstoffreicher Erde umgewandelt werden. Während dieses Prozesses findet eine Vielzahl von biologischen Aktivitäten statt, welche die Biosphäre im Kompost ausmachen.

Im Kompost besteht die Biosphäre aus einer Vielzahl von Mikroorganismen wie Bakterien, Pilzen, Würmern und Käfern, um nur einige davon zu nennen. Diese Mikroorganismen, spielen eine wichtige Rolle bei der Zersetzung von organischen Materialien und tragen somit zur Bildung von Humus bei. Sie sind auch dafür verantwortlich, dass der Kompost nicht stinkt und keine unangenehmen Gerüche entstehen.

Ein wichtiger Bestandteil der im Kompost bestehenden Biosphäre sind die Regenwürmer. Diese tragen dazu bei, dass der Kompost belüftet wird und organisches Material schneller zersetzt wird. Außerdem produzieren sie einen wertvollen Dünger in Form von Wurmhumus. Eine weitere wichtige Gruppe von Organismen in der Biosphäre des Komposts sind die Pilze.
Sie brechen das organische Material auf und produzieren Enzyme, die dabei helfen, Nährstoffe freizusetzen. Außerdem bilden sie Myzelien, die den Boden stabilisieren und Wasser speichern können. Einige Pilze produzieren auch Antibiotika, die das Wachstum von schädlichen Bakterien hemmen können.

Kompost ist ein hervorragendes Beispiel für eine Biosphäre, da er eine Vielzahl von Organismen beherbergt. Die Biosphäre in einem Kompost besteht aus einer komplexen Gemeinschaft von Mikroorganismen und anderen wirbellosen Tieren. Diese Organismen arbeiten zusammen, um den organischen Materialien im Kompost zu zersetzen und zu recyceln.
Die Bakterien im Kompost sind für den Abbau von Kohlenhydraten, Proteinen und Fetten verantwortlich. Sie produzieren Enzyme, welche die organischen Materialien in kleinere Moleküle zerlegen und so für andere Organismen zugänglich machen.
Die Mikroorganismen sind die wichtigsten Zersetzer und brechen die organischen Materialien in kleine Moleküle auf, die von anderen Organismen weiterverarbeitet werden können. Bakterien und Pilze sind die häufigsten Mikroorganismen, welche im Kompost vorhanden sind. Sie sind in der Lage, komplexe Kohlenhydrate und Proteine in einfache Zucker und Aminosäuren umzuwandeln.

Würmer spielen auch eine wesentliche Rolle in der Biosphäre des Komposts, denn sie fressen das organische Material und wandeln es in nährstoffreiche Ausscheidungen um, die als Dünger für Pflanzen verwendet werden können.

Ein weiterer wichtiger Bestandteil im Kompost sind die Einzeller. Diese winzigen Organismen spielen eine wichtige Rolle bei der Umwandlung von Stickstoff in eine für Pflanzen verfügbare Form. Sie können auch Schwermetalle und andere giftige Substanzen aus dem Boden entfernen.

Andere wirbellose Tiere wie Milben, Springschwänze und Asseln helfen ebenfalls bei der Zersetzung des organischen Materials im Kompost. Sie fressen Bakterien und Pilze und tragen so zur Aufrechterhaltung eines gesunden Ökosystems bei.

Insgesamt ist die Biosphäre in einem Kompost ein komplexes Netzwerk von Organismen, das eng miteinander verwoben ist. Jeder Organismus hat eine wichtige Rolle zu spielen und trägt zur Schaffung eines gesunden Bodens bei, welcher reich an Nährstoffen und lebendigen Mikroorganismen ist. Es ist faszinierend zu sehen, wie diese kleinen Organismen zusammenarbeiten, um etwas so Wichtiges wie die Bodenfruchtbarkeit zu erhalten.

Der Kompost ist ein lebendiger Organismus, der aus einer Vielzahl von Mikroorganismen, wie Bakterien, Pilzen, Protozoen und anderen Organismen besteht.

Der Mikrokosmos im Kompost ist ein komplexes Ökosystem, das durch die Interaktion zwischen verschiedenen Organismen und Umweltfaktoren wie Temperatur, Feuchtigkeit und pH – Wert beeinflusst wird. Eine genaue Definition des Mikrokosmos im Kompost erfordert daher eine detaillierte Untersuchung der Zusammensetzung und Funktion dieser Organismen, sowie ihrer Wechselwirkungen untereinander.

Durch die Erforschung des Mikrokosmos im Kompost, können wir nicht nur die Prozesse verstehen, die zur Entstehung von nährstoffreichem Boden beitragen, sondern auch neue Möglichkeiten zur Verbesserung der Kompostierungstechnologie entwickeln.

Pilze und Kompost

Pilze spielen eine wichtige Rolle im Kompostierungsprozess. Sie zersetzen organische Materialien und verwandeln sie in nährstoffreichen Humus, welcher für ein gesundes Pflanzenwachstum unerlässlich ist. Pilze sind in der Lage, komplexe Verbindungen wie Cellulose und Lignin abzubauen, die von anderen Mikroorganismen nicht so leicht abgebaut werden können. Dadurch beschleunigen sie den Kompostier Prozess erheblich. Ein weiterer Vorteil von Pilzen im Kompost ist ihre Fähigkeit, Schwermetalle aus dem Boden zu entfernen. Des Weiteren haben Pilze die Fähigkeit, Metalle wie Blei, Kupfer und Zink aufzunehmen und in ihre Zellen zu speichern. Dadurch können sie dazu beitragen, den Boden von Schwermetallen zu reinigen.

Kompost ist nicht nur eine großartige Möglichkeit organische Abfälle in Humus umzuwandeln durch ein sinnvolles Recyceln, wodurch mit dem Endresultat der Boden verbessert und auch ertragreicher gemacht wird. Bei diesem komplexen Prozessablauf in einem Kompost spielen Pilze und deren Geflechte eine sehr entscheidende Rolle, da sie helfen, die organischen Materialien abzubauen und in natürliche Nährstoffe umzuwandeln. Es gibt viele verschiedene Arten von Pilzen, die im Kompost wachsen können, darunter Saprophyten und Mykorrhizapilze.

Saprophytische Pilze sind in der Lage, tote Pflanzen und Tiermaterialien abzubauen und zu zersetzen. Sie ernähren sich von den Kohlenhydraten, Proteinen und Fetten in diesen Materialien und wandeln sie in Kohlenstoffdioxid, Wasser und andere Nährstoffe um, die dann von anderen Organismen im Boden aufgenommen werden können.

Diese Art von Pilzen ist besonders wichtig für die Kompostierung von Gartenabfällen wie Blätter, Gras und Zweigen.

An dieser Stelle, möchte ich etwas näher auf die Saprophyten, deren Bedeutung im Gesamtprozess des Kompostierens eine wichtige Rolle spielen und deren Funktion im bestehenden Ökosystem herausstellen.

Saprophyten sind Organismen, welche sich von abgestorbenen organischen Materialien ernähren. Sie spielen nicht nur eine wichtige Rolle im Ökosystem, sondern sind für diese Prozesse unerlässlich. Sie tragen dazu bei, dass tote Pflanzen und Tiere abgebaut werden und Nährstoffe wieder in den Boden gelangen. Saprophyten kommen in verschiedenen Formen vor, darunter Pilze, Bakterien und einige Arten von Pflanzen.

Pilze sind die bekanntesten Saprophyten und haben eine wichtige Funktion im Abbau von totem Holz und anderen pflanzlichen Materialien. Sie wachsen auf dem toten Material und bilden Myzelien, die sich durch das Substrat ausbreiten und es zersetzen.

Bakterien sind ebenfalls wichtige Saprophyten und können verschiedene Arten von organischen Materialien abbauen, einschließlich toter Tiere und Pflanzenreste.

Einige Arten von Pflanzen wie Fleischfressende sind auch Saprophyten und nutzen Insekten oder andere Tiere als Nahrungsquelle.

Saprophyten sind wichtig für den Kreislauf der Nährstoffe im Ökosystem und spielen eine wichtige Rolle bei der Erhaltung der Bodengesundheit. Wenn abgestorbene Materialien nicht abgebaut werden, können sie sich ansammeln und zu einem Problem werden.

Durch den Abbau von totem Material tragen Saprophyten dazu bei, dass Nährstoffe wieder in den Boden gelangen und für andere Organismen verfügbar sind.

Würde die Funktion des Ökokreislaufes gestört oder zum Stillstand gebracht, würden sich rasant Fäulnisbakterien entwickeln, welche keiner Kontrolle unterliegen und es würde nicht nur ein Starker übler Geruch entstehen, sondern es würden sich auch schnell Krankheiten entwickeln.

Diese Krankheiten breiten sich sehr schnell in der Tierwelt als auch auf den Menschen aus, welche nicht nur das Ökosystem schädigen, sondern auch die Biosphäre zerstören können.

Auch Tiere tragen zur Kompostierung bei, indem sie organische Materialien zerkleinern und somit den Abbau beschleunigen. So graben zum Beispiel Regenwürmer Gänge in den Boden und transportieren dabei organische Stoffe in tiefere Schichten, wo sie von Mikroorganismen weiter abgebaut werden können.

Insgesamt sind Saprophyten ein wichtiger Bestandteil des Ökosystems und tragen dazu bei, dass das Leben auf der Erde weitergehen kann. Ohne sie würde es schwieriger sein, abgestorbene Materialien abzubauen und die entsprechenden Nährstoffe in den Boden zu bringen. Es ist wichtig, ihre Rolle im Ökosystem zu verstehen und zu schätzen, um sicherzustellen, dass sie weiterhin einen wichtigen Beitrag zur Erhaltung der Umwelt leisten können.

Kommen wir nun zu einer weiteren wichtigen Art von Pilzen, welche wesentlichen Einfluss auf den Gesamtprozess der Kompostierung haben.
Die Mykorrhizapilze sind symbiotische Pilze, die mit den Wurzeln von Pflanzen zusammenleben. Sie bilden dabei eine Form von Netzwerk aus Fäden, was als Myzel bezeichnet wird, da sich um die Wurzeln der Pflanzen herumarbeitet und ihnen hilft, Wasser und Nährstoffe aus dem Boden aufzunehmen. Die Pflanzen geben im Gegenzug Zucker an die Pilze ab, was ihnen hilft zu wachsen und sich zu vermehren.
Die Vorteile von Pilzen im Kompost sind zahlreich. Sie beschleunigen den Zersetzungsprozess von organischen Materialien und produzieren nützliche Nährstoffe wie Stickstoff, Phosphor und Kalium. Sie können auch dazu

beitragen, den pH-Wert des Bodens zu regulieren und das Wachstum von schädlichen Bakterien und Pilzen zu hemmen.

Allerdings gibt es auch potenzielle Nachteile von Pilzen im Kompost. Einige Arten von Pilzen können Allergien auslösen oder sogar giftig sein. Es ist daher wichtig, beim Umgang mit Kompost vorsichtig zu sein und geeignete Schutzmaßnahmen zu ergreifen wie Handschuhe und Mundschutz und sicherzustellen, dass der Kompost vollständig ausgereift ist, bevor er auf Pflanzen aufgetragen wird.

Insgesamt wäre zu sagen, dass Pilze ein wichtiger Bestandteil des Kompostierungsprozesses darstellt und können dazu beitragen, gesunde Böden und Pflanzen zu fördern. Der Prozess der Umwandlung von organischem Material in Humus, ist ein wesentlicher Faktor wozu Pilze aktiv dazu beitragen.

Durch ihre Fähigkeit, Schwermetalle aus dem Boden zu entfernen, können sie auch dazu beitragen, die Umwelt zu verbessern und dem Ökosystem eine wertvolle Hilfe darstellen.

Es ist jedoch wichtig, insbesondere bei Allergikern, bei dem Umgang mit Kompost vorsichtig zu sein und geeignete Schutzmaßnahmen zu ergreifen, um mögliche Gesundheitsrisiken zu minimieren.

Pilzgeflechte im Kompost

Pilze und Pilzgeflechte sind zwei Begriffe, die oft verwechselt werden und oft im Zusammenhang mit der Natur und der Umwelt verwendet werden. Pilze beziehen sich auf eine Ansammlung von organischen Materialien wie Blättern, Zweigen und Ästen, die sich auf dem Boden ansammeln. Diese Materialien zersetzen sich langsam und bilden eine Schicht aus organischen Material, welche den Boden bedeckt.

Pilzgeflechte hingegen beziehen sich auf das Netzwerk von Fäden, das Pilze bilden, um Nährstoffe aus dem Boden aufzunehmen. Ein weiterer Unterschied zwischen Pilzen und Pilzgeflechten ist ihre Ernährung. Pilze ernähren sich von organischen Materialien wie totem Holz oder Blättern, während Pilzgeflechte oft als Parasiten oder Symbionten leben und sich von anderen Organismen ernähren.

Pilze beziehen sich auf den oberirdischen Teil des Pilzes, der aus einem Stil und einer Kappe besteht. Diese Kappe ist in der Regel flach oder gewölbt und kann verschiedene Farben haben. Unter der Kappe befinden sich Lamellen oder Röhren, die Sporen produzieren. Der Stiel dient dazu, die Kappe zu halten, damit der Pilz aufrecht steht.

Pilzgeflechte hingegen sind der unterirdische Teil des Pilzes. Sie bestehen aus einem Netzwerk von Fäden, die als Hyphen bezeichnet werden. Die Hyphen bilden ein dichtes Geflecht, das als Myzel bezeichnet wird. Das Myzel kann sich über große Entfernungen ausbreiten und ist für die Nährstoffaufnahme des Pilzes verantwortlich.

Weiterhin haben Pilze einen klar definierten Körper, der aus einer Vielzahl von Zellen besteht. Diese Zellen sind in einer bestimmten Form angeordnet und bilden einen sichtbaren Teil des Pilzes, den wir als Fruchtkörper bezeichnen.

Ein Pilz ist als ein eigenständiges Lebewesen zu betrachten, das zu den Eukaryoten gehört und in der Natur eine wichtige Rolle spielt. Pilze können einzellig oder mehrzellig sein und wachsen auf oder in Organismen wie Pflanzen, Tieren oder totem Material. Sie spielen eine wichtige Rolle im Ökosystem, indem sie organische Stoffe abbauen und Nährstoffe freisetzen.

Ein Pilzgeflecht hingegen ist Teil des Pilzes und dient ihm als Transportmittel für Nährstoffe, wobei zu beachten ist, dass Pilze ohne ihr Myzelium nicht existieren können. Es ist auch wichtig zu erkennen, dass ein Pilzgeflecht eine Ansammlung von Pilzhyphen darstellt, die sich zu einem Netzwerk verzweigen.

Diese Hyphen sind fadenförmige Strukturen, die aus Zellulose bestehen und dem Pilz als Transportmittel für Nährstoffe dienen. Das Pilzgeflecht ist ein wichtiger Bestandteil des Pilzes und bildet das Myzelium, das oft unter der Erde oder in Substraten wächst.

Der Unterschied zwischen Pilzen und Pilzgeflechten liegt in ihrer Funktion und ihrem Einfluss auf die Umwelt begründet. Pilze dienen hauptsächlich zur Fortpflanzung von Pilzen durch die Produktion von Sporen. Pilzgeflechte hingegen Dienen der Nährstoffaufnahme und dem Wachstum des Pilzes.

Pilze sind wichtig für die Gesundheit des Bodens, da sie dazu beitragen, den Boden zu schützen und Feuchtigkeit zu speichern. Sie bieten auch Lebensraum für viele kleine Tiere und Insekten, als auch für jene eine wichtige Nahrungsquelle für den Bestand ihrer Art darstellt.

Pilzgeflechte hingegen spielen eine wichtige Rolle bei der Aufnahme von Nährstoffen aus dem Boden und der Unterstützung des Wachstums von Pflanzen. Sie können auch dazu beitragen, den Boden zu stabilisieren und Erosion zu verhindern.

Es gibt jedoch auch einige negative Auswirkungen von Pilzen und Pilzgeflechten auf die Umwelt. Wenn Pilze nicht richtig gepflegt werden, können diese auch zur Übertragung von Krankheiten zwischen Pflanzen beitragen.

Insgesamt wäre zu sagen, dass Pilze und Pilzgeflechte wichtige Bestandteile der Natur darstellen und spielen eine wichtige Rolle bei der Aufrechterhaltung der Gesundheit des Bodens und der Umwelt. Es ist wichtig, sie richtig zu pflegen und zu schützen, um ihre positiven Auswirkungen zu maximieren und ihre negativen Auswirkungen zu minimieren.

Diese beiden Elemente sind nicht nur ein wichtiger Bestandteil des Ökosystems und tragen zur Aufrechterhaltung des Gleichgewichtes bei, sondern spielen auch eine entscheidende Rolle bei der Zersetzung von organischem Material. Obwohl sie oft als unsichtbar oder unbedeutend wahrgenommen werden, sind sie unverzichtbar für das Gleichgewicht der Natur. Ein weiterer und wichtiger Aspekt von Pilzen und Pilzgeflechten ist die außerordentliche Bedeutung bei der Regeneration von Böden und der Unterstützung der Pflanzen bei dessen Wachstum.

Myzelien

Myzelium ist das faserige Netzwerk von Pilzen, das unter der Erde wächst und Nährstoffe aufnimmt. Es ist ein wichtiger Bestandteil des Bodens und spielt eine entscheidende Rolle bei der Kompostierung. Myzelien zersetzen organische Materialien und wandeln sie in nährstoffreichen Humus um. Sie brechen auch schwer abbaubare Stoffe wie Holz und Papier ab. Die Myzelien sind in der Lage, Schwermetalle und andere Schadstoffe aus dem Boden zu entfernen. Sie können auch helfen, Bodenerosion zu verhindern, indem sie den Boden zusammenhalten und ihn vor Wind und Wasser schützen. Darüber hinaus können Myzelien dazu beitragen, den CO_2-Gehalt in der Atmosphäre zu reduzieren, indem sie Kohlenstoff im Boden speichern.

In der Kompostierung spielen Myzelien eine wichtige Rolle bei der Umwandlung von organischen Abfällen in nährstoffreichen Humus. Sie brechen die Abfälle in kleinere Teile und wandeln sie in einfache Verbindungen um, die von Pflanzen leicht aufgenommen werden können.

Myzelien helfen auch dabei, den pH-Wert des Komposts auszugleichen und das Wachstum von nützlichen Bakterien und anderen Mikroorganismen zu fördern. Um die Vorteile von Myzelien in der Kompostierung zu nutzen, kann man spezielle Pilzkulturen verwenden oder einfach natürliche Pilzsporen aus dem Garten oder Wald einsammeln. Es ist wichtig, den Kompost feucht zu halten und diesen zu wenden, um eine gute Belüftung zu gewährleisten. Mit der Zeit werden die Myzelien den Kompost durchdringen und ihn in nährstoffreichen Humus umwandeln.

Insgesamt wäre zu sagen, dass Myzelien ein wichtiger Bestandteil des Bodens darstellt und spielt eine entscheidende Rolle bei der Kompostierung. Sie zersetzen organische Materialien, entfernen Schadstoffe aus dem Boden und helfen dabei, den CO_2-Gehalt in der Atmosphäre zu reduzieren. Durch die Verwendung von Myzelien in der Kompostierung kann man einen wertvollen Beitrag zur Reduzierung von Abfall und zur Verbesserung der Bodenqualität leisten.

Bakterien

Im Kompost leben eine Unmenge an Mikroorganismen und Bakterien, welche für den Zersetzungsprozess und der Qualität des entstehenden Humus verantwortlich sind, welcher als Dünger in den Boden eingearbeitet werden kann oder auch als Mulch dient. Während des Kompostier Prozesses spielen die Bakterien eine wichtige Rolle, was jedoch von den bestehenden Temperaturen im Kompost abhängig ist. Je höher die Temperatur, idealerweise zwischen 55 und 65 Grad Celsius, sind die Bakterien bei der Zersetzung besonders aktiv und vermehren sich auch schneller, um somit dem Kompostprozess zu beschleunigen.

Die Bakterien im Kompost zersetzen organische Materialien wie Gras, Blätter, Gemüseabfälle und Holz zu Humus, einem nährstoffreichen Material, was den Boden fruchtbarer macht. Durch diesen Prozess werden auch Schadstoffe abgebaut und die Nährstoffe in einer für Pflanzen leicht aufnehmbaren Form freigesetzt. Allerdings gibt es auch Nachteile beim Kompostieren. Wenn der Kompost nicht richtig gepflegt wird, kann er unangenehm riechen und Ungeziefer wie Fliegen anziehen. Außerdem können sich dadurch Krankheitserreger im Kompost vermehren, die dann auf Pflanzen übertragen werden können. Es überwiegen jedoch die Vorteile bei einer Kompostierung, welche eine einfache und kostengünstige Möglichkeit darstellt, Abfälle zu reduzieren und gleichzeitig den Boden zu verbessern, was einen wertvollen Beitrag, für die Umwelt darstellt. Die Arbeit der Bakterien bei diesem Prozess muss hervorgehoben werden, da diese einen wesentlichen Beitrag im Zersetzungsprozess leisten und den Kompost gesund erhalten, was sich letztlich auf die Pflanzen überträgt und einen wichtigen Beitrag für die Ernte leistet. Bakterien arbeiten immer und ständig, auch nach der Ausbringung von Kompost auf Beet und Sträucher wird der Prozess weitergeführt, jedoch wesentlich effizienter, da sich die Bakterienbildung und anderen Mikroorganismen weiterhin um die Bildung von Humus kümmert.

Insgesamt wäre zu sagen, dass der entstehende Humus, welcher unter anderem durch die Bakterien produziert wird ein wichtiger Bestandteil in der Landwirtschaft und des Gartenbaus darstellt. Die Bakterien spielen dabei eine entscheidende Rolle, da sie organische Stoffe zersetzen, wandeln sie diese in Nährstoffe um, welche von Pflanzen aufgenommen werden können und zur Ertragserhöhung wesentlich beitragen.

Aerobe Bakterien

Aerobe Bakterien sind eine Gruppe von Mikroorganismen, welche Sauerstoff benötigen, um zu überleben und sich zu vermehren. Im Gegensatz zu anaeroben Bakterien, die ohne Sauerstoff auskommen, sind aerobe Bakterien in der Lage, Energie durch den Prozess der Zellatmung zu gewinnen. Dies bedeutet, dass sie organische Verbindungen wie Zucker und Fett oxidieren und dabei Kohlendioxid und Wasser produzieren.

Einige aerobe Bakterien sind für Menschen von Nutzen, wie beispielsweise Lactobacillus acidophilus, der im Darm lebt und bei der Verdauung hilft. Andere jedoch können Krankheiten verursachen, wie beispielsweise Streptococcus pneumoniae, der Lungenentzündung verursacht.

Aerobe Bakterien kommen in einer Vielzahl von Umgebungen vor, einschließlich des Bodens, des Wassers und des menschlichen Körpers. Sie spielen eine wichtige Rolle in der biologischen Abfallentsorgung und können auch zur Herstellung von Lebensmitteln wie Joghurt und Sauerkraut verwendet werden. Es ist wichtig zu beachten, dass aerobe Bakterien empfindlich auf Sauerstoffmangel reagieren und daher in bestimmten Umgebungen nicht überleben können.

Die Bakterien im Kompost sind aerobe Bakterien, die Sauerstoff benötigen, um zu überleben. Durch das Umwälzen des Komposts wird dieser mit Luft versorgt und die Bakterien können sich vermehren. Es gibt jedoch auch anaerobe Bakterien, die ohne Sauerstoff auskommen und im Kompost entstehen können, wenn dieser nicht regelmäßig umgewälzt wird. Diese Bakterien produzieren Methan und Schwefelwasserstoff, was zu unangenehmen Gerüchen führen kann.

Ein Nachteil von Kompost ist, dass er oft Unkrautsamen oder Krankheitserreger beinhalten kann. Wenn die Komposttemperatur auf eine Temperatur von 55 – 65 Grad Celsius gehalten wird, ist dieser Nachteil ausgeschaltet, da durch diesen Temperaturen die Unkrautsamen und die Krankheitserreger abgetötet werden.

Der Kompost hat jedoch viele Vorteile. Er ist zum einen eine umweltfreundliche Methode, um den Boden zu verbessern und gleichzeitig eine Alternative zu chemischen Düngemitteln, wo in vielerlei Hinsicht negative Eigenschaften bestehen.

Durch den Einsatz von Kompost kann man auch den Wasserbedarf reduzieren, da der Boden in der Lage ist das Wasser besser und effektiver zu speichern und somit die Ernteausfälle minimiert werden und dies auf natürliche Art im ökologischen Prozess erfolgt.

Insgesamt wäre zu erwähnen, dass die Arbeit von Bakterien und der Mikroorganismen in ihrer Gesamtheit einen wichtigen Beitrag zum ökologischen Gleichgewicht darstellt. Durch die Produktion von Humus und dessen Einbringung in den Boden, fördert dieser die Biodiversität im Garten, da er vielen Insekten und Kleintieren Lebensraum bietet.

Enzyme

Dieses Thema ist ein sehr komplexes, jedoch ein überaus wichtiges für das Verständnis zu dessen Wirkungsweise und der Aufgabe in einem Organismus, was bei der Produktion von Enzymen im Körper als auch im Kompost und mit dem ökologischen System im Besonderen im Zusammenhang steht.

Doch was sind Enzyme und was bewirken diese und welche Bedeutung haben sie?

Enzyme sind Proteine, die eine wichtige Rolle im Stoffwechsel von Lebewesen spielen. Sie werden von Zellen produziert und dienen als Katalysator für chemische Reaktionen im Körper. Durch die Enzyme werden die Reaktionen beschleunigt, indem sie die Aktivierungsenergie senken, die benötigt wird, um eine chemische Verbindung zu brechen oder zu bilden. Ohne Enzyme würden viele der lebenswichtigen Prozesse im Körper viel langsamer ablaufen oder sogar nicht stattfinden.

Es gibt viele verschiedene Arten von Enzymen, die jeweils spezifisch für eine bestimmte chemische Reaktion verantwortlich sind und in verschiedenen Bereichen des Körpers arbeiten. Zum Beispiel helfen Amylasen bei der Verdauung von Kohlenhydraten im Mund und Dünndarm, während Lipasen bei der Verdauung von Fetten im Dünndarm helfen.

Einige Enzyme sind beispielsweise für die Verdauung von Nahrungsmitteln zuständig, während andere bei der Energieproduktion oder der Entgiftung von schädlichen Stoffen im Körper helfen. Enzyme sind auch in der Medizin von großer Bedeutung, da sie zur Herstellung von Medikamenten verwendet werden können.

Enzyme werden auch in der Industrie eingesetzt, um chemische Reaktionen zu beschleunigen und effizienter zu gestalten. Zum Beispiel wird das Enzym Amylase in der Lebensmittelindustrie verwendet, um den Zuckergehalt von Sirup und Säften zu erhöhen.

Die Arbeitsweise von Enzymen erfolgt nach dem Schlüssel-Schloss-Prinzip, was besagt, dass jedes Enzym eine aktive Stelle hat, die nur mit einem bestimmten Molekül interagieren kann.

Wenn das passende Molekül sich an der aktiven Stelle bindet, verändert sich die Form des Enzyms und es kommt zur chemischen Reaktion. Nach Abschluss der Reaktion kehrt das Enzym wieder in seine ursprüngliche Form zurück und kann erneut verwendet werden.

Enzyme sind empfindlich gegenüber Veränderungen in ihrer Umgebung, wie zum Beispiel der Temperatur oder dem pH-Wert. Wenn diese Faktoren außerhalb des optimalen Bereiches liegen, kann dies die Aktivität des Enzyms beeinträchtigen oder sogar zum Verlust seiner Funktionalität führen. Daher ist es wichtig, dass der Körper eine konstante Umgebung aufrechterhält, um sicherzustellen, dass Enzyme effektiv arbeiten können.

Insgesamt sind Enzyme unverzichtbar für das Leben und die Gesundheit von Lebewesen. Sie spielen eine entscheidende Rolle in vielen biologischen Prozessen und haben auch in der Medizin und Industrie eine wichtige Anwendung gefunden.

Arten von Enzymen

Es gibt sechs Hauptgruppen von Enzymen, die lauten, Oxidoreduktasen, Transferasen, Hydrolasen, Lyasen, Isomerasen und Ligasen. Jede Gruppe enthält verschiedene Enzyme mit unterschiedlichen Funktionen und Substratspezifitäten.

Ein Beispiel für ein Enzym ist die Lactase, die in der Lage ist, Laktose in Glukose und Galaktose zu spalten. Dies ist wichtig für Menschen, die an Laktoseintoleranz leiden und Schwierigkeiten haben, Laktose zu verdauen. Andere wichtige Enzyme sind Amylase, die Stärke in Glukose umwandelt, und Proteasen, die Proteine abbauen.

Eine der bekanntesten Enzymgruppen sind die Verdauungsenzyme. Diese werden im Magen und Darm produziert und helfen bei der Aufspaltung von Nahrungsbestandteilen wie Kohlenhydraten, Protein und Fetten. Zu den Verdauungsenzymen gehören Amylasen, Proteasen und Lipasen.

Ein weiteres Beispiel für Enzyme sind die des Energiestoffwechsels. Diese sind für die Umwandlung von Nährstoffen in Energie verantwortlich und spielen eine wichtige Rolle bei der ATP-Synthese. Hierzu gehören Enzyme wie die Pyruvatdehydrogenase, die Citrat-Synthese und die ATP – Synthese.

Auch im Bereich der Hormonproduktion spielen Enzyme eine wichtige Rolle. Insulin zum Beispiel wird durch die Wirkung von Enzymen aus dem

Protein Proinsulin gebildet. Andere Hormone wie Schilddrüsenhormone oder Steroidhormone werden ebenfalls durch enzymatische Prozesse hergestellt.

Neben diesen Beispielen gibt es noch viele weitere Arten von Enzymen, die in verschiedenen Bereichen des Körpers vorkommen. So gibt es zum Beispiel auch Enzyme, die bei der Entgiftung von Schadstoffen im Körper eine Rolle spielen oder Enzyme, die bei der Wundheilung und Regeneration von Gewebe beteiligt sind.

Zusammenfassend lässt sich sagen, dass Enzyme eine wichtige Rolle im Stoffwechsel lebender Organismen spielen und in vielen verschiedenen Bereichen des Körpers vorkommen. Die Vielfalt der Enzyme ist groß und ihre Funktionen sind sehr unterschiedlich, aber alle haben sie eines gemeinsam, dass sie chemische Reaktionen beschleunigen und dadurch den Energieaufwand reduzieren.

6 Hauptgruppen von Enzymen

Diesen Bereich etwas näher zu beleuchten ist wichtig, um ein näheres Verständnis zu den Enzymen zu erlangen. Dies wird jedoch nur ein kurzer Streifzug werden, da es den Rahmen zu diesem Thema, der Kompostierung, sprengen würde, jedoch aus meiner Sicht wert ist etwas näher darauf einzugehen.

1 – Oxidoreduktasen

Oxidoreduktasen sind Enzyme, die eine wichtige Rolle bei der Umwandlung von Substanzen in lebenden Organismus spielen. Sie gehören zur Gruppe der Enzyme, die als Redoxenzyme bezeichnet werden, da sie an Redoxreaktionen beteiligt sind. Diese Reaktionen beinhalten den Transfer von Elektronen zwischen Molekülen und können sowohl in aeroben als auch in anaeroben Bedingungen stattfinden. Oxidoreduktasen katalysieren diese Reaktionen, indem sie Elektronen von einer Substanz auf eine andere übertragen.

Die Funktion von Oxidoreduktasen ist vielfältig und umfasst eine breite Palette von biochemischen Prozessen. Ein Beispiel für ihre Rolle ist die Atmungskette in Mitochondrien, wo sie Elektronentransportketten bilden, um Energie zu erzeugen. Ein weiteres Beispiel ist die Fotosynthese in Pflanzen, wo sie bei der Umwandlung von Sonnenlicht in chemische Energie beteiligt sind.

Oxidoreduktasen sind auch an der Entgiftung von schädlichen Verbindungen beteiligt, indem sie diese in weniger toxische Substanzen umwandeln. Sie spielen auch eine wichtige Rolle im Stoffwechsel von Kohlenhydraten, Fetten und Proteinen.

Es gibt verschiedene Arten von Oxidoreduktasen, darunter Dehydrogenasen, Oxidasen und Peroxidasen. Jede dieser Klassen hat eine spezifische Funktion und kann auf unterschiedlichste Weise aktiviert werden.

Insgesamt sind Oxidoreduktasen ein wichtiger Bestandteil des Stoffwechsels und der biochemischen Prozesse in lebenden Organismen. Sie sind an einer Vielzahl von Reaktionen beteiligt und spielen eine wichtige Rolle bei der Aufrechterhaltung der Zellfunktionen.

2 – Transferasen

Transferasen sind Enzyme, die die eine wichtige Rolle im Stoffwechsel spielen. Sie katalysieren den Transfer von chemischen Gruppen, wie beispielsweise Methyl-, Acetyl oder Phosphatgruppen, von einem Molekül auf ein anderes. Dadurch können sie den Stoffwechsel regulieren und wichtige Prozesse wie den Zellstoffwechsel, die Energieproduktion und die Synthese von Proteinen und Nukleinsäuren beeinflussen.

Transferasen sind in vielen verschiedenen Organismen zu finden, von Bakterien und Pilzen bis hin zu Pflanzen und Tieren. Einige Transferasen sind spezifisch für bestimmte Substrate oder Reaktionen, währen andere eine breitere Substratspezifität aufweisen.

Ein Beispiel für eine wichtige Transferase ist die DNA-Methyltransferase, die für die Methylierung von DNA verantwortlich ist. Dieser Prozess spielt eine entscheidende Rolle bei der Regulation der Genexpression und der Aufrechterhaltung der Chromatinstruktur.

Eine weitere wichtige Transferase ist die Acetyltransferase, die Acetylgruppen auf Proteine überträgt. Dieser Prozess kann die Aktivität von Proteinen verändern und somit ihre Funktion beeinflussen. Eine bekannte Acetyltransferase ist die Histondeacetylase, die an der Regulation der Chromatinstruktur beteiligt ist.

Insgesamt ist zu sagen, dass 'Transferasen entscheidend für viele grundlegenden Prozesse im Stoffwechsel und haben somit eine große Bedeutung für das Leben aller Organismen.

Durch ihre Fähigkeit, chemische Gruppen zu übertragen, können sie den Stoffwechsel regulieren und wichtige Prozesse wie die Genexpression und die Energieproduktion beeinflussen.

3 – Hydrolasen

Hydrolasen sind Enzyme, die in lebenden Organismen vorkommen und eine wichtige Rolle bei der Aufspaltung von Molekülen spielen. Sie gehören zur Gruppe der Hydrolyasen und sind in der Lage, chemische Bindungen durch die Zugabe von Wasser zu spalten. Dadurch können sie große Moleküle wie Proteine, Kohlenhydrate oder Fette in kleinere Bestandteile zerlegen, die dann vom Körper aufgenommen werden können.

Die Funktion von Hydrolasen ist dabei sehr vielfältig. So sind Sie zum Beispiel an der Verdauung beteiligt und helfen dabei, Nahrungsmittel in ihre Bestandteile zu zerlegen.

Auch im Stoffwechsel spielen sie eine wichtige Rolle, indem sie bestimmte Substanzen abbauen oder diese umwandeln. Darüber hinaus sind Hydrolasen auch an der Zellteilung und Reparatur beteiligt.

Die Bedeutung von Hydrolasen für den Körper ist enorm. Ohne sie wäre eine effektive Verdauung und Nährstoffaufnahme nicht möglich. Auch im Hinblick auf Krankheiten spielen Hydrolasen eine wichtige Rolle. So können beispielsweise genetische Veränderungen in den Enzymen zu Stoffwechselerkrankungen führen.

Insgesamt sind Hydrolasen unverzichtbar für den menschlichen Körper und haben eine enorme Bedeutung für die Gesundheit.

4 – Lyasen

Lyasen sind Enzyme, die eine wichtige Rolle im Stoffwechsel von Organismen spielen.

Sie gehören zur Gruppe der Hydrolasen und sind in der Lage, chemische Bindungen durch Hydrolyse zu spalten. Dadurch können sie beispielsweise Proteine, Kohlenhydrate oder Lipide abbauen und somit für den Körper verwertbar machen. Auch in der Industrie werden Lyasen eingesetzt, um bestimmte Stoffe gezielt zu spalten und so beispielsweise bei der Herstellung von Lebensmitteln oder Medikamenten zu helfen. Eine besondere Bedeutung haben Lyasen auch in der Umwelt. So sind Sie beispielsweise an der Zersetzung von pflanzlichem Material beteiligt und tragen somit zu den organischen Verbindungen Abbau von Biomasse bei. Auch in der Abwasserreinigung kommen Lyasen zum Einsatz, um organische Verbindungen abzubauen und das Wasser zu reinigen. Ein Beispiel für eine wichtige Lyase ist die Carboanhydrase, die an der Regulation des pH-Werts im Körper beteiligt ist. Eine weitere wichtige Lyase ist die Lactase, die im Dünndarm Milchzucker (Laktose) in Glukose und Galaktose spaltet, damit diese vom Körper aufgenommen werden können.

Insgesamt spielen Lyasen eine wichtige Rolle im Stoffwechsel von Organismen und haben auch in der Industrie sowie in der Umwelt eine große Bedeutung.

5 – Isomerasen

Isomerasen sind Enzyme, die eine wichtige Rolle im Stoffwechsel von Lebewesen spielen. Sie gehören zu der Gruppe der Transferasen und sind in der Lage, Moleküle umzulagern, indem sie deren Struktur verändern. Dabei entsteht aus einem Ausgangsstoff verschiedene Isomere, also Moleküle mit gleicher Summenformel, aber unterschiedlicher Struktur. Die Funktion von Isomerasen ist es, den Stoffwechsel zu regulieren und zu optimieren.
Sie ermöglichen es den Organismus, bestimmte Stoffe schneller oder effektiver abzubauen oder diese umzuwandeln. Ohne Isomerasen wäre ein reibungsloser Ablauf des Stoffwechsels nicht möglich.

Besonders wichtig sind Isomerasen auch in der Biotechnologie und Medizin. So werden Sie zum Beispiel eingesetzt, um bestimmte Enzymreaktionen gezielt zu steuern oder um Medikamente herzustellen.
Insgesamt sind Isomerasen unverzichtbare Bestandteile des Stoffwechsels und haben eine große Bedeutung für die Gesundheit und das Wohlbefinden von Lebewesen.

6 – Ligasen

Ligasen sind Enzyme, die eine entscheidende Rolle in der DNA-Reparatur und der Replikation spielen. Sie sind verantwortlich für die Verbindung von zwei Enden von DNA oder RNA – Strängen, indem sie eine Phosphorverbindung zwischen den Enden herstellen.
Ligasen sind in allen Lebewesen vorhanden und spielen eine entscheidende Rolle bei der Aufrechterhaltung der Integrität des Genoms. Es gibt ver-

schiedene Arten von Ligasen, die sich in ihrer Spezifität und Funktion unterscheiden.

Zum Beispiel gibt es DNA-Ligasen, die bei der Reparatur von DNA-Schäden und bei der Verknüpfung von Okazaki – Fragmenten während der DNA-Replikation beteiligt sind.

RNA-Ligasen hingegen sind wichtig für die Prozessierung von RNA-Molekülen und für die Entfernung von Introns aus Prä-mRNA-Molekülen.

Die Bedeutung von Ligasen wird auch durch ihre Rolle bei der Herstellung von rekombinanten DNA-Technologien unterstrichen, bei denen Ligasen verwendet werden, um DNA-Fragmente zu verbinden.

Insgesamt wäre zu erwähnen, dass Ligasen unverzichtbare Enzyme darstellen, die eine wichtige Rolle bei der Aufrechterhaltung der genetischen Integrität spielen und in vielen Bereichen der Biologie eine Anwendung finden.

Bedeutung der Enzyme bei der Kompostierung

Die Bedeutung von Enzymen bei der Kompostierung ist enorm. Ohne Enzyme würde der Abbau von organischen Stoffen viel langsamer verlaufen und der Kompost würde nicht so schnell zu nährstoffreicher Erde umgewandelt werden.

Enzyme tragen auch dazu bei, dass der Kompost geruchlos bleibt und keine unangenehmen Gerüche ausströmen. Darüber hinaus sorgen sie dafür, dass der pH-Wert im Kompost stabil bleibt und dass sich keine schädlichen Bakterien oder Pilze ansiedeln.

Es gibt verschiedene Arten von Enzymen im Kompost, die jeweils für unterschiedliche Aufgaben zuständig sind. Cellulasen beispielsweise spalten Zellulose auf, während Proteasen Proteine abbauen. Lipasen sind für den Abbau von Fetten zuständig und Amylasen spalten Stärke auf. Durch die Zusammenarbeit dieser verschiedenen Enzyme wird der Kompostierungsprozess beschleunigt und die organischen Stoffe werden effektiv abgebaut.

Reaktionen in lebenden Organismen beschleunigen. Im Kompost sind Enzyme für den Abbau von Kohlenhydraten und Fetten verantwortlich. Sie spalten diese Moleküle in kleinere Einheiten auf, die von Mikroorganismen weiter abgebaut werden können.

Die Aktivität von Enzymen im Kompost hängt von verschiedenen Faktoren ab, wie zum Beispiel der Temperatur, dem pH-Wert und der Feuchtigkeit. Eine optimale Umgebung für Enzymaktivität ist eine Temperatur zwischen 50 und 60 Grad Celsius sowie ein pH-Wert zwischen 6 und 8.

Zusammenfassend lässt sich sagen, dass Enzyme eine außerordentliche Bedeutung bei der Kompostierung haben und eine entscheidende Rolle bei der Zersetzung von organischem Material zuzuschreiben ist. Sie beschleunigen den Abbau von organischen Stoffen und sorgen für einen geruchlosen Kompost und tragen dazu bei, dass sich keine schädlichen Bakterien oder Pilze ansiedeln. Die verschiedenen Arten von Enzymen im Kompost arbeiten zusammen, um den Kompostierungsprozess effektiv zu gestalten.

Archaeen

Diese sind einzellige Lebewesen, die seit mehr als 3,5 Milliarden Jahren auf der Erde existieren und in extremen Umgebungen wie heißen Quellen, Salzseen und sogar im Darm von Tieren vorkommen. Im Gegensatz zu Bakterien haben Archaeen eine einzigartige Zellwandstruktur und können unter extremen Bedingungen überleben, da sie sich anpassen und ihre Stoffwechselprozesse ändern können. Diese Fähigkeit macht sie zu wichtigen Organismen in der Biotechnologie und der Medizin.

Archaeen spielen auch eine wichtige Rolle im globalen Kohlenstoffkreislauf, indem sie Methan produzieren oder abbauen. Einige Arten von Archaeen leben in den Ozeanen und sind für die Produktion von Methanhydraten verantwortlich, die als potenzielle Energiequelle genutzt werden könnten. Darüber hinaus haben einige Archaeen auch eine symbiotische

Beziehung mit anderen Organismen wie Pflanzen und Tieren entwickelt, indem sie ihnen bei der Verdauung helfen oder ihnen Schutz bieten.

In der Medizin werden Archaeen zunehmend untersucht, da sie möglicherweise bei der Entwicklung neuer Antibiotika und anderer Medikamente helfen können. Einige Arten von Archaeen produzieren Enzyme, die bei der Herstellung von biologischen Molekülen wie Proteinen und DNA verwendet werden können.

Insgesamt sind Archaeen faszinierende Organismen, die in einer Vielzahl von Umgebungen leben und wichtige Funktionen erfüllen. Ihre einzigartigen Eigenschaften machen sie zu einem wichtigen Forschungsgebiet in der Biologie und Biotechnologie.

In welchen Zusammenhang stehen Archaeen und Kompost und wie wirken diese bei der Kompostierung?

Archaeen sind Mikroorganismen, die eine wichtige Rolle bei der Kompostierung spielen. Sie gehören zu den prokaryotischen Lebewesen und sind in der Lage, unter sauerstoffarmen Bedingungen zu überleben. Diese Eigenschaft macht sie besonders effektiv bei der Zersetzung von organischen Materialien wie Kompost. Die Archaeen sind in der Lage, komplexe Kohlenstoffverbindungen abzubauen und in einfachere Verbindungen umzuwandeln, die von anderen Mikroorganismen weiter abgebaut werden können.

Durch diesen Prozess wird die Kompostierung beschleunigt und die Bildung von wertvollem Humus gefördert. Zusammen mit anderen Bakterien und Pilzen bilden Archaeen ein komplexes Ökosystem, welches für den Abbau von organischem Material unerlässlich ist.

Daher sind sie ein wichtiger Bestandteil des Kompostierungsprozesses und tragen dazu bei, dass aus organischen Abfällen nährstoffreicher Kompost entsteht.

Welche Vorteile als auch Nachteile ergeben sich in der Kompostierung durch Archaeen?

Die Verwendung von Archaeen in der Kompostierung bietet sowohl Vorteile als auch Nachteile. Archaeen sind Mikroorganismen, die in der Lage sind, organische Substanzen abzubauen und somit den Kompostierungsprozess zu beschleunigen. Durch ihre Fähigkeit, unter anaeroben Bedingungen zu überleben, können sie auch in tieferen Schichten des Komposts aktiv sein und somit eine effizientere Zersetzung organischer Materialien ermöglichen. Dies führt zu einer schnelleren Umwandlung von Abfällen in nährstoffreichen Kompost, der als Dünger verwendet werden kann.

Ein weiterer Vorteil der Verwendung von Archaeen ist ihre Fähigkeit, schädliche Bakterien und Krankheitserreger im Kompost zu bekämpfen, was die Qualität des Endprodukts verbessert. Darüber hinaus, können Archaeen auch dabei helfen, unangenehme Gerüche zu reduzieren, die während des Kompostierungsprozesses entstehen können.

Auf der anderen Seite können jedoch auch Nachteile auftreten. Einige Archaeen produzieren Methan als Nebenprodukt ihres Stoffwechsels, was ein potentes Treibhausgas ist und zur Klimaerwärmung beiträgt. Daher ist es wichtig, die Menge an Methanemissionen durch eine gezielte Auswahl von Archaeen-Stämmen zu kontrollieren und zu minimieren.

Insgesamt bieten Archaeen in der Kompostierung viele Vorteile, aber es ist wichtig, ihre potenziell negativen Auswirkungen im Auge zu behalten und entsprechende Maßnahmen zu ergreifen, um sie zu minimieren.

Eukaryoten

Eukaryoten sind eine Gruppe von Lebewesen, die sich durch das Vorhandensein eines Zellkerns und anderer membranumhüllter Organellen in ihren Zellen auszeichnen.

Im Gegensatz dazu, haben Prokaryoten keine solchen Strukturen und sind daher viel einfacher aufgebaut, auch haben diese, keinen echten Zellkern wie Bakterien.

Die Eukaryoten sind in der Regel größer und komplexer als Prokaryoten und haben eine Vielzahl von spezialisierten Zelltypen, die unterschiedliche Funktionen erfüllen. Auch sind bei den Eukaryoten die Fähigkeit vorhanden komplexe Organismen wie Pilze, Pflanzen und Tiere zu bilden als Prokaryoten.

Die Zellen von Eukaryoten sind durch eine Membran von ihrer Umgebung getrennt und enthalten verschiedene Organellen wie Mitochondrien, Ribosomen und das Endoplasmatische Retikulum. Der Zellkern enthält das Erbgut in Form von Chromosomen und ist von einer Doppelmembran umgeben.

Eukaryoten können sich durch sexuelle Fortpflanzung vermehren und haben eine größere genetische Vielfalt als Prokaryoten. Einige Eukaryoten können auch Fotosynthese betreiben, wie zum Beispiel Algen und Pflanzen. Insgesamt sind Eukaryoten durch ihre genetische Vielfalt in der Lage sich an unterschiedliche Umweltbedingungen anzupassen.

Sie sind eine sehr wichtige Gruppe von Organismen, die eine große Rolle im Ökosystem spielen und für viele Aspekte des menschlichen Lebens von Bedeutung sind.

Die Funktion von Eukaryoten ist vielfältig und umfasst die Aufnahme von Nährstoffen, die Synthese von Proteinen und anderen Molekülen, die Speicherung von Energie und die Fortpflanzung. Eukaryotische Zellen spielen auch eine wichtige Rolle bei der Kommunikation zwischen Zellen und bei der Abwehr von Krankheiten eine wesentliche Rolle.

Die Bedeutung von Eukaryoten liegt darin, dass sie die Grundlage für komplexe Lebensformen bilden. Ohne Eukaryoten gäbe es keine Pflanzen oder Tiere und das Leben auf der Erde wäre viel einfacher und weniger vielfältig. Darüber hinaus haben Eukaryoten auch wichtige Anwendungen in der Forschung und der Medizin, da sie als Modellorganismen für die Untersuchung von Krankheiten und genetischen Störungen dienen können.

Ein Beispiel für einen wichtigen Eukaryoten bei der Kompostierung sind Pilze. Diese Organismen produzieren Enzyme wie Cellulasen und Ligninasen, die in der Lage sind, Zellulose und Lignin abzubauen. Dadurch können sie Holz und andere pflanzlichen Materialien zersetzen und in nützliche Nährstoffe umzuwandeln. Andere Eukaryoten wie Amöben und Wimperntierchen spielen ebenfalls eine wichtige Rolle bei der Kompostierung, indem sie sich von Bakterien und anderen Mikroorganismen ernähren und dadurch zur Aufspaltung der organischen Materie beitragen.

Bei der Kompostierung spielen die Eukaryoten eine entscheidende Rolle. Diese Zellen sind in der Lage, komplexe organische Verbindungen abzubauen und diese in kleine Moleküle zu zerlegen, die von anderen Mikroorganismen weiterverarbeitet werden können. Dabei nutzen sie verschiedene Enzyme, die speziell für den Abbau bestimmter Substanzen entwickelt wurden. Zu den Eukaryoten, die an der Kompostierung beteiligt sind, gehören Pilze und Protozoen.

Protozoen sind einzellige Organismen, die in feuchtem Boden leben und sich von Bakterien und anderen Mikroorganismen ernähren. Sie spielen eine wichtige Rolle bei der Umwandlung von organischen Materialien in Nährstoffe für Pflanzen. Protozoen helfen auch dabei, den Sauerstoffgehalt im Kompost zu erhöhen, indem sie Sauerstoff durch ihre Zellmembran aufnehmen.

Insgesamt wäre zu sagen, dass die Aufgabe der Eukaryoten bei der Kompostierung also sehr wichtig ist. Ohne ihre Fähigkeit zum Abbau von komplexen organischen Verbindungen wäre es nicht möglich, organische Abfälle effektiv zu recyceln und als wertvolle Ressource zurückzugewinnen. Der Prozess würde ohne sie viel langsamer verlaufen und es würde weniger nährstoffreicher Dünger entstehen.

Durch die Zusammenarbeit von Pilzen, Protozoen und anderen Mikroorganismen wird organisches Material in nährstoffreichen Dünger umgewandelt, welcher den Boden verbessert und das Wachstum von Pflanzen fördert. Die

Eukaryoten sind ein wichtiger Bestandteil des Lebens auf der Erde und spielen eine entscheidende Rolle bei der biologischen Vielfalt. Durch ihre komplexe Struktur und Funktionen ermöglichen sie es Organismen, sich an verschiedene Umgebungen anzupassen und zu überleben.

Prokaryoten

Diese sind mikroskopisch kleine Lebewesen, die keinen Zellkern besitzen und somit zu den einfachsten Organismen auf der Erde gehören. Sie sind in der Lage, sich schnell zu vermehren und können in verschiedenen Umgebungen wie Wasser, Boden oder auch im menschlichen Körper leben.

In der Kompostierung spielen Prokaryoten eine wichtige Rolle, da sie für den Abbau von organischen Materialien verantwortlich sind. Durch ihre Fähigkeit, komplexe Moleküle wie Proteine, Kohlenhydrate oder Fette in einfache Verbindungen aufzuspalten, ermöglichen sie die Umwandlung von Biomasse in nährstoffreichen Humus.

Dabei produzieren sie auch Wärme, die den Kompost aufheizt und somit die Aktivität der Mikroorganismen fördert. Es gibt verschiedene Arten von Prokaryoten, die in der Kompostierung eine wesentliche Rolle spielen. Zum Beispiel sind Bakterien wie Bacillus oder Streptomyses dafür bekannt, Cellulose und Lignin abzubauen, während Pilze wie Aspergillus oder Penicillium für den Abbau von Proteinen und Fetten zuständig sind.

Eine ausgewogene Mischung dieser Mikroorganismen ist entscheidend für eine erfolgreiche Kompostierung und einen guten Humus. Allerdings kann ein Ungleichgewicht in der Zusammensetzung der Prokaryoten auch zu unerwünschten Gerüchen oder einem langsamen Abbau führen. Aus diesem Grund ist es wichtig, den Komposthaufen regelmäßig zu wenden und gegebenenfalls mit zusätzlichen Nährstoffen zu versorgen, um eine optimale Umgebung für die Prokaryoten zu schaffen. Hierbei bilden die Zuschlagsstoffe eine optimale Grundlage dafür, was jedoch noch eingehend behandelt wird.

Insgesamt sind Prokaryoten also unverzichtbare Helfer bei der Kompostierung und tragen dazu bei, Abfall in wertvolle Ressourcen umzuwandeln.

Protozoen

Protozoen sind einzellige Lebewesen, die zur Gruppe der Eukaryoten gehören. Sie sind in der Regel mikroskopisch klein und kommen in verschiedenen Lebensräumen vor, einschließlich des Bodens und vom Komposthaufen, jedoch auch in Wasser und als Parasiten in anderen Organismen.

Protozoen haben eine Vielzahl von Formen und Lebensweisen, von frei lebenden Arten bis hin zu solchen, welche in Symbiose mit anderen Organismen leben. Einige Protozoenenarten sind jedoch auch Krankheitserreger, welche beim Menschen und Tieren Krankheiten verursachen, wie zum Beispiel Malaria, Schlafkrankheit und Toxoplasmose.

In verschiedenen Ökosystemen spielt Protozoen eine wichtige Rolle, da sie als Nahrungsquelle für andere Organismen dienen. Sie spielen eine wichtige Rolle bei der Zersetzung organischer Materialien und tragen zur Kompostierung bei.

Protozoen ernähren sich von Bakterien und anderen Mikroorganismen, die ebenfalls an der Zersetzung von organischen Stoffen beteiligt sind. Durch ihre Aktivität helfen Protozoen dabei, Nährstoffe freizusetzen und den Kompostprozess zu beschleunigen.

Einige Arten von Protozoen können auch bei der Bekämpfung von Schädlingen helfen, indem sie beispielsweise Insektenlarven fressen oder Pilzsporen abtöten. Die Anwesenheit von Protozoen im Kompost kann daher dazu beitragen, dass der Kompost gesünder und widerstandsfähiger gegenüber Krankheiten und Schädlingen wird.

Obwohl Protozoen als einfache Organismen angesehen werden können, haben sie eine erstaunliche Vielfalt an Lebensweisen entwickelt und spielen eine wichtige Rolle in verschiedenen Ökosystemen. Sie sind auch ein wichtiges Forschungsobjekt in der Biologie und der Medizin aufgrund ihrer Bedeutung als Krankheitserreger und ihrer Fähigkeit zur Interaktion mit anderen Organismen.

Protozoen können in verschiedenen Gruppen eingeteilt werden, je nach ihrer Morphologie und Lebensweise. Zu den bekanntesten Gruppen gehören die Flagellaten, die sich durch das Vorhandensein von Geißeln auszeichnen, die Ciliaten, die durch die Anwesenheit von Wimpern gekennzeichnet sind, und die Amöben, die sich durch ihre Fähigkeit zur Formänderung auszeichnen. Es gibt auch andere Gruppen von Protozoen, wie Sporozoaner und Radiolarin.

Es gibt verschiedene Arten von Protozoen, die im Komposthaufen vorkommen können. Einige der häufigsten Arten sind Amöben, Flagellaten und Ciliaten. Jede Art hat ihre eigene spezielle Rolle bei der Zersetzung von organischen Materialien und trägt auf ihre Weise zur Kompostierung bei. Die meisten Protozoen vermehren sich durch Zellteilung, aber es gibt auch Arten, die sich sexuell fortpflanzen. Einige Protozoen haben spezielle Strukturen, wie zum Beispiel Zilien, mit denen sie sich fortbewegen können.

Protozoen sind Einzeller, die in der Biologie als Protisten bezeichnet werden. Sie gehören zu den ältesten Lebensformen auf der Erde und sind in fast jedem Ökosystem zu finden. Protozoen sind sehr vielfältig und können verschiedene Formen annehmen, wie zum Beispiel kugel-, keulen oder wurmförmig sein. Sie leben sowohl im Süßwasser als auch im Meer und können als frei lebend oder auch parasitär sein.

Insgesamt ist zu sagen, dass es mehrere Tausend Arten von Protozoen gibt, die in verschiedenen Gruppen unterteilt werden. Dazu gehören unter anderem die Amöben, Flagellaten und Ciliaten. Die Erforschung dieser faszinierenden Einzeller ist noch lange nicht abgeschlossen und es bleibt spannend, welche neuen Erkenntnisse in Zukunft gewonnen werden können.

Weiterhin sind Protozoen ein wichtiger Bestandteil des Kompostierungsprozesses. Ihre Aktivität trägt dazu bei, dass organische Materialien effektiv zersetzt werden und somit die Freisetzung von Nährstoffen ermöglicht wird.

Wenn Sie also einen erfolgreichen Komposthaufen haben möchten, sollten Sie sicherstellen, dass er genügend Protozoen enthält.

Einzeller

Einzeller sind die einfachste Form des Lebens auf der Erde. Sie gehören zu den ältesten Organismen und können in fast allen Umgebungen gefunden werden, sei es in Wasser, Boden oder sogar im menschlichen Körper. Einzeller sind mikroskopisch klein und bestehen aus nur einer Zelle, die alle notwendigen Funktionen für das Überleben ausführen kann. Sie können sich durch Zellteilung vermehren und haben eine erstaunliche Anpassungsfähigkeit an ihre Umgebung.

Einzeller können sowohl autotroph sein, indem sie ihre eigene Nahrung produzieren, als auch heterotroph, indem sie andere Organismen fressen oder abgestorbenes Material abbauen.

Einige Einzeller sind pathogen und können Krankheiten verursachen, während andere für den Menschen von Nutzen sind, wie beispielsweise Hefepilze bei der Herstellung von Brot und Bier.

Einzeller spielen eine wichtige Rolle im Ökosystem und sind ein wichtiger Bestandteil der Nahrungskette.

Die Erforschung von Einzellern ist von großer Bedeutung für die Wissenschaft und hat bereits zu vielen wichtigen Entdeckungen geführt, wie zum Beispiel zur Entwicklung von Antibiotika. Einzeller sind die einfachsten lebenden Organismen, die aus nur einer Zelle bestehen und sich im Laufe der Evolution zu einer Vielzahl von Formen und Arten entwickelt haben. Einzeller können sich auf verschiedene Weise vermehren, wie zum Beispiel durch Zellteilung oder durch sexueller Fortpflanzung. Einige Einzeller sind auch in der Lage, sich an verschiedene und sich veränderten Umweltbedingungen anzupassen und können so in extremen Lebensräumen überleben.

Es gibt viele verschiedene Arten von Einzellern, darunter Bakterien, Archaeen, Protozoen und Algen. Bakterien sind die am häufigsten vorkommenden Einzeller und können sowohl nützlich als auch schädlich sein. Bakterien sind für den menschlichen Körper notwendig, während andere Krankheiten verursachen können.

Archaeen sind ähnlich wie Bakterien, aber sie leben oft in extremen Umgebungen wie heißen Quellen oder Salzseen. Protozoen sind Einzeller, die oft im Wasser leben und eine wichtige Rolle bei der Nahrungskette spielen. Algen sind Einzeller oder Mehrzeller, die Fotosynthese betreiben und eine wichtige Rolle bei der Produktion von Sauerstoff spielen.

Die Bedeutung dieser Einzeller für die Kompostierung kann nicht genug betont werden, da sie eine entscheidende Rolle dabei spielen und sie die organischen Materialien zersetzen und in ihre Grundbestandteile zerlegen.

Diese Aufgabe wird von einer Vielzahl von Bakterien, Pilzen und Protozoen wahrgenommen, welche in der Lage sind, komplexe Kohlenhydrate, Proteine und Fette abzubauen. Dabei produzieren sie Enzyme, welche die Zellwände der organischen Materialien aufbrechen und so den Abbau erleichtern.

Diese winzigen Lebewesen, welche für den Abbau der organischen Stoffe verantwortlich sind, tragen somit maßgeblich zur Entstehung von Kompost bei. Die Einzeller zersetzen diese organischen Stoffe durch ihren Stoffwechselprozess und wandeln sie in Nährstoffe um, die dann von Pflanzen aufgenommen werden können.

Durch die Aktivität der Einzeller wird der Kompost auch belüftet und erwärmt, was wiederum das Wachstum von Mikroorganismen fördert und den Zersetzungsprozess beschleunigt. Die Bedeutung der Einzeller bei der Kompostierung liegt also darin, dass sie für die Umwandlung von organischen Abfällen in wertvollen Dünger verantwortlich sind und somit einen wichtigen Beitrag zur Erhaltung der Bodenfruchtbarkeit leisten. Ohne die Aktivitäten der Einzeller wäre eine effektive Kompostierung nicht möglich.

Insgesamt wäre zu sagen, dass die Einzeller eine faszinierende Gruppe von Organismen darstellen, die eine wichtige Rolle in der Natur spielen und uns helfen, das Leben auf der Erde besser zu verstehen.

Die Kompostierung ist ein komplexer Prozess, der von vielen verschiedenen Organismen unterstützt wird. Die Einzeller spielen dabei eine unschätzbare Rolle und tragen maßgeblich zur Entstehung von nährstoffreicher Erde bei. Durch die Förderung dieser Prozesse können wir nicht nur Abfall reduzieren, sondern auch einen wichtigen Beitrag zum Umweltschutz leisten.

Flokellaten

Flokellate sind kleine, faserige Partikel, die in vielen verschiedenen Umgebungen vorkommen können. Sie werden oft als natürliche Flockungsmittel bezeichnet, da sie dazu neigen, sich zu verklumpen und größere Aggregate bilden. Flokellate können in Gewässern, Böden und sogar in der Luft gefunden werden.

In Gewässern spielen sie eine wichtige Rolle bei der Bildung von Schwebstoffen und der Entfernung von Schadstoffen aus dem Wasser. In Böden tragen sie zur Bodenbildung und deren Struktur bei und können auch als Nährstoffe für Pflanzen dienen. In der Luft, können Flokellate als Teilchen in der Atmosphäre wirken und Einfluss auf das Klima haben.

Die genaue Zusammensetzung von Flokellaten variiert je nach Umgebung, aber sie besteht oft aus organischen Materialien wie Algen, Bakterien oder Pilzen.

Die Erforschung von Flokellaten ist wichtig, um ihre Rolle in verschiedenen Ökosystemen besser zu verstehen und um mögliche Anwendungen in der Umwelttechnologie zu entwickeln.

Flokellaten sind ein Begriff aus der Geologie und beschreiben sedimentäre Gesteine, die aus einer Mischung von Tonmineralien und organischen Materialien bestehen. Diese Materialien können beispielsweise aus abgestorbenen Pflanzen oder Tieren stammen und werden im Laufe der Zeit durch Druck und chemische Prozesse zu einem festen Gestein zusammengepresst. In der Regel sind Flokellate sehr feinkörnig und weisen eine hohe Porösität auf. Dadurch eignen sie sich besonders gut für Kohlenwasserstoffe wie Erdöl und Erdgas.

In vielen Ölen–und Gasvorkommen weltweit finden sich Flokellatgesteine als wichtige Lagerstätten.

Die Entstehung von Flokellaten ist eng mit der geologischen Geschichte des jeweiligen Gebietes verbunden. So können sie beispielsweise in flachen Küstenbereichen entstehen, wo sich organische Materialien leicht ansammeln können. Auch in tiefen Meeresbecken können sie entstehen, wenn sich organische Stoffe auf dem Meeresboden ablagern und von Sedimenten bedeckt werden.

Flockellatgesteine haben nicht nur eine wirtschaftliche Bedeutung als Lagerstätte für fossile Brennstoffe, sondern sind auch von geologischem Interesse für die Erforschung der Erdgeschichte. Durch die Analyse von Flokellaten können Wissenschaftler Rückschlüsse auf vergangene Klimabedingungen und Umweltbedingungen ziehen.

Die Flokellaten sind organische Substanzen, die in Böden vorkommen und eine wichtige Rolle für die Bodenfruchtbarkeit spielen. Sie sind ein Bestandteil des Humus, der aus abgestorbenen Pflanzen und Tierresten sowie Mikroorganismen besteht. Flokellaten sind komplexe Moleküle, die aus Kohlenstoff, Wasserstoff, Sauerstoff und Stickstoff bestehen. Sie dienen als Nährstoffquelle für Pflanzen und fördern das Bodenleben, indem sie als Lebensraum und Nahrungsquelle für Bodenorganismen dienen.

Sie, die Flokellaten, tragen zur Strukturierung des Bodens bei, indem sie Wasser und Nährstoffe speichern und somit das Wachstum von Pflanzen unterstützen. Diese verbessern außerdem die Bodenbelüftung und dessen Durchlässigkeit. Durch den Abbau von Flokellaten werden wichtige Nährstoffe freigesetzt, die von Pflanzen aufgenommen werden können. Somit sind Flokellaten entscheidend für die Gesundheit und Fruchtbarkeit von Böden.

Flokellaten sind winzige, poröse Partikel, die bei der Kompostierung eine wichtige Rolle spielen. Sie sind in der Lage, Feuchtigkeit zu speichern und zu regulieren, was für das Gedeihen von Mikroorganismen im Komposthaufen unerlässlich ist. Diese Mikroorganismen sind für den Abbau von organischen Materialien verantwortlich und sorgen dafür, dass der Kompost zu einem nährstoffreichen Bodenverbesserer wird. Die Flokellaten können auch dazu beitragen, den pH-Wert des Komposts zu stabilisieren und Schadstoffe zu binden. Darüber hinaus können sie den Luftaustausch im Komposthaufen fördern und somit die Bildung von unerwünschten Gerüchen reduzieren.

Flokellaten sind daher ein wichtiger Bestandteil eines erfolgreichen Kompostierungsprozesses und sollten bei der Herstellung von Kompost nicht vernachlässigt werden.

Hier spielen die Verklumpungen auf der Gartenerde, dem Beet oder bei Sträuchern eine wesentliche Rolle in der Anlegung von Kompost und dessen Schichtenweise Beigabe bei der Aufstockung von Kompostmaterial und dessen Pflege zum Erhalt eines guten Substrates.

Weiterhin dienen die Flokellaten als Träger für Mikroorganismen, die für den Abbau von organischem Material im Kompost verantwortlich sind. Durch ihre poröse Struktur bieten Flokellaten den Mikroorganismen eine große Oberfläche, auf der sie sich ansiedeln und vermehren können. Dadurch wird die Effektivität der Kompostierung erhöht und der Abbau von organischen Materialien beschleunigt.

Eine weitere wichtige Funktion der Flokellaten bei der Kompostierung stellt die Belüftung dar, welche durch diese ausreichend vorgenommen wird. Durch ihre poröse Struktur ermöglichen sie einen Austausch von Sauerstoff und Kohlendioxid im Kompost.

Dies ist wichtig, da Mikroorganismen für ihren Stoffwechsel diesen Sauerstoff benötigen. Eine ausreichende Belüftung des Komposts sorgt also dafür, dass die Mikroorganismen optimal arbeiten, sich vermehren, Wärme produzieren und den Abbau von organischem Material effektiv durchführen können.

Insgesamt sind Flokellaten ein wichtiger Bestandteil der geologischen Forschung und haben eine große Bedeutung für die Energieversorgung der Welt. Weiterhin sind Flokellaten also unverzichtbar für eine erfolgreiche Kompostierung.

Sie sorgen für eine effektive und schnelle Zersetzung von organischen Materialien und gewährleisten dabei eine ausreichende Belüftung des Komposts. Werden sie in ausreichender Menge eingesetzt, tragen sie somit maßgeblich zur Qualität des fertigen Komposts bei.

Die Bedeutung von Flokellaten für die Landwirtschaft und den Umweltschutz wird immer deutlicher, da sie dazu beitragen können, den Einsatz von Düngemitteln zu reduzieren und die Bodenerosion zu verhindern. Es ist daher wichtig, die Rolle der Flokellaten im Boden zu verstehen und Maßnahmen zu ergreifen, um ihre Funktion zu erhalten und zu fördern.

Ciliaten

Ciliaten sind eine Gruppe von einzelligen Lebewesen, die zu den Protisten gehören. Sie sind in der Regel oval oder länglich geformt und haben eine Vielzahl von Wimpern, die entlang ihrer Körperoberfläche angeordnet sind. Diese Wimpern werden als Cilien bezeichnet und dienen dazu, sich fortzubewegen und Nahrung zu fangen.

Sie, die Ciliaten, sind in fast allen Gewässern der Welt zu finden, von Süßwasserseen bis hin zu Ozeanen. Sie spielen eine wichtige Rolle im Ökosystem, da sie als Nahrungsquelle für andere Organismen dienen und auch zur Aufrechterhaltung des ökologischen Gleichgewichtes beitragen.

Ciliaten können entweder frei lebend oder symbiotisch sein. Einige Arten leben in Symbiose mit anderen Organismen, wie zum Beispiel mit Tieren im Darmtrakt oder auf der Haut. Andere Arten sind parasitär und können Krankheiten bei Pflanzen, Tieren und Menschen verursachen. Ciliaten haben eine komplexe Zellstruktur und viele verschiedene Organellen, die ihnen helfen, ihre Funktionen auszuführen. Zu diesen Organellen gehören beispielsweise der Zellkern, Mitochondrien und das endoplasmatische Retikulum. Einige Arten von Ciliaten haben auch spezielle Organellen wie Trichocysten, die zur Verteidigung gegen Fressfeinde eingesetzt werden.

Insgesamt gibt es mehr als 8000 bekannte Arten von Ciliaten, von denen viele noch nicht vollständig erforscht sind. Die Forschung an Ciliaten hat jedoch wichtige Erkenntnisse über die Evolution und die Funktionsweise von Zellen und Organismen im Allgemeinen geliefert. Die Fortpflanzung bei Ciliaten erfolgt meist asexuell durch Teilung oder sexuell durch Konjugation. Bei der Konjugation tauschen zwei Individuen genetisches Material aus, was zu einer erhöhten genetischen Vielfalt führt.

Ciliaten spielen eine wichtige Rolle in verschiedenen Ökosystemen. Sie sind an der Zersetzung von organischem Material beteiligt und dienen als Nahrungsquelle für andere Organismen. Einige Arten werden auch in der biotechnologischen Forschung eingesetzt, um Proteine oder Enzyme zu produzieren.

Ciliaten sind einzellige Organismen, die eine wichtige Rolle in der Kompostierung spielen.

Sie gehören zur Gruppe der Protozoen und sind dafür bekannt, dass sie sich durch das Schwingen von Wimpern fortbewegen. Ciliaten ernähren sich von Bakterien, Pilzen und anderen Mikroorganismen, welche im Kompost vorkommen. Durch ihre Aktivitäten tragen sie dazu bei, dass organische Materialien im Kompost schneller abgebaut werden. Ciliaten spielen auch eine wichtige Rolle bei der Aufrechterhaltung des Gleichgewichts

Im Komposthaufen. Wenn sich die Bedingungen im Kompost verändern, können bestimmte Arten von Mikroorganismen überhandnehmen und das Gleichgewicht stören. Ciliaten helfen dabei, diese Überpopulation zu kontrollieren und das Ökosystem im Kompost stabil zu halten.

Ein weiterer wichtiger Beitrag von Ciliaten zur Kompostierung ist ihre Fähigkeit, Nährstoffe freizusetzen. Wenn sie organische Materialien verdauen, setzen sie Nährstoffe wie Stickstoff, Phosphor und Kalium frei, die für das Wachstum von Pflanzen wichtig sind.

Diese Nährstoffe werden dann im Kompost gespeichert und können später als Dünger verwendet werden.

Durch ihre Bewegungen im Boden und im Kompost sorgen sie für eine bessere Durchmischung des Materials und fördern somit den Abbau von organischen Stoffen. Darüber hinaus produzieren Ciliaten auch Enzyme, die den Abbau von organischen Materialien beschleunigen können. Somit tragen die Ciliaten also dazu bei, dass organische Abfälle effektiver zu wertvollem Humus umgewandelt werden können.

Insgesamt sind Ciliaten eine faszinierende Gruppe von Einzellern mit einer breiten Vielfalt an Formen und Funktionen. Ihre Bedeutung in der Natur und für die Wissenschaft macht sie zu einem interessanten Forschungsobjekt.

Somit sind Ciliaten also unverzichtbar für eine erfolgreiche Kompostierung. Sie tragen dazu bei, organische Materialien schnell abzubauen, das Gleichgewicht im Ökosystem zu erhalten und Nährstoffe freizusetzen, die für das Wachstum von Pflanzen wichtig sind.

Ohne Ciliaten würde die Kompostierung viel langsamer und weniger effektiv verlaufen.

Wimperntierchen

Wimperntierchen, auch bekannt als Ciliaten, sind einzellige Lebewesen, die in Süß- und Salzwasser sowie im Boden vorkommen. Sie zeichnen sich durch ihre charakteristischen Wimpern aus, die sie zur Fortbewegung und Nahrungsaufnahme nutzen.

Es gibt über 8000 Arten von Wimperntierchen, die sich in Größe, Form und Lebensweise unterscheiden. In der Kompostierung spielen Wimperntierchen eine wichtige Rolle, da sie dazu beitragen, organische Materialien abzubauen und zu mineralisieren. Sie ernähren sich von Bakterien, Pilzen und anderen Mikroorganismen, die das organische Material zersetzen.

Durch ihre Bewegungen im Komposthaufen sorgen sie für eine Belüftung und Durchmischung des Materials, was den Abbau beschleunigt.

Einige Arten von Wimperntierchen sind auch als Indikatoren für die Qualität des Komposts bekannt. Wenn beispielsweise bestimmte Arten von Wimperntierchen im Kompost gefunden werden, kann dies auf einen hohen Gehalt an Stickstoff oder anderen Nährstoffen hinweisen.

Insgesamt sind Wimperntierchen also ein wichtiger Bestandteil des ökologischen Kreislaufes und tragen zur Aufrechterhaltung eines gesunden Bodens bei.

Amöben

Amöben sind einzellige Lebewesen, die zu den Protozoen gehören und in der Regel in Süßwasser oder Salzwasser leben. Sie sind charakterisiert durch ihre Fähigkeit zur Pseudopodien Bewegung, das heißt, sie können sich fortbewegen, indem sie ihre Zellmembran ausdehnen oder zusammenziehen und sich so fortbewegen. Amöben ernähren sich von Bakterien, Algen und anderen Kleinstlebewesen, die sie mithilfe von Pseudopodien einfangen und in ihr innerstes aufnehmen. Einige Arten von Amöben sind auch pathogen und können beim Menschen Krankheiten wie beispielsweise Amöbenruhr oder die Gehirnentzündung durch Naegleria fowleri verursachen.

Die bekannteste Art von Amöben ist die Gattung Amoeba, die in vielen Gewässern weltweit vorkommt. Es gibt jedoch auch viele andere Arten von Amöben, die in verschiedenen Umgebungen leben und unterschiedliche Formen und Größen haben können.

Die Erforschung von Amöben ist ein wichtiger Teil der Mikrobiologie und kann dazu beitragen, unser Verständnis von Evolution, Ökologie und Biologie im Allgemeinen zu verbessern.

Amöben sind in der Wissenschaft von großem Interesse, da sie als Modellorganismen für die Erforschung von Zellbewegungen und deren Funktion dienen.

Bei der Kompostierung spielen Amöben eine wichtige Rolle in Gemeinschaft mit den Mikroorganismen und dem Prozess der Zersetzung von organischem Material, welche in ihre Bestandteile aufgespalten werden. Amöben zeichnen sich durch ihre Beweglichkeit und Fähigkeit zur Phagozytose aus. Sie ernähren sich von organischen Stoffen und tragen somit zur Zersetzung von Biomasse bei.

An dieser Stelle möchte ich etwas näher zum Verständnis auf die Phagozytose eingehen und die Bedeutung herausstellen und deren Wichtigkeit bei der Kompostierung aufzeigen.

Phagozytose ist ein wichtiger Prozess im Immunsystem, bei dem spezialisierte Zellen, wie zum Beispiel Makrophagen und neutrophile Granulozyten, Fremdkörper und abgestorbene Zellen aufnehmen und verdauen. Diese Zellen erkennen und umschließen die Partikel mittels spezieller Rezeptoren an ihrer Oberfläche und bilden dann eine sogenannte Phagosomblase. Innerhalb dieser Blase werden die aufgenommenen Partikel durch Enzyme zersetzt und so unschädlich gemacht. Die Phagozytose spielt eine entscheidende Rolle bei der Abwehr von Krankheitserregern wie Bakterien, Viren und Pilzen sowie bei der Beseitigung von Zelltrümmern im Körper. Ein gestörter Phagozytose Prozess kann zu Infektionen und Entzündungen führen. Daher ist es wichtig, die Mechanismen der Phagozytose genau zu verstehen, um Therapien zur Stärkung des Immunsystems zu entwickeln.

Die Phagozytose spielt eine wichtige Rolle bei der Kompostierung, da sie einen entscheidenden Prozess darstellt, bei dem Mikroorganismen organische Materialien abbauen. Bei der Phagozytose nehmen spezialisierte Zellen wie Bakterien, Pilze und Protozoen organische Substanzen auf und verdauen sie, um Energie zu gewinnen. Dieser Prozess führt dazu, dass die organischen Materialien zersetzt werden und letztendlich zu Humus umgewandelt werden. Durch die Phagozytose wird die Kompostierung beschleunigt und effizienter gestaltet, da die Mikroorganismen die organischen Materialien schneller abbauen können. Somit trägt die Phagozytose maßgeblich zur Umwandlung von Abfällen in nährstoffreichen Humus bei, der wiederum als Dünger für Pflanzen genutzt werden kann.

Insgesamt ist die Phagozytose ein wichtiger Prozess bei der Kompostierung, der dazu beiträgt, organische Materialien effektiv zu recyceln und die Umwelt zu entlasten.

Durch ihre Aktivität der Amöben fördern sie den Abbau von schwer abbaubaren Substanzen wie Cellulose und Lignin und unterstützen somit den Kompostierungsprozess. Darüber hinaus können Amöben auch Schadstoffe im Kompost binden und somit zu einer höheren Qualität des Endproduktes beitragen. Sie sind unverzichtbare Helfer bei der Kompostierung und tragen maßgeblich dazu bei, dass aus Abfall wertvoller Dünger entsteht.

Im Kompostierungsprozess spielen verschiedene Mikroorganismen eine sehr wichtige Rolle, darunter auch die Amöben, welche in der Lage sind, organische Stoffe zu zersetzen und dabei wichtige Nährstoffe freizusetzen. Durch ihre Bewegungen im Komposthaufen sorgen sie zudem für eine bessere Durchmischung und Belüftung des Materials, was den Abbau um ein vielfaches beschleunigt.

Eine besondere Bedeutung haben dabei die sogenannten Schleimpilze, die zur Gruppe der Amöben gehören. Diese bilden im Komposthaufen einige Fruchtkörper aus, die wie kleine Pilze aussehen und Sporen produzieren. Diese Sporen können dann in andere Komposter oder auf den Boden übertragen werden und dort für eine bessere Zersetzung sorgen.

Ein weiterer Vorteil von Amöben in der Kompostierung ist ihre Fähigkeit, Schadstoffe abzubauen. So können sie beispielsweise Pestizide oder andere chemische Rückstände im Kompost abbauen und so für eine höhere Qualität des fertigen Komposts sorgen.

Insgesamt wäre zu sagen, dass Amöben ein wichtiger Bestandteil der Kompostierung sind und tragen dazu bei, dass aus organischen Abfällen ein wertvoller Boden entsteht. Durch ihre Fähigkeit zur Zersetzung und Belüftung sowie zum Abbau von Schadstoffen, sind sie unverzichtbar für eine effektive Kompostierung.

Sporazoaner

Diese sind eine Gruppe von einzelligen, parasitären Organismen, die zur Untergruppe der Apicomplexa gehören. Sie sind in der Regel sehr klein und können nur unter einem Mikroskop betrachtet werden. Sporazoaner haben komplexe Lebenszyklen, die verschiedene Wirtstiere enthalten können. Einige Arten von Sporazoaner sind für die Menschen pathogen und können Krankheiten wie Malaria, Toxoplasmose und Kryptosporidiose verursachen.

Sporazoaner sind bekannt für ihre Fähigkeit, sich durch Sporen zu vermehren und zu verbreiten. Diese Sporen sind sehr widerstandsfähig gegen Umweltbedingungen und können in der Natur lange Zeit überleben. Einige Arten von Sporazoaner leben als Endoparasiten in den Zellen ihrer Wirte und nutzen diese als Nahrungsquelle. Andere Arten sind frei lebende Organismen, die im Süß –oder Salzwasser vorkommen. Die meisten Sporazoaner benötigen einen Wirt, um sich zu vermehren und zu überleben. Sie dringen in die Zellen ihres Wirtes ein und nutzen dessen Stoffwechselprozesse, um sich zu ernähren und zu vermehren. Sporazoaner haben eine einzigartige Struktur namens Apikomplex, die ihnen hilft, in ihre Wirtszellen einzudringen und sich darin zu vermehren. Diese Struktur besteht aus verschiedenen Organellen, einschließlich des Mikrotubulus Apparats und spezieller Vesikel, die als Rhoptries und Micronemes bezeichnet werden.

Die meisten Sporozoaner haben einen komplexen Lebenszyklus, der sowohl asexuelle als auch sexuelle Fortpflanzung umfasst. In einigen Fällen kann dies bedeuten, dass sie mehrere Wirtstiere benötigen, um ihren Lebenszyklus abzuschließen. Zum Beispiel benötigt der Malaria – Erreger Anopheles – Mücken als Überträger, um von einem Menschen auf den nächsten zu übertragen zu werden.

Obwohl einige Sporozoaner Krankheiten verursachen können, spielen sie auch eine wichtige Rolle im Ökosystem. Einige Arten leben als Parasiten in Tieren und helfen dabei, die Populationen von Schädlingen wie Nagetieren zu kontrollieren.

Wie bereits erwähnt, sind Sporazoaner eine Gruppe von einzelligen Organismen, die in verschiedenen Umgebungen vorkommen. Einige Arten von Sporazoaner spielen eine wichtige Rolle bei der Kompostierung von organischen Materialien.

Sie tragen dazu bei, dass das Material schneller abgebaut wird und sich zu nährstoffreichen Humus entwickelt. Die Aufgabe der Sporazoaner besteht darin, die Bakterien und Pilze zu kontrollieren, die ebenfalls an der Kompostierung beteiligt sind. Indem sie bestimmte Arten von Bakterien und Pilzen fressen oder sie auf andere Weise beeinflussen, sorgen die Sporazoaner dafür, dass das Gleichgewicht im Komposthaufen erhalten bleibt.

Dadurch wir verhindert, dass sich schädliche Mikroorganismen vermehren und das Material verderben lassen. Sporazoaner sind somit unverzichtbare Helfer bei der Kompostierung und tragen maßgeblich dazu bei, dass aus organischen Abfällen wertvoller Humus entsteht.

Sporazoaner sind in der Lage, komplexe Kohlenhydrate wie Cellulose und Lignin abzubauen, die von anderen Organismen nicht verdaut werden können. Sie produzieren Enzyme, die diese Verbindungen aufspalten und in einfachere Verbindungen wie Zucker umwandeln. Diese Zucker dienen dann als Nahrung für andere Mikroorganismen im Komposthaufen.

Ein weiterer wichtiger Beitrag von Sporazoaner zur Kompostierung ist ihre Fähigkeit, Stickstoff aus der Luft zu fixieren. Stickstoff ist ein wichtiger

Nährstoff für Pflanzenwachstum, aber er ist oft knapp im Komposthaufen. Die Sporazoaner können Stickstoff aus der Luft binden und ihn in einer Form bereitstellen, die von anderen Organismen im Komposthaufen genutzt werden können.

Insgesamt sind Sporazoaner eine faszinierende Gruppe von Organismen, die sowohl für den Menschen als auch für das Ökosystem von großer Bedeutung sind. Die Sporazoaner tragen also einen wesentlichen Anteil bei der Kompostierung bei, indem sie organische Materialien abbauen und den Nährstoffgehalt des Komposts erhöhen.

Durch ihre Fähigkeit, komplexe Kohlenhydrate abzubauen und Stickstoff zu fixieren, sind sie ein wichtiger Bestandteil eines gesunden und produktiven Komposthaufens.

Radiolarin

Radiolaria sind einzellige Lebewesen, die im Meerwasser leben. Sie gehören zur Gruppe der Protisten und haben eine Schale aus Kieselsäure, die als Radiolarin – Skelett bezeichnet wird. Die Schalen können sehr unterschiedlich geformt sein und dienen den Radiolarien sowohl als Schutz als auch zur Nahrungsaufnahme.

Radiolaria wurden erstmals im 18. Jahrhundert von dem deutschen Naturforscher Ernst Haeckel beschrieben und sind seit dem Gegenstand intensiver Forschung. Es gibt etwa bis zu 4000 verschiedene Arten von Radiolarien, die in verschiedenen Tiefen des Ozeans vorkommen und eine wichtige Rolle im marinen Ökosystem spielen.

Radiolarin sind auch ein wichtiger Bestandteil von marinem Plankton und dienen als Nahrung für andere Meeresorganismen wie Fische und Wale. Wenn Radiolarin stirbt, wird es von Bakterien und anderen Mikroorganismen abgebaut, die dabei helfen, organische Stoffe in den Ozeanen zu recyceln. Dieser Prozess ist wichtig für die Aufrechterhaltung eines gesunden Ökosystems im Meer. Eine Untergruppe der Radiolaria sind die sogenannten Radiolarin. Diese sind besonders komplex gebaute Radiolarien mit einer

Vielzahl von Fortsätzen an ihrer Schale. Diese Fortsätze dienen nicht nur der Stabilität, sondern auch der Nahrungsaufnahme und der Fortbewegung. Radiolarin wurden erstmals im 19. Jahrhundert beschrieben und sind seitdem Gegenstand intensiver Forschung.

Radiolarin haben auch eine große Bedeutung für die Geologie, da ihre Schalen nach ihrem Tod auf den Meeresboden sinken und sich dort ansammeln und sich im Laufe der Zeit zu Sedimentgestein verfestigen. Dieser Prozess ist ein wichtiger Teil des Kohlenstoffkreislaufes und trägt zur Regulierung des Klimas bei.
Diese Gesteine sind wichtige Indikatoren für die geologische Geschichte der Erde und werden von den Geologen zur Datierung und Rekonstruktion von Erdgeschichte genutzt.
Radiolarin ist ein mikroskopisch kleiner Einzeller – Organismus, der im Meerwasser lebt und eine wichtige Rolle bei der Kompostierung spielt. Radiolarin ist ein wichtiger Bestandteil des Planktons und bildet die Basis der Nahrungskette im Ozean. Doch nicht nur das Radiolarin hat auch eine wichtige Aufgabe bei der Kompostierung von organischen Materialien.
Radiolarin ernährt sich von abgestorbenen Pflanzen und Tierresten, die im Meerwasser treiben. Dabei zersetzt es die Reste und wandelt sie in Nährstoffe um, die von anderen Organismen aufgenommen werden können. Durch diesen Prozess wird das Ökosystem im Meer stabilisiert und es entsteht neues Leben.

Auch bei der Kompostierung spielt Radiolarin eine entscheidende Rolle. Wenn organische Abfälle wie Laub, Gras oder Küchenabfälle auf dem Komposthaufen gelegt werden, beginnen sie zu verrotten. Dabei werden sie von verschiedenen Mikroorganismen wie Bakterien und Pilzen zersetzt. Radiolarin unterstützt diesen Prozess, indem es die organischen Materialien weiter zerkleinert und so für die anderen Mikroorganismen besser zugänglich macht.

Durch die Aktivität von Radiolarin wird die Kompostierung beschleunigt und es entsteht schneller wertvoller Humus, der dann als Dünger für Pflanzen genutzt werden kann. Zudem trägt Radiolarin dazu bei, dass keine unangenehmen Gerüche bei der Kompostierung entstehen.

Eine weitere wichtige Rolle von Radiolarin in Bezug auf die Kompostierung ist der Umstand, dass wenn sie in den Boden gelangen, können sie dazu beitragen, dass organische Materialien schneller abgebaut werden. Die harten Schalen von Radiolarin brechen langsam ab und geben dabei Mineralien frei, die für das Pflanzenwachstum wichtig sind. Diese Mineralien können den Boden helfen, seine Fruchtbarkeit zu erhöhen und den Nährstoffgehalt zu verbessern.

Insgesamt wäre zu sagen, dass Radiolaria und insbesondere Radiolarin ein faszinierendes Forschungsgebiet darstellt, was nicht nur Einblicke in die Evolution und Ökologie von Einzellern im Meer gibt, sondern auch wichtige Erkenntnisse für die Geologie liefert.

Durch ihre Beteiligung am Kohlenstoffkreislauf im Ozean helfen sie, das Klima zu regulieren und ein gesundes Ökosystem aufrechtzuerhalten.

Wenn sie in den Boden gelangen, können sie dazu beitragen, organische Materialien schneller abzubauen und den Nährstoffgehalt des Bodens zu verbessern.

Es lässt sich sagen, dass Radiolarin eine wichtige Rolle bei der Kompostierung von organischen Abfällen spielt. Es beschleunigt den Zersetzungsprozess und trägt dazu bei, dass wertvoller Humus entsteht. Ohne Radiolarin würde die Kompostierung deutlich langsamer verlaufen und es würde weniger Nährstoffe für Pflanzen entstehen.

Fazit und Quellenangaben

Fazit

Die Biosphäre spielt eine entscheidende Rolle im Kompostierungsprozess und dessen Qualität. Kompostierung ist ein biologischer Prozess, bei dem organische Materialien wie Garten- und Küchenabfälle in nährstoffreichen Dünger umgewandelt werden. Die Biosphäre, die Gesamtheit aller lebenden Organismen auf der Erde, ist für diesen Prozess unerlässlich, da sie die notwendigen Mikroorganismen enthält, die für den Abbau der organischen Materialien verantwortlich sind.

Die Qualität des Komposts hängt stark von der Aktivität und Vielfalt dieser Mikroorganismen ab. Eine reichhaltige Biosphäre im Komposthaufen sorgt für eine schnellere Zersetzung der organischen Materialien und somit für einen schnelleren Kompostier Prozess. Außerdem trägt eine vielfältige Mikroorganismen Gemeinschaft zu einer höheren Nährstoffdichte im fertigen Kompost bei.

Es gibt jedoch auch Faktoren, die die Biosphäre im Komposthaufen beeinträchtigen können.

Zum Beispiel kann eine zu hohe oder zu niedrige Feuchtigkeit den Abbau von organischen Materialien hemmen oder sogar zum Absterben von Mikroorganismen führen.

Auch eine falsche Mischung von grünem und braunen Material kann die Aktivität der Mikroorganismen beeinträchtigen. Hier kann man eine Sensibilität in Bezug auf dem Kompostier Vorgang ersehen und Erkennen, dass die Biosphäre in ihrer Gesamtheit sofort auf Veränderungen reagiert.

Es ist daher wichtig, dass die Biosphäre im Kompostier Prozess von großer Bedeutung ist und eine wichtige Rolle für die Qualität des fertigen Komposts spielt. Es lohnt sich daher, beim Kompostieren auf eine ausgewogene Mischung von Materialien und eine optimale Feuchtigkeit zu achten, um somit die Aktivität und Vielfalt der Mikroorganismen im Komposthaufen zu fördern. Durch den Einsatz von Mikroorganismen, Pilzen und Insekten wird organisches Material zersetzt und in wertvollen Humus umgewandelt.

Diese Prozesse sind essenziell für die Regeneration von Böden und die Erhaltung der biologischen Vielfalt verantwortlich.

Die Qualität des Komposts hängt eng mit der Zusammensetzung der Biosphäre zusammen. Eine hohe Artenvielfalt fördert die Entstehung von gesundem Bodenleben und somit auch die Qualität des Komposts. Durch die Anwesenheit von nützlichen Mikroorganismen werden Schadstoffe abgebaut und das Wachstum von Pflanzen gefördert.

Eine geringe Artenvielfalt kann hingegen zu einer schlechteren Qualität des Komposts führen, da wichtige Prozesse nicht optimal ablaufen können.

Zusammenfassend lässt sich sagen, dass die Biosphäre eine bedeutende Rolle im Kompostier Prozess spielt und maßgeblich dessen Qualität beeinflusst. Eine intakte Biosphäre mit einer hohen Artenvielfalt fördert die Entstehung von gesundem Bodenleben und somit auch die Qualität des Komposts.

Es ist daher wichtig, bei der Kompostierung auf eine ausgewogene Zusammensetzung der Biosphäre zu achten und diese gegebenenfalls durch den Einsatz von Mikroorganismen und anderen Hilfsmitteln wie zum Beispiel von Zuschlagsstoffen zu unterstützen.

Die Biosphäre ist ein komplexes Thema, welche sich mit den Wechselwirkungen zwischen Lebewesen und ihrer Umwelt beschäftigt. Es handelt sich dabei um eine lebendige Schicht auf der Erde, die aus einer Vielzahl von Ökosystemen besteht. Die Biosphäre umfasst alle Bereiche der Erde, in denen Leben existiert, einschließlich Ozeane, Wälder, Graslandschaften, auch Wüsten oder an Orten wo wir kein Leben vermuten würden wie Vulkane, wo eine eigenständige Biosphäre besteht und sich bestimmte Mikroorganismen sich angesiedelt haben.

Quellenangaben

An dieser Stelle, möchte ich für interessierte einige Anregungen zu wichtigen Quellen geben, wo ein Fundus an Informationen zu der Thematik der Biosphäre nachgelesen werden kann.

Um eine umfassende Recherche zu diesem Thema durchzuführen, gibt es zahlreiche Quellen, die genutzt werden können. Eine wichtige Quelle ist das Buch – Biosphäre 2 – der.
The human Experiment von John Allen und Mark Nelson. Dieses Buch beschreibt das erste vollständige geschlossene Ökosystem – Experiment, das in den 1990-iger Jahren durchgeführt wurde. Es bietet einen Einblick in die Herausforderungen und Erfolge bei der Schaffung eines funktionsfähigen Ökosystems und zeigt die Bedeutung der Biosphäre für unser Verständnis von Umweltproblemen.

Eine weitere wichtige Quelle ist das Buch – The Biosphäre – von Vladimir Vernadsky.
Dieses Buch ist ein Klassiker der Ökologie und beschreibt die Rolle der Biosphäre bei der Aufrechterhaltung des Gleichgewichts auf der Erde. Es bietet eine tiefgründige Analyse der Beziehung zwischen Leben und Umwelt und legt den Grundstein für unser modernes Verständnis der Biosphäre.

Für aktuelle Forschungsergebnisse zur Biosphäre empfiehlt sich die Nutzung von wissenschaftlichen Artikeln in Fachzeitschriften wie –Global Ecology and Biogeografy –oder – Ecological Applikations-Diese Artikel bieten einen Einblick in die neuesten Entwicklungen in der Forschung und zeigen, wie Wissenschaftler die Biosphäre studieren, um Umweltprobleme zu lösen und die Nachhaltigkeit zu fördern.

Die Verständlichkeit zur Biosphäre liegt in ihrer Komplexität begründet, einem System, das aus allen lebenden Organismen und ihrer Umwelt besteht. Es umfasst die gesamte Erde, einschließlich der Atmosphäre, der Lithosphäre und der Hydrosphäre. Die Biosphäre ist von entscheidender Bedeutung für das Überleben aller Lebewesen auf unserem Planeten und spielt eine wichtige Rolle bei der Aufrechterhaltung des ökologischen Gleichgewichts.

Dies an dieser Stelle noch einmal herauszuheben erscheint mir als sehr wichtig und sollte in das Bewusstsein jedes einzelnen verankert werden, um somit die Bedeutung in unserer Zeit den notwendigen Impuls zu geben.

Eine hervorragende Quelle ist das Buch – Biosphäre: Einführung in die Ökologie – von
Ernst-Detlef Schulze und Erwin Beck. Es bietet einen umfassenden Überblick über jene Aspekte der Biosphäre, einschließlich der Struktur und Funktion von Ökosystemen, der Biodiversität und der Auswirkungen des Klimawandels.

Eine weitere wichtige Quelle ist die Webseite der UNESCO zum Thema Biosphärenreservate. Hier finden Sie Informationen zu den weltweit geschützten Gebieten, die dazu beitragen sollen, die biologische Vielfalt zu erhalten und nachhaltige Entwicklungspraktiken zu fördern.

Für aktuelle Forschungsergebnisse zur Biosphäre empfiehlt sich ein Blick in wissenschaftliche Fachzeitschriften wie – Nature / Science oder Ecology. Diese Publikationen bieten Einblicke in die neuesten Entwicklungen in der Ökologie und geben einen Einblick in die aktuellen Herausforderungen im Umgang mit der Biosphäre.

Zusammenfassend wäre zu sagen, dass es zahlreiche Quellen gibt, welche genutzt werden können, um eine umfassende Recherche zur Biosphäre durchzuführen. Von Büchern über wissenschaftliche Artikel und Fachzeitschriften bis hin zu Online-Ressourcen gibt es viele Möglichkeiten, sich über dieses wichtige Thema zu informieren und ein tiefes Verständnis für die Wechselwirkungen zwischen Leben und Umwelt zu entwickeln.

Kompost und Tierwelt

Kompost ist ein wichtiger Bestandteil des ökologischen Kreislaufs und besitzt einen direkten Zusammenhang mit der Tierwelt. Durch die Verwendung von organischen Abfällen wie Obst und Gemüseresten, Laub und Gras wird Kompost hergestellt, welcher als Dünger für Pflanzen dient. Durch den Einsatz von Kompost werden nicht nur Nährstoffe in den Boden gebracht, sondern auch das Bodenleben und dessen Struktur gefördert.

Eine gesunde Boden Flora und – Fauna ist wiederum eine wichtige Grundlage für eine artenreiche Tierwelt. Diese ist auch sehr wichtig, damit der Boden und der innewohnenden Mikroorganismen die Möglichkeit einer Entfaltung und dessen Population zu fördern.

Viele Tiere leben im Boden oder nutzen ihn als Nahrungsquelle. Regenwürmer sind zum Beispiel eine wichtige Nahrungsquelle für Vögel und Maulwürfe. Auch viele Insektenarten leben im Boden oder legen dort ihre Eier ab. Durch den Einsatz von Kompost wird also nicht nur der Boden verbessert, sondern auch die Lebensbedingungen vieler Tiere sichergestellt. Eine artenreiche Tierwelt trägt wiederum zur Gesundheit des Ökosystems bei und ist somit ein wichtiger Faktor für den Erhalt der Biodiversität.

Insgesamt lässt sich also festhalten, dass Kompost und die Tierwelt eng miteinander verknüpft sind und schafft auch die Grundlage für optimale Lebensbedingungen vieler Tiere. Somit bildet dies eine solide Basis für eine artenreiche Tierwelt und trägt wesentlich zur Gesundheit des Ökosystems bei.

Symbiose zwischen Tierwelt und Kompost

Kompost ist ein wichtiger Bestandteil der ökologischen Landwirtschaft und des nachhaltigen Gartenbaus. Ein Gemisch von Gartenabfällen, Küchenabfällen, Laub und Ästen ergeben nicht nur wichtige Nährstoffe für Pflanzen und Bodenkulturen, sondern stellt auch einen wichtigen Indikator in der Tierwelt dar.

Was jedoch viele Menschen nicht wissen, ist die Tatsache, dass der Kompost auch einem wichtigen Lebensraum für verschiedene Arten von Tieren darstellt. In der Welt des Komposts gibt es eine Vielzahl von Organismen, die symbiotisch miteinander leben. Die Tierwelt auf den Komposthaufen umfasst Insekten wie Käfer, Fliegen und Ameisen, aber auch Regenwürmer, Schnecken und Spinnen. Diese Tiere spielen eine wichtige Rolle bei der Zersetzung des organischen Materials und tragen zur Bildung von Humus bei.

Regenwürmer sind besonders wichtig für den Kompostprozess. Sie graben sich durch den Boden und sorgen dafür, dass Luft in den Kompost gelangt. Dadurch wird die Zersetzung beschleunigt und es entsteht ein nährstoffreicher Boden. Auch Ameisen sind nützlich für den Komposthaufen, da sie dabei helfen, das Material zu zerkleinern und dieses zu verteilen.

Die Tierwelt auf den Komposthaufen hat auch Auswirkungen auf die Umwelt. Zum Beispiel können bestimmte Arten von Insekten wie Marienkäfer und Florfliegen dazu beitragen, Schädlinge wie Blattläuse in Schach zu halten. Auf diese Weise trägt der Komposthaufen zu einer natürlichen Schädlingsbekämpfung bei, was sich in einen ökologischen Garten wieder spiegelt und dies mit einer guten Ernte niederschlägt.

Insgesamt ist die Symbiose zwischen Kompost und der Tierwelt ein wichtiger Aspekt der ökologischen Landwirtschaft und des nachhaltigen Gartenbaus. Durch die Förderung der Artenvielfalt auf dem Kompost können wir nicht nur einen nährstoffreichen Boden schaffen, sondern auch zur Erhaltung der Umwelt beitragen.

Nützlinge in Natur und Garten

In jeden Garten sind viele Nützlinge vorhanden, welche jede Art bestimmte Aufgaben haben. Ich möchte hier auf einige wesentliche Tiere hinweisen, welche die Gartenwelt bereichern.

Erdwespen

Erdwespen, sind eine Art Wespen, die im Boden leben und nisten. Sie gehören zur Familie der Faltenwespen und sind in vielen Teilen der Welt verbreitet. Im Gegensatz zu anderen Wespenarten, die ihre Nester in Bäumen oder Gebäuden bauen, bevorzugen Erdwespen das Graben von Löchern in den Boden, um ihre Nester zu bauen.

Erdwespen sind in der Regel nicht aggressiv und greifen Menschen nur an, wenn sie sich bedroht fühlen. Ihre Stiche können jedoch schmerzhaft sein und allergische Reaktionen auslösen. Es ist daher wichtig, vorsichtig zu sein, wenn man sich in der Nähe eines Nestes aufhält.

Die Erdwespen ernähren sich hauptsächlich von Insekten und Spinnen, die sie in ihrem Nest lagern, um ihre Larven zu füttern. Sie spielen eine wichtige Rolle im Ökosystem, da sie dazu beitragen, die Anzahl anderer Insektenpopulationen zu regulieren.

Es gibt verschiedene Arten von Erdwespen, darunter die Gemeine Feldwespe und die Sandwespe. Jede Art hat ihre eigenen spezifischen Merkmale und Verhaltensweisen.

Die Erdwespen sind eine häufige Art von Wespen, die in Gärten und Wiesen zu finden sind.

Sie haben eine wichtige Funktion im Ökosystem und können sogar als nützliche Schädlingsbekämpfer betrachtet werden. Erdwespen ernähren sich hauptsächlich von Insekten wie Fliegen, Mücken und Raupen, die sie jagen und töten. Dies macht sie zu einer natürlichen Kontrolle für Schädlinge, die Pflanzen und Blumen im Garten zerstören können.

Erdwespen tragen auch dazu bei, den Boden zu belüften und zu lockern, indem sie ihre Nester in den Boden graben. Diese Nester können bis zu einem Meter tief sein und helfen, den Boden zu durchlüften und Wasser besser aufnehmen zu können.

Außerdem können die Wespenlarven als Futter für Vögel dienen, die ebenfalls eine wichtige Rolle im Ökosystem spielen.

Es ist wichtig zu beachten, dass Erdwespen nicht aggressiv sind, es sei denn, sie fühlen sich bedroht oder ihre Nester werden zerstört. Dies ist ein Schutzverhalten zur Erhaltung der Art und eine effektive Gegenmaßnahme zur Erhaltung der eigenen Art zu gewährleisten.

Wenn man jedoch in der Nähe eines Nestes arbeiten muss, sollte man vorsichtig sein und das Nest nicht stören.

Insgesamt sind Erdwespen eine faszinierende Art von Wespen, die einen wichtigen Beitrag zur Natur leisten und können als nützliche Helfer im Garten betrachtet werden. Es ist wichtig, ihre Rolle im Ökosystem zu verstehen und ihre Nester nicht unnötig zu stören.

Obwohl sie möglicherweise als Bedrohung empfunden werden können, sollten sie respektiert und geschützt werden, da sie einen wichtigen Teil des Ökosystems darstellen.

Schlupfwespen

Diese sind winzige Insekten, die in der Natur eine wichtige Rolle bei der Regulierung von Schädlingen spielen. Sie werden oft als natürliche Schädlingsbekämpfer bezeichnet und sind besonders nützlich bei der Bekämpfung wie Motten, Fliegen, Käfern und anderen Insekten.

Schlupfwespen legen ihre Eier in die Larven oder Puppen ihrer Wirtsinsekten und ihre Nachkommen ernähren sich dann von ihnen. Auf diese Weise tragen Schlupfwespen dazu bei, die Population von Schädlingen unter Kontrolle zu halten.

Bei der Kompostierung können Schlupfwespen ebenfalls eine wichtige Rolle spielen. Da Komposthaufen oft ein idealer Lebensraum für Schädlinge wie Fliegen, Milben und Käfer sind, können Schlupfwespen helfen, diese Schädlinge zu bekämpfen und den Komposthaufen gesund zu halten. Auf diese Weise können sie dazu beitragen, dass der Komposthaufen frei von Schädlingen bleibt und das Material schneller zersetzt wird.

Es gibt verschiedene Arten von Schlupfwespen, die bei der Kompostierung eingesetzt werden können. Einige Arten sind spezialisiert auf bestimmte Schädlinge, während andere eine breitere Palette von Insekten bekämpfen können.

Es ist somit wichtig zu beachten, dass Schlupfwespen nicht schädlich für Menschen oder Haustiere sind und keine Auswirkungen auf andere nützliche Insekten haben.

Insgesamt wäre zu sagen, dass Schlupfwespen eine wichtige Rolle bei der Kompostierung spielen, indem sie dazu beitragen, Schädlinge zu bekämpfen und den Komposthaufen gesund zu halten. Wenn Sie ihren eigenen Komposthaufen haben, sollten Sie in Betracht ziehen, Schlupfwespen zu nutzen, um die Schädlingspopulation unter Kontrolle zu halten und sicherzustellen, dass Ihr Kompostmaterial schnell und effektiv zersetzt wird.

Spinnen

Spinnen sind eine der am meisten gefürchteten Kreaturen in der Natur. Aber wussten Sie, dass sie eine wichtige Rolle im Kompost spielen?

Spinnen sind wichtige Räuber im Ökosystem und helfen dabei, die Population von Insekten und anderen kleinen Tieren zu kontrollieren. Im Kompost sind sie besonders nützlich, da sie dazu beitragen, das Material zu zerkleinern und zu zersetzen.

Spinnen ernähren sich von Insekten, aber auch von anderen kleinen Tieren wie Milben und Asseln. Diese Tiere leben oft im Kompost und können das Material beschädigen oder den Zersetzungsprozess stören. Indem Spinnen diese Tiere fressen, helfen sie dabei, das Gleichgewicht im Kompost aufrechtzuerhalten und den Prozess der Kompostierung beschleunigen.

Darüber hinaus produzieren Spinnen Kot, der reich an Stickstoff und anderen Nährstoffen ist. Dieser Kot trägt zur Nährstoffversorgung des Kompostes bei und fördert das Wachstum von Mikroorganismen, die den Zersetzungsprozess weiter vorantreiben.

Insgesamt sind Spinnen also eine wichtige Komponente des Kompostierungsprozesses. Sie helfen dabei, das Material zu zerkleinern und zu zersetzen, indem sie andere kleine Tiere fressen und Nährstoffe abgeben.

Wenn Sie also Spinnen in Ihren Kompost sehen, sollten Sie sich freuen, denn sie erfüllen eine wichtige und unschätzbare Aufgabe auf dem Weg zu einem guten Kompost, was durch eine reiche Ernte, belohnt wird.

Florfliegen

Florfliegen, auch als – Goldaugen – bekannt, sind eine wichtige Komponente im Ökosystem und spielen eine entscheidende Rolle bei der Aufrechterhaltung des Gleichgewichts in der Natur. Im Kompost haben Florfliegen eine wichtige Funktion, da sie dabei helfen, Schädlinge und andere unerwünschte Insekten zu kontrollieren.

Sie ernähren sich von Blattläusen, Spinnmilben und anderen Schädlingen, die sich im Kompost ansiedeln können. Dadurch tragen sie dazu bei, das Wachstum gesunder Pflanzen zu fördern und den Einsatz von Pestiziden zu reduzieren.

Darüber hinaus sind Florfliegen auch wichtige Bestäuber von Pflanzen, wie Obstbäumen, Gemüse und Blumen bei und sorgen so für eine reiche Ernte. Florfliegen sind auch ein wichtiger Indikator für die Gesundheit des Ökosystems. Wenn Florfliegen in einem Komposthaufen gefunden werden, deutet dies auf ein gesundes und ausgewogenes Ökosystem hin.

Zusammenfassend lässt sich sagen, dass Florfliegen im Kompost eine wichtige Funktion haben, denn sie helfen dabei, Schädlinge zu kontrollieren, fördern das Wachstum der Pflanzen und tragen zur Bestäubung bei. Ihre Anwesenheit im Kompost zeigt, dass dieser sich in einem guten Zustand befindet.

Käfer

Die Aufgaben von Käfern im Komposthaufen sind unverzichtbar und sehr vielfältig. Sie tragen maßgeblich dazu bei, dass organische Abfälle zu wertvollem Humus umgewandelt werden können.

Zunächst einmal zerkleinern Käfer die groben Kompostmaterialien wie Äste und Zweige durch Ihr kräftiges Kauen, wodurch das Material auf eine Größe gebracht wird, welche für Mikroorganismen leichter verdaulich ist.

Des Weiteren sorgen Käfer dafür, dass der Sauerstoffgehalt im Komposthaufen ausreichend hoch bleibt. Durch Ihre Tätigkeit im Kompostmaterial wird die Durchlüftung geschaffen, die den Austausch von Sauerstoff ermöglichen.

Ein weiterer wichtiger Beitrag der Käfer besteht darin, dass sie Nährstoffe freisetzen. Bei der Verdauung des Materials scheiden sie Stoffwechselprodukte aus, die reich an Stickstoff sind, welcher wiederum ein wesentlicher Bestandteil für gesundes Pflanzenwachstum darstellt. Neben diesen Aufgaben haben manche Arten von Kompostkäfern auch noch weitere nützliche Eigenschaften. So legt beispielsweise der Mistkäfer seine Eier in den frischen Dung von Weidetieren ab, dadurch wird dieser schneller zersetzt und es entstehen dabei weniger Gerüche.

Alles in allem leisten diese kleinen Helfer also einen enorm wichtigen Beitrag zur ökologischen Kreislaufwirtschaft, ohne diese wäre unsere Umwelt um einiges ärmer.

Mistkäfer

Mistkäfer sind eine Gruppe von Käfern, die sich auf das Sammeln und Verarbeiten von Tierexkrementen spezialisiert haben. Sie spielen eine wichtige Rolle bei der Kompostierung, da sie dazu beitragen, organische Materialien in nährstoffreichen Boden umzuwandeln.

Die Käfer sammeln den Kot von Tieren wie Kühen, Pferden und Elefanten und rollen ihn zu Kugeln zusammen, die sie dann in Ihre unterirdischen

Nester transportieren. Dort legen sie Ihre Eier in die Kugeln und die Larven ernähren sich von dem Kot, während er langsam zersetzt wird.

Die Bedeutung von Mistkäfern für die Kompostierung liegt darin, dass sie den Abbau von organischen Materialien beschleunigen und dabei helfen, wichtige Nährstoffe freizusetzen.

Durch Ihre Arbeit tragen sie zur Bildung von fruchtbarem Boden bei, der für das Wachstum von Pflanzen unerlässlich ist.

Darüber hinaus können Mistkäfer auch dazu beitragen, Schädlinge wie Fliegen und Mücken zu reduzieren, da sie den Kot entfernen, der sonst als Brutstätte für diese Insekten dienen würden.

Insgesamt sind Mistkäfer also ein wichtiger Bestandteil des Ökosystems und tragen maßgeblich zur Gesundheit des Bodens bei. Ohne sie würde die Kompostierung langsamer verlaufen und es könnte zu einer Ansammlung von unerwünschten Schädlingen kommen.

Daher ist es wichtig, Ihre Rolle in der Natur zu verstehen und zu schätzen.

Schwarzkäfer

Schwarzkäfer sind eine Art von Käfern, die oft in Komposthaufen und anderen organischen Materialien gefunden werden. Sie sind auch als Mistkäfer bekannt und spielen eine wichtige Rolle bei der Zersetzung von organischem Material.

Schwarzkäfer ernähren sich von abgestorbenen Pflanzen und Tieren sowie von Kot und anderen Abfällen. Sie tragen dazu bei, dass der Kompostprozess beschleunigt wird, indem sie das organische Material zerkleinern und umgraben. Durch Ihre Aktivität wird der Kompost belüftet und die Nährstoffe somit besser verteilt.

Die Bedeutung von Schwarzkäfern bei der Kompostierung ist enorm. Sie tragen dazu bei, dass der Kompostprozess schneller abläuft und das Ergebnis ein qualitativ hochwertiger Dünger ist. Außerdem helfen sie dabei, den pH-Wert des Komposts zu regulieren und schädliche Bakterien abzutöten.

Schwarzkäfer sind auch wichtig für die Bodengesundheit, da sie Nährstoffe in den Boden zurückführen und das Wachstum von Pflanzen fördern.

Allerdings kann es auch negative Auswirkungen geben, wenn zu viele Schwarzkäfer im Komposthaufen vorhanden sind. Wenn diese in großen Mengen auftreten, können sie den Komposthaufen überhitzen und dadurch den Abbau von organischen Materialien verlangsamen oder sogar stoppen.

Daher ist es wichtig, den Anteil der Schwarzkäfer im Komposthaufen zu kontrollieren und gegebenenfalls Maßnahmen zu ergreifen, um Ihre Anzahl zu reduzieren.

Insgesamt sind Schwarzkäfer eine wichtige Komponente bei der Kompostierung und tragen dazu bei, dass organische Abfälle in wertvollen Dünger umgewandelt werden. Es ist jedoch wichtig, Ihre Anzahl im Auge zu behalten, um eine optimale Kompostierung sicherzustellen.

Asseln

Die Asseln sind kleine, bodenbewohnende Krebstiere, die sich durch Ihre charakteristische, gepanzerte Körperform auszeichnen. Sie gehören zur Familie der Isopoden und sind in vielen Teilen der Welt verbreitet.

In der Natur spielen Asseln eine wichtige Rolle bei der Zersetzung von organischem Material, insbesondere bei der Kompostierung. Sie zerkleinern und zermahlen das Material und tragen so dazu bei, dass es schneller abgebaut wird.

Dabei nehmen sie auch Nährstoffe auf und geben sie wieder an den Boden ab.

Asseln sind also wichtige Helfer im ökologischen Kreislauf und tragen zur Gesundheit des Bodens bei.

Darüber hinaus dienen sie auch als Nahrung für viele andere Tiere wie Vögel und Reptilien, was Ihre Bedeutung für das Ökosystem noch weiter unterstreicht.

Isopoden

Isopoden sind kleine Krebstiere, die auch als Asseln bekannt sind. Sie leben in feuchten Umgebungen und ernähren sich von organischem Material wie Blättern, Holz und anderen Pflanzenresten.

In der Kompostierung spielen Isopoden eine wichtige Rolle, da sie dazu beitragen können, den Kompostprozess zu beschleunigen und das Endprodukt zu verbessern.

Einer der Vorteile von Isopoden in der Kompostierung ist Ihre Fähigkeit, organische Materialien zu zerkleinern und zu zersetzen.

Durch Ihre Aktivität wird das Material schneller abgebaut und es entsteht weniger Abfall. Darüber hinaus können Isopoden auch dazu beitragen, den pH – Wert des Komposts zu regulieren und ihn sauerstoffreich zu halten.

Allerdings gibt es auch Nachteile bei der Verwendung von Isopoden in der Kompostierung. Zum einen können sie sich schnell vermehren und dadurch den Komposthaufen über bevölkern. Zum anderen können sie auch Schäden an Pflanzenwurzeln verursachen, wenn diese aus dem Komposthaufen herauskriechen.

Insgesamt sind Isopoden jedoch eine wertvolle Ergänzung für jeden Komposthaufen. Wenn sie in angemessener Anzahl vorhanden sind, können sie dazu beitragen, den Kompostprozess zu beschleunigen und das Endprodukt zu verbessern.

Es ist jedoch wichtig, darauf zu achten, dass sich die Population nicht unkontrolliert vermehrt und dass der Komposthaufen regelmäßig umgeschichtet wird, um eine gleichmäßige Verteilung der Isopoden sicherzustellen.

Milben

Die Aufgaben der Milben bei einer Kompostierung und dessen Auswirkungen auf die Qualität des Komposts sind von großer Bedeutung. Milben spielen eine wichtige Rolle bei der Zersetzung organischer Materialien und tragen somit maßgeblich zur Entstehung eines fruchtbaren Bodens bei.

Durch Ihre Aktivität im Komposthaufen sorgen sie dafür, dass das organische Material schneller abgebaut wird und Nährstoffe freigesetzt werden. Dabei durchwühlen sie den Haufen regelrecht und fördern so die Durchlüftung, was wiederum für ein optimales Mikroklima sorgt.

Zudem helfen Milben dabei, Schadorganismen wie Pilze oder Bakterien zu bekämpfen. Sie fressen diese auf und scheiden Stoffwechselprodukte aus, welche antimikrobielle Eigenschaften besitzen.

Allerdings ist es wichtig zu beachten, dass nicht alle Arten von Milben gleichermaßen nützlich sind. Einige können sogar schädliche Auswirkungen haben und beispielsweise Pflanzenkrankheiten übertragen.

Um also einen optimalen Nutzen aus der Tätigkeit der Milben zu ziehen, sollte man darauf achten, dass sich nur bestimmte Arten ansiedeln dürfen.

Insgesamt jedoch gilt: Eine gesunde Population von verschiedenen Arten der Mikroorganismen, darunter auch verschiedene Typs an Bodentieren, ist entscheidend für eine erfolgreiche Kompostierung, sowie langfristig gesunden Gartenboden.

Insgesamt ist zu sagen, dass Mikroorganismen eine entscheidende Rolle spielen bei der Kompostierung von organischen Materialien. Sie sind dafür verantwortlich, dass aus Abfällen ein nährstoffreicher Boden entsteht, der für Pflanzenwachstum und deren Entwicklung unerlässlich ist.

Die Aufgaben der Mikroorganismen besteht darin, die organischen Materialien zu zersetzen und in Ihre Grundbestandteile zu zerlegen. Dabei produzieren sie Enzyme, welche die Zellulose und Lignin in den Abfällen abbauen. Durch diesen Prozess entstehen Nährstoffe wie Stickstoff, Phosphor und Kalium, die für das Wachstum von Pflanzen notwendig sind.

Die Qualität des Komposts hängt maßgeblich von der Aktivität der Mikroorganismen ab. Je mehr Mikroorganismen im Kompost vorhanden sind, desto schneller und effektiver erfolgt die Zersetzung der organischen Materialien. Dadurch wird auch die Freisetzung von Nährstoffen beschleunigt und es entsteht ein reichhaltiger Kompost.

Eine hohe Anzahl an Mikroorganismen im Kompost sorgt außerdem dafür, dass schädliche Bakterien und Pilze unterdrückt werden, was die Qualität des Komposts weiter verbessert.

Um jedoch eine hohe Anzahl an Mikroorganismen im Kompost zu gewährleisten, sollten bestimmte Bedingungen erfüllt sein. Dazu gehört eine ausreichende Belüftung des Komposts, um Sauerstoff für die Mikroorganismen bereitzustellen.

Auch eine ausgewogene Mischung aus grünen und braunen Materialien, sowie eine ausreichende Feuchtigkeit sind wichtig, um das Wachstum der Mikroorganismen zu fördern.

Zusammenfassend lässt sich sagen, dass die Mikroorganismen bei der Kompostierung eine unverzichtbare Rolle spielen. Sie zersetzen organische Materialien und produzieren dabei Nährstoffe, die für das Pflanzenwachstum notwendig sind. Eine hohe Anzahl an Mikroorganismen im Kompost sorgt für eine schnellere und effektivere Zersetzung und verbessert die Qualität des Komposts insgesamt.

Um eine hohe Anzahl an Mikroorganismen im Kompost zu gewährleisten, sollten Bedingungen erfüllt sein, die es ermöglichen, den Prozess so in Gang zu setzen durch eine ausreichende Belüftung, eine ausgewogene Mischung und ausreichende Feuchtigkeit als dessen Anforderung dazu.

Arten von Milben

Milben sind winzige, oft unsichtbare Lebewesen, die in vielen verschiedenen Umgebungen vorkommen, einschließlich im Komposthaufen. Es gibt verschiedene Arten von Milben, die im Komposthaufen leben und sich von organischen Materialien wie abgestorbene Pflanzen und Tieren ernähren.

Einige der häufigsten Milbenarten im Komposthaufen sind Springschwänze, räuberische Milben und Fadenwürmer.

Springschwänze sind winzige Insekten, die sich von abgestorbenen Pflanzen und Pilzen ernähren. Sie sind besonders nützlich in bei der Kompostierung, da sie dazu beitragen, das Material zu zerkleinern und zu zersetzen. Räuberische Milben hingegen ernähren sich von anderen Milben und Insekten, die im Komposthaufen leben. Sie helfen dabei, das Ökosystem im Komposthaufen auszugleichen und Schädlinge zu bekämpfen.

Fadenwürmer sind eine weitere Art von Mikroorganismen, welche im Kompost leben. Sie spielen eine wichtige Rolle bei der Zersetzung von organischen Materialien und tragen dazu bei, dass der Kompost schneller reift. Allerdings können sie auch Krankheiten auf Pflanzen übertragen, wenn sie aus dem Kompost auf den Boden gelangen.

Insgesamt können Milben einen positiven Einfluss auf die Kompostierung haben, indem sie dazu beitragen, das Material zu zersetzen und das Ökosystem im Komposthaufen auszugleichen. Allerdings können einige Arten von Milben auch negative Auswirkungen haben, indem sie Krankheiten auf Pflanzen übertragen oder Schädlinge anziehen.

Es ist wichtig, ein ausgewogenes Ökosystem im Komposthaufen zu schaffen und sicherzustellen, dass keine schädlichen Arten von Milben überhandnehmen. Ist ein Gleichgewicht vorhanden, wird es das Ökosystem in Eigenregie Regulieren im Zusammenspiel aller im Kompost lebenden Organismen.

Fadenwürmer

Fadenwürmer, auch bekannt als Nematoden, sind eine Gruppe von winzigen, fadenförmigen Würmern, die in fast jedem Lebensraum auf der Erde zu finden sind. Es gibt über 20.000 bekannte Arten von Fadenwürmern, von denen viele in der Kompostierung eine wichtige Rolle spielen. Einige Arten von Fadenwürmern sind nützlich für die Kompostierung, da sie dazu beitragen, organische Materialien abzubauen und zu zersetzen. Andere Arten können jedoch auch schädlich sein und den Kompostprozess stören.

Die Vorteile von Fadenwürmern bei der Kompostierung liegt darin, dass sie dazu beitragen, den Abbau von organischem Material zu beschleunigen und die Nährstoffe im Kompost zu erhöhen. Sie können auch dazu beitragen, die Schädlinge und Krankheiten im Kompost zu bekämpfen. Einige Arten von Fadenwürmern produzieren auch Enzyme, die dabei helfen, schwer abbaubare Materialien wie Holz und Stroh abzubauen.
Es gibt jedoch auch Nachteile bei der Verwendung von Fadenwürmern in der Kompostierung. Einige Arten können sich schnell vermehren und den Komposthaufen übernehmen, was zu einem Ungleichgewicht im System führen kann. Andere Arten können auch Pflanzen schädigen und Krankheiten auf andere Organismen übertragen. Es ist daher wichtig zu beachten, dass nicht alle Arten von Fadenwürmern für den Kompost geeignet sind. Einige Arten können sogar schädlich sein und sollten vermieden werden.
Es ist daher ratsam, sich vor der Verwendung von Fadenwürmern in der Kompostierung gründlich zu informieren und gegebenenfalls professionelle Beratung einzuholen.
Insgesamt können Fadenwürmer eine wichtige Rolle in der Kompostierung spielen, indem sie dazu beitragen, organische Materialien abzubauen und zu zersetzen. Es ist jedoch wichtig, die richtigen Arten von Fadenwürmern auszuwählen und sicherzustellen, dass diese nicht außer Kontrolle geraten oder schädliche Auswirkungen auf den Komposthaufen haben.

Marienkäfer

Marienkäfer sind nicht nur hübsch anzusehen, sondern sie sind auch äußerst nützliche Insekten. Sie spielen eine wichtige Rolle im ökologischen Gleichgewicht und sind auch im Kompost von unschätzbarem Wert. Marienkäfer Larven ernähren sich von Schädlingen wie Blattläusen und Spinnmilben, die im Komposthaufen oft zahlreich vorhanden sind. Durch Ihre natürliche Fressfeind–Regulierung helfen sie dabei, den Kompost gesund zu halten und das Wachstum von Pflanzen zu fördern.

Die Marienkäfer tragen auch dazu bei, den Boden zu lockern und zu belüften, indem sie sich in der oberen Schicht des Komposts bewegen und dabei organische Materialien zerkleinern und umwälzen.

Darüber hinaus legen Marienkäfer Ihre Eier oft in der Nähe von Nahrungsquellen ab, was bedeutet, dass sie den Kompost als einen idealen Ort betrachten könnten, um Ihre Nachkommen großzuziehen.

Zusammenfassend kann man sagen, dass Marienkäfer im Kompost eine wichtige Funktion haben, da sie dazu beitragen, den Kompost gesund zu halten und das Wachstum von Pflanzen zu fördern.

Käferlarven

Käferlarven sind die Larvenstadien von verschiedenen Arten von Käfern. Sie sind in der Regel wurmartig und haben einen weichen Körper. Die Käferlarven haben eine wichtige Rolle bei der Kompostierung zu leisten, da sie dazu beitragen, organische Materialien abzubauen und in wertvolle Nährstoffe umzuwandeln.

Die Larven ernähren sich von pflanzlichem Material wie Blättern, Gras und Zweigen sowie von tierischen Abfällen wie Eiern, Schnecken und Würmern. Während des Fressens zerkleinern sie das Material und helfen dabei, es zu zersetzen.

Einige der bekanntesten Käferlarven arten, die bei der Kompostierung helfen, sind die Larven der Mistkäfer und des Schwarzkäfers. Diese beiden Arten können große Mengen an organischem Material verarbeiten und sind in der Lage, den Kompostierungsprozess zu beschleunigen.

Die Larven der Mistkäfer sind besonders effektiv bei der Zersetzung von Tier Kot, während die Larven des Schwarzkäfers bevorzugt pflanzliches Material fressen.

Käferlarven sind auch dafür bekannt, dass sie andere Organismen im Komposthaufen fressen, die den Prozess behindern könnten. Zum Beispiel können sie Schnecken und Würmer fressen, die sich im Komposthaufen vermehren und das Material verdichten können. Durch das Fressen der Organismen tragen die Käferlarven dazu bei, den Komposthaufen zu belüften und zu lockern.

Insgesamt haben Käferlarven eine wichtige Rolle bei der Kompostierung und sind ein wichtiger Bestandteil des Ökosystems. Sie helfen dabei, organische Materialien abzubauen und in wertvolle Nährstoffe umzuwandeln, womit sie dazu beitragen, den Komposthaufen zu belüften und zu lockern.

Igel

Igel sind faszinierende Tiere, die in vielen Gärten anzutreffen sind.
Doch welche Funktion haben sie eigentlich in unserem Garten?

Igel sind hervorragende Helfer im Kampf gegen Schädlinge wie Schnecken und Insekten.

Sie ernähren sich von diesen Tieren und tragen somit dazu bei, dass unsere Pflanzen gesund bleiben und an Kraft gewinnen. Außerdem lockern sie durch das Graben den Boden auf und sorgen für eine bessere Durchlüftung.

Die Anpassungsfähigkeit der Igel ist bemerkenswert. Sie können in verschiedenen Lebensräumen leben und sich an unterschiedliche Bedingungen anpassen. So kommen Sie nicht nur in Gärten, sondern auch in Wäldern, Parks und sogar in Städten vor. Die Igel sind Nachtaktiv und verstecken sich Tagsüber in Verstecken wie Laubhaufen oder unter Büschen.
Igel haben auch eine besondere Fähigkeit, sich vor Feinden zu schützen. Bei Gefahr rollen sie sich zu einer Kugel zusammen und stellen Ihre Stacheln auf, um sich zu verteidigen.
Diese Stacheln bestehen aus modifizierten Haaren und sind ein wichtiges Merkmal der Igel.
Um den Igel im Garten einen geeigneten Lebensraum zu bieten, sollte man darauf achten, dass es genügend Verstecke gibt, wie zum Beispiel Laubhaufen oder Sträucher. Auch das Anlegen eines Teiches kann für den Igel von Vorteil sein, da sie hier Wasser finden und Insekten jagen können.

Insgesamt sind Igel wichtige Helfer im Garten und tragen dazu bei, dass unser Ökosystem im Gleichgewicht bleibt. Durch Ihre Anpassungsfähigkeit und Ihre Arbeit ist es wichtig diese Tiere zu schützen, damit diese wertvolle Dienste leisten können.

Bienen

Bienen sind unverzichtbare Helfer im Garten. Sie betäuben nicht nur Blüten und sorgen so für eine reiche Ernte, sondern tragen auch zur Artenvielfalt bei. Ohne Bienen gäbe es keine Früchte, Gemüse oder Nüsse. Doch Ihre Aufgaben im Garten gehen noch weiter, denn Bienen helfen auch bei der Bestäubung von Wildpflanzen und tragen so zur Erhaltung der natürlichen

Lebensräume bei. Darüber hinaus produzieren sie Honig, der nicht nur lecker schmeckt, sondern auch gesund ist.

Jedoch sind Bienen sind bedroht: Durch den Einsatz von Pestiziden und den Verlust von Lebensräumen, sind viele Arten in Ihrem Bestand gefährdet. Deshalb ist es wichtig, im eigenen Garten auf Bienen-freundliche Pflanzen zu achten und auf den Einsatz von Chemikalien zu verzichten. So können wir dazu beitragen, dass die wichtigen Aufgaben der Bienen auch in Zukunft erfüllt werden können. Bienen sind für den Garten und den Kompost von unschätzbarem Wert. Sie spielen eine wichtige Rolle bei der Bestäubung von Pflanzen und sorgen für eine reiche Ernte.

Ohne Bienen würden viele (Obst) – und Gemüsesorten nicht wachsen und es gäbe auch weniger Blumen in unseren Gärten. Doch das ist nicht alles was Bienen für uns tun.

Im Kompost sind die Bienen als Zersetzer aktiv. Sie helfen dabei, organische Materialien wie Laub, Gras oder Küchenabfälle in nährstoffreiche Erde umzuwandeln. Dabei tragen sie auch dazu bei, dass der Kompost schneller verrottet und somit schneller für die Verwendung im Garten bereitsteht.

Aber Bienen haben noch weitere Aufgaben im Garten. Sie bestäuben nicht nur Obst – und Gemüsepflanzen, sondern auch Blumen und Sträucher. Dadurch tragen sie zur Vielfalt und Schönheit des Gartens bei. Außerdem helfen sie, Schädlinge zu bekämpfen, indem sie Nützlinge wie Marienkäfer oder Schlupfwespen anlocken.

Um die Bienen im Garten anzulocken, gibt es verschiedene Möglichkeiten. Eine davon ist die Anpflanzung von Bienen-freundlichen Pflanzen wie Lavendel, Sonnenblumen oder Krokussen. Auch ein entsprechender Lebensraum mit Nistplätzen und Wasserstellen trägt dazu bei, dass sich Bienen im Garten wohlfühlen.

Insgesamt sind Bienen also unverzichtbar für einen gesunden und blühenden Garten sowie für einen erfolgreichen Kompostprozess. Es lohnt sich also, ihnen einen Platz in unserem Garten zu geben und sie zu schützen.

Wespen

Wespen sind oft ungeliebte Gäste in unseren Gärten und auf unseren Komposthaufen. Doch was viele nicht wissen, ist die Tatsache, dass sie eine wichtige Aufgabe in der Natur erfüllen und kann uns sogar nützlich sein. Wespen sind Fleischfresser und jagen vor allem Insekten wie Fliegen, Mücken und Raupen.

Dadurch helfen sie uns dabei, Schädlinge in unserem Garten zu reduzieren und eine unkontrollierte Population dieser einzudämmen, was sich wiederum als Nachteilig für die Pflanzen erweisen würde. Damit tragen die Wespen wesentlich zur Erhaltung des ökologischen Gleichgewichtes bei.
Auch auf dem Kompost spielen Wespen eine wichtige Rolle, denn sie zersetzen organische Materialien und beschleunigen so den Verrottungsprozess. Zudem sorgen sie dafür, dass sich keine lästigen Fliegen auf dem Kompost ansiedeln. Allerdings kann es auch vorkommen, dass Wespen unsere süßen Leckerei wie Kuchen oder Obst stibitzen. In diesem Fall sollten wir darauf achten, dass wir die Wespen nicht provozieren oder gar töten, sondern ihnen einfach eine andere Futterquelle anbieten.
Zusammenfassend kann gesagt werden, dass Wespen im Garten und auf dem Kompost eine wichtige Rolle spielen und uns bei der Schädlingsbekämpfung und Kompostierung unterstützen können.

Fliegen

Fliegen sind in der Natur oft als lästige Plagegeister bekannt und werden von vielen Menschen als unhygienisch empfunden. Doch tatsächlich erfüllen Fliegen im Garten und auf dem Kompost wichtige Aufgaben und sie sind ein wichtiger Bestandteil des ökologischen Kreislaufes und tragen zur Zersetzung von organischem Material bei.
Fliegenlarven ernähren sich von abgestorbenen Pflanzen, Gemüseresten und anderen organischen Abfällen und wandeln diese in wertvollen Kompost

um. Auch beim Bestäuben von Blüten spielen Fliegen eine große Rolle, insbesondere bei Pflanzen, die von anderen Insekten weniger häufig besucht werden.

Allerdings gibt es auch negative Aspekte: Fliegen können Krankheitserreger übertragen und können durch Ihre Eiablage in Lebensmitteln Schäden verursachen. Um die positiven Aspekte der Fliegen im Garten und auf dem Kompost zu nutzen und die negativen Auswirkungen zu minimieren, ist eine bewusste Handhabung notwendig.

Eine regelmäßige Entfernung von Abfällen und eine Abdeckung des Komposts können dazu beitragen, dass sich weniger Fliegen ansiedeln. Auch das Vermeiden von übermäßigem Einsatz von Pestiziden ist wichtig, um die natürliche Fliegenpopulation zu erhalten.

Insgesamt ist es wichtig, sich bewusst zu machen, dass Fliegen im Garten und auf dem Kompost wichtige Funktionen erfüllen. Durch eine bewusste Handhabung kann man dazu beitragen, dass die positiven Aspekte genutzt werden und die negativen Auswirkungen minimiert werden.

Mücken

Mücken sind eine allgegenwärtige Plage in vielen Gärten und können für Menschen und Tiere gleichermaßen lästig sein. Doch trotz Ihrer schlechten Reputation erfüllen Mücken wichtige Aufgaben im Garten und auf dem Kompost.

Eine der wichtigsten Funktionen von Mücken ist die Bestäubung von Pflanzen. Insbesondere nachts, wenn Bienen und andere Insekten nicht aktiv sind, übernehmen Mücken diese Rolle und tragen zur Fortpflanzung von Pflanzen bei. Darüber hinaus sind auch Mücken eine wichtige Nahrungsquelle für viele Tiere und Vögel, Fledermäuse und Frösche. Wenn man bedenkt, dass eine einzige Fledermaus bis zu 1000 Mücken pro Nacht fressen kann, wird deutlich, wie wichtig Mücken für das Ökosystem sind.

Auch auf dem Kompost spielen Mücken eine wichtige Rolle, indem sie organische Materialien zersetzen und so zur Bildung von Humus beitragen.

Allerdings sollte man darauf achten, dass der Kompost nicht zu feucht wird, da dies die Vermehrung von Mücken begünstigt.

Insgesamt sind Mücken also keineswegs nur lästige Insekten, sondern erfüllen wichtige Funktionen im Garten und auf dem Kompost.

Junikäfer

Junikäfer sind ein wichtiger Bestandteil des ökologischen Gleichgewichts im Garten und auf dem Kompost. Sie gehören zu den größten Käferarten in Mitteleuropa und sind vor allem in den Monaten Mai bis Juli aktiv.

Ihre Aufgabe besteht darin, abgestorbene Pflanzen und Baumteile zu zersetzen und somit den Boden zu düngen. Dabei spielen sie eine wichtige Rolle bei der Umwandlung von organischem Material in Nährstoffe, die von anderen Lebewesen im Boden aufgenommen werden können.

Besonders auf dem Kompost sind Junikäfer unverzichtbar. Durch Ihre Aktivität tragen sie dazu bei, dass der Kompost schneller verrottet und somit schneller als Dünger verwendet werden kann. Außerdem sorgen sie dafür, dass der Kompost durchmischt wird und somit eine gleichmäßige Verteilung der Nährstoffe gewährleistet ist.

Auch im Garten haben Junikäfer eine wichtige Funktion. Sie fressen nicht nur abgestorbene Pflanzenreste, sondern auch Schädlinge wie Blattläuse und Raupen. Dadurch helfen sie dabei, das ökologische Gleichgewicht im Garten zu erhalten und Schäden an den Pflanzen zu minimieren.

Allerdings gibt es auch negative Auswirkungen von Junikäfern auf den Garten. In manchen Jahren kann es zu einem Massenauftreten kommen, bei dem die Käfer große Schäden an den Blättern und Früchten von Bäumen und Sträuchern verursachen.

In diesem Fall ist es wichtig, geeignete Maßnahmen zur Bekämpfung zu ergreifen, um die Schäden zu minimieren.

Insgesamt sind Junikäfer ein wichtiger Bestandteil des ökologischen Gleichgewichts im Garten und auf dem Kompost. Durch die Arbeit tragen sie dazu bei, dass der Boden fruchtbar bleibt und Schädlinge bekämpft werden. Es ist daher wichtig, Ihre Funktion im Garten zu verstehen und zu schätzen.

Schnecken

Schnecken sind oft ein Dorn im Auge von Gartenbesitzern, da sie Pflanzen fressen und Schäden anrichten können. Doch Schnecken haben auch wichtige Aufgaben im Garten und Kompost. Zum einen sind sie Teil des Nahrungsnetzes und dienen als Futter für Vögel, Igel und andere Tiere. Zum anderen sorgen Schnecken dafür, dass abgestorbene Pflanzenteile und organische Materialien zersetzt werden, was den Boden auflockert und nährstoffreicher macht.
Im Komposthaufen sind Schnecken sogar unverzichtbar, da sie helfen, das Material zu zerkleinern und zu durchlüften. Außerdem produzieren sie Kot, welcher reich an Stickstoff ist und somit die Kompostqualität verbessert.

Es gibt verschiedene Arten von Schnecken, wie beispielsweise die Weinbergschnecke, die als Indikator für einen gesunden Boden gelten, da sie nur in einem ökologisch intakten Umfeld vorkommen. Es lohnt sich also, Schnecken nicht nur als Plagegeister zu betrachten, sondern Ihre wichtigen Funktionen im Garten und Kompost zu schätzen.

Weinbergschnecken

Weinbergschnecken sind nicht nur eine Delikatesse auf dem Teller, sondern auch nützliche Helfer im Garten und Kompost. Die Schnecken ernähren sich von abgestorbenen Pflanzenresten, Laub und anderen organischen Materialien, die im Garten und auf dem Kompost zu finden sind.

Durch Ihre Verdauung geben sie diese Stoffe in Form von Nährstoffen wieder an den Boden ab und tragen somit zur Bodenverbesserung bei. Darüber hinaus sorgen sie durch das Zerkleinern von Blättern und Gräsern für eine bessere Durchlüftung des Bodens und fördern so das Wachstum von Pflanzen.

Auch Schnecken Kot ist ein wertvoller Dünger, der den Boden mit wichtigen Nährstoffen versorgt. Weinbergschnecken sind also nicht nur schöne Tiere, sondern auch unverzichtbare Helfer im Garten und Kompost. Es lohnt sich also, ihnen einen Platz in unserem Ökosystem zu geben und sie zu schützen.

Nacktschnecken

Nacktschnecken sind oft eine häufige Erscheinung im Garten und auf dem Kompost. Sie werden oft als Schädlinge betrachtet, da sie Pflanzen fressen und somit den Ertrag beeinträchtigen können. Allerdings haben Nacktschnecken auch wichtige Aufgaben im Ökosystem des Gartens und Komposts.

Eine wichtige Aufgabe der Nachtschnecken ist die Zersetzung von organischem Material. Sie fressen tote Pflanzenreste und helfen so bei der Umwandlung von Abfallstoffen in wertvolle Nährstoffe für den Boden. Durch die Verdauung geben sie zudem wichtige Mineralien frei, die für das Wachstum von Pflanzen notwendig sind.

Ein weiterer positiver Aspekt der Nacktschnecken ist Ihre Rolle als Nahrungsquelle für andere Tiere, Vögel, Igel und Kröten, welche sich von den Schnecken ernähren und trägt so zur natürlichen Regulierung der Population bei. Auch einige Insektenarten nutzen die Schnecken als Nahrung oder legen Ihre Eier auf ihnen ab.

Allerdings kann eine zu hohe Anzahl an Nacktschnecken im Garten auch negative Auswirkungen haben. Sie können Pflanzen schädigen und den Ertrag mindern.

Hier ist es wichtig, ein ausgewogenes Verhältnis zwischen Schnecken und anderen Tieren im Garten zu schaffen. Um die positiven Aspekte der Nachtschnecken zu fördern und gleichzeitig Schäden zu minimieren, gibt es verschiedene Maßnahmen. Eine dieser Möglichkeiten ist das Anlegen von Schnecken zäunen oder das Ausbringen von Kupferfolie, welche die Schnecken fernhält. Auch das Anpflanzen von schneckenresistenten Pflanzen kann dabei hilfreich sein.

Insgesamt sind Nacktschnecken also wichtige Akteure im Ökosystem des Gartens und Komposts. Durch Ihre Rolle bei der Zersetzung von organischem Material und als Nahrungsquelle für andere Tiere tragen sie zur natürlichen Regulierung bei.
Allerdings ist es wichtig, ein ausgewogenes Verhältnis zwischen Schnecken und anderen Tieren im Garten zu schaffen, um Schäden zu minimieren.

Ameisen

Ameisen sind nicht nur faszinierende Insekten, sondern auch äußerst nützliche Helfer im Garten und Kompost. Sie übernehmen eine Vielzahl von Aufgaben, die dazu beitragen, das Ökosystem im Garten in Balance zu halten.

Eine der wichtigsten Aufgaben ist die Zersetzung von organischem Material. Ameisen tragen kleine Stücke von Pflanzenmaterial und anderen organischen Abfällen in Ihre Nester, wo sie von Bakterien und Pilzen zersetzt werden. Dieser Prozess hilft, den Komposthaufen zu belüften und zu beschleunigen.

Darüber hinaus spielen Ameisen eine wichtige Rolle bei der Verbreitung von Samen. Einige Pflanzenarten haben bestimmte Anhängsel an Ihren Samen, die von den Ameisen transportiert werden. Die Ameisen tragen die Samen in Ihre Nester, wo sie später keimen und wachsen können.

Ein weiterer Vorteil der Ameisen im Garten ist Ihre Fähigkeit, Schädlinge zu bekämpfen. Einige Ameisenarten fressen Blattläuse und andere Insekten, die Pflanzen schädigen, Können. Sie halten auch andere Schädlinge wie Raupen und Käfer unter Kontrolle.

Allerdings können Ameisen auch ein Problem darstellen, wenn sie in großen Mengen auftreten oder in Gebieten nisten, die für den Menschen unangenehm sind. Wenn Ameisen in Haus oder Wohnung eindringen oder auf Terrassen und Wegen herumlaufen, kann dies störend sein. In diesem Fall ist es wichtig, geeignete Maßnahmen zu ergreifen, um die Ameisenpopulation zu reduzieren oder zu entfernen.

Insgesamt sind Ameisen jedoch ein wichtiger Bestandteil des Gartenökosystems und können dazu beitragen, das Wachstum von Pflanzen zu fördern und Schädlinge zu bekämpfen. Wenn sie in angemessener Anzahl und an geeigneten Stellen auftreten, sollten sie als willkommene Helfer betrachtet werden.

Regenwürmer

Regenwürmer sind wichtige Helfer im Garten und auf dem Kompost. Sie spielen eine bedeutende Rolle bei der Verbesserung der Bodenqualität und der Nährstoffversorgung von Pflanzen und sind eine wichtige Komponente des Bodenlebens. Sie gehören zu den Ringelwürmern und leben in feuchten Böden, wo sie sich von organischem Material ernähren. Regenwürmer spielen eine entscheidende Rolle bei der Aufrechterhaltung der Bodenstruktur und deren Gesundheit. Durch Ihre Aktivitäten lockern sie den Boden auf, verbessern die Belüftung und erhöhen die Wasserdurchlässigkeit, was dazu führt, dass eine bessere Durchmischung von Nährstoffen und Sauerstoff erfolgt.

Regenwürmer graben Gänge in den Boden, die das Wasser besser aufnehmen und speichern können. Dadurch wird die Bodenstruktur gelockert und es entsteht mehr Sauerstoff im Boden, was wiederum das Wachstum der Pflanzen fördert. Darüber hinaus helfen sie bei der Kontrolle von Schädlingen, indem sie die Eier und Larven fressen.

Zudem tragen Regenwürmer dazu bei, organische Materialien wie Laub oder Gras zu zersetzen und in wertvolle Nährstoffe umzuwandeln. Auf dem Komposthaufen sind sie unverzichtbar, da sie das Material durch Ihre Verdauungstätigkeit in Humus umwandeln.

Dabei geben sie wichtige Mineralstoffe wie Stickstoff, Phosphor und Kalium ab, die für das Wachstum von Pflanzen unerlässlich sind.

Auch für die Bodenfruchtbarkeit sind Regenwürmer von großer Bedeutung. Sie produzieren Kotballen, die reich an Nährstoffen sind und den Boden düngen. Durch Ihre Aktivität lockern sie außerdem den Boden auf und sorgen dafür, dass sich Luft und Wasser besser im Boden verteilen können.

Es gibt verschiedene Arten von Regenwürmern, die unterschiedliche Aufgaben im Garten und den Kompost haben. So gibt es zum Beispiel Tiefgräber, welche tiefe Gänge in den Boden graben und dadurch das Grundwasser erreichen. Andere Arten bevorzugen flache Böden und tragen dazu bei, dass sich das Wasser besser im Boden verteilt.

Diese verschiedenen Arten von Regenwürmern, die sich in Größe, Farbe und Verhalten unterscheiden. Einige Regenwürmer können bis zu einem Meter lang werden, während andere nur wenige Zentimeter groß sind.

Insgesamt sind Regenwürmer unverzichtbare Helfer im Garten und auf dem Kompost und stellen einen wichtigen Bestandteil des Ökosystems dar.

Sie tragen dazu bei, dass der Boden gesund bleibt und die Pflanzen optimal versorgt werden. Wer seinen Garten oder Komposthaufen regelmäßig von Regenwürmern besiedeln lässt, kann sich über eine reiche Ernte und gesunde Pflanzen freuen. Es ist wichtig, den Lebensraum dieser Tiere zu schützen und zu erhalten, um Ihre wichtige Funktion im Ökosystem aufrechtzuerhalten.

Mistwürmer

Diese sind auch bekannt als Kompostwürmer oder Regenwürmer, spielen eine wichtige Rolle bei der Kompostierung. Diese Würmer sind in der Lage, organische Abfälle wie Gemüsereste, Blätter und Gras zu zersetzen und in wertvollen Kompost umzuwandeln.

Im Gegensatz zu anderen Wurmarten haben Mistwürmer eine besondere Fähigkeit, die sie zu idealen Helfern bei der Kompostierung macht. Sie können große Mengen an organischem Material schnell verdauen und dabei wichtige Nährstoffe freisetzen.

Mistwürmer sind in der Lage, den Komposthaufen von innen heraus zu durchdringen und das Material zu lockern. Dadurch wird Sauerstoff in den Haufen eingebracht, was für eine bessere Belüftung sorgt und den Verrottungsprozess beschleunigt. Gleichzeitig produzieren die Würmer Kot, der reich an Nährstoffen wie Stickstoff, Phosphor und Kalium ist. Dieser Kot wird auch als Wurmhumus bezeichnet und ist ein wertvoller Dünger für Pflanzen.

Die Mistwürmer sind auch sehr widerstandsfähig gegenüber Umweltbedingungen wie Temperaturschwankungen und Feuchtigkeit. Sie können sich schnell vermehren und helfen so dabei, den Komposthaufen effektiv zu bearbeiten. Es gibt verschiedene Arten von Mistwürmer, darunter die Roten Kalifornischen Kompostwürmer und die Europäischen Nacht -Kriecher. Beide Arten sind jedoch gleichermaßen nützlich bei der Kompostierung.

Insgesamt sind Mistwürmer ein wichtiger Bestandteil des Prozesses bei der Kompostierung und tragen dazu bei, organische Abfälle in wertvollen Dünger Umzuwandeln und sorgen für eine bessere Belüftung des Komposthaufens.

Wer also einen eigenen Komposthaufen betreibt, sollte sich überlegen, diese nützlichen Helfer gezielt einzusetzen.

Springschwänze

Diese sind winzige, bodenbewohnende Insekten, die in der Regel nur wenige Millimeter groß sind. Sie gehören zur Familie der Springschwänze (Collembola) und leben in einer Vielzahl von Lebensräumen, darunter Wälder, Wiesen und Gärten.

Diese kleinen Kreaturen sind von großer Bedeutung für die Kompostierung von organischem Material. Sie spielen eine wichtige Rolle bei der Zersetzung von Pflanzenmaterial und tragen dazu bei, dass Nährstoffe im Boden verfügbar werden.

Springschwänze haben eine große Anzahl von Aufgaben bei der Kompostierung.

Zum einen helfen sie dabei, das organische Material zu zerkleinern und zu zersetzen. Durch Ihre Bewegungen und Ihr Fressverhalten tragen sie dazu bei, dass das Material schneller abgebaut wird und somit schneller zu wertvollen Humus wird.

Darüber hinaus helfen Springschwänze auch dabei, den Sauerstoffgehalt im Kompost zu erhöhen. Sie bewegen sich durch das Material und sorgen dafür, dass es belüftet wird, was für eine bessere Durchlüftung sorgt. Ein weiterer wichtiger Aspekt ist die Rolle der Springschwänze bei der Regulierung des pH-Werts im Kompost. Sie produzieren Enzyme, die dazu beitragen, den pH-Wert auf einem optimalen Niveau zu halten. Dies ist wichtig, da ein zu saurer oder alkalischer pH-Wert den Abbau von organischem Material hemmen kann.

Wichtige Rolle bei der Kompostierung spielen. Sie tragen dazu bei, das organische Material zu zersetzen, den Sauerstoffgehalt im Kompost zu erhöhen und den pH-Wert zu regulieren. Ohne diese kleinen Insekten würde die Kompostierung viel langsamer verlaufen und es würde länger dauern, bis wertvoller Humus entsteht.

Schmetterlinge

Schmetterlinge sind nicht nur wunderschöne Insekten, sondern haben auch eine wichtige Bedeutung für die Natur. Sie sind wichtige Bestäuber und tragen zur Erhaltung der Biodiversität bei. Doch auch auf der Kompostierung spielen Schmetterlinge eine wichtige Rolle, denn Ihre Larven, die Raupen, ernähren sich von organischen Materialien wie Blättern und Pflanzenresten. Dadurch tragen sie dazu bei, dass diese Materialien schneller zersetzt werden und in wertvollen Humus umgewandelt werden können.

Besonders wichtig dabei sind die Raupen von Schmetterlingen wie dem Kohlweißling oder dem Distelfalter. Diese Arten haben sich auf bestimmte Pflanzen spezialisiert und tragen so dazu bei, dass auch diese Pflanzenreste schnell abgebaut werden. Durch Ihre Aktivität wird der Komposthaufen regelrecht durch gepflügt und belüftet, was zu einer schnelleren und effektiveren Kompostierung führt.

Es lohnt sich also, den Schmetterlingen auf dem eigenen Grundstück eine Heimat zu bieten. Dazu können beispielsweise gezielt Pflanzen angebaut werden, die als Nahrungsquelle für Schmetterlingsraupen dienen. Auch das Anlegen von Wildblumenwiesen kann dazu beitragen, dass sich Schmetterlinge im Garten wohlfühlen und Ihre wichtige Arbeit verrichten können.

Insgesamt ist also festzuhalten, dass Schmetterlinge nicht nur ästhetisch ansprechend sind, sondern auch einen wichtigen Beitrag zur Kompostierung leisten. Wer sich für eine nachhaltige Gartenarbeit interessiert, sollte daher auch die Bedeutung dieser Insekten im Blick haben und gezielt Maßnahmen ergreifen, um ihnen einen Lebensraum zu bieten.

Winterquartiere für Tiere im Garten

Im Winter ist es für viele Tiere schwierig, Nahrung und Schutz zu finden. Viele von ihnen suchen daher Unterschlupf im Garten, um dort zu überwintern. Dabei nutzen sie bevorzugte Lager, die ihnen Schutz vor Kälte und Feinden bieten.

Zu den Tieren, die im Garten überwintern, gehören beispielsweise der Igel, Eichhörnchen, Spinnen, Marienkäfer und Schmetterlinge. Igel bevorzugen dabei Laub und Reisighaufen, auch dichtes Gestrüpp, sowie Holzstapel als geeigneten Unterschlupf.

Eichhörnchen bauen sich gerne ein Nest aus Zweigen und Blättern in Bäumen oder Sträuchern. Spinnen verstecken sich gerne in Ritzen und Spalten an Hauswänden oder in Pflanzen. Marienkäfer und Schmetterlinge suchen hingegen Schutz in hohlen Stängeln oder unter Rindenstücken.

Als Gärtner kann man den Tieren helfen, indem man geeignete Unterschlupfmöglichkeiten schafft. Dazu können beispielsweise Laub – und Reisighaufen aufgeschichtet oder auch Holzstapel angelegt werden. Eine gute Möglichkeit bietet auch ein zusätzliches Einbringen von Gestrüpp und Ästen unter Sträuchern, welchen einen hervorragenden Schutz darstellen, welchen man dann auch so belassen sollte, da sich die Tiere darin entsprechend einrichten und in den Folgejahren auch aktiv nutzen.

Auch das Aufhängen von Nistkästen für Vögel oder das Anbringen von Insektenhotels kann den Tieren helfen und stellen eine echte Bereicherung für den Garten dar.

Wichtig ist dabei, dass die Unterschlupfmöglichkeiten trocken und Windgeschützt sind. Außerdem sollten sie nicht zu dicht an Straßen oder anderen Gefahrenquellen liegen, es sollte der Tierart entsprechen. Für die Schaffung der Unterschlupfmöglichkeiten sind verschiedene Materialien erforderlich. Für Laub – und Reisighaufen sind heruntergefallene Blätter und Äste optimal, welche man verwenden kann. Holzstapel können aus abgeschnittenen

Ästen in verschiedenen Dicken und mit Zweigen vermischt werden, um somit ein gutes Winterlager zu errichten. Nistkästen und Insektenhotels können aus Holz, Bambus oder Ton hergestellt werden.

Wichtig ist dabei, dass die Materialien unbehandelt sind, da sonst giftige Dämpfe entstehen können, was der Tierwelt nicht dienlich ist und jenen Schaden zufügen kann. Bei der Herstellung dieser Produkte, welche im Garten zum Einsatz kommen, bietet es sich hervorragend an die Kinder oder Enkel in das Projekt mit einzubeziehen um sie an der Notwendigkeit und der Freude bei dessen Erstellung teilhaben zu lassen.

Daraus ergeben sich viele Aspekte wie Fragen nach dem Warum, weshalb, wohin, als auch des Gesamtbildes und der Erfolge die daraus resultieren. Auch werden die erforderlichen Kenntnisse und Fertigkeiten bei der Herstellung vermittelt und somit zu selbständigen Menschen gefördert. Dies gehört auch zum Kreislauf des Lebens, indem Wissen vermittelt und weitergereicht wird.

Insgesamt kann man als Gärtner viel tun, um den Tieren im Garten zu helfen. Durch die Schaffung geeigneter Unterschlupfmöglichkeiten kann man dazu beitragen, dass sie den Winter gut überstehen und im Frühjahr wieder aktiv werden können.

Kompost als natürlicher Schädlingsbekämpfer

Die ökologische Schädlingsbekämpfung im Garten ist eine nachhaltige und umweltfreundliche Methode, um unerwünschte Schädlinge zu bekämpfen. Im Gegensatz zu chemischen Schädlingsbekämpfungsmitteln, werden hierbei natürliche Methoden eingesetzt, die das ökologische Gleichgewicht im Garten nicht stören.

Eine Möglichkeit der ökologischen Schädlingsbekämpfung ist die Verwendung von Nützlingen. Diese sind Insekten und Tiere, die natürliche Feinde der Schädlinge sind und somit deren Population reduzieren können. Beispielsweise können Marienkäfer gegen Blattläuse eingesetzt werden oder Laufenten gegen Schnecken.

Eine weitere Methode ist die Verwendung von Pflanzenextrakten und ätherischen Ölen. Diese können als Sprays auf die betroffenen Pflanzen aufgetragen werden und vertreiben die Schädlinge durch ihren Geruch oder Geschmack. Beispiele hierfür sind Knoblauch oder Brennnessel – Extrakte.

Auch eine gezielte Bodenpflege kann dazu beitragen, dass Schädlinge gar nicht erst auftreten. Eine regelmäßige Kompostierung sorgt für einen gesunden Boden und eine starke Pflanzenabwehr.

Kompost ist ein natürlicher Schädlingsbekämpfer, der sich positiv auf die Umwelt und das Ökosystem auswirkt. Da Kompost eine Vielzahl an Mikroorganismen enthält und dazu beitragen den Boden und dessen Struktur zu verbessern, als auch das Wachstum der Pflanzen zu fördern. Diese Mikroorganismen können auch dazu beitragen, Schädlinge abzuwehren oder zu bekämpfen, indem sie deren natürlichen Feinde anziehen oder durch ihre Stoffwechselprodukte toxische Substanzen produzieren.

Eine Studie hat gezeigt, dass der Einsatz von Kompost als Schädlingsbekämpfungsmittel in der Landwirtschaft dazu beitragen kann, den Einsatz von chemischen Stoffen wie Pestiziden zu reduzieren. Chemische Stoffe können schädlich für die Umwelt sein und haben oft negative Auswirkungen auf die Gesundheit von Mensch und Tier. Der Einsatz von Kompost als natürlicher Schädlingsbekämpfer kann daher dazu beitragen, die Umweltbelastung zu reduzieren und gleichzeitig die Gesundheit von Mensch und Tier zu schützen. Darüber hinaus kann der Einsatz von Kompost als natürlicher Schädlingsbekämpfer dazu beitragen, das Ökosystem zu stärken. Dies geschieht insbesondere, indem man auf schädliche Pestizide verzichtet und stattdessen auf natürliche Methoden zurückgreift, kann man dazu beitragen, das Gleichgewicht im Ökosystem aufrechtzuerhalten.

Chemische Pestizide können nicht nur Schädlinge abtöten, sondern auch nützliche Insekten und Tiere, die Teil des so wichtigen Ökosystems sind. Der Einsatz von Kompost als natürlicher Schädlingsbekämpfer kann dazu beitragen, das Ökosystem zu schützen und zu stärken, indem er dazu beiträgt, das Gleichgewicht zwischen Schädlingen und ihren natürlichen Feinden aufrechtzuerhalten. Es ist eine nachhaltige Methode, welche dazu beitragen kann, die Landwirtschaft und andere Bereiche des Lebens zu verbessern.

Zusammenfassend lässt sich sagen, dass es viele Möglichkeiten gibt, eine ökologische Schädlingsbekämpfung im Garten vorzunehmen. Die Verwendung von Nützlingen, Pflanzenextrakten und eine gezielte Bodenpflege sind nur einige Beispiele davon. Durch den Einsatz dieser Methoden kann man nicht nur die Schädlinge bekämpfen, sondern auch die Umwelt schützen und das ökologische Gleichgewicht im Garten erhalten.

Brennnessel

Brennnesseln sind nicht nur unliebsame Unkräuter, sondern können auch als natürliche Schädlingsbekämpfung im Garten eingesetzt werden. Die Pflanze enthält nämlich hohe Konzentrationen von Stickstoff, Eisen, Kalium und Magnesium, die für das Wachstum von Pflanzen essenziell sind.

Durch das Einsetzen von Brennnesseln als Mulch oder Dünger kann man somit nicht nur Schädlinge fernhalten, sondern auch das Wachstum von Pflanzen fördern. Auch eignen sich diese sehr gut als Beigabe für die Kompostierung, da somit der sich entwickelnde Kompost aufgewertet wird und dessen Qualität sich erhöht.

Um Brennnesseln als Schädlingsbekämpfung zu nutzen, kann man sie entweder als Tee aufbrühen und die betroffenen Pflanzen damit besprühen oder die Pflanzenreste als Mulch Material verwenden. Der Tee kann auch als Dünger verwendet werden, indem man ihn direkt in den Boden einbringt. Besonders effektiv ist die Anwendung gegen Blattläuse und Spinnmilben, da der Geruch der Brennnessel diese vertreibt.

Ein weiterer Vorteil der Brennnessel ist ihre Fähigkeit, Nützlinge wie Marienkäfer anzulocken. Diese fressen wiederum Schädlinge wie Blattläuse und

Spinnmilben und helfen somit bei der natürlichen Schädlingsbekämpfung im Garten.

Es ist jedoch wichtig zu beachten, dass Brennnesseln auch andere Pflanzen im Garten beeinträchtigen können, wenn sie zu nah an diesen Wachsen. Daher sollte man sie am besten an einen abgelegenen Ort im Garten anpflanzen oder in einem separaten Beet halten.

Insgesamt bietet die Brennnessel eine natürliche und effektive Möglichkeit, Schädlinge im Garten fernzuhalten und das Wachstum anderer Pflanzen zu fördern.

Durch ihre Nährstoffe und die Anziehungskraft auf Nützlinge, ist sie eine wertvolle Ergänzung für jeden Garten.

Aufgaben der chemischen Elemente im Kompostierungsprozess

Kompost ist ein wichtiger Bestandteil der organischen Landwirtschaft und Gartenarbeit. Es handelt sich um einen natürlichen Dünger, der aus organischen Abfällen wie Laub, Gras, Gemüse- und Obstresten hergestellt wird. Während des Kompostierungsprozesses spielen die chemischen Elemente eine wichtige Rolle. Sie sind für den Abbau der organischen Substanzen verantwortlich und sorgen dafür, dass der Kompost zu einem nährstoffreichen Bodenverbesserer wird.

Die wichtigsten chemischen Elemente im Kompost sind Kohlenstoff, Stickstoff, Phosphor und Kalium. Kohlenstoff ist der Hauptbestandteil von organischen Materialien und bildet die Grundlage für den Kompostierungsprozess. Mikroorganismen zersetzen den Kohlenstoff und wandeln ihn in Kohlendioxid um, das in die Atmosphäre abgegeben wird.

Stickstoff ist ein wichtiger Nährstoff für Pflanzen und wird ebenfalls im Kompost freigesetzt. Der vorhandene Stickstoff trägt auch zur Bildung von Proteinen bei, was für das Pflanzenwachstum wichtig ist. Allerdings muss das Verhältnis von Kohlenstoff zu Stickstoff im Kompost stimmen, damit die Mikroorganismen optimal arbeiten können.

Näheres dazu wird im Kapitel – Verhältnis von Kohlenstoff und Stickstoff beschrieben. Phosphor fördert die Wurzelbildung und das Blühen von Pflanzen. Kalium ist wichtig für die Stärkung der Zellwände und erhöht die Widerstandsfähigkeit gegen Krankheiten.

Während der Kompostierung werden diese Elemente durch Mikroorganismen wie Bakterien, Pilze und Würmer abgebaut. Die Mikroorganismen nutzen den Kohlenstoff als Energiequelle und den Stickstoff als Nährstoff. Dabei entstehen Stoffwechselprodukte wie Ammoniak. Nitrate und Phosphate, die von den Pflanzen aufgenommen werden können.

Phosphor ist ein wichtiger Nährstoff für Pflanzen der im Kompost freigesetzt wird. Allerdings ist Phosphor nicht so mobil wie Stickstoff und kann daher im Boden schnell festgelegt werden. Um eine optimale Freisetzung von Phosphor zu gewährleisten, sollte der pH-Wert des Kompostes zwischen 6,0 und 7,5 liegen.

Schädliche Elemente wie Blei, Quecksilber oder Arsen können durch den Einsatz von belastenden Materialien wie beispielsweise Holzschutzmitteln in den Kompost gelangen. Diese Elemente können sich im Boden anreichern und langfristig schädliche Auswirkungen auf die Umwelt haben. Daher ist es wichtig, bei der Kompostierung auf belastende Materialien zu verzichten und diese entsprechend den bestehenden Vorgaben zu entsorgen.

Um sicherzustellen, dass der Kompost ausreichend Nährstoffe erhält, ist es wichtig, das Verhältnis von Kohlenstoff zu Stickstoff im Kompost zu optimieren. Ein Verhältnis von: (30: 1), (Kohlenstoff zu Stickstoff) ist ideal für eine schnelle und effektive Kompostierung.

Zu viel Kohlenstoff kann den Abbau verlangsamen, während zu viel Stickstoff zu einem unangenehmen Geruch führen kann.

Insgesamt wäre zu sagen, dass die chemischen Elemente eine wichtige Rolle im Kompostierungsprozess spielen und sind unverzichtbar für eine gesunde und nachhaltige Landwirtschaft. Ein ausgewogenes Verhältnis von Kohlenstoff zu Stickstoff sowie ein optimaler pH-Wert sind entscheidend für eine erfolgreiche Kompostierung.

Gleichzeitig sollten schädliche Elemente vermieden werden, um eine langfristige Schädigung der Umwelt zu vermeiden. Die chemischen Elemente sorgen letztlich dafür, dass organische Abfälle in nährstoffreichen Bodenverbesserer umgewandelt werden und tragen zur Gesundheit von Pflanzen und Böden bei.

Phosphor

Was ist eigentlich Phosphor?

Phosphor ist ein chemisches Element mit dem Symbol P und der Ordnungszahl 15.

Es ist ein nichtmetallisches Element, das in der Natur häufig vorkommt und für viele biologische Prozesse unerlässlich ist. Phosphor ist ein wichtiger Bestandteil von DNA und RNA, den Molekülen, welche die genetischen Informationen in Zellen speichert. Es spielt auch eine wichtige Rolle bei der Energieübertragung in Zellen und ist ein wichtiger Bestandteil von Adenosintriphosphat (ATP), dem Hauptenergielieferanten für Zellen.

Phosphor kommt in vielen verschiedenen Formen vor, einschließlich weißem Phosphor, rotem Phosphor und schwarzen Phosphor. Weißer Phosphor ist eine sehr reaktionsfreudige Form von Phosphor, die bei Kontakt mit Luft spontan entzünden kann. Roter Phosphor ist stabiler als weißer Phosphor und wird häufig in Streichhölzern verwendet. Schwarzer Phosphor ist eine neuere Entdeckung und hat interessante elektronische Eigenschaften, die es für Anwendungen in der Elektronikindustrie attraktiv machen. Phosphor wird in vielen verschiedenen Branchen verwendet, einschließlich der Landwirtschaft, Lebensmittelproduktion, Medizin, und Elektronik. In der Landwirtschaft wird es als Düngermittel eingesetzt, um das Wachstum von Pflanzen zu fördern. In der Lebensmittelproduktion wird es als Zusatzstoff verwendet, um den Geschmack und die Haltbarkeit von Lebensmitteln zu verbessern. In der Medizin wird es zur Behandlung von Osteoporose und anderen Knochenerkrankungen eingesetzt.

Bei der Elektronikindustrie wird es zur Herstellung von Halbleitern und anderen elektronischen Bauteilen verwendet.

Zusammenfassend lässt sich sagen, dass Phosphor ein wichtiges Element ist, welches in vielen verschiedenen Branchen und Anwendungen eine wichtige Rolle spielt. Seine Bedeutung für biologische Prozesse und die

Energieübertragung in Zellen macht es zu einem unverzichtbaren Bestandteil des Lebens auf der Erde.

Doch wie wirkt sich Phosphor im Kompostierungsprozess aus?

Phosphor ist ein wichtiger Nährstoff für Pflanzenwachstum und wird oft als Dünger verwendet. Er stellt einen wichtigen Nährstoff für Pflanzen und Tiere dar und ist ein essenzielles Element für das Wachstum und die Entwicklung von Pflanzen, da es bei der Fotosynthese und der Zellteilung eine entscheidende Rolle spielt.

Bei der Kompostierung spielt Phosphor eine wichtige Rolle, bei dem organische Abfälle in nährstoffreichen Boden umgewandelt werden. Während des Kompostierungsprozesses werden Mikroorganismen wie Bakterien und Pilze aktiv, um die organischen Abfälle abzubauen. Diese Mikroorganismen benötigen Nährstoffe wie Stickstoff und Phosphor, um zu überleben und zu wachsen.

Wenn es nicht genügend Phosphor im Kompost gibt, kann dies den Kompostierungsprozess beeinträchtigen. Die Mikroorganismen können nicht effektiv arbeiten, was dazu führt, dass der Kompost langsamer abgebaut wird. Dies kann auch dazu führen, dass der Kompost weniger Nährstoffe enthält und daher weniger Vorteilhaft für den Boden ist.

Es ist somit wichtig sicherzustellen, dass der Kompost ausreichend Phosphor enthält, um den Prozess effektiv durchzuführen. Eine Möglichkeit, dies zu tun besteht darin, phosphorreiche Materialien wie Knochenmehl in den Kompost einzubringen. Eine andere Möglichkeit besteht darin, den pH-Wert des Komposts zu überwachen und gegebenenfalls anzupassen, da ein zu saurer oder alkalischer pH-Wert die Verfügbarkeit von Phosphor beeinträchtigen kann.

Insgesamt ist Phosphor ein wichtiger Nährstoff für Pflanzen und Tiere, als auch für den Kompostierungsprozess. Es ist wichtig sicherzustellen, dass der Kompost ausreichend Phosphor enthält, um einen effektiven und nährstoffreichen Boden zu produzieren.

Aber was geschieht mit Phosphor, wenn dieser in den Kompost gelangt?
Die Antwort darauf ist sehr komplex und hängt von verschiedenen Faktoren ab.

Zunächst einmal muss beachtet werden, dass Phosphor im Kompost in mehreren Formen vorliegen kann. Ein Teil des Phosphors wird von Mikroorganismen im Kompost zu organischen Verbindungen umgewandelt, die von Pflanzen leichter aufgenommen werden können. Ein anderer Teil bleibt jedoch in anorganischer Form erhalten und kann sich im Boden ansammeln, was zu einer Überdüngung führen kann. Wenn der Kompost auf den Boden aufgetragen wird, kann das überschüssige Phosphor in das Grundwasser gelangen und die Wasserqualität beeinträchtigen. Außerdem kann es dazu führen, dass sich Algen im Gewässer vermehren und die Ökosysteme stören.

Ein weiterer wichtiger Faktor ist der pH-Wert des Komposts. Wenn der pH-Wert zu niedrig ist, kann Phosphor nicht effektiv von Pflanzen aufgenommen werden. Wenn der pH-Wert zu hoch ist, kann es zu einer Auswaschung von Phosphor kommen, was wiederum negative Auswirkungen auf die Umwelt haben kann.
Es gibt jedoch auch positive Auswirkungen von Phosphor im Kompost. Zum Beispiel kann Phosphor dazu beitragen, dass Mikroorganismen im Boden besser wachsen und somit die Bodenqualität verbessern. Außerdem kann Phosphor dazu beitragen, dass Pflanzen widerstandsfähiger gegen Krankheiten und Schädlingen sind.

Auch kann Phosphor dazu beitragen, dass der Kompost schneller reift und die Nährstoffe besser aufgenommen werden können. Es kann auch helfen, den pH-Wert des Kompostes zu stabilisieren und die Bodenstruktur zu verbessern. Darüber hinaus kann Phosphor dazu beitragen, dass Pflanzen besser wachsen und sich auch dadurch die Widerstandsfähigkeit erhöht.

Es ist wichtig, den Phosphorgehalt im Kompost im Auge zu behalten und sicherzustellen, dass er nicht zu hoch ist. Eine Möglichkeit, dies zu tun, besteht darin, den Kompost regelmäßig zu testen und gegebenenfalls Maßnahmen zu ergreifen, um den Phosphorgehalt zu reduzieren. Zum Beispiel können Sie den Kompost mit Materialien wie Laub oder Stroh mischen, um den Phosphorgehalt zu senken.

Insgesamt ist es wichtig den Phosphorgehalt im Kompost im Auge zu behalten und sicherzustellen, dass er in einer Form vorliegt, die von Pflanzen leicht aufgenommen werden können. Eine Überdüngung von Phosphor sollte vermieden werden, um negative Auswirkungen auf die Umwelt zu vermeiden.

Phosphor kann ein wertvoller Nährstoff bei der Kompostierung sein, aber es ist wichtig, ihn in angemessenen Mengen zu verwenden und den Phosphorgehalt zu überwachen, um somit Umweltprobleme zu vermeiden.

Schwefel und Kompost

Schwefel ist ein chemisches Element mit dem Symbol S und der Ordnungszahl 16. Es ist ein nichtmetallisches Element, das in vielen verschiedenen Formen vorkommt, darunter Schwefelblüte, Schwefelkies und Schwefelsäure. Schwefel spielt eine wichtige Rolle in der Kompostierung, da es eine Schlüsselkomponente für die Bildung von Proteinen und Enzymen ist.

Ein wichtiger Bestandteil bei der Kompostierung ist Schwefel, da er dazu beitragen kann, den pH-Wert des Komposts zu regulieren und das Wachstum von Mikroorganismen zu fördern. Durch die Zugabe von Schwefel kann der pH-Wert des Komposts gesenkt werden, was besonders wichtig ist, wenn die Ausgangsmaterialien wie zum Beispiel Kalkstein oder Zement enthält, da dies den pH-Wert erhöhen könnte. Ein optimaler pH-Wert von 6 bis 7 fördert das Wachstum von Bakterien und Pilzen im Kompost, die für den Abbau von organischen Materialien verantwortlich sind. Ein weiterer Vorteil von Schwefel bei der Kompostierung ist seine Fähigkeit, eine Reduzierung von Stickstoffverlusten. Da jedoch Stickstoff ein wichtiger Nährstoff für Pflanzen und Mikroorganismen im Kompost ist, aber auch schnell verloren gehen kann, wenn er nicht richtig gebunden wird. Schwefel kann helfen, Stickstoff im Kompost zu binden und so dessen Verfügbarkeit für Pflanzen und Mikroorganismen zu erhöhen.

Allerdings gibt es auch Nachteile bei der Verwendung von Schwefel in der Kompostierung. Wenn zu viel Schwefel verwendet wird, kann dies zu einem sauren Milieu im Kompost führen, welches das Wachstum von nützlichen Mikroorganismen hemmen kann. Außerdem kann Schwefel in hohen Konzentrationen giftig für Pflanzen sein.

Die Zugabe von Schwefel zum Kompost ist ein umstrittenes Thema unter Gärtnern und Landwirten. Schwefel kann dazu beitragen, den pH-Wert des Bodens zu senken und somit die Verfügbarkeit von Nährstoffen für Pflanzen zu verbessern. Allerdings kann eine zu hohe Konzentration von Schwefel im Boden auch schädlich sein und das Wachstum von Pflanzen hemmen. Um das richtige Verhältnis von Schwefel im Kompost zu bestimmen, ist es wichtig, den pH-Wert des Bodens und die Bedürfnisse der Pflanzen zu berücksichtigen. Ein pH-Wert zwischen 6 und 7,5 wird in der Regel als optimal angesehen, da die meisten Pflanzen in diesem Bereich gut wachsen können. Wenn der Boden einen niedrigen pH-Wert aufweist, kann die Zugabe von Schwefel dazu beitragen, den pH-Wert zu senken und somit die Verfügbarkeit von Nährstoffen für Pflanzen zu verbessern.

Es ist jedoch wichtig, darauf zu achten, dass die Konzentration von Schwefel im Boden nicht zu hoch wird. Eine Überdosierung von Schwefel kann dazu führen, dass sich giftige Verbindungen bilden und das Wachstum von

Pflanzen hemmen. Aus diesem Grund sollten Gärtner und Landwirte vorsichtig sein, wenn sie Schwefel zum Kompost hinzufügen.

Im Allgemeinen wird empfohlen, etwa 1 bis 2 % Schwefel zum Kompost hinzuzufügen. Dies sollte ausreichen, um den pH-Wert des Bodens zu senken und die Verfügbarkeit von Nährstoffen für Pflanzen zu verbessern, ohne das Wachstum der Pflanzen zu hemmen. Es ist jedoch wichtig, den pH-Wert des Bodens regelmäßig zu überwachen und gegebenenfalls Anpassungen vorzunehmen, um sicherzustellen, dass die Bedürfnisse der Pflanzen erfüllt werden.

Schwefel hat auch eine wichtige Rolle bei der Regulierung des pH-Werts im Boden. Wenn der Boden zu sauer ist, kann dies den Abbau von organischen Materialien verlangsamen oder sogar stoppen. Durch die Zugabe von Schwefel kann der pH-Wert des Bodens gesenkt werden, was den Abbau von organischen Materialien fördert und somit die Kompostierung beschleunigt.

Es ist jedoch wichtig zu beachten, dass zu viel Schwefel negative Auswirkungen auf die Kompostierung haben kann. Ein Übermaß an Schwefel kann dazu führen, dass sich toxische Verbindungen bilden, die den Abbau von organischen Materialien hemmen können. Daher sollte die Zugabe von Schwefel sorgfältig dosiert werden und nur in Maßen erfolgen.

Insgesamt ist Schwefel ein wichtiger Bestandteil für eine erfolgreiche Kompostierung. Es trägt zur Bildung von Proteinen und Enzymen bei und reguliert den pH-Wert des Bodens.

Allerdings sollte die Dosierung sorgfältig überwacht werden, um negative Auswirkungen auf die Kompostierung zu vermeiden.

Stickstoff und Kompost

Was ist jedoch Stickstoff?

Stickstoff ist ein chemisches Element mit dem Symbol N und der Ordnungszahl 7. Es ist das häufigste Gas in der Erdatmosphäre und macht etwa 78 % des Volumens aus.

Stickstoff ist ein farbloses, geruchloses und geschmackloses Gas, das bei Raumtemperatur und Druck stabil ist. Es ist ein wichtiger Bestandteil von Proteinen, Nukleinsäuren und anderen biologischen Molekülen. Stickstoff wird auch in der Landwirtschaft als Düngemittel eingesetzt, da es für das Wachstum von Pflanzen unerlässlich ist.

Weiterhin hat Stickstoff eine Vielzahl von Anwendungen in verschiedenen Industriezweigen. Es wird zur Herstellung von Ammoniak verwendet, das wiederum zur Herstellung von Düngemitteln, Sprengstoffen und anderen chemischen Verbindungen verwendet wird. Stickstoff wird auch in der Lebensmittelindustrie eingesetzt, um Lebensmittel vor Oxidation und Verderb zu schützen. In der Medizin wird flüssiger Stickstoff zur Kryotherapie verwendet, um Gewebe zu zerstören oder Schmerzen zu lindern.

Stickstoff hat auch einige potenziell gefährliche Eigenschaften. Da es ein inertes Gas ist, kann es bei hohen Konzentrationen in geschlossenen Räumen zu Erstickungsgefahr führen. Flüssiger Stickstoff kann bei Kontakt mit der Haut schwere Erfrierungen verursachen.

Insgesamt wäre zu sagen, dass Stickstoff ein äußerst wichtiges Element für das Leben auf der Erde und hat eine Vielzahl von Anwendungen in verschiedenen Branchen. Es ist jedoch wichtig, die potenziellen Gefahren im Umgang mit Stickstoff zu verstehen und angemessene Vorsichtsmaßnahmen zu treffen.

Was sind die Aufgaben von Stickstoff bei der Kompostierung?

Stickstoff spielt eine entscheidende Rolle bei der Kompostierung. Es ist ein wichtiger Nährstoff für Mikroorganismen, die den Abbau von organischen

Materialien im Komposthaufen ermöglichen. Diese darin befindlichen Mikroorganismen nutzen den Stickstoff, um Proteine und Enzyme zu produzieren, die wiederum zur Zersetzung von organischen Stoffen beitragen. Ohne ausreichend Stickstoff im Komposthaufen würde der Abbau von organischen Materialien sehr langsam oder gar nicht stattfinden.

Darüber hinaus trägt Stickstoff auch zur Temperaturerhöhung im Komposthaufen bei. Wenn organische Materialien abgebaut werden, entsteht Wärme als Nebenprodukt. Diese Wärme kann dazu beitragen, dass der Komposthaufen auf eine optimale Temperatur von etwa 60 Grad Celsius erhitzt wird. Bei dieser Temperatur können viele unerwünschte Keime und Unkrautsamen abgetötet werden.

Es ist jedoch wichtig, das Verhältnis von Stickstoff zu Kohlenstoff im Komposthaufen im Auge zu behalten. Ein zu hoher Anteil an Stickstoff kann dazu führen, dass der Komposthaufen zu feucht wird und unangenehm riecht. Ein ausgewogenes Verhältnis von Kohlenstoff und Stickstoff ist daher entscheidend für einen erfolgreichen Kompostierungsprozess.

Zusammenfassend lässt sich sagen, dass Stickstoff eine wichtige Rolle bei der Kompostierung spielt. Es fördert den Abbau von organischen Materialien und trägt zur Erhöhung der Temperatur im Komposthaufen bei. Ein ausgewogenes Verhältnis von Kohlenstoff und Stickstoff ist jedoch entscheidend für einen erfolgreichen Kompostierungsprozess.

Welche Vorteile und Nachteile hat Stickstoff bei der Kompostierung?

Die Kompostierung ist eine bewährte Methode zur Entsorgung von organischen Abfällen und zur Herstellung von nährstoffreichem Dünger. Stickstoff ist ein wichtiger Nährstoff für Pflanzenwachstum und spielt auch bei der Kompostierung eine entscheidende Rolle, ja man könnte auch sagen eine Schlüsselfunktion für die ablaufenden Prozesse dar. Der Einsatz von Stickstoff kann jedoch sowohl Vorteile als auch Nachteile haben.

Einer der Vorteile des Einsatzes von Stickstoff bei der Kompostierung ist jener, dass er das Wachstum von Mikroorganismen fördert. Diese Mikroorganismen sind für den Abbau von organischen Materialien verantwortlich und benötigen Stickstoff als Nahrungsquelle.

Durch die Zugabe von Stickstoff kann der Kompostierungsprozess beschleunigt werden, da die Mikroorganismen schneller arbeiten.

Ein weiterer Vorteil ist, dass Stickstoff den Kohlenstoff (C/N-Verhältnis) im Kompost verbessern kann. Ein optimales C/N-Verhältnis von (25: 1) bis (30: 1) ist wichtig, um einen effektiven Abbau von organischen Materialien zu gewährleisten. Wenn das Verhältnis zu hoch ist, kann der Prozess verlangsamt werden. Durch die Zugabe von Stickstoff kann das Verhältnis ausgeglichen und die Zersetzung im Kompost optimiert werden.

Es gibt jedoch auch Nachteile beim Einsatz von Stickstoff bei der Kompostierung. Einer davon ist, dass zu viel Stickstoff zu einem unangenehmen Geruch führen kann. Wenn zu viel Stickstoff vorhanden ist, können die Mikroorganismen den Abbau von organischen Materialien nicht bewältigen und es entsteht ein unangenehmer Geruch.

Ein weiterer Nachteil ist, dass Stickstoff teurer sein kann. Wenn große Mengen benötigt werden, um den Kompostierungsprozess zu optimieren, können die Kosten schnell steigen.

Es gibt jedoch alternative Quellen für Stickstoff wie beispielsweise Grünschnitt oder Tiermist, welche als eine kostengünstige Alternative genutzt werden können.

Insgesamt kann der Einsatz von Stickstoff bei der Kompostierung sowohl Vorteile als auch Nachteile haben. Es ist jedoch wichtig, das richtige Verhältnis zu finden und die Menge sorgfältig zu dosieren, damit ein optimaler Nutzen daraus entsteht und die Qualität des Komposts zu erhöhen.

Was jedoch stellt eine optimale Mischung von Materialien für den Kompost dar?

Ein wichtiger Faktor bei der Kompostierung ist der Prozentsatz der verschiedenen Materialien, welche in den Komposthaufen gegeben werden. Der ideale Prozentsatz für die Kompostierung liegt bei etwa 25 % grünen Materialien, wie Gras, Obst und Gemüseresten und 75 % braunen Materialien wie getrockneten Blättern oder Zweigen.

Dieses Verhältnis sorgt für eine ausgewogene Mischung von Stickstoff und Kohlenstoff, die für ein erfolgreiches Wachstum von Mikroorganismen im Komposthaufen notwendig sind. Es gibt verschiedene Möglichkeiten, den Prozentsatz bei der Kompostierung zu beeinflussen. Zum Beispiel kann man den Anteil an grünen Materialien erhöhen, indem mehr Küchenabfälle oder frisches Gras beigemischt werden.

Wenn der Komposthaufen zu feucht wird, kann man durch die Zugabe von trockenen Blättern oder Stroh, unbehandeltes Papier oder auch Pappe in kleinen Stücken verteilt hinzufügen, um das Verhältnis von Kohlenstoff zu Stickstoff auszugleichen. Umgekehrt kann man den Anteil an braunen Materialien erhöhen, indem man mehr getrocknete Blätter oder Zweige hinzufügt. Es ist auch wichtig, den Komposthaufen regelmäßig zu wenden, um eine gleichmäßige Verteilung der Materialien zu gewährleisten und sicherzustellen, dass genügend Sauerstoff vorhanden ist. Wie jedoch in einigen Kapiteln beschrieben, sollte das Wenden im obersten Drittel oder Viertel des Komposthaufens erfolgen, damit die im Kompost lebenden Kulturen nicht gestört oder zerstört werden, sondern ihre Arbeit ungehindert fortsetzen können.

Eine gute Belüftung fördert somit auch die Aktivität der Mikroorganismen und beschleunigt den Kompostprozess. Durch eine regelmäßige Überwachung des Prozentsatzes und der Zusammensetzung der Materialien im Komposthaufen kann man sicherstellen, dass der Kompost optimal genutzt wird und eine reichhaltige Nährstoffquelle für den Garten darstellt.

Natrium und Kompost, Bedeutung und Einsatzgebiete
Was ist Natrium?

Natrium ist ein chemisches Element mit dem Symbol NA und der Ordnungszahl 11 im Periodensystem der Elemente. Es ist ein weiches, silberweißes Metall, welches in der Natur häufig in Verbindung mit Chlor als Natriumchlorid (Kochsalz) vorkommt. Natrium ist ein essenzielles Element für den menschlichen Körper und spielt eine wichtige Rolle bei der Regulierung des Wasserhaushalts, der Übertragung von Nervenimpulsen und der Muskelkontraktion.

Es wird auch zur Herstellung von verschiedenen Chemikalien und Produkten wie Seife, Glas, Papier und Aluminium verwendet. Natrium ist in vielen Lebensmitteln enthalten, insbesondere in verarbeiteten Lebensmitteln wie Brot, Käse und Wurstwaren. Ein übermäßiger Konsum von Natrium kann jedoch zu Bluthochdruck, Schlaganfall und Herzkrankheiten führen. Daher ist es wichtig, die Aufnahme von Natrium zu kontrollieren und eine ausgewogene Ernährung zu haben.

Wie wirkt sich Natrium im Kompost aus und welche Vor- und Nachteile entstehen daraus?

Wenn es um die richtige Zusammensetzung von Kompost geht, ist Natrium ein wichtiger Faktor, der berücksichtigt werden muss. Natrium ist ein essenzielles Element für Pflanzenwachstum und deren Entwicklung und kann bei der Kompostierung als Dünger eingesetzt werden, was wiederum zu einem gesunden Boden beiträgt. Jedoch auch hier im Besonderen gilt der Leitsatz: In Maßen eingesetzt und weniger ist mehr.

Allerdings kann eine übermäßige Verwendung von Natrium auch zu Problemen führen. Zum einen kann es den pH-Wert im Boden verändern und somit das Wachstum von bestimmten Pflanzenarten hemmen und zudem in großen Mengen schädlich sein kann.

Wenn es um die Kompostierung geht, kann eine übermäßige Menge an Natrium im Ausgangsmaterial den Prozess beeinträchtigen und das Endprodukt minderwertig machen.

Die Auswirkungen von Natrium auf die Kompostierung hängen von verschiedenen Faktoren ab, wie der Art des Ausgangsmaterials, dem pH-Wert und der Feuchtigkeit.

Ein hoher Natriumgehalt im Ausgangsmaterial kann dazu führen, dass sich der pH-Wert des Komposts erhöht und somit die Aktivität der Mikroorganismen beeinträchtigt wird. Dies kann zu einer Verlangsamung des Zersetzungsprozesses führen und die Qualität des Endproduktes beeinflussen. Darüber hinaus kann ein hoher Natriumgehalt auch dazu führen, dass der Kompost zu salzig wird, was wiederum negative Auswirkungen auf das Wachstum von Pflanzen haben kann.

Ein weiteres Problem ist, dass Natrium nur langsam abgebaut wird und somit über einen längeren Zeitraum im Boden verbleibt. Daher sollte bei der Verwendung von Natrium als Dünger in der Kompostierung darauf geachtet werden, dass es in Maßen eingesetzt wird und nicht zu einer Überdüngung führt. Eine regelmäßige Kontrolle des pH-Werts und der Salzgehalte im Boden ist dabei unerlässlich, um negative Auswirkungen auf die Pflanzen zu vermeiden. Insgesamt bietet Natrium bei der Kompostierung viele Vorteile, jedoch eine übermäßige Verwendung kann auch zu Nachteilen führen, die berücksichtigt werden müssen.

Das Zusammenspiel von Natrium und Kompost ist ein interessantes Thema, das in der Landwirtschaft und im Gartenbau von Bedeutung ist. Natrium ist ein essenzielles Element für Pflanzenwachstum, da es bei der Fotosynthese und der Aufnahme von Wasser und Nährstoffen eine wichtige Rolle spielt. Kompost hingegen ist ein organisches Material, das aus pflanzlichen und tierischen Abfällen besteht und als Dünger für Pflanzen verwendet wird.

Wenn Natrium in großen Mengen im Boden vorhanden ist, kann dies jedoch negative Auswirkungen auf das Pflanzenwachstum haben. Ein übermäßiger Natriumgehalt kann dazu führen, dass die Pflanze weniger Wasser aufnimmt und somit dehydriert wird. Darüber hinaus kann es auch dazu führen, dass andere wichtige Nährstoffe wie Kalium und Magnesium nicht mehr effektiv aufgenommen werden können.

Kompost kann helfen, den Natriumgehalt im Boden zu reduzieren, da er eine hohe Konzentration an organischen Säuren enthält. Diese Säuren können dazu beitragen, dass Natrium im Boden zu binden und somit die Verfügbarkeit für Pflanzen zu reduzieren. Darüber hinaus enthält Kompost auch eine Vielzahl anderer wichtiger Nährstoffe wie Stickstoff, Phosphor und Kalium, die für ein gesundes Pflanzenwachstum unerlässlich sind.

Es ist jedoch wichtig zu beachten, dass nicht alle Arten von Kompost gleich sind, da diese stets eine andere organische Zusammensetzung haben und auch entsprechend darauf reagieren im Gesamtprozess der Kompostierung. Wenn der Kompost aus salzhaltigen Materialien wie Meeresalgen oder Tiermist hergestellt wird, kann dies zu einem höheren Natriumgehalt führen. Es ist daher ratsam, den Natriumgehalt des Komposts zu überprüfen, bevor er auf den Boden aufgetragen wird.

Insgesamt kann das Zusammenspiel von Natrium und Kompost in der Landwirtschaft und dem Gartenbau von großer Bedeutung sein. Durch die richtige Verwendung von Kompost kann der Natriumgehalt im Boden reduziert werden, was zu einem gesünderen Pflanzenwachstum führt.

Kommen wir nun noch auf die Zugabe Mengen von Natrium zum Kompost zu sprechen:

Es gibt verschiedene Faktoren, was die Menge an Natrium im Kompost beeinflussen kann. Einer der wichtigsten ist die Art der verwendeten Materialien. Zum Beispiel können bestimmte organische Abfälle wie Gras- oder

Blätterabfall eine höhere Konzentration an Natrium aufweisen als andere Materialien wie Holzspäne oder Stroh.

Ein weiterer Faktor für eine optimale Menge an Natrium, stellt das Ausgangsmaterial zum einen und die Bedürfnisse der Pflanzen, welche damit gedüngt werden sollen, als auch den pH-Wert des Bodens.

Eine weitere wichtige Überlegung ist die Art des Bodens, auf dem der Kompost verwendet wird. Wenn der Boden bereits eine hohe Konzentration an Natrium aufweist, kann die Zugabe von natriumhaltigen Materialien den Gehalt weiter erhöhen und zu Problemen führen.

Es gibt jedoch einige allgemeinen Richtlinien, die bei der Zugabe von Natrium zum Kompost befolgt werden sollten. Die ideale Konzentration von Natrium im Kompost liegt zwischen 0,1 % bis 0,5 %. Bei höheren Konzentrationen kann es zu Schäden an den Wurzeln und Blättern der Pflanzen kommen. Es ist daher wichtig, die Menge an Natrium im Kompost sorgfältig zu überwachen und sicherzustellen, dass sie innerhalb dieses Bereiches bleibt. Es ist auch wichtig sicherzustellen, dass man das Natrium gleichmäßig im Kompost verteilt und nicht in Klumpen oder Ansammlungen vorliegt.

Um sicherzustellen, dass der Natriumgehalt im Kompost optimal ist, können Tests durchgeführt werden. Ein Bodentest kann Aufschluss darüber geben, ob der Boden bereits einen hohen Salzgehalt aufweist oder ob zusätzlich Natrium zugegeben werden sollte.

Es ist auch möglich, den Natriumgehalt im Kompost selbst zu testen, um sicherzustellen, dass er innerhalb der empfohlenen Grenzen liegt. Hierzu verweise ich auf das Kapitel zum C/N-Verhältnis, wo der pH-Wert – Test beschrieben ist.

Um die Qualität des Komposts zu verbessern, werden häufig verschiedene Materialien hinzugefügt, um die Nährstoffzusammensetzung zu optimieren. Hier ist das Kapitel zu den Zuschlagstoffen sehr hilfreich. Es wird jeder seine eigenen Erfahrungen bei einer Beimischung zum Kompost und dessen

Qualitätserhöhung haben, jedoch gibt es auch vielfältige Möglichkeiten den Qualitätsmix für die eigenen Bedürfnisse zu optimieren.

Insgesamt ist es wichtig, bei der Herstellung von Kompost sorgfältig auf die Menge an Natrium zu achten, um sicherzustellen, dass er für Pflanzen sicher und effektiv ist. Durch die Verwendung von Materialien mit niedrigen Natriumgehalten und die Überwachung der Konzentration im fertigen Kompost kann eine optimale Nährstoffzusammensetzung erreicht werden, welche das Wachstum und die Gesundheit von Pflanzen fördert.

Wie stellt sich die Bedeutung von Natrium für die Landwirtschaft dar?

In der Landwirtschaft spielt Natrium eine wichtige Rolle und stellt ein essenzielles Element für das Wachstum und die Entwicklung von Pflanzen und Tieren dar. Natrium ist ein wichtiger Bestandteil von Böden und Wasser und trägt zur Aufrechterhaltung des pH-Wertes bei. Es hilft auch dabei, den Wasserhaushalt von Pflanzen zu regulieren und fördert die Aufnahme von anderen Nährstoffen wie Kalium und Stickstoff.

In der Tierhaltung ist Natrium ebenfalls von großer Bedeutung. Es ist ein wichtiger Bestandteil von Futtermitteln und trägt zur Gesundheit und Produktivität von Tieren bei. Ein Mangel an Natrium kann zu einer schlechten Futteraufnahme, Gewichtsverlust und sogar zum Tod führen. Allerdings kann auch ein Überschuss an Natrium negative Auswirkungen haben. Hohe Konzentrationen im Boden können das Wachstum von Pflanzen hemmen und den pH-Wert des Bodens erhöhen. In der Tierhaltung kann ein Zuviel an Natrium zu Dehydration, Durchfall und anderen gesundheitlichen Problemen führen. Um die richtige Menge an Natrium in der Landwirtschaft zu gewährleisten, müssen Boden- und Wasserproben regelmäßig analysiert werden. Auch die Wahl der richtigen Futtermittel für Tiere spielt dabei eine wichtige Rolle.

Insgesamt kann man sagen, Natrium ist ein wichtiger Bestandteil für eine gesunde Landwirtschaft. Eine ausgewogene Zufuhr dieses Elements kann dazu beitragen, das Wachstum von Pflanzen und Tieren zu fördern und die Produktivität zu steigern.

Magnesium

Magnesium und Mensch!

Magnesium ist ein essenzielles Mineral, das für eine Vielzahl von Körperfunktionen unerlässlich ist. In der Erdkruste ist es das acht häufigste Element und kommt in vielen Lebensmitteln vor, einschließlich grünem Gemüse, Nüssen, Vollkornprodukten und Meeresfrüchten. Magnesium spielt eine wichtige Rolle bei der Regulierung von Muskel- und Nervenfunktionen, dem Aufbau von Knochen und Zähnen, der Unterstützung des Immunsystems und der Aufrechterhaltung eines normalen Herzrhythmus. Es hilft auch bei der Aufnahme von Kalzium und Vitamin D im Körper.

Ein Mangel an Magnesium kann zu einer Vielzahl von Symptomen führen, darunter Müdigkeit, Muskelkrämpfe, Kopfschmerzen und Schlafstörungen. Einige Studien haben auch gezeigt, dass ein niedriger Magnesiumspiegel mit einem erhöhten Risiko für Herzerkrankungen, Diabetes und Bluthochdruck verbunden sein kann.

Es wird empfohlen, dass Erwachsene täglich zwischen 310 und 420 mg Magnesium zu sich nehmen sollten. Eine ausgewogene Ernährung mit magnesiumreichen Lebensmitteln wie Spinat, Mandeln und Avocado kann dazu beitragen, den Bedarf zu decken. In einigen Fällen kann jedoch eine Ergänzung notwendig sein, insbesondere bei Menschen mit bestimmten Erkrankungen oder während der Schwangerschaft.

Insgesamt ist Magnesium ein wichtiger Bestandteil einer gesunden Ernährung und ein wesentlicher Nährstoff für die Aufrechterhaltung einer optimalen Gesundheit. Es ist wichtig, sicherzustellen, dass man genug Magnesium zu sich nimmt, um die vielen Vorteile dieses wichtigen Minerals zu nutzen.

Magnesium und Kompost

Magnesium ist ein wichtiger Nährstoff für Pflanzen und spielt auch eine bedeutende Rolle in der Kompostierung. Es ist ein essenzielles Element, das für die Aktivierung von Enzymen im Boden verantwortlich ist und somit den Abbau von organischen Materialien beschleunigt. Magnesium fördert auch das Wachstum von Mikroorganismen, die für den Kompostierungsprozess unerlässlich sind.

Ein Mangel an Magnesium kann zu einer Verlangsamung des Kompostprozesses führen, da die Mikroorganismen nicht ausreichend aktiviert werden können. Dies kann dazu führen, dass der Kompost nicht vollständig abgebaut wird und somit unbrauchbar bleibt.
Auf der anderen Seite kann ein Überschuss an Magnesium zu einer Überdüngung des Komposts führen, was ebenfalls negative Auswirkungen auf den Kompostierungsprozess hat. Ein zu hoher Magnesiumgehalt kann dazu führen, dass sich bestimmte Mikroorganismen vermehren, die den Abbau von organischen Materialien hemmen oder sogar stoppen können.

Es ist daher wichtig, den Magnesiumgehalt im Kompost im Auge zu behalten und gegebenenfalls durch die Zugabe von Magnesium Quellen wie beispielsweise Dolomit Kalk oder Epsomsalz zu regulieren. Eine ausgewogene Nährstoffversorgung mit Magnesium und anderen wichtigen Nährstoffen wie Stickstoff, Phosphor und Kalium ist entscheidend für einen erfolgreichen Kompostprozess und die Produktion von hochwertigem Kompost.

Welche Vorteile als auch Nachteile entstehen bei der Kompostierung mit Magnesium?

Die Kompostierung ist eine natürliche Methode, um organische Abfälle in nährstoffreichen Dünger umzuwandeln. Dabei spielen viele Faktoren eine Rolle, die den Prozess beeinflussen können. Einer dieser Faktoren ist Magnesium, welcher ein wichtiger Nährstoff für Pflanzen ist und kann auch bei der Kompostierung von Vorteil sein.

Magnesium trägt dazu bei, dass die Mikroorganismen im Komposthaufen optimal arbeiten können und damit eine schnelle und effektive Zersetzung des organischen Materials stattfindet. Durch seine positiven Eigenschaften kann es jedoch auch zu Nachteilen kommen.

Kompost ist ein wertvolles Material für die Gartenarbeit, da er reich an Nährstoffen ist und der Bodenverbesserung dient. Eine wichtige Frage bei der Herstellung von Kompost ist, welche Zusatzstoffe hinzugefügt werden sollten, um die Qualität des Endproduktes zu verbessern. Magnesium ist ein wichtiger Nährstoff für Pflanzenwachstum und kann dem Kompost als Zusatzstoff beigemischt werden.

Das Verhältnis von Magnesium zum Kompost hängt von verschiedenen Faktoren ab, wie zum Beispiel dem Ausgangsmaterial des Komposts, dem pH-Wert des Bodens und den Bedürfnissen der Pflanzen. Einige Fachleute empfehlen, etwa 1 bis 2 % Magnesiumsulfat (auch bekannt als Bittersalz) dem Kompost beizufügen, um das Wachstum von Pflanzen zu fördern und Mangelerscheinungen zu vermeiden. Andere Quellen empfehlen eine geringere Menge von etwa 0,5 %, um eine Überdüngung zu vermeiden. Es ist jedoch wichtig zu beachten, dass eine Überdüngung mit Magnesium negative Auswirkungen auf das Wachstum von Pflanzen haben kann. Ein Überschuss an Magnesium kann dazu führen, dass andere wichtige Nährstoffe wie Kalium und Calcium blockiert werden, was zu Mangelerscheinungen führen kann. Daher sollte das Verhältnis von Magnesium zum Kompost sorgfältig abgewogen werden.

Beginnen wir jedoch mit den Vorteilen bei dem Einsatz von Magnesium im Kompostierungsprozess. Ein Vorteil von Magnesium ist, dass es den pH-Wert im Komposthaufen stabilisiert und somit eine optimale Umgebung für die Mikroorganismen schafft.

Zudem fördert Magnesium das Wachstum von Pflanzen und sorgt für eine bessere Bodenstruktur. Weiterhin ist ein Vorteil von Magnesium bei der Kompostierung, dass es den pH-Wert regulieren kann. Ein optimaler pH-Wert von 6 bis 7 fördert das Wachstum der Mikroorganismen im Komposthaufen. Das Magnesium kann dazu beitragen, dass der, pH-Wert stabil bleibt und somit ein gutes Umfeld für die Mikroorganismen geschaffen wird.

Ein weiterer Vorteil von Magnesium bei der Kompostierung ist, dass es den Abbau von organischen Materialien fördert und stellt einen wichtigen Bestandteil von Enzymen dar, die an der Zersetzung von organischen Stoffen beteiligt sind. Es kann also dazu beitragen, dass der Kompostprozess schneller und effektiver abläuft. Zudem sorgt Magnesium dafür, dass die Mikroorganismen im Komposthaufen besser arbeiten können. Das führt wiederum dazu, dass der Kompost schneller reift und somit früher verwendet werden kann.

Allerdings gibt es auch Nachteile von Magnesium bei der Kompostierung Ein Überangebot an Magnesium kann zu einer Versauerung des Bodens führen und somit das Wachstum von Pflanzen hemmen. Zudem kann ein zu hoher Magnesiumgehalt im Kompost zu einem unangenehmen Geruch führen, der durch den Abbau von Proteinen entsteht. Es kann auch dazu führen, dass andere Nährstoffe wie Stickstoff und Kalium nicht mehr ausreichend vorhanden sind. Das kann dann wiederum zu einem langsameren Prozess der Kompostierung führen.

Ein weiterer Nachteil von Magnesium bei der Kompostierung ist, dass es die Bildung von Schimmel fördern kann. Schimmel kann den Komposthaufen beschädigen und den Prozess beeinträchtigen. Wenn zu viel Magnesium im Komposthaufen vorhanden ist, kann dies zu einem erhöhten Risiko für Schimmelbildung darstellen.

Zusammenfassend lässt sich sagen, dass Magnesium bei der Kompostierung sowohl Vorteile als auch Nachteile hat. Es kann den Abbau von organischen Materialien fördern, den pH-Wert regulieren und die Arbeit der Mikroorganismen verbessern. Allerdings kann ein Überschuss an Magnesium zu einem Ungleichgewicht führen und die Bildung von Schimmel begünstigen. Es ist daher wichtig, das Verhältnis von Magnesium zu anderen Nährstoffen im Komposthaufen im Auge zu behalten.

Eine ausgewogene Nährstoffzusammensetzung und regelmäßige Kontrolle sind entscheidend, um einen erfolgreichen Kompostprozess zu erreichen.

Kalium und seine Rolle im Kompostprozess

Kalium ist ein essenzielles Element für das Wachstum und die Gesundheit von Pflanzen. Es ist ein wichtiger Nährstoff, der für die Regulierung des Wasserhaushaltes und die Stärkung der Zellwände verantwortlich ist. Kaliummangel kann zu einer Vielzahl von Problemen führen, wie zum Beispiel einer schlechten Wurzelbildung, geringeren Ertrag und einer erhöhten Anfälligkeit für Krankheiten.

Im Kompostierungsprozess spielt Kalium eine wichtige Rolle, da es für das Wachstum und die Entwicklung von Pflanzen unerlässlich ist. Es ist ein wichtiger Nährstoff für Mikroorganismen, die den Abbau von organischen Materialien im Komposthaufen fördern.

Während des Kompostierungsprozesses wird das organische Material von Bakterien und anderen Mikroorganismen und Würmern zersetzt, wobei Nährstoffe wie Stickstoff, Phosphor und Kalium freigesetzt werden.

Kalium trägt dazu bei, dass die Mikroorganismen im Komposthaufen effektiv arbeiten können. Es fördert das Wachstum von Bakterien und anderen Mikroorganismen, die für den Abbau des organischen Materials verantwortlich sind. Darüber hinaus sorgt Kalium dafür, dass der pH-Wert im Komposthaufen stabil bleibt. Ein pH-Wert zwischen 6 und 8 ist ideal für den Kompostierungsprozess.

Es ist wichtig sicherzustellen, dass der Komposthaufen ausreichend mit Kalium versorgt wird. Eine Möglichkeit dies zu tun, besteht darin, kaliumreiche Materialien wie Bananenschalen oder Kaffeesatz in den Komposthaufen zu geben. Eine weitere Möglichkeit besteht darin, Kaliumsulfat oder andere kaliumreiche Mittel direkt auf den Komposthaufen in einer gleichmäßigen Verteilung und Schichtung aufzutragen und dies mit den vorhandenen Materialien zu vermischen. Somit wird eine optimale Grundlage für eine breite Entfaltung geschaffen. Allerdings gibt es auch Nachteile bei der Verwendung von Kalium in der Kompostierung.

Wenn zu viel Kalium in den Komposter gegeben wird, kann dies zu einer Ansammlung von Salzen führen, die das Wachstum von Pflanzen hemmen können.

Ein Übermaß an Kalium kann auch dazu führen, dass andere wichtige Nährstoffe wie Stickstoff und Phosphor aus dem Boden ausgewaschen werden.

Es ist daher wichtig, die richtige Menge an Kalium zu verwenden und sicherzustellen, dass der Komposthaufen gut belüftet ist und feucht gehalten wird. Eine ausgewogene Mischung aus verschiedenen organischen Materialien wie Grünschnitt, Laub und Küchenabfälle kann dazu beitragen, dass der Komposthaufen genügend Kalium enthält, ohne das es zu einer Überdosierung kommt.

Zusammenfassend kann man sagen, dass Kalium ein wichtiger Nährstoff für die Gesundheit von Pflanzen ist und trägt auch zur Effektivität des Kompostierungsprozesses bei. Es ist wichtig sicherzustellen, dass der Komposthaufen ausreichend mit Kalium versorgt wird, um eine erfolgreiche Kompostierung zu gewährleisten.

Kalium ist ein wertvoller Bestandteil bei der Kompostierung, wenn er in der richtigen Menge und in Kombination mit anderen Nährstoffen verwendet wird. Dadurch können Mikroorganismen im Kompost effektiver arbeiten, sich vermehren und wachsen.

Eine ausgewogene Nährstoffversorgung im Komposthaufen ist der Schlüssel zu einem gesunden und produktiven Garten.

Phosphate und Kompostierung

Was sind eigentlich Phosphate?

Phosphate sind wichtige Nährstoffe für Pflanzen und spielen eine entscheidende Rolle im Wachstum und der Entwicklung von Pflanzen. Im Kompost finden sich verschiedene Arten von Phosphaten, die aus organischen Materialien stammen. Eine der häufigsten Phosphat Arten im Kompost ist das Calciumphosphat, das aus Knochen, Muscheln und Eierschalen stammt. Es ist eine langsam freisetzende Form von Phosphat, die über einen längeren Zeitraum hinweg verfügbar ist. Ein weiteres häufiges Phosphat im Kompost ist das Aluminiumphosphat, das aus Tonmineralien stammt und ebenfalls eine und langsame Freisetzung aufweist. Darüber hinaus gibt es noch das Eisenphosphat, das aus Rost und anderen Eisenverbindungen entsteht und eine schnelle Freisetzung aufweist. Auch das Magnesium Phosphat, das aus pflanzlichen Materialien wie Blättern und Stängel stammt, kommt im Kompost vor. Es ist eine schnell freisetzende Form von Phosphat.

Insgesamt ist zu sagen, dass der Kompost eine wertvolle Quelle für verschiedene Arten von Phosphaten, die für ein gesundes Pflanzenwachstum unerlässlich sind.

Doch wie ist die Wirkung von Phosphat?

Phosphat ist ein wichtiger Nährstoff für Pflanzen und spielt eine entscheidende Rolle in ihrem Wachstum und ihrer Entwicklung. Es ist ein Bestandteil von DNA, RNA und ATP, die alle für die Zellfunktionen der Pflanzen unerlässlich sind. Phosphatmangel kann das Wachstum und die Produktivität von Pflanzen beeinträchtigen und zu einer schlechten Ernte führen.

Phosphatmangel kann dazu führen, dass Pflanzen klein bleiben, ihre Blätter gelb werden und sie weniger Früchte oder Samen produzieren. Die Wurzeln der Pflanzen können auch verkümmern, was zu einem geringeren Wasseraufnahmevermögen führt. Eine ausreichende Phosphatzufuhr fördert hingegen das Wurzelwachstum und erhöht die Aufnahme von Wasser und Nährstoffen.

Phosphat kann jedoch auch schädlich sein, wenn es in zu großen Mengen vorhanden ist. Ein Überschuss an Phosphat kann dazu führen, dass Pflanzen weniger Kalzium aufnehmen, was zu einer schlechteren Zellstruktur und einer geringeren Festigkeit der Pflanze führt. Es kann auch zu einer Überdüngung des Bodens führen, was wiederum negative Auswirkungen auf die Umwelt haben kann.

Insgesamt ist Phosphat ein wichtiger Nährstoff für Pflanzen, aber wie bei allen Düngemitteln, sollte es mit Bedacht eingesetzt werden. Eine ausgewogene Düngung mit Phosphat kann das Wachstum und die Produktivität von Pflanzen verbessern und zu einem höheren Ernteertrag führen.

Welche Arten von Phosphaten gibt es und wie sind deren Wirkung?

Phosphate sind essenzielle Nährstoffe für Pflanzen und Tiere. Sie spielen eine wichtige Rolle in der Zellmembran, DNA, RNA und ATP-Synthese. Es gibt verschiedene Arten von Phosphaten, die je nach ihrer chemischen Struktur und Verwendungszweck unterschieden werden können.

Anorganische Phosphate sind die häufigste Art von Phosphaten. Sie enthalten keine Kohlenstoff-Kohlenstoff-Bindung und können in wässriger Lösung dissoziieren. Diese Phosphate können weiter in drei Kategorien untergliedert werden: orthophosphatische, polyphosphatische und organisch gebundene Phosphate.

Kommen wir nun kurz auf diese drei Untergruppen zu sprechen.

Orthophosphatische Phosphate sind einfachste Formen von anorganischen Phosphaten. Sie bestehen aus einem Phosphat-Ion und drei Sauerstoffatomen. Orthophosphatische Phosphate sind auch als anorganische Phosphate bekannt und werden häufig in Düngemitteln verwendet. Polyphosphatische Phosphate bestehen aus mehreren orthophosphatischen Molekülen, die durch eine Ester Bindung verbunden sind. Diese Art von Phosphaten wird oft als Lebensmittelzusatzstoff verwendet, um die Textur zu verbessern oder als Emulgator zu dienen.

Organisch gebundene Phosphate sind in organischen Verbindungen wie Proteinen, Nukleinsäuren und Lipiden enthalten. Diese Art von Phosphaten ist für den Körper leichter verfügbar als anorganische Phosphate.

Phosphat Verbindungen wie Pyrophosphate, Triphosphate und Adenosintriphosphate (ATP)

Sind ebenfalls wichtige Arten von Phosphaten. Pyrophosphate und Triphosphate werden in vielen biochemischen Reaktionen verwendet, währen ATP als Energiequelle für Zellen dient.

Insgesamt gibt es viele verschiedene Arten von Phosphaten, von einfachen anorganischen Verbindungen bis hin zu komplexen organischen Verbindungen. Jede Art von Phosphat hat ihre eigenen einzigartigen Eigenschaften und Anwendungen, die für das Verständnis der Biologie und Chemie von entscheidender Bedeutung sind.

Wie sind die Eigenschaften und die Wirkung von Orthophosphaten?
Orthophosphatische Phosphate sind Verbindungen, die aus einem Phosphat-Ion und drei (Sauerstoff-Atomen) bestehen. Diese Verbindungen finden in vielen Bereichen ihre Anwendung, beispielsweise in der Landwirtschaft als Düngemittel oder in der Lebensmittelindustrie als Zusatzstoffe. Orthophosphatische Phosphate haben eine hohe Wasserlöslichkeit und sind daher leicht verfügbar für Pflanzen und Tiere.

Sie können jedoch auch negative Auswirkungen auf die Umwelt haben, da sie bei Überdüngung in Gewässern zu einer Überproduktion von Algen führen können, was zu einer Reduktion des Sauerstoffgehaltes im Wasser führt und somit das Ökosystem beeinträchtigt.

In der Lebensmittelindustrie werden orthophosphatische Phosphate häufig als Emulgatoren, Stabilisatoren und Säure Regulatoren eingesetzt. Sie verbessern die Textur von Lebensmitteln und verhindern das Verklumpen von Pulvern. Allerdings wird ihre Verwendung auch kontrovers diskutiert, da einige Studien gezeigt haben, dass sie negative Auswirkungen auf die Gesundheit haben können. Insbesondere wird vermutet, dass sie mit Herz-

Kreislauf-Erkrankungen und Nierensteinen in Zusammenhang stehen könnten.

Insgesamt ist es wichtig, den Einsatz von orthophosphatischen Phosphaten kritisch zu betrachten und alternative Lösungen zu suchen, um ihre negativen Auswirkungen auf die Umwelt und Gesundheit zu minimieren.

Wie sind die Eigenschaften und die Wirkung von Polyphosphaten?
Polyphosphate sind chemische Verbindungen, die aus mehreren Phosphat-Einheiten bestehen. Sie werden in vielen verschiedenen Anwendungen eingesetzt, von der Lebensmittelindustrie bis hin zur Wasseraufbereitung. Polyphosphate können als Stabilisatoren und Emulgatoren verwendet werden, um die Textur und Haltbarkeit von Lebensmitteln zu verbessern. In der Wasseraufbereitung können sie dazu beitragen, Kalkablagerungen zu reduzieren und die Wirksamkeit von Desinfektionsmitteln zu erhöhen.
Polyphosphate haben auch eine wichtige Rolle im menschlichen Körper. Sie sind ein wichtiger Bestandteil von Knochen und Zähnen und spielen eine Rolle bei der Regulierung des Kalziumstoffwechsels. Darüber hinaus können sie helfen, Nierensteine zu verhindern und das Wachstum von Plaque in den Arterien zu reduzieren.
Allerdings gibt es auch Bedenken hinsichtlich der Auswirkungen von Polyphosphaten auf die Umwelt. Wenn sie in großen Mengen freigesetzt werden, können sie das Wachstum von Algen in Gewässern fördern, auch als Algenblüte oder Eutrophierung bekannt, und somit den Sauerstoffgehalt im Wasser reduzieren. Dies kann zu einem ökologischen Ungleichgewicht führen und die Gesundheit von Fischen und anderen Wasserlebewesen beeinträchtigen. Insgesamt haben Polyphosphate eine breite Palette von Eigenschaften und Wirkungen, die je nach Anwendungsbereich variieren können. Während sie in vielen Bereichen nützlich sein können, ist es wichtig, ihre Auswirkungen auf die Umwelt sorgfältig zu überwachen und zu regulieren, um negative Folgen zu vermeiden.

Wie sind die Eigenschaften und die Wirkung von organisch gebundenen Phosphaten?

Organisch gebundene Phosphate sind Verbindungen, die im lebenden Organismus vorkommen und eine wichtige Rolle bei verschiedenen biologischen Prozessen spielen. Sie sind in vielen Nahrungsmitteln wie Fleisch, Fisch, Milchprodukten und Getreide enthalten und werden auch als Düngemittel in der Landwirtschaft eingesetzt.

Organische Phosphate sind wichtig für die Energieproduktion in Zellen, da sie an der Synthese von ATP beteiligt sind. Sie sind auch ein wichtiger Bestandteil von DNA und RNA, den genetischen Materialien, welche die Information zur Herstellung von Proteinen enthalten. Organische Phosphate spielen auch eine Rolle bei der Regulation von Enzymen und Hormonen im Körper. Ein Mangel an organischen Phosphaten kann zur Störung im Stoffwechsel führen, während ein Überschuss zu einer Überlastung der Nieren führen kann. Daher ist es wichtig, eine ausgewogene Ernährung zu haben, um eine angemessene Versorgung mit organischen Phosphaten sicherzustellen.

Viele werden sich jetzt fragen, was hat dies mit der Kompostierung zu tun. Nun einerseits könnte man dies Denken, jedoch ist die Kompostierung eine sehr wichtige Grundlage dafür, nicht nur einen Gesunden und ertragreichen Garten zu haben. Es stellt letztlich auch die Basis einer gesunden Ernährung dar, welche der Garten in all seiner Vielfalt zu bieten hat. Sich im Garten so zu ernähren wie die Früchte reifen, stellt ein solides Fundament für die eigene Gesundheit dar.

Wie ist das Zusammenspiel der Phosphate und deren Auswirkungen?

Phosphate spielen eine entscheidende Rolle in vielen biologischen Prozessen. Sie sind Bestandteil von Nukleinsäuren, wie DNA und RNA, sowie von ATP, dem universellen Energieträger in Zellen. Phosphate sind auch wichtig für den Aufbau von Knochen und Zähnen.

Das Zusammenspiel der verschiedenen Phosphate ist daher von großer Bedeutung für die Gesundheit und das Wohlbefinden des Organismus und der Pflanzen in ihren komplexen Strukturen und Anforderungen an bestehende Nährstoffquellen. Um dies besser zu visualisieren, möchte ich dies durch die organischen Phosphate, also des menschlichen Körpers darstellen, was letztlich auf die Pflanzenwelt in Bezug genommen werden kann.

Ein Mangel an Phosphaten kann zu einer Vielzahl von Problemen führen, wie zum Beispiel Muskelschwäche, Knochenschwund und Anämie. Eine Überdosierung von Phosphaten kann jedoch auch schädlich sein und zu Nierenproblemen führen.

In der Pflanzenwelt widerspiegelt sich dies zum einen in einen stabilen Wuchs der Pflanzen und einer soliden Wurzelbildung mit dem Resultat von gesunden Pflanzen und einer reichen Ernte, jedoch bei Überdüngung kann die Pflanze geschwächt werden oder verkümmert und zieht Schädlinge an, welche sich auf die Pflanzen im Garten verbreiten.

Das Verhältnis der verschiedenen Phosphate zueinander ist ebenfalls wichtig. Ein Ungleichgewicht kann zu Störungen im Stoffwechsel führen und Krankheiten verursachen.

Zum Beispiel kann ein zu hoher Anteil an organischen Phosphaten im Blut zu Arteriosklerose führen. Für die Pflanzen würde ein zu hoher Anteil an Phosphaten auch die Nährstoffaufnahme empfindlich stören, was wiederum zur Hemmung des Pflanzenwachstums führen würde und es auch zu einer Rückbildung der Wurzeltriebe führen kann. Es gibt auch Hinweise darauf, dass das Verhältnis der Phosphate im Körper Auswirkungen auf das Altern haben könnte. Eine Studie ergab, dass Mäuse mit einem niedrigeren Verhältnis von anorganischen zu organischen Phosphaten länger lebten, als Mäuse mit einem höheren Verhältnis Dabei gibt es jedoch einen wichtigen Grundsatz, zum einen die Mischung macht es und weniger ist mehr. Als einen sehr wesentlichen Punkt in der Energieverteilung ist zum einen in Bezug auf dem Körper und gesehen in Blick in die Pflanzenwelt die Ausgewogenheit der zugeführten Energieträger, was wesentlichen Einfluss auf die Gesundheit darstellt.

Insgesamt ist das Zusammenspiel der einzelnen Phosphate komplex und noch nicht vollständig verstanden. Es ist jedoch klar, dass ein Gleichgewicht zwischen den verschiedenen Phosphaten wichtig für die Gesundheit und das Wohlbefinden des Organismus und der Pflanzenwelt ist.

Wie wirken sich Phosphate auf die Kompostierung aus?

Phosphate sind eine wichtige Nährstoffquelle für Pflanzen und spielen eine entscheidende Rolle in der Landwirtschaft. Allerdings können sie auch negative Auswirkungen auf die Umwelt haben, wenn sie in zu großen Mengen eingesetzt werden. Insbesondere bei der Kompostierung können Phosphate zu einem Problem führen.

Wenn zu viel Phosphat in den Kompost gelangt, kann es zu einer Überdüngung des Bodens kommen, was wiederum das Wachstum von Pflanzen beeinträchtigt. Darüber hinaus kann ein Überschuss an Phosphat dazu führen, dass sich schädliche Bakterien im Kompost vermehren und somit die Qualität des Endprodukts beeinträchtigen.

Es ist daher wichtig, den Einsatz von Phosphaten beim Kompostieren sorgfältig zu überwachen und gegebenenfalls zu reduzieren. Eine Möglichkeit, dies zu tun, besteht darin, alternative Nährstoffquellen wie beispielsweise Knochenmehl oder Blutmehl zu verwenden.

Insgesamt ist es wichtig, ein ausgewogenes Verhältnis von Nährstoffen im Kompost zu gewährleisten, um eine Gesunde und nachhaltige Bodenqualität zu erhalten.

Wo sind Phosphate besonders enthalten?

Phosphate sind wichtige Nährstoffe für Pflanzen und Tiere. Sie spielen eine entscheidende Rolle bei der Fotosynthese, der Energieübertragung und der Zellteilung. Phosphate kommen in vielen natürlichen Ressourcen vor, wie zum Beispiel in Gesteinen, Mineralien und Sedimenten, was es für die Geologie und den Gartenbau hoch Interessant macht. Besonders hohe Konzentrationen von Phosphaten sind jedoch in bestimmten Gebieten zu finden.

Eine Quelle für Phosphate sind Düngemittel, die aus mineralischen oder organischen Rohstoffen hergestellt werden. In der Landwirtschaft werden diese Düngemittel auf Feldern ausgebracht, um den Boden mit Phosphat zu versorgen und somit das Wachstum von Pflanzen zu fördern.

Ein weiterer Ort, an dem hohe Konzentrationen von Phosphaten gefunden werden können, sind Gewässer. Hier sammeln sich Phosphate aus verschiedenen Quellen an, wie zum Beispiel aus landwirtschaftlichen Abflüssen oder menschlichen Abwässern, was als Eutrophierung bezeichnet wird.

Auch in einigen Gesteinsformationen sind besonders viele Phosphate enthalten. Zum Beispiel gibt es in Nordafrika große Lagerstätten von Phosphathaltigen Gesteinen, die für die Herstellung von Düngemitteln genutzt werden.

Insgesamt gibt es also verschiedene Orte, an denen hohe Konzentrationen von Phosphaten zu finden sind. Die Nutzung dieser Ressourcen ist wichtig für die Landwirtschaft und anderer Bereiche, aber es ist auch wichtig, darauf zu achten, dass Phosphate nicht in zu hohen Konzentrationen in Gewässern vorkommen, da dies negative Auswirkungen auf die Umwelt und der bestehenden Ökosysteme haben kann.

Wie werden Phosphate richtig eingesetzt?

Phosphate sind ein wichtiger Bestandteil bei der Kompostierung, da sie das Wachstum von Mikroorganismen fördern und somit den Zersetzungsprozess beschleunigen. Allerdings sollten Phosphate gezielt eingesetzt werden, um eine Überdüngung des Bodens zu vermeiden. Eine Möglichkeit ist die Zugabe von phosphathaltigen Düngemitteln wie beispielsweise Hornmehl oder Knochenmehl. Diese sollten jedoch sparsam dosiert werden, da eine Überdüngung zu einer Versauerung des Bodens führen kann.

Eine weitere Option ist die Verwendung von Pflanzen, die natürlicherweise reich an Phosphat sind, wie zum Beispiel die Brennnessel oder Beinwell. Diese können als Gründüngung auf dem Kompost platziert werden und tragen so zur Nährstoffversorgung bei.

Auch das Einbringen von Komposttee oder Pflanzenjauche kann eine gute Möglichkeit sein, um gezielt Phosphate zuzuführen. Wichtig ist jedoch immer eine ausgewogene Zusammensetzung der Nährstoffe zu gewährleisten, damit eine optimale Kompostierung erfolgen kann.

Sulfite und deren Anwendungen in der Kompostierung.

Was sind eigentlich Sulfite?

Sulfite sind chemische Verbindungen, die aus Schwefeldioxid und verschiedenen Salzen bestehen. Sie werden in vielen Lebensmitteln und Getränken als Konservierungsmittel verwendet, um das Wachstum von Bakterien und anderen Mikroorganismen zu hemmen.

Auch sind Sulfite in einigen Medikamenten enthalten, um ihre Haltbarkeit zu verlängern. Obwohl Sulfite für viele Menschen unbedenklich sind, können sie jedoch bei anderen Menschen allergische Reaktionen auslösen. Symptome einer Sulfit Allergie können Hautausschläge, Schwellungen, Atembeschwerden und sogar Anaphylaxie sein. Aus diesem Grund müssen Lebensmittel und Getränke, die Sulfite enthalten, auf ihren Etiketten gekennzeichnet werden.

Einige Lebensmittel, die oft Sulfite enthalten, sind Wein, Trockenfrüchte, Kartoffelprodukte und Meeresfrüchte. Es ist wichtig zu beachten, dass Sulfite auch in verarbeiteten Lebensmitteln wie Suppen, Saucen und Fertiggerichten vorkommen können.

Wenn Sie vermuten, dass Sie allergisch auf Sulfite reagieren könnten, sollten Sie einen Allergietest durchführen lassen und Ihre Ernährung entsprechend anpassen. Wenn Sie bereits wissen, dass Sie allergisch auf Sulfite reagieren, sollten Sie sorgfältig darauf achten, welche Lebensmittel und Getränke Sie konsumieren und sicherstellen, dass sie frei von Sulfiten sind. Insgesamt sind Sulfite eine weit verbreitete Konservierungsmethode in der Lebensmittelindustrie. Obwohl sie für die meisten Menschen unbedenklich sind, können sie jedoch bei anderen Menschen allergische Reaktionen auslösen. Es ist wichtig, Etiketten von Lebensmitteln und Getränken zu lesen und gegebenenfalls einen Allergietest durchzuführen, um sicherzustellen, dass Sie keine Sulfite konsumieren, die Ihre Gesundheit gefährden könnten.

Wie sehen die Vorteile und auch Nachteile von Sulfiten aus?

Sulfite werden in verschiedenen bereichern eingesetzt, wie zum Beispiel in der Metallurgie, der Chemie und der Medizin. Die Vorteile von Sulfiten bestehen vor allem in Ihrer Fähigkeit, als Katalysator zu wirken und chemische Reaktionen zu beschleunigen. Sie können auch als Schmiermittel verwendet werden, um die Reibung zwischen Oberflächen zu reduzieren. Darüber hinaus haben einige Sulfite antimikrobielle Eigenschaften und können daher zur Behandlung von Infektionen eingesetzt werden.
Ebenfalls wird ein weiterer Vorteil von Sulfiten deutlich, durch seine Fähigkeit. Das Wachstum von Bakterien und Pilzen zu hemmen. Dadurch können sie dazu beitragen, dass Lebensmittel länger haltbar bleiben und weniger anfällig für Verderb sind.
Dies ist besonders wichtig, bei empfindlichen Lebensmitteln wie Fleisch, Fisch und Milchprodukten. Ein weiterer Vorteil von Sulfiten stellt Ihre Fähigkeit dar, die Farbe und den Geschmack von Lebensmitteln zu erhalten. Sie können dazu beitragen, dass Obst und Gemüse länger frisch aussehen und schmecken. Auch bei Wein werden Sulfite zugesetzt, um den Geschmack zu stabilisieren. Allerdings gibt es auch Nachteile bei der Verwendung von Sulfiten. Einige Sulfite sind giftig und können bei Kontakt mit Haut und Augen gesundheitsschädlich sein. Zudem können sie bei ursachgemäßer Handhabung oder Entsorgung die Umwelt belasten und bestehende Ökosysteme empfindlich stören.

Ein weiterer Nachteil ist, dass einige Sulfite sehr instabil sind und leicht oxidieren, was Ihre Lagerung erschwert. Weiterhin ist von Nachteil, dass einige Menschen allergisch auf Sulfite reagieren können, was auch mit seiner potenziellen Toxizität resultiert. In hohen Dosen können Sulfite zu Übelkeit, Durchfall und Erbrechen führen. Bei empfindlichen Personen können sie auch Kopfschmerzen und Schwindel verursachen. Aus diesem Grund gibt es gesetzliche Vorschriften, die eine Maximalmenge an Sulfiten in Lebensmitteln begrenzt.

Zusammenfassend lässt sich sagen, dass Sulfite sowohl Vorteile als auch Nachteile haben. Sie können dazu beitragen, dass Lebensmittel länger haltbar bleiben und Ihren Geschmack und Farbe beibehalten. Allerdings können sie auch allergische Reaktionen und Toxizität verursachen. Es ist wichtig, dass Verbraucher auf die Kennzeichnung von Lebensmitteln achten und sich bewusst sind, ob Sulfite als Konservierungsmittel verwendet wurde.

Welche Arten von Sulfiten gibt es?

Sulfit ist eine chemische Verbindung, welche häufig in der Lebensmittelindustrie eingesetzt wird. Es handelt sich um Salze und Ester der schwefligen Säure, die als Antioxidationsmittel, Farbstabilisatoren und zur Hemmung des Wachstums von Bakterien und Hefen verwendet werden.
Es gibt verschiedene Arten von Sulfiten, die in der Lebensmittelindustrie verwendet werden.
Natriumsulfat (E221) ist das am häufigsten verwendete Sulfit und wird zur Konservierung von Trockenfrüchten, Kartoffelchips und Wein verwendet.
Kalium Sulfit (E224) wird hauptsächlich zur Konservierung von Bier und Fruchtsäften eingesetzt.
Natriummetabisulfit (E223) wird als Antioxidationsmittel in Trockenfrüchten, Wein und,
Kartoffelprodukten verwendet. Calciumsulfit (E226) wird hauptsächlich zur Konservierung von Trockenfrüchten und Gemüse verwendet.

Es ist wichtig zu beachten, dass Sulfit auch natürlicherweise in einigen Lebensmitteln vorkommt, wie beispielsweise in getrockneten Früchten, Wein und Bier. Die Konzentration von Sulfiten in diesen Lebensmitteln ist jedoch geringer, als in denjenigen, die künstlich mit Sulfiten konserviert wurden.

Insgesamt kann gesagt werden, dass bei der Zugabe von Sulfiten in der Lebensmittelindustrie, diese sorgfältig abzuwägen und sicherzustellen, dass sie sicher und verantwortungsvoll eingesetzt werden. Diese sind auf den Verpackungen zu deklarieren, um somit allergische Reaktionen bei empfindlichen Personen zu vermeiden.

Doch wie stellt sich der Einsatz von Sulfiten bei der Kompostierung dar?

Die Kompostierung ist eine wichtige Methode zur Reduzierung von organischen Abfällen und zur Herstellung von Düngemitteln. Sulfite können gezielt bei der Kompostierung eingesetzt werden, um den Prozess zu beschleunigen und die Qualität des Endproduktes zu verbessern. Sie wirken auch als Antioxidationsmittel und können den Abbau von organischen Substanzen verlangsamen. Bei der Kompostierung ist der gezielte Einsatz von Sulfite sinnvoll, um bestimmte Bakterienarten zu hemmen, die den Abbau von organischen Substanzen behindern. Dadurch wird der Kompostierungsprozess beschleunigt und das Endprodukt enthält weniger unerwünschte Stoffe wie Schwermetalle.
Es ist jedoch wichtig, dass Sulfite in angemessenen Mengen eingesetzt werden, da sie auch negative Auswirkungen auf die Umwelt haben können. Eine übermäßige Verwendung von Sulfiten kann dazu führen, dass sich schädliche Chemikalien im Boden ansammeln und die Qualität des Endproduktes beeinträchtigen. Daher sollte die Verwendung von Sulfiten bei der Kompostierung sorgfältig abgewogen werden und nur in begrenztem Umfang erfolgen.

Bei der Kompostierung können Sulfite eine wichtige Rolle spielen, da sie dazu beitragen, den Prozess zu beschleunigen und das Endprodukt zu verbessern. Allerdings müssen sie richtig eingesetzt werden, um negative Auswirkungen auf die Umwelt, als auch den bestehenden Ökosystemen und die Gesundheit von Mensch und Tier zu vermeiden.

Sulfite werden bei der Kompostierung oft eingesetzt, um den pH-Wert des Komposts zu senken und damit das Wachstum von Mikroorganismen zu fördern. Dadurch wird der Abbau von organischen Materialien beschleunigt und das Endprodukt wird schneller zu einem nährstoffreichen Dünger.
Allerdings kann ein falscher Einsatz von Sulfiten auch negative Auswirkungen haben. Zum Beispiel können sie zu einer Versauerung des Bodens führen und dadurch das Wachstum von Pflanzen hemmen. Außerdem können sie giftig für einige Tiere sein, insbesondere für Fische und Amphibien. Um Sulfite bei der Kompostierung richtig einzusetzen, sollten daher einige grundlegende Regeln beachtet werden. Zunächst einmal sollte man nur natürliche Sulfite verwenden, die aus organischen Materialien stammen. Chemisch hergestellte Sulfite können dagegen schädlich sein. Außerdem sollte man darauf achten, die richtige Menge an Sulfiden zu verwenden.
Schließlich ist es wichtig, die Auswirkungen von Sulfiden auf die Umwelt und die Gesundheit von Mensch und Tier zu berücksichtigen. Insbesondere in der Nähe von Gewässern sollte man vorsichtig sein, um eine Verschmutzung zu vermeiden.

Insgesamt lässt sich sagen, dass Sulfit in der Kompostierung ein nützliches Werkzeug darstellt, um den Prozess der Zersetzung zu beschleunigen und das Wachstum von Mikroorganismen zu fördern und somit das Endprodukt verbessert wird.

Allerdings müssen sie richtig eingesetzt werden, um negative Auswirkungen zu vermeiden. Durch eine sorgfältige Dosierung und Berücksichtigung der Umwelt und Gesundheitsaspekte kann man jedoch sicherstellen, dass Sulfite einen positiven Beitrag zur Kompostierung leisten.

Karbonate und deren Anwendung bei der Kompostierung

Was jedoch sind Karbonate?

Karbonat ist ein chemischer Begriff, der sich auf eine Gruppe von Verbindungen bezieht, die aus Kohlenstoff, Sauerstoff und einem weiteren Element bestehen. Die bekanntesten Karbonate sind Calciumkarbonat ($CaCO_3$), Natriumkarbonat (Na_2CO_3) und Kaliumkarbonat (K_2CO_3).

Karbonate sind wichtige Bestandteile von Gesteinen wie Kalkstein und Dolomit und spielen eine entscheidende Rolle in der Geologie und Geografie. Sie sind auch in vielen Alltagsprodukten wie Backpulver, Zahnpasta und Reinigungsmitteln enthalten.

Das dritte Element in Karbonaten kann je nach Verbindung variieren. In Calciumkarbonat ist das dritte Element Calcium, während es in Natriumkarbonat Natrium ist. In Kaliumkarbonat ist es Kalium. Andere Karbonate können Magnesium, Eisen oder andere Elemente enthalten.

Sie sind in der Natur weit verbreitet und spielen eine wichtige Rolle in verschiedenen Prozessen. Ein bekanntes Beispiel für Karbonate ist Kalkstein, der aus Calciumcarbonat besteht und oft als Baumaterial oder zur Herstellung von Zement verwendet wird. Aber auch Mineralien wie Dolomit oder Magnesit sind Karbonate.

Arten von Karbonaten und deren Einsatz

Es gibt viele verschiedene Arten von Karbonaten, darunter Calciumkarbonat, Natriumkarbonat und Kaliumkarbonat. Diese Verbindungen werden in einer Vielzahl von Anwendungen eingesetzt, von der Herstellung von Zement und Glas bis hin zur Wasserreinigung und der Lebensmittelproduktion.

Calciumkarbonat ist eine der häufigsten Karbonat Verbindungen und wird in vielen verschiedenen Branchen eingesetzt. In der Bauindustrie wird er als Füllstoff für Beton und Mörtel verwendet, um deren Festigkeit zu erhöhen. Es wird auch in der Papierindustrie eingesetzt, um die Helligkeit des Papiers zu erhöhen und dessen Glätte zu verbessern. In der Lebensmittelindustrie wird Calciumkarbonat als Zusatzstoff verwendet, um den Calciumgehalt von Lebensmitteln zu erhöhen.

In der Biologie sind Karbonate wichtig für den Aufbau von Schalen bei Muscheln und Korallen, sowie für die Bildung von Knochen und Zähnen bei Tieren.

Karbonate werden auch in der Landwirtschaft als Bestandteile von Düngemitteln eingesetzt, da es eine wichtige Quelle für Kalium ist. Kaliumkarbonat spielt dabei eine wesentliche Rolle, um den pH-Wert des Bodens zu erhöhen. Natriumkarbonat ist auch bekannt als Soda und wird häufig in der chemischen Industrie eingesetzt. Es wird zur Herstellung von Glas, Seife und Waschmitteln verwendet. Auch als Reinigungsmittel findet es seine Anwendung, da es hartnäckige Flecken entfernen kann.

Wie wirken Karbonate im Kompost?

Karbonate sind eine wichtige Komponente im Kompostierungsprozess. Sie tragen dazu bei, den pH-Wert des Komposts zu stabilisieren und das Wachstum von Mikroorganismen zu fördern. Karbonate sind in der Regel in Form von Kalkstein oder Dolomit im Boden vorhanden und werden durch die Zersetzung von organischen Materialien freigesetzt.

Wenn Karbonate im Kompost vorhanden sind, helfen sie dabei, saure Bedingungen zu neutralisieren. Dies ist wichtig, da viele Mikroorganismen, die für den Abbau von organischem Material verantwortlich sind, nur unter neutralen oder leicht alkalischen Bedingungen gedeihen können.

Wenn der pH-Wert des Komposts zu niedrig ist, können diese Mikroorganismen nicht effektiv arbeiten und der Kompostierungsprozess wird verlangsamt. Darüber hinaus können Karbonate auch dazu beitragen, die Struktur des Komposts zu verbessern. Durch ihre alkalische Wirkung können sie dazu beitragen, die Bindung von organischen Materialien zu verbessern und die Bildung von Klumpen und Verklumpungen zu reduzieren. Dies führt zu einer besseren Luftzirkulation und Wasserdurchlässigkeit im Kompost, was wiederum das Wachstum von Mikroorganismen fördert.

Insgesamt ist die Anwendung von Karbonaten im Kompost ein wichtiger Faktor für einen erfolgreichen Kompostierungsprozess. Wenn Sie Ihren eigenen Kompost herstellen, sollten Sie sicherstellen, dass Ihr Ausgangsmaterial ausreichend Karbonate enthält oder diese gegebenenfalls hinzufügen. Ein einfacher Test mit einem pH-Tester kann Ihnen helfen, den pH-Wert Ihres Komposts zu überprüfen und sicherzustellen, dass er im optimalen Bereich liegt.

Was sind die Vorteile als auch die Nachteile bei der Kompostierung?

Karbonate sind ein wichtiger Bestandteil bei der Kompostierung, allerdings gibt es bei der Verwendung einige Vorteile als auch einige Nachteile, welche beachtet werden müssen.

Ein großer Vorteil von Karbonaten ist die Fähigkeit, den pH-Wert des Komposts zu regulieren. Dies ist wichtig, da ein zu saurer oder zu basischer Kompost die Entwicklung von Mikroorganismen hemmen kann. Karbonate können den pH-Wert stabilisieren und somit ein optimales Milieu für die Zersetzung von organischen Abfällen schaffen.

Ein weiterer Vorteil von Karbonaten ist Ihre Fähigkeit, Nährstoffe freizusetzen. Karbonate enthalten Calcium und Magnesium, die wichtige Nährstoffe für Pflanzen darstellen. Durch die Zugabe von Karbonaten in den Komposthaufen können diese Stoffe freigesetzt werden und somit das Wachstum von Pflanzen fördern.

Allerdings gibt es auch Nachteile bei der Verwendung von Karbonaten. Ein Nachteil ist Ihre begrenzte Löslichkeit im Wasser. Dies bedeutet, dass sie nicht sofort verfügbar sind und Zeit benötigen, um sich im Komposthaufen zu zersetzen. Dies kann dazu führen, dass der Kompostierung verlangsamt wird.

Ein weiterer Nachteil von Karbonaten ist Ihre potenzielle Auswirkung auf die Umwelt. Wenn große Mengen an Karbonaten verwendet werden, können sie auch den pH-Wert des Bodens erhöhen und somit das Wachstum von Pflanzen hemmen. Darüber hinaus können Karbonate auch die Wasserqualität beeinträchtigen, wenn sie in Gewässer gelangen.

Insgesamt haben Karbonate sowohl Vorteile als auch Nachteile bei der Kompostierung. Es ist daher wichtig, Ihre Verwendung sorgfältig zu planen und zu überwachen, um sicherzustellen, dass sie effektiv und Umweltverträglich eingesetzt werden.

Kalk und Kompost sowie deren Kalkarten

Kalk ist ein wichtiger Bestandteil des Bodens und wird oft verwendet, um den pH-Wert zu erhöhen.
Doch wie wirkt sich Kalk auf dem Kompostier Vorgang aus?

Einige Gärtner schwören darauf, Kalk in ihren Komposthaufen zu geben, um den pH-Wert zu erhöhen und den Abbau von organischen Materialien zu beschleunigen. Andere sind jedoch der Meinung, dass Kalk den Komposthaufen stört und die Mikroorganismen beeinträchtigt, die für den Abbau von organischen Materialien verantwortlich sind. Es gibt einige Faktoren, welche berücksichtigt werden müssen, wenn es darum geht, ob Kalk gut oder schlecht für den Komposthaufen ist. Zunächst einmal hängt es davon ab, welche Art von organischen Materialien in den Komposthaufen gegeben wird. Wenn der Kompost hauptsächlich aus sauren Materialien wie Kaffeesatz oder Zitrusfrüchten besteht, kann das Hinzufügen von Kalk dazu beitragen, den pH-Wert zu erhöhen und das Gleichgewicht im Komposthaufen wieder herzustellen.

Ein weiterer Faktor ist der pH-Wert des Bodens, auf dem der Komposthaufen steht. Wenn der Boden bereits alkalisch ist, kann das Hinzufügen von Kalk dazu führen, das der pH-Wert zu hoch wird und die Mikroorganismen im Komposthaufen beeinträchtigt werden. In diesem Fall sollte auf das Hinzufügen von Kalk verzichtet werden.

Letztendlich hängt es also vom individuellen Komposthaufen ab, ob Kalk eine positive oder negative Wirkung hat. Es ist jedoch wichtig, den pH-Wert des Kompostes im Auge zu behalten und gegebenenfalls den Einsatz von Kalk anzupassen, um ein gesundes Gleichgewicht im Komposthaufen zu gewährleisten.

Kalkarten

Kalk ist ein wichtiger Bestandteil für gesunde Böden und Pflanzenwachstum. Es gibt verschiedene Arten von Kalk, die sich in ihrer Zusammensetzung und Wirkung unterscheiden. Die wichtigsten Kalkarten sind Dolomit Kalk, Kalksteinmehl und Hühnerdungkalk.

Dolomit Kalk enthält neben Calcium auch Magnesium und ist daher besonders für Böden mit einem hohen Anteil an sauren Tonen geeignet. Es hilft, den pH-Wert zu erhöhen und verbessert die Bodenstruktur.

Kalksteinmehl ist reich an Calciumcarbonat und wird oft als schneller wirksamer Kalk eingesetzt. Es kann jedoch aufgrund seiner feinen Struktur schnell ausgewaschen werden und sollte daher regelmäßig nachgefüllt werden.

Hühnerdungkalk ist eine organische Kalkart, die aus getrockneten Hühner Dung gewonnen wird. Es enthält neben Calcium auch Stickstoff und Phosphor und hat daher eine düngende Wirkung. Hühnerdungkalk eignet sich besonders für den Komposthaufen, da er den pH-Wert des Komposts stabilisiert und das Wachstum von Mikroorganismen fördert.

Für den Kompost sind alle drei Kalkarten geeignet, jedoch sollte man darauf achten, welche Art am besten zur eigenen Bodenbeschaffenheit passt. Eine Bodenanalyse kann hierbei helfen. Generell gilt jedoch, guter Kompost benötigt einen pH-Wert zwischen 6,5 und 7,5, um optimal zu funktionieren. Daher sollte man den pH-Wert regelmäßig überprüfen und gegebenenfalls Kalk nachfüllen.

Jedoch ist es wichtig an dieser Stelle etwas näher auf die drei beschriebenen Kalkarten etwas näher einzugehen, um die Arbeit bei der Kompostierung zu erleichtern und dessen Kern herauszustellen.

Dolomit Kalk

Dolomit Kalk ist ein mineralischer Dünger, der aus dem Gestein Dolomit gewonnen wird. Er enthält hauptsächlich Calcium und Magnesiumcarbonat und ist ein wichtiger Bestandteil für eine erfolgreiche Kompostierung.

Wie wirkt sich Dolomit Kalk auf die Kompostierung aus?

Durch die Zugabe von Dolomit Kalk wird der pH-Wert des Komposts stabilisiert und das Wachstum von Mikroorganismen gefördert.

Zudem sorgt er für eine bessere Struktur des Komposts, da er die Aggregation der organischen Bestandteile fördert und somit eine bessere Belüftung ermöglicht. Auch die Nährstoffaufnahme der Pflanzen wird durch den Dolomit Kalk verbessert, da er den Boden mit wichtigen Mineralstoffen versorgt. Allerdings sollte man bei der Verwendung von Dolomit Kalk darauf achten, dass nicht zu viel auf einmal ausgebracht wird, da dies zu einer Überdüngung führen kann.

Eine Überdüngung kann wiederum negative Auswirkungen auf die Bodenqualität haben und das Wachstum von Pflanzen hemmen.

Insgesamt ist Dolomit Kalk jedoch ein wichtiger Bestandteil für eine erfolgreiche Kompostierung und kann dazu beitragen, dass der Kompost schneller reift und eine höhere Qualität erreicht.

Kalksteinmehl

Kalksteinmehl ist ein fein gemahlenes Gesteinspulver, das aus Kalkstein gewonnen wird.

Es wird oft als Bodenverbesserer und Düngemittel verwendet, da es reich an Kalzium und Magnesium ist und den pH-Wert des Bodens erhöht.

Aber wie wirkt sich Kalksteinmehl auf die Kompostierung aus?

Kalksteinmehl kann in der Kompostierung verwendet werden, um den pH-Wert des Komposts zu erhöhen. Ein neutraler pH-Wert von 7 ist ideal für die Kompostierung, aber wenn der pH-Wert zu sauer ist, kann dies das Wachstum von Mikroorganismen hemmen und den Abbau von organischen Materialien verlangsamen. Durch die Zugabe von Kalksteinmehl wird der pH-Wert erhöht und somit das Wachstum von Mikroorganismen gefördert, was zu einer schnelleren Kompostierung führt.

Es ist jedoch wichtig zu beachten, dass die Zugabe von Kalksteinmehl in Maßen erfolgen sollte. Eine übermäßige Zugabe kann dazu führen, dass der pH-Wert zu stark ansteigt und somit die Mikroorganismen abtötet, welche für die Kompostierung erforderlich sind.

Eine Überdosis an Kalksteinmehl kann auch dazu führen, dass sich bestimmte Nährstoffe im Kompost binden und somit nicht mehr für Pflanzen verfügbar sind.

Insgesamt kann Kalksteinmehl eine nützliche Ergänzung für die Kompostierung sein, wenn es in angemessenen Mengen verwendet wird. Es kann dazu beitragen, den pH-Wert des Komposts zu erhöhen und somit die Mikroorganismen zu fördern, die für eine schnelle und effektive Kompostierung notwendig sind.

Hühnerdungkalk

Hühnerdungkalk ist ein beliebtes Mittel zur Verbesserung der Bodenqualität und zur Erhöhung der Nährstoffaufnahme von Pflanzen.

Doch wie wirkt sich die Zugabe von Hühnerdungkalk auf die Kompostierung aus?

Grundsätzlich kann gesagt werden, dass Hühnerdungkalk eine positive Wirkung auf die Kompostierung hat. Durch die Zugabe von Hühnerdungkalk wird der pH-Wert des Komposts erhöht, was dazu führt, dass sich die Mikroorganismen im Kompost schneller vermehren können und somit auch die Zersetzung der organischen Stoffe beschleunigt wird. Außerdem enthält Hühnerdungkalk viele wertvolle Nährstoffe wie Stickstoff, Phosphor und Kalium, die den Kompost zusätzlich anreichern und somit zu einem wertvollen Dünger machen. Allerdings sollte bei der Zugabe von Hühnerdungkalk darauf geachtet werden, dass nicht zu viel davon verwendet wird, da dies zu einer Überdüngung des Bodens führen kann.
Auch sollte der Kompost regelmäßig gewendet werden, um eine gleichmäßige Verteilung des Hühnerdungkalks zu gewährleisten und eine optimale Kompostierung zu erreichen. Hierzu bietet sich eine Vermischung mit Baumarkterde oder auch Alterde an, um ein effektives Ergebnis zu erzielen, was sich auf den Kompostprozess positiv auswirkt.
Insgesamt kann also festgehalten werden, dass die Zugabe von Hühnerdungkalk eine sinnvolle Maßnahme zur Verbesserung der Kompostierung ist, sofern sie in angemessener Menge und in Kombination mit anderen organischen Materialien erfolgt.

Wie viel Kalk enthalten Eierschalen?

Eierschalen sind oft eine häufige Quelle für Kalzium, das für den Körper von entscheidender Bedeutung ist. Kalzium ist ein wichtiger Nährstoff für die Knochengesundheit und spielt auch eine Rolle bei der Muskel- und Nervenfunktion sowie bei der Blutgerinnung.

Doch wie viel Kalzium enthalten Eierschalen tatsächlich?
Eine durchschnittliche Eierschale enthält etwa 2 Gramm Kalziumkarbonat, was etwa 800 –1000 Milligramm elementaren Kalzium entspricht. Die genaue Menge hängt jedoch von verschiedenen Faktoren ab wie zum Beispiel der Größe des Eies und der Art des Hühnereis.
Es ist wichtig zu beachten, dass Eierschalen nicht die beste Quelle für Kalzium sind, jedoch bei der Kompostierung einen unterstützenden Faktor darstellen. Produkte wie Gemüse, was bei der Zubereitung von Speisen abfällt und für die Kompostierung genutzt werden können, stellt eine gute Quelle für Kalzium dar.

Eierschalen sind ein häufiges Abfallprodukt in vielen Haushalten und können auf verschiedene Arten wiederverwendet werden. Eine Möglichkeit besteht darin, sie dem Kompost beizumischen, um den Boden mit wichtigen Nährstoffen anzureichern. Eierschalen besitzen eine beträchtliche Menge an Kalziumkarbonat, was auch als Kalk bekannt ist. Jedoch sollte man die Eierschalen trocknen lassen, zermahlen und das Pulver gleichmäßig im Kompost verteilen, da sich dieser dadurch schneller zersetzt wird und keine Schnecken anzieht.
Die Eierschalen oder deren Pulver können dazu beitragen, den pH-Wert des Bodens auszugleichen und ihn für Wurzeln von Pflanzen zugänglicher zu machen. Der Kompostierungsprozess zersetzt die Schalen sehr langsam, deshalb ein Zermahlen erforderlich, damit das Kalzium schneller freigegeben wird, was dazu beiträgt, die Bodenstruktur zu verbessern und das Wachstum von Pflanzen zu fördern.
Es ist jedoch wichtig zu beachten, dass Eierschalen nicht die einzige Quelle für Kalk auf dem Kompost sind. Andere Materialien wie schon vorab erwähnt, als auch Materialien wie Knochenmehl oder Muschelschalen können ebenfalls verwendet werden, um den pH-Wert des Bodens anzupassen.

Insgesamt kann gesagt werden, dass Eierschalen eine nützliche Ergänzung für den Komposthaufen darstellt und können dazu beitragen, den Boden mit wichtigen Nährstoffen zu versorgen. Wenn sie jedoch nicht richtig vorbereitet werden oder in zu großen Mengen hinzugefügt werden, können sie auch negative Auswirkungen haben. Es ist daher wichtig, die richtige Menge und Vorbereitung zu beachten, um die Best möglichsten Ergebnisse zu erzielen.

Kalzium und Kompost

Kalzium ist ein wichtiger Nährstoff für Pflanzen und Tiere. Es ist ein essenzielles Mineral, das für die Knochenbildung, Muskelkontraktion und Blutgerinnung benötigt wird.

Aber wie wirkt sich Kalzium auf die Kompostierung aus?

Die Antwort ist sehr komplex und hängt von verschiedenen Faktoren ab. Zunächst einmal spielt der pH-Wert eine entscheidende Rolle dabei. Kalzium kann dazu beitragen, den pH-Wert im Kompost zu erhöhen, was wiederum die Aktivität der Mikroorganismen fördert. Diese Mikroorganismen sind für den Abbau organischer Materialien verantwortlich und tragen somit einen unschätzbaren Wert zur Kompostierung bei.

Darüber hinaus kann Kalzium auch dazu beitragen, die Struktur des Komposts zu verbessern. Es bindet sich an Tonpartikel und bildet Calcium-Ionen, die den Boden lockerer machen und Wasser besser aufnehmen lassen. Dies führt zu einer besseren Luft und Wasseraustausch im Kompost, was wiederum die Aktivität der Mikroorganismen fördert.

Allerdings ist es wichtig zu beachten, dass zu viel Kalzium auch negative Auswirkungen haben kann. Ein Überschuss an Kalzium kann dazu führen, dass andere wichtige Nährstoffe wie Magnesium und Kalium aus dem Boden verdrängt werden. Dies kann zu Mangelerscheinungen bei Pflanzen führen und somit auch die Qualität des Komposts beeinträchtigen.

Insgesamt lässt sich sagen, dass Kalzium eine wichtige Rolle bei der Kompostierung spielen kann, aber es ist wichtig, das richtige Gleichgewicht zu finden. Eine ausgewogene Nährstoffversorgung und regelmäßige Kontrolle des pH-Werts sind entscheidend, um eine erfolgreiche Kompostierung sicherzustellen.

Jod und Kompost

Was ist Jod und wie wirkt es beim Menschen?

Jod ist ein chemisches Element, das in der Natur vorkommt und für den menschlichen Körper von entscheidender Bedeutung ist. Es wird hauptsächlich in Form von Jodid im Körper aufgenommen und spielt eine wichtige Rolle bei der Produktion von Schilddrüsenhormonen. Das Fehlen von Jod kann zu einer Vielzahl von gesundheitlichen Problemen führen, wie zum Beispiel Kropfbildung oder Schilddrüsenunterfunktion.

Jod wird in verschiedenen Lebensmitteln wie Meeresfrüchten, Milchprodukten und Eiern gefunden. In einigen Ländern wird Jod auch in Speisesalz eingesetzt, um den Jodmangel zu bekämpfen. Der tägliche Bedarf an Jod variiert je nach Alter, Geschlecht und Schwangerschaftsstatus. Erwachsene sollten etwa 150 Mikrogramm pro Tag zu sich nehmen, während schwangere Frauen einen höheren Bedarf haben. Obwohl Jod für den Körper wichtig ist, kann eine übermäßige Aufnahme auch negative Auswirkungen haben. Eine hohe Jodaufnahme kann zu einer Überfunktion der Schilddrüse führen und das Risiko für Schilddrüsenkrebs erhöhen. Es ist daher wichtig den täglichen Bedarf an Jod zu decken, aber auch nicht zu überschreiten.

Insgesamt ist Jod ein essenzielles Element für die Gesundheit des menschlichen Körpers. Eine ausgewogene Ernährung mit Jodhaltigen Lebensmitteln und gegebenenfalls die Verwendung von jodierten Speisesalz können dazu beitrag, den Jodbedarf zu decken und gesundheitliche Probleme zu vermeiden.

Doch wie wirkt Jod bei der Kompostierung?

In Bezug auf die Kompostierung kann Jod jedoch auch eine wichtige Rolle spielen. Es wurde festgestellt, dass Jod in geringen Mengen dazu beitragen kann, den Abbau von organischen Materialien zu beschleunigen. Dies liegt daran, dass Jod als Katalysator wirkt und den Zersetzungsprozess beschleunigt. Insbesondere bei der Kompostierung von Meeresalgen oder anderen organischen Materialien aus dem Meer kann Jod einen positiven Einfluss haben.

Allerdings sollte darauf geachtet werden, dass zu viel Jod die Kompostierung hemmen kann. Eine übermäßige Menge an Jod kann das Wachstum von Bakterien hemmen und somit den Zersetzungsprozess verlangsamen oder sogar stoppen. Daher ist es wichtig, das richtige Gleichgewicht zu finden und nur eine angemessene Menge an Jod in den Kompost zu geben.

Doch welche Vorteile und Nachteile hat Jod bei der Kompostierung?

Jod ist ein wichtiger Nährstoff für das Pflanzenwachstum und dessen Entwicklung. Es fördert die Bildung von Chlorophyll und unterstützt den Stoffwechsel von Pflanzen.

Daher kann es sinnvoll sein, Jod dem Kompost beizumischen, um die Nährstoffversorgung der Pflanzen zu verbessern. Allerdings sollte man dabei vorsichtig vorgehen, da eine Überdüngung von Jod schädlich für die pflanzen sein kann.

Experten empfehlen, Jod in einer Konzentration von 0,1 bis 0,2 mg/kg Kompost beizumischen, welche in flüssiger Form am günstigsten ist, da sich dies leicht im gesamten Kompost verteilt und es somit auch zu keinem Stau des Elementes kommt. Eine höhere Konzentration kann zu einer Hemmung des Wachstums führen und sogar zu einer Vergiftung der Pflanzen kommen.

Es ist auch wichtig zu beachten, dass nicht alle Pflanzen gleich empfindlich auf Jod reagieren. Einige Arten wie Kartoffeln und Tomaten sind besonders empfindlich und sollten mit Vorsicht behandelt werden.

Ein Vorteil von Jod ist seine Fähigkeit, die Aktivität von Bakterien im Komposthaufen zu erhöhen. Dies bedeutet, dass der Abbau von organischen Materialien schneller voranschreitet und der Kompost schneller fertiggestellt wird. Zudem kann Jod dazu beitragen, dass unerwünschte Schädlinge wie Schnecken oder Milben abgewehrt werden.

Allerdings gibt es auch Nachteile bei der Verwendung von Jod beim Kompostieren. Zu viel Jod kann das Wachstum von Pflanzen hemmen und sogar schädigen. Zudem kann es zu einer Überdüngung des Bodens kommen, wenn zu viel davon in den Kompost gelangt. Dies kann dazu führen, dass andere Nährstoffe nicht mehr ausreichend aufgenommen werden können und die Pflanzen darunter leiden.

Zusammenfassend lässt sich sagen, dass Jod ein wichtiges Element für den menschlichen Körper ist und auch bei der Kompostierung eine wichtige Rolle spielen kann.

Es hilft bei dem Abbau organischer Materialien und diese zu beschleunigen, sollte jedoch in angemessenen Mengen verwendet werden, um eine optimale Wirkung zu erzielen.

So kann man von den positiven Effekten profitieren, ohne negative Auswirkungen auf die Pflanzen zu riskieren.

Salz und die Wirkung im Kompost!

Was ist jedoch Salz?

Salz ist ein chemisches Element, welches aus Natrium und Chlor besteht und in der Natur in Form von Steinsalz oder Meersalz vorkommt. Es wird in vielen Bereichen eingesetzt, wie zum Beispiel in der Lebensmittelindustrie, als Streusalz im Winter oder als Konservierungsmittel.

Aber wie wirkt sich Salz auf die Kompostierung aus?

Salz kann die Kompostierung beeinträchtigen, da es eine dehydrierende Wirkung hat und den Wasserhaushalt im Kompost stören kann. Wenn zu viel Salz im Kompost vorhanden ist, kann dies dazu führen, dass die Mikroorganismen im Kompost absterben und somit die Zersetzung des organischen Materials verlangsamen oder sogar stoppen. Außerdem kann Salz auch den pH-Wert des Komposts verändern, was ebenfalls negative Auswirkungen auf die Zersetzung haben kann.

Es ist daher wichtig darauf zu achten, wie viel Salz in den Kompost gegeben wird. Idealerweise sollte man salzhaltige Lebensmittel nicht direkt in den Kompost geben, sondern sie vorher in kleinen Mengen mit anderen organischen Materialien mischen. Auch sollte man darauf achten, dass das Wasser im Kompost nicht zu salzhaltig ist.
Zusammenfassend lässt sich sagen, dass Salz eine negative Auswirkung auf die Kompostierung haben kann, wenn es in zu großen Mengen vorhanden ist. Es ist daher wichtig, darauf zu achten, wie viel Salz man in den Kompost gibt und salzhaltige Lebensmittel vorher mit anderen organischen Materialien zu mischen. Durch diese Maßnahmen kann man sicherstellen, dass der Kompost optimal zersetzt wird und man eine gute Qualität des Humus erhält.

Salzarten

Salz ist ein wichtiger Bestandteil unserer Ernährung und wird in vielen verschiedenen Varianten angeboten. Es gibt verschiedene Salzarten, die sich in ihrer Zusammensetzung und ihrem Geschmack unterscheiden. Die bekannteste Salzart ist das herkömmliche Speisesalz, auch als Natriumchlorid bekannt. Es wird aus unterirdischen Salzlagerstätten gewonnen und enthält neben Natriumchlorid auch kleine Mengen von anderen Mineralien wie

Kalium, Magnesium oder Calcium. Neben Speisesalz gibt es noch viele weitere Salzarten, die in der Küche oder auch in der Industrie eine Verwendung finden. Eine davon ist Meersalz, das aus Meerwasser gewonnen wird und aufgrund seines höheren Mineralgehalts einen intensiveren Geschmack hat als Speisesalz. Himalaya Salz ist eine weitere Salzart, die aus den Salzminen des Himalaya-Gebirges stammt und aufgrund seiner rosa Farbe und seines milden Geschmacks sehr beliebt ist.

Auch Steinsalz, das aus unterirdischen Salzlagerstätten gewonnen wird, ist eine weit verbreitete Salzart. Es enthält ebenfalls viele Mineralien und wird oft als grobes Salz angeboten. Schwarzes Salz oder auch Kala Namak genannt, wird vor allem in der indischen Küche verwendet und hat einen schwefeligen Geschmack.

Zusammenfassend lässt sich sagen, dass es eine Vielzahl von unterirdischen Salzarten mit verschiedenen Geschmacksrichtungen und Eigenschaften gibt. Welches Salz man letztlich wählt, hängt von persönlichen Vorlieben und dem Verwendungszweck ab.

Speisesalz

Dieses Salz ist auch als Natriumchlorid bekannt und bildet eine häufig verwendete Zutat in der Küche. Es wird zur Geschmacksverbesserung von Lebensmitteln und auch zur Konservierung von Lebensmitteln verwendet. Obwohl Salz für den menschlichen Körper wichtig ist, kann ein übermäßiger Konsum zu gesundheitlichen Problemen führen.

Aber wie wirkt sich Speisesalz auf die Kompostierung aus?

Wenn Salz in den Kompost gelangt, kann es das Gleichgewicht der Mikroorganismen im Boden stören. Eine hohe Konzentration von Salz kann dazu führen, dass die Bakterien absterben und die Kompostierung verlangsamt wird. Dies liegt daran, dass Salz Wasser anzieht und somit das Bodenwasser entzieht, was für das Wachstum von Mikroorganismen notwendig ist.

Eine weitere Auswirkung von Salz auf die Kompostierung ist jene, dass es den pH-Wert des Bodens verändert. Ein zu hoher pH-Wert kann dazu führen, dass bestimmte Mikroorganismen nicht mehr wachsen können und somit den Abbau des organischen Materials verlangsamen.

Es ist daher wichtig, darauf zu achten, wie viel Salz in den Kompost gelangt. Wenn möglich, sollte man versuchen, salzhaltige Lebensmittel wie Fertiggerichte aus dem Kompost herauszuhalten. Stattdessen sollten Obst- und Gemüsereste sowie Gartenabfall bevorzugt werden.

Insgesamt kann Speisesalz eine negative Auswirkung auf die Kompostierung haben. Daher sollte man darauf achten, wie viel Salz in den Kompost gelangt, um eine optimale Kompostierung zu gewährleisten.

Steinsalz

Steinsalz ist ein natürlich vorkommendes Mineral, welches aus Natriumchlorid besteht und in großen Salzablagerungen unter der Erdoberfläche zu finden ist. Es wird häufig als Streusalz im Winter verwendet, um Eis auf Straßen und Gehwegen zu schmelzen.

Aber wie wirkt sich Steinsalz auf die Kompostierung aus?

Zunächst einmal kann Steinsalz die Mikroorganismen beeinträchtigen, die für den Abbau von organischen Materialien im Kompost verantwortlich sind. Wenn zu viel Steinsalz in den Kompost gelangt, kann dies dazu führen, dass die Mikroorganismen absterben oder ihre Aktivität verlangsamen.
 Dies kann wiederum dazu führen, dass der Kompostprozess gestört wird und dieser nicht so schnell oder effektiv abgebaut wird.

Darüber hinaus kann Steinsalz auch den pH-Wert des Bodens verändern, was sich negativ auf das Wachstum von Pflanzen auswirken kann. Wenn der Boden zu sauer wird, können bestimmte Nährstoffe für Pflanzen schwer zugänglich werden, was zu einem schlechten Wachstum führen kann.

Um sicherzustellen, dass Steinsalz den Kompostierungsprozess nicht beeinträchtigt, ist es am besten, es nur in begrenzten Mengen zu verwenden und sicherzustellen, dass es gut mit anderen Mineralien im Kompost gemischt wird. Wenn Sie Bedenken haben, dass Ihr Kompost zu viel Steinsalz enthält, können Sie ihn testen lassen, um sicherzustellen, dass er noch effektiv arbeitet. Gegebenenfalls sollten geeignete Maßnahmen ergriffen werden, damit sich die Konzentration von Steinsalz reduziert. Hier bilden geeignete Zuschlagstoffe eine gute Möglichkeit das eine mit dem anderen zu verbinden.

Meersalz

Dieses ist ein natürliches Salz, welches aus Meerwasser durch verschiedene Verfahren gewonnen wird. Im Gegensatz zu herkömmlichen Speisesalz enthält es eine Vielzahl von Mineralien und Spurenelementen wie Magnesium, Kalium und Calcium. Es wird oft als gesündere Alternative zu normalem Salz angesehen, da es weniger verarbeitet und raffiniert ist.

Doch wie wirkt sich Meersalz auf die Kompostierung aus?

Wenn es um die Kompostierung geht, kann die Verwendung von Meersalz sowohl positive als auch negative Auswirkungen haben. Einerseits kann es dazu beitragen, dass die Nährstoffe im Kompost schneller abgebaut werden und somit das Wachstum von Pflanzen fördern. Andererseits jedoch, kann ein Übermaß an Salz im Kompost dazu führen, dass die Mikroorganismen, welche für einen effektiven Kompostprozess verantwortlich sind, absterben. Dies kann wie bei allen Salzarten den Kompostprozess verlangsamen oder zum Stillstand bringen, was auch wesentlich von der Dosierung der beigaben, an Salzen abhängig ist.

Es ist jedoch wichtig zu beachten, dass die Auswirkungen von Meersalz auf die Kompostierung von dessen Intensität abhängt. In kleinen Mengen kann es helfen, den Kompostprozess zu beschleunigen und das Wachstum von Pflanzen zu fördern. Bei einer übermäßigen Verwendung kann es jedoch zu Problemen führen.

Insgesamt wäre zu erwähnen, dass Meersalz eine interessante Option für jene darstellt, die Ihre Kompostierung verbessern möchten. Es sollte jedoch immer mit Bedacht verwendet werden und in Maßen eingesetzt werden, um unerwünschte Auswirkungen zu vermeiden.

Zugabe von Salzen in den Kompost

Die Zugabe von Salz zum Kompost kann eine Möglichkeit sein, um das Wachstum von Pflanzen zu fördern und den Boden zu verbessern. Allerdings sollte man dabei sehr vorsichtig sein, da eine übermäßige Salzzugabe den Kompost und damit auch die Pflanzen schädigen kann. Um die richtige Menge an Salz zu bestimmen, ist es wichtig, das Fassungsvermögen des Komposts zu kennen.

Bei einem Kompostvolumen von 120 Litern kann man unbedenklich etwa 100 – 150 Gramm an Salz beifügen. Es ist jedoch zu beachten, dass die genaue Menge auch von anderen Faktoren wie dem pH-Wert des Bodens und der Art der verwendeten Pflanzen abhängt.

Deshalb empfiehlt es sich, die Salzzugabe langsam zu erhöhen und regelmäßig den Zustand des Komposts zu überprüfen. Eine Stufenweise Zugabe nach Schichtungen sollte somit in geringen Mengen erfolgen und diese gut beimischen mit dem bereits vorhandenen Materialien, was zu einer gleichmäßigen Verteilung führt.

Es hat sich in der Praxis auch als sehr Vorteilhaft herausgestellt bei der Zugabe von Salz diese zusätzlich mit einfacher Erde zu vermischen, um somit die Intensität zu mildern und die Mikroorganismen in Ihrem Lebensraum keinen Schaden zuzufügen, was sich wiederum positiv auf den Zersetzungsprozess auswirkt.

Zuschlagstoffe für den Kompost

Schnelles Kompostieren ist ein wichtiger Prozess, um organische Abfälle in nährstoffreichen Dünger umzuwandeln. Um diesen Prozess zu beschleunigen, können Zuschlagsstoffe verwendet werden. Diese Materialien unterstützen die Aktivität von Mikroorganismen und beschleunigen den Abbau von organischen Stoffen. Es gibt verschiedene Arten von Zuschlagstoffen, die für schnelles Kompostieren genutzt werden können.

Ein beliebter Zuschlagsstoff ist beispielsweise Kaffeesatz. Dieser enthält Stickstoff, der für das Wachstum von Mikroorganismen wichtig ist. Außerdem enthält er Kohlenstoff, der als Energiequelle dient. Auch Eierschalen eignen sich als Zuschlagstoffe, da sie reich an Kalzium sind und somit den pH-Wert des Komposts regulieren können.

Jedoch ist bei dem Einsatz von Eierschalen etwas zu beachten. Da diese sich schlecht zersetzen, sollten sie vor der Beigabe zum Kompost als erstes getrocknet, dann zermahlen werden und in den Kompost großflächig zu verteilen, um die Inhaltsstoffe im gesamten Umfang nutzen zu können. Weiterhin wird dadurch der Abbau von Eierschalen optimal gewährleistet und trägt zur Qualitätssteigerung des Kompostes bei.

Eine weitere Möglichkeit ist die Verwendung von Holzasche. Diese enthält Kalium und Phosphor, die für das Wachstum von Pflanzen wichtig sind. Allerdings sollte darauf geachtet werden, dass nur Asche von unbehandeltem Holz verwendet wird.

Neben diesen natürlichen Zuschlagsstoffen gibt es auch spezielle Produkte wie Kompostbeschleuniger oder Kompost Starter. Diese enthalten eine Mischung aus verschiedenen Mikroorganismen und Nährstoffen, die den Abbau von organischen Stoffen beschleunigen.

Es ist wichtig zu beachten, dass nicht alle Materialien als Zuschlagsstoffe geeignet sind. Zum Beispiel sollten Fleisch – und Milchprodukte vermieden werden, da sie den Kompostgeruch verstärken und unerwünschte Tiere anziehen können.

Insgesamt gibt es viele Möglichkeiten, um den Kompostierungsprozess zu beschleunigen, auf welche ich im Nachfolgenden etwas näher eingehen werde, um den Gesamtprozess besser einordnen zu können.

Die Wahl des richtigen Zuschlagsstoffes hängt von verschiedenen Faktoren ab, wie zum Beispiel der Art des Komposts und den vorhandenen Materialien. Durch die Verwendung von Zuschlagstoffen kann jedoch ein schneller und effektiver Kompostierungsprozess erreicht werden.

Für einen guten Kompost, welcher sich in der Qualität und den Erfolg in der Anwendung auszeichnet, sind Zuschlagsstoffe für die Kompostierung ein wichtiger Faktor dabei.

Im nachfolgenden werden einige beschrieben und dessen Wirkung bei der Humusbildung durch Hilfe von nützlichen Zugaben, welche den Prozess erst ermöglichen.

Mist

Kompost ist eine hervorragende Möglichkeit organische Abfälle in nutzbringenden Dünger zu verwandeln.
Aber was passiert, wenn man Mist auf den Kompost gibt?

Nun, es gibt einige wichtige Dinge dabei zu beachten.

Zunächst kann das Hinzufügen von Mist den Kohlenstoff – Stickstoff – Verhältnis des Komposts beeinflussen. Wenn zu viel Stickstoff im Verhältnis zum Kohlenstoff vorhanden ist, kann dies dazu führen, dass der Kompost zu feucht wird und unangenehm riecht.

Daher ist es wichtig, das Verhältnis von Kohlenstoff zu Stickstoff im Auge zu behalten und gegebenenfalls zusätzliche Materialien hinzuzufügen, um das Gleichgewicht wieder herzustellen. Hiermit, möchte ich auf das Kapitel zum C/N – Verhältnis verweisen.

Ein weiterer Faktor der berücksichtigt werden muss, ist die Art des Mists, welcher hinzugefügt wird. Zum Beispiel können Pferdemist und Hühnermist sehr nährstoffreich sein, während Rindermist und Schafmist eher kohlenstoffreich sind. Es ist wichtig, die Art des Mists zu berücksichtigen und gegebenenfalls andere Materialien hinzuzufügen, um das Gleichgewicht im Kompost zu erhalten.

Schließlich kann das Hinzufügen von Mist auch dazu beitragen, dass der Kompost schneller abgebaut wird. Der hohe Stickstoffgehalt von Mist fördert das Wachstum von Mikroorganismen, die den Abbau beschleunigen können. Allerdings sollte darauf geachtet werden, dass der Kompost nicht zu schnell abgebaut wird, da dies dazu führen kann, dass wichtige Nährstoffe verloren gehen.

Insgesamt kann das Hinzufügen von Mist zu einem Komposthaufen sehr vorteilhaft sein, solange man das C/N – Verhältnis im Auge behält und die Art des Mists berücksichtigt. Wenn man diese Faktoren beachtet, kann man sicher sein, dass der Kompost reich an Nährstoffen ist und dazu beiträgt, den Garten zu verbessern.

Stallmist

Stallmist ist generell ein wertvoller Rohstoff für die Kompostierung, da er eine Mischung aus organischen Materialien wie Stroh, Heu und Tierexkrementen enthält. Durch die Kompostierung wird der Stallmist zu einem nährstoffreichen Dünger, der den Boden auf natürliche Weise verbessert.

Allerdings gibt es einige wichtige Faktoren zu berücksichtigen, um sicherzustellen, dass der Stallmist für die Kompostierung geeignet ist. Zunächst sollte der Stallmist frei von chemischen Rückständen sein, welche durchaus bei der Reinigung auftreten können und auch von einem Landwirt erkannt werden kann.

Es sollte auch darauf geachtet werden, dass der Stallmist nicht zu feucht ist, da dies die Kompostierung behindern kann. Eine ausreichende Belüftung und regelmäßiges Wenden des Komposts sind ebenfalls wichtig, um eine optimale Kompostierung zu gewährleisten.

Eine entsprechende Vermischung mit bestehenden Materialien fördert den Abbau und beschleunigt diesen, ohne dabei wertvolle Inhaltsstoffe zu verlieren.

Wenn diese Faktoren berücksichtigt werden, kann Stallmist eine hervorragende Quelle für nährstoffreichen Kompost sein, der den Boden auf natürliche Weise verbessert und das Wachstum von Pflanzen fördert und den Ertrag steigert

Mist für Beete und Sträucher

Seit Jahrhunderten ist Mist ein bewährtes Düngemittel für Pflanzen und wird aufgrund seiner hohen Nährstoffkonzentration oft von Landwirten und Gärtnern verwendet.

Er enthält Stickstoff, Phosphor, Kalium und andere wichtige Mineralien, die das Wachstum von Pflanzen fördern.

Allerdings gibt es verschiedene Arten von Mist, die sich in ihrer Zusammensetzung und Schärfe unterscheiden. Rinder, Pferde – und Schweinemist sind die gängigsten Arten von Mist, die in der Landwirtschaft verwendet werden.

Die Wirkung von Mist auf Pflanzen hängt von verschiedenen Faktoren ab, wie zum Beispiel der Art des Mists, dem Alter von Mist und der Art der Pflanzen. Frischer Mist kann aufgrund seines hohen Ammoniakgehalts zu Verbrennungen an den Wurzeln führen und sollte daher nicht direkt auf die Pflanzen aufgetragen werden. Stattdessen sollte frischer Mist mindestens sechs Monate gelagert werden, um seine Schärfe zu reduzieren und ihn zu einem sicheren Düngemittel machen.

Es gibt jedoch auch die Möglichkeit diesen in Verbindung mit anderen Zuschlagstoffen in den Kompost einzubringen und somit die Mischung an

Komponenten zu erweitern und die Schärfe zu nehmen, damit diese Einbindung in den Gesamtprozess erfolgreich verläuft.

Damit die Schärfe des Mistes reduziert und als guten Zuschlagsstoff zu verwenden, gibt man als Erstes eine Schicht Erde ca. 5 cm auf dem Kompost auf, hierbei kann ausgetrocknete Erde aus dem Garten verwendet werden oder auch aus dem Baumarkt, wobei der einfachste genügt, da er durch den Prozess der Kompostierung aufgewertet wird.

Nachdem als Erstes die Erdschicht aufgetragen wurde, gebe ich eine Schicht auch ca. 5 cm an Mist dazu, welcher gleichmäßig verteilt wird. Danach kann man etwas Kalk in Maßen beifügen und braune Pappe, welche zuvor in Schnipsel oder Streifen gebracht wurden.

Auch Papier, jedoch nicht Hochglanz da die Farben sich ungünstig auf den Kompost auswirken, kann verwendet werden.

Anschließend wird wieder eine Schicht Erde aufgetragen und dies wiederholt, bis der Mist verarbeitet wurde. Zum Schluss wird eine größere Schicht Erde beigefügt. Durch diese Schichtung, auch Schichtkompost genannt, wird ein optimaler Prozess in Gang gesetzt.

Als letztes begießt man die entstandenen Schichten mit Wasser, was dazu beiträgt die Schärfe des Mists zu verdünnen und auch somit in die untersten Schichten gelangt, die für die weitere Kompostierung förderlich sind.

Die Schärfe des Mists wird durch seinen Stickstoffgehalt bestimmt. Je höher der Stickstoffgehalt, desto schärfer ist der Mist. Rinder – und Pferdemist sind im Allgemeinen weniger scharf als Schweinemist, da sie einen niedrigeren Stickstoffgehalt haben. Ein zu scharfer Mist kann jedoch auch negative Auswirkungen auf das Wachstum der Pflanzen haben, da er das Wachstum von Blättern fördert, aber die von Früchten und Wurzeln hemmt.

Insgesamt kann Mist eine wirksame und natürliche Möglichkeit sein, Pflanzen zu düngen und ihr Wachstum zu fördern. Es ist jedoch wichtig, den richtigen Typ und das richtige Alter des Mists für die jeweilige Pflanze zu wählen, um eine optimale Wirkung zu erzielen.

Hühnermist

Hühnermist ist ein wertvoller Dünger, der sich hervorragend für die Kompostierung eignet. Er enthält wichtige Nährstoffe wie Stickstoff, Phosphor und Kalium, die für das Pflanzenwachstum unerlässlich sind. Darüber hinaus enthält Hühnermist auch organische Materialien wie Stroh und Federn, die den Boden auflockern und seine Wasserhaltefähigkeit verbessern können. Ein weiterer Vorteil von Hühnermist als Kompost ist seine schnelle Zersetzung. Im Vergleich zu anderen Tierdüngern wie Rinder – oder Pferdemist, zersetzt sich Hühnermist viel schneller. Dadurch kann er auch in den Boden besser aufgenommen werden und seine Nährstoffe stehen den Pflanzen recht schnell zur Verfügung. Allerdings gibt es auch einige Nachteile bei der Verwendung von Hühnermist als Kompost. Zum einen kann er sehr stark riechen, was für manche Menschen unangenehm sein kann. Wiederum kann Hühnermist auch Salmonellen und andere Krankheitserreger enthalten, welche eine Gesundheitsgefahr darstellen können. Daher ist es wichtig, den Hühnermist vor der Verwendung als Kompost ausreichend zu kompostieren und bei der Einbringung in den Kompost gut einzumischen, was den Prozess positiv beeinflusst und somit diese Krankheitserreger abtötet. Zusammenfassend lässt sich sagen, dass Hühnermist ein wertvoller Dünger ist, der sich hervorragend für die Kompostierung eignet. Seine schnelle Zersetzung und seine Nährstoffe machen ihn zu einem idealen Dünger für den Garten. Allerdings sollten bei der Verwendung als Kompost auch die potenziellen Gesundheitsrisiken berücksichtigt werden und der Hühnermist ausreichend kompostiert wird, um diese Risiken zu minimieren.

Stroh

Die Verwendung von Stroh als Kompostmaterial ist eine beliebte Methode, um organische Abfälle in nährstoffreichen Boden umzuwandeln.

Doch wie wirkt sich Stroh auf die Kompostierung aus?

In der Tat kann Stroh eine wichtige Rolle bei der Kompostierung spielen, da es eine gute Kohlenstoffquelle darstellt und den Sauerstofffluss im Komposthaufen fördert.

Stroh enthält im Vergleich zu anderen organischen Materialien wie Grünschnitt und Küchenabfälle weniger Stickstoff, welcher jedoch ein wichtiger Nährstoff für Mikroorganismen darstellt, die den Abbau von organischen Materialien im Komposthaufen unterstützen.

Um dieses Problem zu lösen, wird empfohlen, Stroh mit stickstoffreichen Materialien wie Grünschnitt zu kombinieren, um den Prozess der Kompostierung in Balance zu halten.

Es ist jedoch wichtig zu beachten, dass nicht alle Arten von Stroh gleich sind. Zum Beispiel kann Stroh von Getreidepflanzen wie Weizen oder Gerste schnell abgebaut werden, während Stroh von Pflanzen wie Mais oder Sonnenblumen länger braucht, um zu verrotten.

Darüber hinaus kann zu viel Stroh den Komposthaufen übermäßig trocken machen und den Abbau von organischen Materialien verlangsamen. Um die besten Ergebnisse zu erzielen, sollten Sie daher sicherstellen, dass Sie das richtige Verhältnis von Kohlenstoff zu Stickstoffquellen haben und das Stroh in kleine Stücke zerkleinern, bevor Sie es dem Komposthaufen hinzufügen.

Zusammenfassend lässt sich sagen, dass Stroh eine wertvolle Ergänzung für den Komposthaufen sein kann und eine wertvolle Ressource für die Kompostierung ist, solange es richtig verwendet wird. Es ist wichtig, das richtige Verhältnis von Kohlenstoff zu Stickstoff im Komposthaufen aufrechtzuerhalten und gegebenenfalls zusätzliche stickstoffreiche Materialien hinzuzufügen, um einen erfolgreichen Abbau zu gewährleisten.

Holzschnitzel

Diese sind ein beliebtes Material zur Bodenverbesserung und als Mulch in Gärten und der Landwirtschaft.
Doch wie wirken sich Holzschnitzel auf die Kompostierung aus?

Zunächst einmal ist wichtig zu wissen, dass Holzschnitzel einen hohen Kohlenstoffgehalt haben. Dies bedeutet, dass sie langsam verrotten und viel Sauerstoff benötigen.

Wenn man zu viele Holzschnitzel in den Kompost gibt, kann das dazu führen, dass der Kompost zu trocken wird und nicht mehr richtig verrottet. Deshalb sollte man darauf achten, dass man genügend feuchte Materialien wie Grünabfälle oder Küchenabfälle hinzufügt.

Ein weiterer Faktor ist die Größe der Holzschnitzel. Je kleiner diese sind, desto schneller können sie verrotten. Große Holzschnitzel können jedoch dazu führen, dass der Kompost zu stark belüftet wird und dadurch zu schnell austrocknet. Es empfiehlt sich also, die Holzschnitzel vorher zu zerkleinern.

Schließlich spielt auch die Art des Holzes eine wesentliche Rolle. Hartholz wie Eiche oder Buche braucht länger zum Verrotten als Weichholz wie Fichte oder Kiefer. Auch behandeltes Holz oder jenes mit bestehenden Farbanstrich darf nicht in den Kompost gegeben werden, da sich sonst schädliche Stoffe bilden können, welche den Kompost und der späteren Anwendung schaden würden.

Insgesamt können Holzschnitzel eine gute Ergänzung für den Kompost sein, wenn man auf die oben genannten Faktoren achtet. Sie können dazu beitragen, dass der Kompost besser belüftet wird und mehr Kohlenstoff enthält. Allerdings sollte man nicht zu viele Holzschnitzel verwenden und darauf achten, dass der Kompost nicht zu trocken wird.

Holzspäne

Holzspäne sind ein beliebtes Material zur Verwendung in der Kompostierung. Sie können aus verschiedenen Holzarten hergestellt werden und haben eine Vielzahl von Vorteilen für den Kompostierungsprozess.

Zum einen erhöhen sie das Volumen des Komposts, was zu einer besseren Belüftung führt und somit die Zersetzung beschleunigt. Zum anderen sorgen sie für eine bessere Feuchtigkeitsregulierung, da sie Wasser aufnehmen und bei Bedarf wieder abgeben können. Darüber hinaus bieten Holzspäne auch eine gute Nahrungsquelle für Mikroorganismen, die den Abbau von organischen Materialien im Kompost fördern.

Allerdings gibt es auch einige Dinge zu beachten, wenn man Holzspäne in der Kompostierung verwendet. Zum Beispiel sollten nur unbehandelte Holzspäne verwendet werden, da behandeltes Holz schädliche Chemikalien enthalten kann, die den Kompost und die Umwelt belasten können. Die zu verwendenden Späne sollten nicht zu groß sein, da sie sonst den Sauerstofffluss im Kompost behindern und somit den Abbau verlangsamen können. Hier ist es auch wichtig die Holzspäne im bestehenden Kompostmaterial einzupflegen, um negative Erscheinungen wie bereits erwähnt auszuschließen.

Insgesamt können Holzspäne eine wertvolle Ergänzung für die Kompostierung sein, wenn diese richtig angewendet werden. Sie können helfen, den Prozess zu beschleunigen und gleichzeitig eine gute Feuchtigkeitsregulierung und Nahrungsquelle für Mikroorganismen bieten. Es ist jedoch wichtig, darauf zu achten, dass nur unbehandelte Holzspäne verwendet werden und dass sie nicht zu groß sind, um eine optimale Belüftung sicherzustellen.

Holzmehl

Die Verwendung von Holzmehl aus Sägeabfall für die Kompostierung ist ein Thema, welches in der Garten und Landwirtschaft immer wieder diskutiert wird. Es gibt viele Meinungen darüber, ob es von Vorteil ist, Holzmehl als Zusatz zum Kompostieren zu verwenden oder nicht. Hierbei hängt die Antwort von verschiedenen Faktoren ab.

Zunächst einmal ist es wichtig zu wissen, dass Holzmehl aus Sägeabfall ein Kohlenstoffreiches-Material ist. Dies bedeutet, dass es langsam verrottet und viel Zeit benötigt, um sich im Kompost zu zersetzen. Wenn man jedoch Geduld hat und das Holzmehl sorgfältig in den Kompost einarbeitet, es sollte dabei keine Klumpenbildung entstehen, kann es dazu beitragen, den Kohlenstoffgehalt im Kompost zu erhöhen und somit die Qualität des fertigen Komposts zu verbessern. Ein weiterer Vorteil von Holzmehl als Zusatz zum Kompost ist, dass es eine gute Struktur bietet. Das Holzmehl kann dazu beitragen, dass der Kompost luftiger wird und somit besser belüftet ist. Dies ist wichtig, da eine gute Belüftung dazu beiträgt, dass der Kompost schneller zersetzt wird und weniger unangenehme Gerüche entstehen.

Allerdings gibt es auch einige Nachteile bei der Verwendung von Holzmehl als Zusatz zum Kompost. Zum einen kann es sein, dass Holzmehl Pestizide oder andere Chemikalien enthält, die beim Sägen verwendet wurden. Diese können den Boden und die Pflanzen schädigen und sollten vermieden werden. Es ist daher wichtig sicherzustellen, dass das verwendete Holzmehl frei von Schadstoffen ist.

Ein weiterer Nachteil von Holzmehl ist, dass es den pH-Wert des Kompostes erhöhen kann. Dies kann dazu führen, dass der Kompost zu alkalisch wird und somit die Nährstoffe für die Pflanzen unzugänglich werden. Es ist daher wichtig, den pH-Wert des Komposts regelmäßig zu überprüfen und gegebenenfalls diesen anzupassen.

Insgesamt kann man sagen, dass die Verwendung von Holzmehl aus Säge-abfall für die Kompostierung von Vorteil sein kann, wenn es sorgfältig und in Maßen verwendet wird.

Es ist jedoch wichtig sicherzustellen, dass das verwendete Holzmehl frei von Schadstoffen ist und der pH-Wert des Komposts regelmäßig überprüft wird.

Knochen im Kompost

Die Kompostierung von organischen Materialien ist eine effektive Möglich-keit, Abfall zu reduzieren und gleichzeitig nährstoffreichen Dünger für den Garten zu produzieren.

Doch was ist mit Knochen? Sind sie für die Kompostierung geeignet? Die Antwort lautet: Es kommt darauf an.

Kleine Knochen wie Hühnerknochen oder Fischgräten können in den Kom-post gegeben werden, da sie schnell abgebaut werden und wertvolle Minera-lien enthalten. Größere Knochen wie Rinderknochen oder Schweineknochen hingegen sind schwieriger zu zersetzen und können den Komposthaufen blockieren. Es wird empfohlen, diese Knochen vorher zu zerkleinern oder zu zersägen, um schneller abbaubar zu machen.

Jedoch werden diese größeren Knochen nicht komplett aufgelöst und blei-ben als starre Rückstände im Kompost bestehen. Zum einen bilden diese ein Hort für Mikroorganismen, welche die Mineralien aus den Knochen verar-beiten und diesen in Humus umwandeln. Zum anderen besteht die Möglich-keit nach der Kompostentleerung diese zu zermahlen und im neuen Kom-postprozess beizufügen, wo sich der Zersetzungsprozess weiterführen lässt.

Es ist auch wichtig zu beachten, dass Knochen aus Fleischresten stammen können, die mit Bakterien und Krankheitserregern belastet sein können. Wenn diese Knochen in den Kompost gegeben werden, können sich die Bakterien im Kompost vermehren und unhygienische Bedingungen schaffen. Aus diesem Grund sollten Knochen aus tierischen Produkten vermieden werden.

Insgesamt sind Knochen für die Kompostierung geeignet, aber es ist wichtig, auf die Größe und deren Herkunft zu achten. Wenn sie richtig behandelt werden, können sie wertvolle Mineralien liefern und den Komposthaufen bereichern.

Vorteile und Nachteile der Knochen

Bei der Kompostierung spielen auch die Knochen und deren Mark eine wichtige Rolle.

Knochen bestehen aus Calciumphosphat und Kollagen, während das Mark reich an Fett und Proteinen ist. Diese Inhaltsstoffe können den Kompostprozess begünstigen, indem sie als Nährstoffquelle für Mikroorganismen dienen. Das Ergebnis ist ein hochwertiger Kompost, der den Boden mit wichtigen Nährstoffen versorgt.

Allerdings gibt es auch Nachteile bei der Verwendung von Knochen und Mark im Kompost. Zum einen benötigen sie eine längere Zeit, um abgebaut werden, was den Kompostprozess verlangsamen kann. Zum anderen können sie auch unangenehme Gerüche verursachen, wenn sie nicht vollständig zersetzt werden.

Um diese Nachteile zu vermeiden, sollten Knochen und Mark vor der Verwendung im Kompost zerkleinert werden. Auch eine ausreichende Belüftung des Komposts kann dazu beitragen, unangenehme Gerüche zu vermeiden. Zudem sollte darauf geachtet werden, dass die Menge an Knochen und Mark im Verhältnis zu anderen Kompostmaterialien nicht zu hoch ist.

Insgesamt bieten Knochen und Mark als Teil des Komposts viele Vorteile, da sie wichtige Nährstoffe liefern und den Boden auf natürliche Weise düngen. Allerdings sollten sie mit Vorsicht verwendet werden, um unangenehme Gerüche und eine Verlangsamung des Kompostprozesses zu vermeiden.

Zermahlen von kompostierten Knochen

Knochen sind ein wichtiger Bestandteil des Kompostierungsprozesses, da sie reich an Kalzium und Phosphor sind. Wenn Knochen jedoch nicht vollständig zersetzt sind, können sie den Kompostierungsprozess beeinträchtigen. Zermahlte Knochen können jedoch für eine weitere Kompostierung nützlich sein, da sie den Boden mit wichtigen Nährstoffen versorgen und den pH-Wert ausgleichen können.

Wenn Knochen zermahlen werden, entstehen kleinere Stücke, was dazu beiträgt, dass sie schneller zersetzt werden. Wenn diese zermahlenen Knochen dann in den Kompost gegeben werden, helfen sie dabei, den Stickstoffgehalt im Boden zu erhöhen und den pH-Wert auszugleichen. Dies ist besonders wichtig, da der pH-Wert im Komposthaufen oft stark schwankt und ein unausgewogener pH-Wert das Wachstum von Pflanzen beeinträchtigen kann.
Es ist jedoch wichtig zu beachten, dass nicht alle Knochen für die Kompostierung geeignet sind. Knochen wie Rinderknochen werden schwer zersetzt und sollten vermieden werden. Kleine Knochen wie Hühnerknochen oder Fischgräten sind jedoch ideal für die Kompostierung.
Zusammenfassend lässt sich sagen, das zermahlte kompostierte Knochen für eine weitere Kompostierung nützlich sein können und eine Bereicherung zur Bildung der Mikroorganismen weiter beitragen. Sie liefern wichtige Nährstoffe und helfen dabei den pH-Wert im Boden auszugleichen. Es ist jedoch wichtig, nur kleine Knochen zu verwenden, je kleiner, desto besser und die positive Auswirkung auf den weiteren Kompostier Prozess darstellen. Weiterhin sollten große Knochen vermieden werden aus den bereits erwähnten,
Gründen. Wenn diesen Punkten die erforderliche Aufmerksamkeit geschenkt wird, wird der Kompost zu einem qualitativ hochwertigen Humus reifen.

Knochenpulver

Knochenpulver wird oft als Düngemittel verwendet, da es reich an Nährstoffen wie Kalzium, Phosphor und Stickstoff ist. Allerdings stellt sich die Frage, wie sich Knochenpulver auf die Kompostierung auswirkt und welche vor – und Nachteile daraus resultieren.

Zunächst einmal kann Knochenpulver die Kompostierung beschleunigen, da es den Bakterien im Komposthaufen zusätzliche Nährstoffe liefert. Dadurch werden sie aktiver und können das organische Material schneller zersetzen. Außerdem kann Knochenpulver dazu beitragen, dass der pH-Wert des Komposts stabil bleibt, was für eine gesunde Mikrobenpopulation wichtig ist. Ein weiterer Vorteil von Knochenpulver ist seine Wirkung als natürlicher Schädlingsbekämpfer. Es enthält Chitinase – Enzyme, welche die Schalen von Insekten zerstören können. Dadurch werden Schädlinge wie Käfer und Raupen abgewehrt und der Kompost bleibt frei von Schädlingen.

Allerdings gibt es auch einige Nachteile bei der Verwendung von Knochenpulver im Kompostierungsprozess. Zum einen kann es zu einem unangenehmen Geruch führen, da es sich langsam zersetzt und dabei Ammoniak freisetzt. Zum anderen kann es bei übermäßiger Anwendung zu einer Überdüngung des Bodens kommen, was wiederum negative Auswirkungen auf das Pflanzenwachstum haben kann.

Insgesamt lässt sich sagen, dass Knochenpulver eine wirksame Ergänzung für den Komposthaufen sein kann, solange es in Maßen verwendet wird. Es liefert zusätzliche Nährstoffe, fördert die Aktivität der Bakterien und wirkt als natürlicher Schädlingsbekämpfer.

Es sollte jedoch darauf geachtet werden es nicht zu überdosieren und den Geruch stets im Auge zu behalten, dabei bietet es sich bestens an eine Schicht von Gartenerde im Kompost aufzutragen, was den Prozess dienlich ist und auch somit Geruchs mindernd wirkt.

Moos

Moos ist eine Pflanze, die oft in feuchten und schattigen Gebieten zu finden ist. Es hat eine wichtige Rolle bei der Kompostierung von organischen Materialien. Moos enthält viele Nährstoffe und Mineralien, die dazu beitragen können, dass organisches Material schneller abgebaut wird. Wenn Moos in den Komposthaufen verbracht wird, kann es helfen, das Verhältnis von Kohlenstoff zu Stickstoff im Kompost auszugleichen.

Moos kann auch dazu beitragen, den Feuchtigkeitsgehalt des Komposts zu regulieren. Es hat eine hohe Wasserhaltekapazität und kann somit dazu beitragen, dass der Kompost nicht zu trocken wird. Gleichzeitig kann es überschüssige Feuchtigkeit aufnehmen und so verhindern, dass der Kompost zu nass wird.

Ein weiterer Vorteil von Moos bei der Kompostierung ist seine Fähigkeit, Luft in den Kompost zu bringen. Durch seine poröse Struktur kann es Luftlöcher im Kompost schaffen, die für die Atmung der Mikroorganismen notwendig sind. Diese Mikroorganismen sind für den Abbau des organischen Materials verantwortlich.

Es gibt jedoch auch einige Nachteile beim Einsatz von Moos bei der Kompostierung.

Zum einen kann es sein, dass das Moos selbst nicht vollständig abgebaut wird und somit im fertigen Kompost noch vorhanden ist.

Zum anderen kann es sein, dass das Moos Sporen oder Samen enthält, die später unerwünschte Pflanzen im Garten hervorbringen können.

Insgesamt kann gesagt werden, dass Moos eine positive Wirkung auf die Kompostierung hat. Es kann dazu beitragen, dass der Kompost schneller und effektiver abgebaut wird.

Allerdings sollte man darauf achten, dass das Moos nicht überhandnimmt und gegebenenfalls entfernt werden muss, um unerwünschte Pflanzen im Garten zu vermeiden.

Algen

Algen sind winzige pflanzenähnliche Organismen, die in vielen Gewässern, Teiche im Garten und auch in der Regentonne und auch auf feuchten Boden vorkommen.

Sie können einen erheblichen Einfluss auf die Kompostierung haben, da sie reich an Nährstoffen sind und schnell verrotten. Wenn Algen in den Kompost gelangen, können sie das Wachstum von Bakterien und Pilzen fördern, die für den Abbau organischer Materialien verantwortlich sind. Dies kann zu einer beschleunigten Kompostierung führen, da die Algen als Nahrung für Mikroorganismen dienen und somit den Abbau von organischen Materialien beschleunigen.

Darüber hinaus können Algen auch dazu beitragen, die Feuchtigkeit im Kompost zu erhöhen, was ebenfalls zu einer schnelleren Kompostierung führen kann. Allerdings müssen Algen auch in Maßen verwendet werden, da ein Übermaß an Algen im Kompost zu einem unangenehmen Geruch führen kann und das Verhältnis von Kohlenstoff zu Stickstoff im Kompost beeinträchtigen kann.

Ein ausgewogenes Verhältnis dieser beiden Elemente ist jedoch wichtig für eine erfolgreiche Kompostierung.

Auch für eine direkte Düngung für Pflanzen und Sträucher, stellen Algen einen hervorragenden Stoff dar, welcher in flüssiger Form verbracht werden kann. Da sich Algen auch gern in Regentonnen ansiedeln, ist es sinnvoll, diese zu verwenden, indem man die Wände säubert und dies im bestehenden Wasser vermischt.

Diese nun entstandene Mischung von Algen und Wasser kann in dieser Form direkt an die zu düngenden Pflanzen und Sträucher zugegeben werden, was der Gesundung und der Ertragsbildung dient. Im Herbst, wenn die Tonnen geleert werden kann man diese Substanzen ebenfalls an den Sträuchern verarbeiten, wo diese ihre Arbeit verrichten.

Insgesamt können Algen eine positive Wirkung auf die Kompostierung haben, wenn sie in Maßen verwendet werden. Sie können dazu beitragen, den Abbau von organischen Materialien zu beschleunigen und die Feuchtigkeit im Kompost zu erhöhen.

Es ist jedoch wichtig, darauf zu achten, dass das C/N – Verhältnis im Kompost ausgeglichen bleibt und dass keine, übermäßige Mengen, an Algen verwendet wird, um unangenehme Gerüche zu vermeiden.

Sand

Die Zugabe von Sand zur Kompostierung ist ein Thema, das in der Garten – und Landwirtschaft häufig diskutiert wird. Einige Gärtner schwören darauf, während andere es für nutzlos halten. Der Zweck von Sand in der Kompostierung besteht darin, die Belüftung zu verbessern und die Bodenstruktur zu lockern.

Wenn der Kompost zu dicht ist, kann dies zu einem Sauerstoffmangel führen, der das Wachstum von nützlichen Bakterien und Pilzen hemmt. Sand kann auch dazu beitragen, überschüssige Feuchtigkeit abzuleiten und so das Risiko von Fäulnis und Schimmelbildung zu reduzieren. Es ist jedoch wichtig zu beachten, dass die Zugabe von Sand nur dann sinnvoll ist, wenn der Boden bereits schwer und lehmig ist.

In sandigen Böden kann eine weitere Zugabe von Sand den Boden zu stark entwässern und damit die Nährstoffe auswaschen, was es jedoch zu vermeiden gilt. Die Nährstoffe im Kompost sind existentiell von Bedeutung für die Mikroorganismen und deren Aufgabe organische Materialien abzubauen.

In der Praxis haben sich die in Maßen beigefügten Sandelemente als positiv erwiesen, was ich selbst Bestätigen kann. Wichtig ist jedoch dabei zu beachten, was für einen Sand ich dem Kompost beifüge. Gute Ergebnisse kann man mit altem Spielsand erreichen, da dieser im Laufe der Zeit mit Nährstoffen angereichert wurde und somit optimal für eine Zugabe im Kompost darstellt.

Auch wenn die Zugabe von Sand unter Experten, eine konträre Thematik darstellt, da auf der einen Seite empfehlen Experten die Zugabe von Sand, um die Struktur des Bodens zu verbessern und die Belüftung zu fördern, was letztlich auch, einen Sinn ergibt. Andere argumentieren jedoch, dass dies unnötig ist und sogar schädlich sein kann. Dies jedoch trifft nur bedingt zu, und zwar dann, wenn man Sand mit starken Anteilen von Salpeter verwendet, was die Pflanzen schädigen und sogar unbrauchbar machen kann.

Ein wichtiger Faktor bei der Entscheidung, ob Sand dem Kompost hinzugefügt werden sollte oder nicht, ist vom bestehenden Bodentyp abhängig. In Tonböden kann die Zugabe von Sand tatsächlich dazu beitragen, den Boden aufzulockern und die Drainage zu verbessern.
In sandigen Böden jedoch kann die Zugabe von Sand dazu führen, dass der Boden zu schnell abfließt und Nährstoffe weggespült werden.
Ein weiterer wichtiger Faktor ist die Art des Komposts. Wenn dieser aus organischen Materialien wie Küchenabfälle und Gartenabfälle besteht, kann die Zugabe von Sand dazu beitragen, dass der Kompost schneller zersetzt wird. Wenn der Kompost jedoch aus tierischen Abfällen wie Fleisch oder Milchprodukten besteht, kann die Zugabe von Sand dazu führen, dass sich Bakterien und Pilze im Kompost vermehren und unangenehme Gerüche entstehen.
Insgesamt scheint es, dass die Zugabe von Sand im Kompost nicht immer notwendig ist und oft von anderen Faktoren abhängt. Es ist wichtig, den Bodentyp und die Art des Komposts zu berücksichtigen, bevor man sich für oder gegen die Zugabe von Sand entscheidet.
Letztlich kann eine gute Belüftung und Drainage auch durch andere Methoden wie das regelmäßige Wenden des Komposts erreicht werden.
Sollten Sie jedoch Züchter von Pflanzen sein, welche bestimmte Ansprüche benötigen und auch die Art des Sandes und dessen Qualität, sowie deren Körnung wichtig ist, sollten entsprechende Fachleute zu Rat gezogen

werden, welche sich mit den jeweiligen Sorten beschäftigen und auch die erforderliche Kompetenz aufweisen.

Salpeter

Salpeter, auch bekannt als Kaliumnitrat, ist eine chemische Verbindung, die aus den Elementen Kalium, Stickstoff und Sauerstoff besteht. Es kommt in der Natur vor und wird oft als Düngemittel verwendet. Der Salpeter fördert das Wachstum von Bakterien, die den Stickstoff im Kompost abbauen. Dies führt zu einem schnellen Abbau von organischem Material, was auf den ersten Blick positiv erscheint. Allerdings wird dabei auch viel Wärme freigesetzt, was dazu führen kann, dass der Kompost zu heiß wird und wichtige Mikroorganismen abgetötet werden. Dadurch wird der Kompostprozess gestört und es kann zu unangenehmen Gerüchen kommen.
Um dies zu vermeiden, sollte man darauf achten, dass nicht zu viel Salpeter auf dem Komposthaufen gelangt. Dies kann beispielsweise durch eine gezielte Auswahl der Materialien erreicht werden. Stickstoffreiche Materialien wie Grünschnitt sollten in Maßen eingesetzt werden und mit kohlenstoffreichen Materialien wie Laub oder Stroh ausgeglichen werden.

Zusammenfassend lässt sich sagen, dass Salpeter zwar ein wichtiger Bestandteil von Düngemitteln ist, aber bei der Kompostierung vorsichtig dosiert werden sollte. Eine ausgewogene Mischung von Materialien und eine regelmäßige Überprüfung des Komposts können dazu beitragen, dass der Prozess reibungslos verläuft und hochwertiger Kompost entsteht.

Kalk

Kalk ist ein wichtiger Bestandteil des Bodens und wird oft als Düngemittel verwendet, um den pH-Wert zu erhöhen.
Doch wie wirkt sich Kalk auf den Kompostprozess aus?

Der Einsatz von Kalk kann sowohl positive als auch negative Auswirkungen haben. Einerseits kann Kalk dazu beitragen, den pH-Wert des Komposts zu stabilisieren und das Wachstum von Mikroorganismen zu fördern. Dies ist besonders wichtig, da der Kompostprozess von einer Vielzahl von Bakterien, Pilzen und anderen Mikroorganismen abhängig ist, welche die organischen Materialien in Nährstoffe umwandeln.

Andererseits kann eine übermäßige Verwendung von Kalk den Kompostier Prozess beeinträchtigen. Ein zu hoher pH-Wert kann das Wachstum bestimmter Mikroorganismen hemmen und die Zersetzung von organischen Materialien verlangsamen. Darüber hinaus kann eine übermäßige Verwendung von Kalk dazu führen, dass wichtige Nährstoffe wie Stickstoff gebunden werden und für Pflanzen unzugänglich werden.

Es ist daher wichtig, den Einsatz von Kalk sorgfältig zu dosieren und auf die Bedürfnisse des Komposts abzustimmen. Eine regelmäßige Überprüfung des pH-Werts des Komposts kann dabei helfen, den richtigen Zeitpunkt für die Zugabe von Kalk zu bestimmen. Insgesamt kann Kalk ein nützliches Werkzeug im Kompostprozess sein, wenn er richtig eingesetzt wird.

Gülle

Gülle ist ein wertvoller Dünger und wird oft auf Feldern als Nährstoffquelle eingesetzt.

Doch wie wirkt sich Gülle auf die Kompostierung aus?

Die Antwort darauf hängt von verschiedenen Faktoren ab, wie zum Beispiel der Art der Gülle, dem C/N-Verhältnis im Komposthaufen und der Temperatur während des Kompostier Prozesses.

Grundsätzlich kann Gülle die Kompostierung beschleunigen, da sie eine hohe Konzentration an Stickstoff enthält, welcher ein wichtiger Nährstoff für Mikroorganismen ist, welche den Stickstoff in ausreichender Menge benötigen, um effektiv arbeiten zu können, die bei dem Abbau organischer Materialien verantwortlich sind.

Die Zugabe von Gülle auf einen Kompost kann den Nährstoffgehalt erhöhen und somit die Qualität des Komposts verbessern. Allerdings ist es wichtig, das richtige Mischungsverhältnis zu finden, um eine optimale Wirkung zu erzielen. Ein zu hoher Anteil an Gülle kann zu einem unangenehmen Geruch führen und den Kompost überdüngen, während ein zu niedriger Anteil die Wirkung der Gülle reduziert.

Es wird empfohlen, ein Mischungsverhältnis von (1: 3) bis (1: 5), also ein Teil Gülle auf drei bis fünf Teile Kompost. Dabei sollte die Gülle gleichmäßig auf dem Kompost verteilt und anschließend gut eingearbeitet werden, um eine optimale Durchmischung zu gewährleisten.

Danach sollte man Gartenerde aus dem Baumarkt auftragen, um zum einen die bestehenden Gerüche zu minimieren und zum anderen den Mikroorganismen eine zusätzliche Erdquelle zu geben, damit der Prozess der Kompostierung erfolgreich und schneller vorangeht.

Zudem ist es ratsam, die Mischung regelmäßig zu wenden, um eine gleichmäßige Verteilung der Nährstoffe zu erreichen. Es ist auch wichtig zu beachten, dass ein ideales Mischungsverhältnis je nach Art der Gülle und des Komposts variieren kann.

Zum Beispiel enthält Schweinegülle in der Regel mehr Stickstoff als Rinder Gülle, was bei der Bestimmung des optimalen Mischungsverhältnisses berücksichtigt werden sollte.

Allerdings kann zu viel Gülle auch negative Auswirkungen auf die Kompostierung haben. Wenn das Verhältnis von C zu N im Komposthaufen zu niedrig ist, kann dies zu einem sauren Milieu führen und den Abbau von organischen Materialien hemmen.

Zudem kann eine übermäßige Menge an Gülle unangenehme Gerüche verursachen und Fliegen anziehen.

Um die positiven Effekte von Gülle auf einer Kompostierung zu nutzen, sollte sie in Maßen eingesetzt werden und das Verhältnis von C zu N im Komposthaufen ausgeglichen sein.

Eine gute Möglichkeit, dies zu erreichen, ist die Zugabe von trockenem Laub oder Stroh zum Komposthaufen, um das Verhältnis auszugleichen.

Insgesamt kann Gülle eine wertvolle Ressource für die Kompostierung sein, wenn sie richtig eingesetzt wird. Das Mischungsverhältnis bei der Zugabe von Gülle auf einem Kompost, ist ein wichtiger Faktor für die Qualität des Endproduktes. Eine sorgfältige Dosierung und Durchmischung kann dazu beitragen, dass der Kompost reich an Nährstoffen ist und gleichzeitig frei von unangenehmen Gerüchen bleibt.

Saugabfälle vom Haushalt

Hausstaub, auch bekannt als Saugabfall, ist ein häufiges Abfallprodukt in jedem Haushalt. Viele Menschen fragen sich, ob dieser Abfall für eine Kompostierung geeignet ist oder nicht.

Die Antwort darauf ist ja, aber auch hier gibt es einige Dinge zu beachten.

Zunächst einmal sollte man sicherstellen, dass der Saugabfall frei von schädlichen Chemikalien und anderen Verunreinigungen ist. Wenn man beispielsweise Asche oder Zigarettenreste in den Saugbeutel wirft, kann dies den Kompostprozess beeinträchtigen und sogar schädlich sein. Es ist daher ratsam, nur reinen Hausstaub zu verwenden.

Saugabfall, der aus Staubsaugern oder anderen Reinigungsgeräten stammt, enthält in der Regel eine Mischung aus Staub, Schmutz, Haaren und anderen organischen Materialien.

Diese Stoffe können Mikroorganismen enthalten, die bei der Kompostierung helfen können.

Einige argumentieren, dass Saugabfall nicht für die Kompostierung geeignet ist, da er potenziell schädliche Bakterien und Chemikalien enthalten kann. Zum Beispiel können Haare von Haustieren Parasiten wie Flöhe und Zecken enthalten, während Staub möglicherweise Schwermetalle oder andere giftige Substanzen enthält.

Andere wiederum argumentieren, dass Saugabfall sicher für die Kompostierung verwendet werden kann, solange er richtig behandelt wird. Zum Beispiel sollten Hausbesitzer sicherstellen, dass sie nur Saugabfall verwenden, der frei von schädlichen Chemikalien und Verunreinigungen ist.

Darüber hinaussollten sie den Saugabfall vor dem Hinzufügen zum Komposthaufen durchsieben, um größere Partikel zu entfernen wie zum Beispiel Plastik und Metalle, damit sichergestellt werden kann, dass nur organische Materialien hinzugefügt werden.

Ein weiterer wichtiger Faktor bei der Verwendung von Saugabfall für die Kompostierung ist das Verhältnis von C zu N. Das optimale C/N-Verhältnis für eine erfolgreiche Kompostierung beträgt etwa 30: 1. Da Saugabfall jedoch hauptsächlich aus Staub und Fasern besteht, hat er normalerweise ein höheres C/N-Verhältnis.

Um dies auszugleichen, kann man den Saugabfall mit grünen Materialien wie Rasenschnitt oder Küchenabfälle mischen.

Schließlich sollte man bedenken, dass Saugabfall nicht sehr nährstoffreich ist und daher nicht allein als Hauptkompost-material- verwendet werden sollte. Es kann jedoch als zusätzliches Material verwendet werden, um den Komposthaufen in der Mischung zu ergänzen.

Insgesamt ist der Saugabfall von Hausstaub für eine Kompostierung geeignet, solange er frei von schädlichen Chemikalien und Verunreinigungen ist, welche nicht auf dem Kompost gehören, und mit anderen Kompostmaterial gemischt wird, um das C/N-Verhältnis auszugleichen. Es ist jedoch wichtig zu beachten, dass er allein nicht ausreicht, um einen nährstoffreichen Kompost herzustellen.

Milben im Saugabfall

Milben sind winzige Spinnentiere, die in vielen Umgebungen vorkommen, einschließlich im Saugabfall. Der Saugabfall ist jener, der bei der Wohnungs- und Hausreinigung, als auch bei der Säuberung von Straßen, Terrassen und Wege anfällt und enthält eine Vielzahl von organischen Materialien wie Blätter, Zweige, und Gras.
Milben spielen eine wichtige Rolle bei der Kompostierung von organischen Materialien. Sie zersetzen das organische Material und wandeln es in wertvolle Nährstoffe um, die für das Wachstum von Pflanzen benötigt werden.

Milben im Saugabfall können jedoch auch ein Problem darstellen, da sie allergische Reaktionen auslösen können. Menschen mit empfindlichen Atemwegen oder Allergien sollten daher vorsichtig sein, wenn sie mit Saugabfall arbeiten. Es ist auch wichtig zu beachten, dass nicht alle Milbenarten für die Kompostierung geeignet sind.
Einige Arten können Schäden an den Pflanzen verursachen oder Krankheiten übertragen.
Um sicherzustellen, dass die Milben im Saugabfall für die Kompostierung geeignet sind, ist es wichtig, den Abfall zu überprüfen und sicherzustellen, dass er ausreichend belüftet wird.
Eine gute Belüftung fördert das Wachstum von nützlichen Mikroorganismen und sorgt dafür, dass der Kompostprozess effektiv verläuft.

Insgesamt sind Milben im Saugabfall ein wichtiger Bestandteil des Kompostier Prozesses.
Sie helfen dabei, organische Materialien in wertvolle Nährstoffe umzuwandeln, die für das Wachstum von Pflanzen benötigt werden. Es ist jedoch

wichtig, vorsichtig zu sein und sicherzustellen, dass der Saugabfall ausreichend belüftet wird, um ein gesundes Wachstum von Mikroorganismen zu fördern und allergische Reaktionen zu vermeiden. Dies kann durch eine sorgfältige Vermischung mit bestehenden Kompostmaterial realisiert werden.

Zellstoff im Kompost

Zellstoff ist ein Material, welches aus pflanzlichen Fasern hergestellt wird und in vielen Produkten wie Papier, Karton und Verpackungen verwendet wird.

Wenn es um den Kompostprozess geht, stellt sich die Frage, wie sich Zellstoff auf diesen Prozess auswirkt. Grundsätzlich kann Zellstoff aufgrund seiner natürlichen Herkunft und biologischen Abbaubarkeit als kompostierbar betrachtet werden. Allerdings gibt es einige Faktoren zu berücksichtigen, die den Kompostprozess beeinflussen können.

Ein wichtiger Faktor, der berücksichtigt werden muss, ist die Art des Zellstoffs. Einige Arten von Zellstoff enthalten Chemikalien oder andere Zusätze, die den Abbau im Komposthaufen beeinträchtigen können. Es ist daher am besten, Zellstoffprodukte zu vermeiden, die mit Farbstoffen oder anderen Chemikalien behandelt wurden. Zellstoff ist ein wichtiger Bestandteil von vielen Alltagsprodukten wie Toilettenpapier, Küchenrollen, Servietten oder Papiertaschentüchern.

Doch was passiert mit dem Zellstoff, wenn diese Produkte auf dem Kompost landen?

Zunächst ist es wichtig zu wissen, dass Zellstoff aus Holzfasern besteht und somit ein natürlicher Rohstoff ist. Bei der Kompostierung wird der Zellstoff durch Mikroorganismen zersetzt und zu Humus umgewandelt. Dabei spielt die Größe der Zellstoffpartikel eine entscheidende Rolle. Je kleiner diese Partikel sind, desto schneller können diese Abgebaut werden. Deshalb ist es ratsam, den Zellstoff vor der Zugabe in den Kompost zu zerkleinern, um somit einen optimalen Kompostierungsprozess zu schaffen.

Ein weiterer wichtiger Faktor ist die Feuchtigkeit im Komposthaufen. Ist dieser zu trocken, kann der Zellstoff nicht richtig zersetzt werden. Ist er hingegen zu feucht, kann es zu einem unangenehmen Geruch kommen. Daher empfiehlt es sich, den Kompost regelmäßig zu wenden oder auch durch die Zugabe von Alterde diesen zu Eliminieren und diesen bei Bedarf mit Wasser zu befeuchten, was die Geruchsbakterien im Kompost verteilt.

Zellstoff kann sowohl positive als auch negative Auswirkungen auf den Kompostierungsprozess haben. Einerseits kann er dazu beitragen, dass der Kompost feucht bleibt und somit die Mikroorganismen im Komposthaufen aktiv bleiben und ihre Arbeit verrichten. Andererseits kann zu viel Zellstoff den Komposthaufen verstopfen und den Luftfluss behindern, was zu einem langsameren Abbau der organischen Materialien führt.

Es ist wichtig, darauf zu achten, wie viel Zellstoff in den Kompost gegeben wird. Eine kleine Menge kann helfen, den Feuchtigkeitsgehalt im Komposthaufen zu regulieren und somit den Abbau der organischen Materialien zu fördern. Zu viel Zellstoff hingegen kann den Abbau verzögern oder gar verhindern, was zu unerwünschten Fäulnissen beitragen kann.

Um diese Fehler zu vermeiden, sollte die Verbringung in größeren Schritten und durch Schichtung mit verschiedenen Materialien wie Grünschnitt, Braunschnitt und Erde geschaffen werden, was zum einen den pH-Wert positiv beeinflusst und die Qualität der Kompost steigert.

Es gibt hierzu auch alternative Materialien, die für die Kompostierung verwendet werden können. Wie zum Beispiel Zeitungspapier oder Karton wobei diese ebenfalls zerkleinert und auf dem Kompost verteilt werden sollten. Diese Materialien sind ebenfalls reich an Kohlenstoff und können dazu beitragen, dass der Kompost feucht bleibt und die Mikroorganismen aktiv bleiben.

Insgesamt kann Zellstoff als Teil eines Komposthaufens verwendet werden, aber es ist wichtig, ihn richtig zu behandeln. Durch das Zerkleinern des Materials und das Hinzufügen von ausreichend Feuchtigkeit, kann der Abbau beschleunigt werden. Es ist auch wichtig, sicherzustellen, dass der Zellstoff frei von Chemikalien oder anderen Zusätzen ist, die den Kompostprozess beeinträchtigen können. Wenn diese Faktoren berücksichtigt werden, kann Zellstoff eine wertvolle Ergänzung für jeden Komposthaufen sein, was gleichzeitig auch einen effektiven Beitrag zur Abfallreduzierung darstellt.

Ameisen

Ameisen sind ein wichtiger Bestandteil des Ökosystems und haben einen großen Einfluss auf die Kompostierung. Sie spielen eine wichtige Rolle bei der Zersetzung von organischem Material und tragen dazu bei, dass Nährstoffe wieder in den Boden gelangen. Ameisen können sowohl direkt als auch indirekt zur Kompostierung beitragen.

Direkt tragen sie dazu bei, indem sie organische Materialien wie Blätter, Zweige und Früchte intensiv zersetzen, in ihre Nester tragen und diese zerkleinern. Dadurch wird das Material schneller zersetzt und es entsteht Kompost. Indirekt beeinflussen Ameisen die Kompostierung, indem sie die Bodenstruktur verbessern.

Durch das Graben von Tunneln und Gängen lockern sie den Boden auf und sorgen dafür, dass Luft und Wasser besser durchdringen können. Dies fördert das Wachstum von Mikroorganismen erheblich, die für die Zersetzung von organischem Material notwendig sind. Darüber hinaus helfen Ameisen dabei, Schädlinge zu kontrollieren, die den Kompostprozess stören könnten. Es gibt jedoch auch negative Auswirkungen von Ameisen auf die Kompostierung. Wenn Ameisen zu zahlreich sind, können sie den Komposthaufen destabilisieren und ihn unbrauchbar machen. Sie können auch Pflanzenwurzeln beschädigen und Schäden anrichten.

Insgesamt haben Ameisen einen positiven Einfluss auf die Kompostierung, solange sie in angemessener Anzahl vorhanden sind. Sie tragen dazu bei, dass organische Materialien schneller zersetzt werden und Nährstoffe wieder in den Boden gelangen.

Wenn Sie einen Komposthaufen haben, sollten Sie sich freuen, wenn Ameisen darin auftauchen.

Zucker

Zucker ist ein weit verbreitetes Lebensmittel, das in vielen Haushalten und Industrien Verwendung findet.

Doch wie wirkt sich der Zucker auf die Kompostierung aus?

Die Antwort darauf ist nicht so einfach, da Zucker sowohl Vorteile als auch Nachteile für den Kompostierungsprozess hat. Einerseits kann Zucker die Aktivität von Mikroorganismen fördern, die für den Abbau von organischen Materialien im Kompost verantwortlich sind.

Durch die Zugabe von Zucker kann der Prozess der Kompostierung beschleunigt werden, da es den Bakterien und Pilzen im Komposthaufen mehr Energie gibt, um ihre Arbeit zu erledigen. Dies kann dazu führen, dass der Kompost schneller reift und somit schneller als Dünger verwendet werden kann.

Andererseits kann eine übermäßige Zugabe von Zucker dazu führen, dass der pH-Wert des Komposts sinkt. Ein niedriger pH-Wert kann das Wachstum von Bakterien und Pilzen hemmen und somit den Abbau von organischen Materialien verlangsamen. Außerdem kann Zucker auch dazu führen, dass der Kompost zu feucht wird, was wiederum das Wachstum von anaeroben Bakterien fördert, die unangenehme Gerüche verursachen können.

Ein weiterer Nachteil von Zucker in der Kompostierung ist, dass es Insekten anziehen kann.

Ameisen und Fliegen sind besonders angetan von süßen Substanzen wie Zucker und können den Komposthaufen befallen. Dies kann nicht nur unangenehm sein, sondern auch dazu führen, dass der Komposthaufen gestört wird und somit der gesamte Kompostier Prozess beeinträchtigt wird.

Sollten Sie sich für den Einsatz von Zucker entscheiden, wäre es wichtig zu beachten, dass die Zugabe direkt nach der Befüllung des Komposters statt-findet, wobei die Zugobermenge von der Größe des Komposters abhängig ist. Idealerweise gibt man diesen in gelöster Form bei, wo eine gesättigte Lösung von 1-Liter an Zucker auf 10 – Liter an Wasser gut vermischt dies auf dem Kompost gleichmäßig verteilt wird, um in alle Schichten vorzu-dringen. Danach sollte die obere Kompostschicht mit Erde von ca. 5 cm dicke aufgetragen und gut verteilt werden und dies erneut mit Wasser be-netzen, dies hat zur Folge, dass kein Ungeziefer angezogen wird.

Insgesamt kann Zucker in der Kompostierung sowohl positive als auch ne-gative Auswirkungen haben. Es kommt darauf an, wie viel Zucker hinzuge-fügt wird und wie gut der Komposthaufen gepflegt wird. Eine moderate Zugabe von Zucker kann den Prozess der Kompostierung beschleunigen, währen eine übermäßige Zugabe dazu führen kann, dass der Kompost ver-langsamt wird oder sogar unangenehme Gerüche verursacht.

Es ist wichtig, den Komposthaufen regelmäßig zu überwachen und die Menge an Zucker zu kontrollieren, um sicherzustellen, dass der Komposti-erungsprozess reibungslos verläuft.

Belüftung – Schichtung – Wasser – Alterde

Belüftung

Hier kommen wir zu einem Punkt, welcher einen wichtigen und unverzicht-baren Faktor für eine erfolgreiche und qualitativ hochwertigen Komposti-erung darstellt.

Beim Kompostieren handelt es sich um einen natürlichen Prozess, bei dem organische Abfälle unter bestimmten Bedingungen abgebaut werden.

Eine der wichtigsten Faktoren für eine erfolgreiche Kompostierung, ist eine ausreichende Belüftung, woraus sich die Fragestellung ergibt, warum ist dies so wichtig?

Ohne Sauerstoff können die Mikroorganismen, die für den Abbau der organischen Materialien verantwortlich sind, nicht überleben. Sie benötigen Sauerstoff, um Energie zu gewinnen und ihre Arbeit effektiv zu erledigen.

Wenn der Komposthaufen nicht ausreichend belüftet wird, kann der Abbauprozess verlangsamt werden oder ganz zum Stillstand kommt.

Hier spricht man vom toten Kompost, mit einem Ergebnis was zu einem, stinkenden Haufen von faulenden organischen Materialien, welcher nicht nur unangenehm riecht, sondern auch unbrauchbar für die Verwendung als Dünger ist.

Eine gute Belüftung sorgt dafür, dass genügend Sauerstoff in den Komposthaufen gelangt und die Mikroorganismen ihre Arbeit effektiv und schnell erledigen können. Es gibt verschiedene Möglichkeiten, um sicherzustellen, dass der Komposthaufen ausreichend belüftet wird, wie zum Beispiel das regelmäßige Wenden des Materials oder das Hinzufügen von kleineren Geästen oder auch gemischte Holzschnitzel ist eine gute Lösung dazu, um einen erfolgreichen und geruchsfreien Abbau von organischen Abfällen zu gewährleisten.

Eine effiziente Methode bei der Kompostierung ist der Schichtkompost, auf dem ich im nachfolgenden noch zu sprechen komme und auch als ein wesentlicher Faktor für eine gute Kompostierung und Grundlage des Erfolgs zu sehen ist.

Schichtkompost

Kompostieren ist eine umweltfreundliche Art, organische Abfälle zu entsorgen und gleichzeitig wertvolle Nährstoffe für den Garten zu gewinnen. Eine Schichtung im Komposthaufen ist dabei von großer Bedeutung und bringt zahlreiche Vorteile mit sich. Da jede Schicht ihre eigenen Aufgaben hat tragen diese so zur Gesamtheit des Komposts bei.

Eine wichtige Komponente des Kompostier Prozesses ist eine gute Schichtung, welche sich von Beginn des Kompostierens bis zum Ende der Kompasstierphase durchzieht. Die Art und Weise, wie die verschiedenen Materialien im Komposthaufen geschichtet werden, beeinflusst die Geschwindigkeit und die Qualität des Zersetzungsprozesses.

Eine wichtige Praxis beim Kompostieren ist die Schichtenbildung. Diese Schichten bestehen aus verschiedenen Materialien und je nach Zugabe einzelner Materialien wird der Kompost einzigartig und von hoher Qualität im bestehenden Kompostprozess. Durch die Schichtung von grünen und braunen Materialien wird ein ausgewogenes Verhältnis von Stickstoff und Kohlenstoff im Komposthaufen erreicht.

Die Grundlage für einen gut funktionierenden Komposthaufen, stellt eine ausgewogene Materialschichtung dar, welche wichtig ist, da sie den Kompostierungsprozess beschleunigt und sicherstellt, dass der Kompost reich an Nährstoffen ist. Wenn der Kompost zu viel Stickstoff enthält, kann dies zu einem sauren Milieu führen, das den Abbau der organischen Materialien verlangsamt. Wenn der Komposthaufen hingegen zu viel Kohlenstoff enthält, kann es zu einem langsameren Abbau kommen, da die Mikroorganismen im Kompost nicht genügend Stickstoff haben, um ihre Arbeit zu erledigen.

Materialschichtung im Komposthaufen fördert auch eine gute Belüftung und Drainage. Die Schichten ermöglichen es Luft und Wasser durch den Kompost zu zirkulieren, was für das Wachstum von Mikroorganismen und den Abbau der organischen Materialien notwendig ist. Eine schlechte Belüftung oder Drainage kann zu einem fauligen Geruch und unerwünschten Schädlingen führen.

Die Wichtigkeit einer guten Materialschichtung im Komposthaufen ist eine wesentliche Grundlage für den Erfolg des Kompostier Prozesses. Durch eine korrekte Schichtung wird dafür gesorgt, dass der Kompost nicht zu feucht wird und somit keine unangenehmen Gerüche entstehen. Die verschiedenen Schichten sollten dabei nicht zu dick sein, um eine ausreichende Belüftung zu gewährleisten.

Zusätzlich ist es wichtig, den Komposthaufen im obersten Viertel zu Wenden und die bestehenden Verfestigungen aufzulockern, damit eine entsprechende Belüftung erfolgen kann.

Eine gute Schichtung im Komposthaufen sollte aus einer Mischung von braunen und grünen Materialien bestehen. Braune Materialien wie getrocknetes Laub, Stroh oder Holzschnitzel sind reich an Kohlenstoff und dienen als Energiequelle für die Mikroorganismen, die den Kompost abbauen in einem sehr effektiven Zersetzungsprozess, welcher zum Endprodukt des Humus führt. Grüne Materialien wie Gras oder Gemüseabfälle sind reich an Stickstoff und helfen dabei, dass Wachstum der Mikroorganismen zu fördern. Es ist jedoch wichtig, dass die Schichten im Komposthaufen gut durchmischt sind, um eine gleichmäßige Verteilung von Kohlenstoff und Stickstoff zu gewährleisten. Eine zu dicke Schicht aus einem Material kann dazu führen, dass der Kompost nicht richtig belüftet wird und somit langsamer verrottet. Dies ist insbesondere bei Rasenschnitt zu beachten, dass dieser nicht klumpt und zu Fäulnisprozessen führt, welche auch einen schlechten Geruch verursachen.

Eine weitere wichtige Überlegung bei der Schichtung im Komposthaufen ist die Feuchtigkeit. Der Kompost sollte feucht genug sein, um den Abbau der Materialien zu fördern, aber nicht so nass, dass er matschig wird. Eine gute Faustregel besagt, den Kompost so feucht zu halten wie ein ausgewrungener Schwamm.

Die erste Schicht besteht aus Grünschnitt, Gemüseresten, Obstschalen oder Rasenschnitt. Diese Materialien sind reich an Stickstoff und sorgen für eine schnelle Zersetzung des Komposts. Die zweite Schicht besteht aus braunem Material wie getrocknete Blätter, Stroh oder Zweigen. Diese Materialien sind reich an Kohlenstoff und helfen dabei, den Kompost zu belüften und Feuchtigkeit zu speichern.

Eine dritte Schicht besteht aus Boden, Gartenerde vom Baumarkt oder auch ausgelaugte Erde von Beeten, welche im Kompostprozess wieder angereichert werden. Auch die Zugabe von bereits fertigen Kompost hilft dabei, Mikroorganismen einzuführen, welche den Zersetzungsprozess beschleunigen. Das Hinzufügen von Wasser zwischen den Schichten sorgt dafür, dass der Kompost feucht genug bleibt, um diesen zu zersetzen.

An dieser Stelle noch einen hilfreichen Tipp für einen schnellen Schichtenabbau während der Schichtungsphase. Wenn man aus einem Behälter, welcher aus Küchenabfällen besteht und luftdicht verschlossen ist, diesen zirka 2 Wochen unter Zimmertemperatur reifen lässt, wird dies zu einem hervorragenderen ökologischen Kompostbeschleuniger.
Der Inhalt des Behälters wird dann gleichmäßig auf dem Kompost aufgetragen und mit einfacher Erde bedeckt, damit es zu keiner Geruchsbildung kommt. Die freigesetzten Mikroorganismen beginnen sofort mit der Arbeit, was man schon nach einer Woche am Setzungsprozess des Kompostes erkennen kann. Dies stellt eine sehr hocheffiziente Methode dar den Kompostprozess zu beschleunigen.

Die Schichtenbildung ist wichtig, um sicherzustellen, dass der Kompost ausreichend belüftet wird und nicht zu feucht wird. Eine schlechte Belüftung kann dazu führen, dass der Kompost stinkt oder sogar schimmelt. Zu viel Feuchtigkeit kann dazu führen, dass der Kompost verfault und unbrauchbar wird. Durch das Schichten von verschiedenen Materialien wie beispielsweise Grünschnitt, Laub, Küchenabfälle, Holzschnitzel, Äste, Holzasche um nur einige zu nennen, wird eine optimale Belüftung des Komposts erreicht. Dadurch wird der Abbau der organischen Substanz beschleunigt und es entsteht schneller wertvoller Humus.
Eine weitere wichtige Funktion der Schichtung ist die Regulierung des Feuchtigkeitsgehalts im Komposthaufen. Durch das Einbringen von trockenen Materialien wie Stroh oder Laub wird überschüssige Feuchtigkeit aufgenommen und der Kompost bleibt locker und gut belüftet. Eine zu hohe

Feuchtigkeit kann hingegen dazu führen, dass sich unerwünschte Bakterien oder Pilze im Kompost bilden, die den Verrottungsprozess behindern.

Durch die Schichtung von unterschiedlichen Materialien entsteht außerdem eine Mischung aus verschiedenen Nährstoffen, die für das Pflanzenwachstum besonders wichtig sind.

So enthält der Kompost beispielsweise Stickstoff, Phosphor und Kalium in ausgewogener Form, die von den Pflanzen optimal aufgenommen werden können.

Zusammenfassend lässt sich sagen, dass eine Schichtung im Komposthaufen sinnvoll und effektiv ist, da sie für eine optimale Belüftung, Regulierung des Feuchtigkeitsgehalts und für eine ausgewogene Nährstoffzusammensetzung sorgt. Auch stellt diese einen wichtigen Bestandteil des Kompostierungsprozesses dar.

Bei einer gut durchdachten und richtigen Schichtung, kann der Verrottungsprozess beschleunigt werden und es entsteht wertvoller Humus, der als Dünger für den Garten genutzt werden kann. Durch das Hinzufügen von verschiedenen Materialien in Schichten, wird der Kompost ausreichend belüftet, bleibt feucht genug und wird schnell zersetzt. Das Ergebnis ist ein nährstoffreicher Dünger, der den Garten bereichert und gleichzeitig Abfälle reduziert.

Zuletzt noch ein Wort zur Geduld: Die meisten Menschen möchten schnell Ergebnisse sehen und sind ungeduldig mit dem Prozess des Kompostierens. Doch der Prozess benötigt seine Zeit, was Abhängig von der Größe des Komposters, der verwendeten Materialien, den vorhandenen Umwelteinflüsse wie Temperatur und Niederschläge und Sonnenintensität, was einige Monate, ja sogar bis zu einem Jahr oder länger dauert, bis der Humus verarbeitet werden kann.

Hier spielen auch die Vorstellungen des Kompostbetreibers eine wesentliche Rolle, welcher wiederum von einigen Faktoren abhängig ist. Zum einen, was ist es für ein Kompost, soll es Kurzzeit oder Langzeit Kompost sein. Zum anderen, wo will ich diesen für welchen Zweck verwenden. Genügt es einen Kompost zu verwenden, um ein Beet anzulegen in der bestehenden

Qualität, all dies sind Fragen, welcher sich der Betreiber stellt und die entsprechende Entscheidung trifft.

Insgesamt lohnt es sich jedoch der Mühe. Durch das Herstellen von eigenem Kompost spart man nicht nur Geld, sondern tut auch etwas Gutes für die Umwelt, durch die Reduzierung des Abfalls sowie Schonung natürlicher Ressourcen wie Torf oder Mineraldünger.

Wasser

Damit der Kompost optimal arbeiten kann, ist es wichtig, ihn regelmäßig zu gießen.

Kompost ist ein wichtiger Bestandteil des ökologischen Kreislaufs in seiner Funktion organische Abfälle zu zersetzen und diese in wertvollen Humus umzuwandeln. Jedes ökologische System benötigt Wasser um zu Funktionieren und stellt eine existenzielle Grundlage allen Lebens dar.

Durch die Zugabe von Wasser auf dem Kompost, wird dieser feucht gehalten und der Prozess der Verrottung in Schwung gebracht, was die im Kompost befindlichen Organismen für ihre Tätigkeit dringendst benötigen. Ein zu trockener Kompost würde sich ungünstig auf die Zersetzung von organischem Material auswirken und den Prozess stören und stagnieren. Weiterhin wären unangenehme Gerüche die Folge, die es gilt zu vermeiden.

Beim Gießen des Komposts sollte jedoch darauf geachtet werden, dass nicht zu viel Wasser verwendet wird, was man an den Umgebungstemperaturen anpassen sollte.

Ein übermäßig nasser Kompost kann zu Fäulnis und Schimmelbildung führen.

Es empfiehlt sich daher, den Kompost mit einer Gießkanne oder einen Schlauch gleichmäßig zu bewässern und dabei auf die Feuchtigkeit zu achten, hierbei sollten Pfützenbildungen vermieden werden. Eine gute Faustregel besagt, dass der Kompost feucht, jedoch nicht durchnässt sein sollte.

Insgesamt kann man sagen, dass ein regelmäßiges Gießen des Komposts essenziell ist für einen erfolgreichen Abbau von organischen Abfällen und zur Entstehung von wertvollem Dünger darstellt. Dabei sollte jedoch auf eine ausgewogene Feuchtigkeit geachtet werden, um unerwünschte Gerüche und Schimmelbildung zu vermeiden.

Pheromone

Auch die Thematik von Pheromonen ist ein wesentlicher Bestandteil im Prozess des Ökosystems und der Kompostierung, worauf ich noch etwas näher eingehen möchte.

Hierbei soll nicht nur die Auswirkung auf dem Kompostprozess herangezogen werden, sondern auch die Arten der Pheromone kurz angesprochen werden.

Doch zunächst erst einmal was sind Pheromone überhaupt und wozu sind diese gut?

Pheromone sind chemische Botenstoffe, die von Tieren und Pflanzen ausgeschieden werden, um Informationen an Artgenossen weiterzugeben, womit eine Interaktion zwischen diesen entsteht. Diese Substanzen dienen als Kommunikationsmittel und können verschiedene Funktionen erfüllen wie zum Beispiel die Signalisierung von Paarungsbereitschaft, die Markierung von Territorien oder die Warnung vor Gefahren.

Pheromone werden über spezielle Drüsen im Körper produziert und können auf unterschiedliche Weise wahrgenommen werden, beispielsweise durch den Geruchssinn oder durch Berührung.

Bei vielen Tierarten spielen Pheromone eine wichtige Rolle bei der Partnerwahl und der Fortpflanzung. So können weibliche Tiere durch die Ausschüttung von Sexuallockstoffen, welche man auch als Pheromonen bezeichnet, männliche Artgenossen anlocken und somit ihre Paarungsbereitschaft signalisieren.

Auch bei der Verteidigung von Territorien oder der Abwehr von Feinden setzen Tiere oft Pheromone ein, um ihre Artgenossen zu warnen oder zu mobilisieren.

Für den Menschen haben Pheromone auch eine gewisse Bedeutung. So gibt es Studien, die darauf hinweisen, dass bestimmte Duftstoffe, die von Menschen ausgeschieden werden, eine Wirkung auf das Verhalten anderer Menschen haben können. Allerdings ist die Forschung auf diesem Gebiet noch nicht sehr weit fortgeschritten, da es noch viele offene Fragen zu beantworten gilt.

Insgesamt lässt sich sagen, dass Pheromone eine faszinierende Welt der zwischenartlichen Kommunikation darstellen und sowohl in der Tierwelt als auch beim Menschen eine wichtige Rolle spielen können. Die Erforschung dieser chemischen Botenstoffe ist ein spannendes Feld der Biologie und verspricht auch in Zukunft noch viele interessante Erkenntnisse.

Die Auswirkungen von Pheromonen auf den Kompost

In der Kompostierung können Pheromone eine entscheidende Rolle spielen, da sie den Abbau von organischen Materialien beschleunigen und die Entstehung von wertvollem Humus fördern können. Welche von Mikroorganismen im Kompost beschleunigt werden können, was zu einer schnellen Zersetzung von organischen Materialien führt. Dies kann dazu beitragen, dass der Kompost schneller reift und somit auch schneller für die Verwendung im Garten oder in der Landwirtschaft bereitsteht.

Darüber hinaus können Pheromone auch dazu beitragen, unerwünschte Schädlinge wie Fliegen oder Nagetiere fernzuhalten, die den Komposthaufen sonst als Nahrungsquelle nutzen könnten. Durch die Freisetzung von spezifischen Pheromonen können diese Schädlinge abgeschreckt werden und somit das Risiko von Infektionen oder Schäden an den organischen Materialien reduziert werden.

Allerdings gibt es auch potenzielle Nachteile bei der Verwendung von Pheromonen in der Kompostierung. Zum einen können einige Pheromone möglicherweise negative Auswirkungen auf andere Organismen haben, welche im Komposthaufen leben.

Zum anderen kann die Verwendung von synthetischen Pheromonen möglicherweise umweltschädlich sein und negative Auswirkungen auf die Umwelt haben.

Insgesamt scheint es jedoch, dass Pheromone eine vielversprechende Möglichkeit darstellen, die Kompostierung zu verbessern und zu beschleunigen. Durch weitere Forschung und Entwicklung, können möglicherweise noch bessere Pheromon – basierte Lösungen gefunden werden, um die Vorteile der Kompostierung zu maximieren.

Arten von Pheromonen

Es gibt unterschiedliche Arten von Pheromonen, die jeweils eine spezifische Wirkungsweise haben. Die bekannteste Art sind Sexualpheromone, die der Partnerwahl dienen. Sie werden von Männchen und Weibchen ausgeschieden und locken potenzielle Partner an.

Auch bei der Paarung spielen diese eine wichtige Rolle, da sie das Verhalten des Partners beeinflussen und die Bereitschaft zur Kopulation erhöhen können.

Eine weitere Art von Pheromonen sind Territorialpheromone, welche das Revier markieren und Artgenossen abschrecken sollen. Sie werden von vielen Tieren, wie zum Beispiel von Katzen oder Hunden ausgeschieden und dienen dazu, Konflikte zu vermeiden.

Weiterhin sind Aggressionspheromone, welche eine Angriffsbereitschaft signalisieren und können bei vielen Tieren zu einem erhöhten Aggressionsverhalten führen. Auch Alarmpheromone werden von vielen Tieren ausgeschieden und dienen dazu, Artgenossen vor Gefahren zu warnen.

Sie können beispielsweise bei Insekten oder Nagetieren zu einem Flucht-
verhalten führen.

Zuletzt gibt es noch Pheromone, die das Sozialverhalten beeinflussen und
beispielsweise bei der Gruppenbildung oder der Aufzucht von Nachwuchs
eine wichtige Rolle spielen.
Die Wirkungsweise von Pheromonen ist dabei sehr vielfältig und kann je
nach Art und Zielgruppe unterschiedlich sein.

Alterde als Zuschlagsstoff

Hier möchte ich auf ein Thema kommen, was oft Konträr diskutiert wird
und vielen Gärtnern auch bekannt ist und Mühe bereitet, bei der Pflege von
Beeten und Sträuchern, und zwar die Verklumpung der Erde, welche insbesondere in den Sommermonaten ein Thema darstellt. Diese verhärtete und
verklumpte Erde ist oft störend im Anbau und können Pflanzen beim
Wachstum beeinträchtigen. Jedoch sind diese auch gute Wasserspeicher,
was den Pflanzen wiederum zugutekommt. Manche Gärtner zerbröseln diese auf dem Beet, was jedoch eine große Mühe bereitet und etliches an Zeit
in Anspruch nimmt. Andere entfernen diese und geben die Klumpen den
Kompost bei.
Doch zunächst wenden wir uns der Zusammensetzung dieser verkrusteten
und auch oft geglaubten toten Erde zu, was sehr wichtig für eine effektive
Gartenarbeit und deren Kompostierung darstellt.

Zusammensetzung

Verklumpte Alterde ist ein wichtiger Bestandteil des Bodens und enthält
eine Vielzahl von Organismen, die für das Ökosystem unerlässlich sind. In
der Regel besteht verklumpte Alterde aus einer Mischung von Mineralien,
organischen Stoffen und lebenden Organismen.

Zu den häufigsten Organismen in verklumpter Alterde gehören Bakterien, Pilze, Algen und Protozoen.

Bakterien sind die am häufigsten vorkommenden Organismen, welche sich in verklumpter Alterde befinden. Sie spielen eine wichtige Rolle bei der Zersetzung von organischem Material und tragen zur Freisetzung von wichtigen Nährstoffen bei.

Einige Bakterien sind auch in der Lage, Stickstoff zu fixieren, was für das Pflanzenwachstum unerlässlich ist.

Pilze sind ebenfalls in verklumpter Alterde vorhanden und spielen eine wichtige Rolle bei der Zersetzung von organischem Material. Sie bilden auch Mykorrhiza – Netzwerke mit Pflanzenwurzeln, die für den Austausch von Nährstoffen und Wasser zwischen den beiden Organismen wichtig sind.

Algen sind in der Regel in geringerer Anzahl in verklumpter Erde vorhanden, können aber dennoch eine wichtige Rolle bei der Fotosynthese spielen und zur Produktion von Sauerstoff beitragen.

Protozoen sind einzellige Organismen, die in verklumpter Erde vorkommen können. Sie spielen ebenfalls eine wichtige Rolle bei der Regulation von Bakterienpopulationen und können auch Nährstoffe freisetzen.

Insgesamt ist zu sagen, dass verklumpte Alterde ein komplexes Ökosystem darstellt, dass eine Vielzahl von Organismen beinhaltet. Jeder Organismus spielt eine wichtige Rolle bei der Aufrechterhaltung des Bodenökosystems und trägt zur Gesundheit und Fruchtbarkeit des Bodens bei. Alterde, auch bekannt als Löss, ist ein feinkörniges Sedimentgestein, welches sich in Europa und Asien verbreitet. Es ist bekannt für seine Fähigkeit, Wasser zu speichern und Nährstoffe zu halten. Daher wird es oft als Zuschlagsstoff für Kompost verwendet.

Aber eignet sich Alterde wirklich als Zuschlagsstoff für den Kompost?
Eine Studie der Universität Hohenheim hat gezeigt, dass Alterde eine gute Wahl als Zuschlagsstoff für Kompost ist. Die Forscher fanden heraus, dass die Zugabe von Alterde den Stickstoffgehalt im Kompost erhöht und die Pflanzenwurzelbildung fördert.

Ein weiterer Vorteil von Alterde ist, dass sie reich an Mineralien wie Kalzium, Magnesium und Kalium ist. Diese Materialien sind wichtig für das Wachstum von Pflanzen und können dazu beitragen, dass der Boden gesünder und Ertragreicher wird, als auch einen Schutz gegen Schädlinge darstellt.

Es gibt jedoch auch einige Nachteile bei der Verwendung von Alterde als Zuschlagstoff für den Kompost. Zum einen kann sie teuer sein und schwierig beschaffbar sein, wenn man über keine derartige Alterde verfügt, was jedoch in einem gut funktionierenden Gartenökosystem nicht der Fall sein dürfte. Zum anderen kann sie aufgrund ihrer feinen Körnung schnell verfestigen und den Luftaustausch im Kompost verhindern.

Damit dieses Problem nicht auftritt, kann ich diesem wirkungsvoll entgegenwirken, indem die alte verklumpte Erde von den Beeten und Sträuchern sorgsam entfernt wird und diese in diesem Zustand auf den Kompost verteilt wird, diese nicht zerkleinert wird, um die Ökostruktur zu erhalten und diese Alterde mit bestehenden Kompost vermischt. So kann eine gute Humusbildung und Kompostbeschleunigung erfolgen.

Insgesamt ist Alterde eine gute Wahl als Zuschlagstoff im Kompost, da sie viele Vorteile bietet. Es sind dafür keine großen Mengen erforderlich, da diese in der Schichtung beigefügt wird und das Ökosystem im Kompost stabilisiert und bereichert. Auch ist Alterde ein sehr geeigneter Zusatzstoff bei der Errichtung oder die Wiederingangsetzung eines Kompostes nach der Leerung dessen, was den Zersetzungsprozess von Beginn an optimal in Schwung bringt.

Maulwurferde

Hier sprechen wir von einem oft nicht beachteten Material, welches für die Pflanzen von großer Bedeutung ist, jedoch von den wenigsten Gärtnern genutzt wird. Im nachfolgenden möchte ich auf der Bedeutung von Maulwurferde etwas näher eingehen und dessen Vorteile als auch Nachteile herausstellen.

Was jedoch ist Maulwurferde und worin besteht die Bedeutung für den Gartenbau?

Maulwurferde ist eine spezielle Art von Erde, die durch die Aktivitäten von Maulwürfen entsteht. Diese kleinen Säugetiere sind bekannt für ihre Fähigkeit, komplexe Tunnelsysteme unter der Erdoberfläche zu graben. Während sie sich durch den Boden bewegen, schieben sie den aufgewühlten Boden nach oben und formen dabei charakteristische Hügel. Die Erde in diesen Maulwurfshügeln weist einige einzigartige Eigenschaften auf. Eine der auffälligsten Eigenschaften von Maulwurfhügelerde ist ihre lockere und krümelige Struktur. Durch das ständige Graben der Maulwürfe wird der Boden aufgelockert und es entstehen kleine Klumpen oder Krümel.

Dies führt dazu, dass die Erde leicht zu bearbeiten ist und eine gute Durchlässigkeit für Wasser aufweist. Dadurch kann Regenwasser effizient in den Boden eindringen und das Wurzelsystem von Pflanzen mit Feuchtigkeit versorgen.

Ein weiteres Merkmal von Maulwurfhügelerde ist ihre hohe Fruchtbarkeit. Durch die ständige Umwälzung des Bodens werden organische Materialien wie abgestorbene Pflanzenteile oder Insekten in die Erde eingearbeitet. Dadurch wird der Nährstoffgehalt erhöht und somit die Bodenqualität verbessert. Diese fruchtbare Erde bietet ideale Bedingungen für das Wachstum von Pflanzen und unterstützt die Entwicklung einer vielfältigen Flora.

Darüber hinaus ist Maulwurfhügelerde oft dunkelbraun bis schwarz gefärbt. Dies liegt an dem hohen Anteil an organischer Substanz, der im Boden enthalten ist. Die dunkle Farbe deutet auf einen hohen Humusgehalt hin, der wiederum ein Indikator für eine gute Bodenqualität ist. Humus verbessert die Struktur des Bodens, erhöht seine Wasserspeicherkapazität und fördert das Wachstum von Mikroorganismen, die für den Abbau von organischen Stoffen verantwortlich sind.

Zusammenfassend lässt sich sagen, dass Maulwurfhügelerde durch ihre lockere und krümelige Struktur, ihre hohe Fruchtbarkeit und ihre dunkle Farbe herausragende Eigenschaften aufweist. Diese machen sie zu einem idealen Substrat für das Pflanzenwachstum und tragen zur Gesundheit und Vitalität des Bodens bei. Die Aktivitäten der Maulwürfe tragen somit nicht nur zur Gestaltung der Landschaft bei, sondern haben auch positive Auswirkungen auf die Bodenqualität und die Biodiversität.

Wie kann die Maulwurfhügelerde für den Garten genutzt werden?

Maulwurfhügelerde ist ein natürlicher und nährstoffreicher Boden, der sich hervorragend für verschiedene Zwecke im Garten eignet. Der Maulwurf ist dafür bekannt, durch seine Aktivitäten im Boden lockere Erde an die Oberfläche zu befördern, was als Maulwurfshügel bezeichnet wird. Diese Erde ist von hoher Qualität und enthält eine Fülle von organischen Materialien und Nährstoffen, die für das Pflanzenwachstum sehr vorteilhaft sind.
Es gibt verschiedene Möglichkeiten, wie man Maulwurfhügelerde verwenden kann. Eine Möglichkeit besteht darin, sie als Mulchmaterial zu verwenden, indem man eine dünne Schicht dieser Erde um die Pflanzen herum verteilt, schützt man den Boden vor Austrocknung und Unkrautwuchs. Gleichzeitig werden die Nährstoffe langsam freigesetzt und gelangen so direkt zu den Wurzeln der Pflanzen.
Eine weitere Verwendungsmöglichkeit besteht darin, die Maulwurfhügelerde in den Gartenboden einzuarbeiten. Durch das Einmischen dieser nährstoffreichen Erde verbessert man die Bodenstruktur und fördert das Wachstum der Pflanzen im Besonderen.
Vor allem in sandigen Böden kann die Zugabe von Maulwurfhügelerde dazu beitragen, die Wasserspeicherfähigkeit zu erhöhen und die Bodenfruchtbarkeit zu verbessern.
Darüber hinaus kann Maulwurfhügelerde auch zur Herstellung von Kompost verwendet werden. Durch das Hinzufügen dieser Erde zu einem Kom-

posthaufen wird die Mischung reichhaltiger an Nährstoffen und fördert den Abbau von organischen Materialien.

Als Starterkultur für einen Komposthaufen, ist Maulwurfsegelerde, ideal dazu geeignet, da sich eine Vielzahl an Mikroorganismen darin befinden. Der resultierende Kompost kann dann als hochwertiger Dünger im Garten verwendet werden.
Es ist jedoch wichtig zu beachten, dass Maulwurfhügelerde oft mit Unkrautsamen oder anderen unerwünschten Pflanzenmaterialien verunreinigt sein kann. Daher sollte man die Erde vor der Verwendung sorgfältig sieben oder von groben Bestandteilen befreien, um somit ein ungewolltes Wachstum von Unkraut zu vermeiden.

Insgesamt wäre zu sagen, dass Maulwurfhügelerde eine vielseitige und nährstoffreiche Lösung für verschiedene Gartenanwendungen darstellt. Ob als Mulch, zur Bodenverbesserung oder zur Kompostherstellung, stellt die Verwendung dieser Erde das Pflanzenwachstum und dessen Förderung dar und bereichert somit den Garten. Es ist eine natürliche Ressource, welche uns vom Maulwurf zur Verfügung gestellt wird.

Vorteile und Nachteile von Maulwurfhügelerde

Die Verwendung von Maulwurfhügelerde im Garten kann sowohl Vorteile als auch Nachteile mit sich bringen. Ein Vorteil der Verwendung dieser Erde besteht darin, dass sie oft sehr fruchtbar und nährstoffreich ist. Durch ein ständiges Umgraben des Bodens durch die Maulwürfe werden organische Materialien wie abgestorbene Pflanzenreste und Wurzeln in die oberste Bodenschicht eingearbeitet, was zu einer verbesserten Bodenstruktur und Nährstoffversorgung führt. Zudem kann die Maulwurfhügelerde das Bodenwasser besser speichern und somit zur Bewässerung der Pflanzen beitragen.

Ein weiterer Vorteil ist, dass die Hügel oft kleine Vertiefungen haben, in denen sich Regenwasser sammeln kann, was wiederum für Insekten und andere Kleintiere eine wertvolle Wasserquelle darstellt.

Allerdings gibt es auch einige Nachteile bei der Verwendung von Maulwurfhügelerde im Garten. Zum einen können die Hügel das Erscheinungsbild des Gartens beeinträchtigen und als störend empfunden werden. Zudem kann sich das Mähen des Rasens erschweren oder zu unebenen Flächen führen. Darüber hinaus können die Tunnel der Maulwürfe unterirdische Schäden an Wurzeln von Pflanzen verursachen oder sogar zu Einstürzen von Beeten oder Wegen führen. Es ist also wichtig, die Vorteile als auch die Nachteile abzuwägen und gegebenenfalls Maßnahmen zu ergreifen, um die Auswirkungen der Maulwurfhügelerde im Garten zu minimieren. Ist der Garten jedoch frei von Maulwürfen, was sich als Vorteilhaft erweist, kann man sich jedoch die entsprechende Erde besorgen, um den gewünschten beschriebenen Effekt zu erreichen. Es stellt ein wertvolles Gut für jeden ökologischen Garten dar.

Was kann man auf natürliche Weise gegen Maulwürfe im Garten unternehmen?

Maulwürfe im Garten können für viele Hobbygärtner zu einer echten Plage werden. Die kleinen Tiere graben Tunnel und Hügel, die nicht nur unschön aussehen, sondern auch Pflanzen beschädigen können und wertvolle Arbeit vernichtet und der erhoffte Ertrag geschmälert, wenn nicht sogar zerstört wird. Doch bevor man zu chemischen oder gewaltsamen Methoden greift, gibt es einige natürliche Möglichkeiten, um die Maulwürfe auf sanfte Weise loszuwerden.

Eine effektive Methode ist es, den Maulwürfen den Lebensraum unattraktiv zu machen. Dazu kann man beispielsweise den Boden im Garten gut verdichten, da Maulwürfe lockeren Boden bevorzugen. Dies sollte insbesondere beim Anlegen eines Gartens in den Fokus rücken, um von vornherein eine Ansiedelung von Maulwürfen entgegenzuwirken. Eine weitere Möglichkeit ist der Einsatz von Gerüchen, welche die Maulwürfe abschrecken. Hierfür eignen sich zum Beispiel Knoblauch oder Zwiebeln. Diese können in den Maulwurfshügeln platziert werden, um die Tiere zu vertreiben. Auch der Geruch von Raubtieren wie Fuchs, Hund oder Katzen kann helfen, die Maulwürfe fernzuhalten.

Eine weitere natürliche Methode ist der Einsatz von Pflanzen, die Maulwürfe nicht mögen. Dazu gehören zum Beispiel Narzissen, Kaiserkrone oder Kaiserkronenlilien. Diese können gezielt im Garten angepflanzt werden, um die Tiere abzuschrecken.

Zusätzlich kann auch das Anlegen eines Maulwurfnetzes eine wirksame Maßnahme darstellen. Dieses Netz wird unter der Grasnarbe verlegt und verhindert, dass die Maulwürfe in den Garten eindringen können. Es ist wichtig, das Netz regelmäßig zu kontrollieren und gegebenenfalls zu reparieren, um eine effektive Barriere aufrechtzuerhalten. Dies stellt natürlich einen erheblichen Kraftaufwand, als auch Zeitaufwand dar und sollte entsprechend den bestehenden Gegebenheiten angepasst werden.

Es ist jedoch wichtig zu beachten, dass Maulwürfe nützliche Tiere sind, die unter anderem Schädlinge wie Engerlinge oder Wurzelschädlinge bekämpfen. Daher sollte man immer abwägen, ob und in welchen Ausmaßen man gegen die Maulwürfe vorgehen möchte.

Es kann auch sinnvoll sein, bestimmte Bereiche im Garten den Maulwürfen zu überlassen und andere Bereiche maulwurffrei zu halten.

Insgesamt gibt es also viele verschiedene natürliche Methoden, um Maulwürfe im Garten loszuwerden oder zumindest ihre Aktivitäten einzuschränken. Durch das Verdichten des Bodens, den Einsatz von abschreckenden Gerüchen oder Pflanzen sowie die Verwendung eines Maulwurfnetzes kann man auf sanfte Weise für einen maulwurffreien Garten sorgen.

Wichtig dabei ist jedoch immer, das ökologische Gleichgewicht im Auge zu behalten und die Bedeutung der Maulwürfe als natürliche Schädlingsbekämpfer zu berücksichtigen.

Einsatz von Buchsbaum gegen eine Maulwurfeinwanderung

An dieser Stelle, möchte ich etwas näher auf den Buchsbaum und seiner Funktion im Gartenbereich und der bestehenden Thematik eingehen, was jedoch nur Ansatzweise geschehen kann, dies jedoch unerlässlich ist.

Buchsbaum, auch bekannt als Buxus, ist eine immergrüne und Winterharte Pflanze, die oft in Gärten und im Landschaftsbau als Hecke oder dekoratives Element verwendet wird. Diese Pflanze ist langsam wachsend und sehr pflegeleicht und durch Verschnitt in die gewünschte Form zu bringen. Sie stellt auch gleichzeitig einen natürlichen Schutz für Beeteinfassungen dar und dient auch in vielen Fällen als eine natürliche Grundstückseingrenzung, welche auch für Vögel einen optimalen Ort des Nestbaus darstellt.
Es ist eine vielseitige Pflanze, die im Garten auf verschiedene Weisen verwendet werden kann. Einer der häufigsten Verwendungszwecke ist die Gestaltung von Hecken. Aufgrund seines dichten Wuchses eignet sich der Buchsbaum hervorragend als Sichtschutz und bietet zudem einen attraktiven grünen Hintergrund für andere Pflanzen. Darüber hinaus kann Buchsbaum auch als Solitärpflanze in Form von Kugeln oder Figuren geschnitten werden, um dem Garten eine elegante und formale Note zu verleihen.
Die immergrünen Blätter des Buchsbaums sorgen das ganze Jahr über für ein ansprechendes Erscheinungsbild und bieten somit auch im Winter einen schönen Anblick. Neben der ästhetischen Verwendung kann Buchsbaum auch als Heilpflanze genutzt werden.
Seine Blätter enthalten ätherische Öle, die bei der Behandlung von Magen-Darm-Beschwerden, Rheuma und Hautproblemen helfen können. Zudem wird Buchsbaum traditionell zur Herstellung von Kränzen und anderen Dekorationsgegenständen verwendet. Insgesamt ist der Buchsbaum eine äußerst vielseitige Pflanze, die sowohl praktische als auch dekorative Zwecke im Garten erfüllen kann. Neben seiner ästhetischen Funktion wird dem Buchsbaum auch nachgesagt, dass er Maulwürfe fernhalten kann.

Hierzu gibt es geteilte Meinungen darüber, ob Buchsbaum tatsächlich eine abschreckende Wirkung auf Maulwürfe hat. Einige Gärtner jedoch schwören darauf, dass ein Pflanzen von Buchsbaumhecken oder das Platzieren von Töpfen mit Buchsbäumen in den betroffenen Bereichen dazu führt, dass Maulwürfe den Garten meiden. Sie argumentieren, dass der starke Geruch des Buchsbaums für die empfindlichen Sinne der Maulwürfe unangenehm ist und sie somit davon abhält, sich in der Nähe niederzulassen.

Allerdings gibt es auch Stimmen, die diese Behauptungen anzweifeln. Sie argumentieren, dass Maulwürfe hauptsächlich auf der Suche nach Nahrung und geeigneten Lebensbedingungen sind und daher nicht durch den Geruch von Buchsbäumen abschrecken lassen werden. Stattdessen behaupten sie, dass andere Faktoren wie Bodenbeschaffenheit und Verfügbarkeit von Nahrung einen größeren Einfluss auf das Vorkommen von Maulwürfen haben.
Um zu einer fundierten Aussage über die Wirksamkeit von Buchsbaum als Maulwurfabwehr zu gelangen, bedarf es weiterer wissenschaftlicher Untersuchungen.
Es ist wichtig, verschiedene Faktoren wie den Standort, die Bodenbeschaffenheit und die individuellen Vorlieben der Maulwürfe zu berücksichtigen. Nur durch umfassende Studien können wir zuverlässige Informationen darüber erhalten, ob Buchsbaum tatsächlich eine effektive Methode zur Maulwurfbekämpfung darstellt.

Schädlingsabwehr von Buchsbäumen

Buchsbaum (Buxus sempervierens) ist eine beliebte Pflanze im Garten, die nicht nur durch ihre dichte, immergrüne Belaubung und ihre formschönen Hecken bekannt ist, sondern auch aufgrund ihrer Fähigkeit, bestimmte Schädlinge abzuwehren. Der Buchsbaum erweist sich als besonders effektiv gegenüber einigen der häufigsten Schädlinge. Die den Garten bedrohen können. Ein Schädling, gegen den Buchsbaum eine natürliche Abwehr bietet, ist der Buchsbaumzünsler (Cydalima perspectalis).

Dieser invasive Schmetterling legt seine Eier auf den Blättern des Buchsbaums ab und die daraus schlüpfenden Raupen fressen die Blätter und die Rinde der Pflanze. Buchsbaum produziert jedoch spezielle ätherische Öle und Bitterstoffe, die den Buchsbaumzünsler abschrecken können. Diese natürliche Abwehr kann dazu beitragen, den Befall von Buchsbaumzünslern zu reduzieren und sogar zu verhindern.

Ein weiterer Schädling, gegen den Buchsbaum eine gewisse Widerstandsfähigkeit zeigt, ist der Buchsbaumrost (Puccinia buxi). Dieser Pilz verursacht gelbe Flecken auf den Blättern des Buchsbaums und kann zu einem erheblichen Blattverlust führen. Obwohl Buchsbaumrost in einigen Regionen verbreitet ist, scheint es, dass bestimmte Sorten von Buchsbaum weniger anfällig für diesen Pilz sind. Durch die Auswahl einer widerstandsfähigen Sorte kann der Buchsbaumgärtner das Risiko eines Befalls mit Buchsbaumrost minimieren.

Es ist wichtig zu beachten, dass Buchsbaum trotz seiner natürlichen Abwehrkräfte nicht immun gegen alle Schädlinge ist. Andere Schädlinge wie Blattläuse, Spinnmilben oder Schildläuse können immer noch den Buchsbaum befallen und Schaden anrichten.

In solchen Fällen ist es ratsam, geeignete Maßnahmen zur Schädlingsbekämpfung zu ergreifen, um die Gesundheit des Buchsbaums zu erhalten.

Insgesamt lässt sich sagen, dass Buchsbaum im Garten eine gewisse Widerstandsfähigkeit gegen bestimmte Schädlinge aufweist, insbesondere gegen den Buchsbaumzünsler und den Buchsbaumrost. Durch die Auswahl widerstandsfähiger Sorten und die regelmäßige Überprüfung auf Schädlingsbefall kann der Gärtner dazu beitragen, dass der Buchsbaum gesund und frei von größeren Schäden bleibt.

Maulwurf und Buchsbaum

Es wird oft behauptet, dass Buchsbaum den Maulwurf fernhalten kann. Aber stimmt dies auch wirklich?

Tatsächlich gibt es einige Hinweise darauf, dass der Duft von Buchsbaum für Maulwürfe unangenehm sein könnte und sie daher davon abhält, sich in der Nähe niederzulassen. Der Geruch von Buchsbaum wird als stark und intensiv beschrieben, was für die empfindlichen Nasen der Maulwürfe möglicherweise abschreckend wirkt. Darüber hinaus bildet Buchsbaum eine dichte Hecke oder dichten Busch, was es für Maulwürfe schwierig macht, sich unter der Erde zu bewegen und Tunnel zu graben. Die Wurzeln des Buchsbaums können den Boden festigen und somit das Graben von Maulwurftunneln erschweren. Es ist jedoch wichtig anzumerken, dass diese Abwehrmechanismen nicht bei allen Maulwürfen gleichermaßen wirksam sind. Einige Maulwürfe könnten sich möglicherweise trotzdem in der Nähe von Buchsbäumen ansiedeln. Daher sollten auch andere Methoden, wie schon beschrieben in Betracht gezogen werden, um eine effektive Maulwurfbekämpfung zu gewährleisten.

Wurzelgeflecht des Buchsbaums und Maulwürfe

Der Buchsbaum (Buxus sempervierens) ist eine beliebte Pflanze in Gärten und Parks aufgrund seiner immergrünen Blätter und der Möglichkeit, ihn in verschiedene Formen zu schneiden. Allerdings gibt es Bedenken hinsichtlich der Giftigkeit seiner Wurzeln für Maulwürfe. In Bezug auf die Nützlichkeit des Maulwurfs im Garten, wäre zu erwähnen, dass er den Boden lockert und Schädlinge wie Engerlinge und Wurzeln von Pflanzen fressen.

Daher ist es wichtig zu wissen, ob die Wurzeln des Buchsbaums für Maulwürfe giftig sind und ob dies Auswirkungen auf ihre Lebensweise haben kann. Es gibt unterschiedliche Meinungen und Berichte darüber, ob die Wurzeln des Buchsbaums tatsächlich giftig für Maulwürfe sind. Einige Quellen behaupten, dass der Buchsbaum eine natürliche Abwehr gegen

Maulwürfe darstellt und das seine Wurzeln ein Gift enthalten, welches die Tiere abschreckt. Diese Behauptungen basieren oft auf Erfahrungen von Gärtnern oder Landwirten, die beobachtet haben, dass Maulwürfe bestimmte Bereiche meiden, in denen Buchsbäume wachsen.

Allerdings gibt es auch andere Ansichten, die behaupten, dass die Wurzeln des Buchsbaums nicht giftig für Maulwürfe sind und dass diese Tiere sich problemlos in der Nähe von Buchsbäumen aufhalten können. Diese Meinung wir oft von Experten vertreten, die darauf hinweisen, dass es keine, wissenschaftliche Studien gibt, die belegen, dass die Wurzeln des Buchsbaums für Maulwürfe schädlich sind.

Es ist wichtig anzumerken, dass Maulwürfe in erster Linie Insekten und Regenwürmer fressen und nur selten Pflanzenwurzeln. Daher ist es unwahrscheinlich, dass sie von den Wurzeln des Buchsbaums ernsthafte Schäden davontragen würden, selbst wenn diese giftig wären. Es ist auch möglich, dass die Abneigung der Maulwürfe gegenüber bestimmten Bereichen mit Buchsbäumen auf andere Faktoren wie Bodenbeschaffenheit oder Geruch zurückzuführen ist.

Insgesamt lässt sich sagen, dass die Frage, ob die Wurzeln des Buchsbaums für Maulwürfe giftig sind, noch nicht abschließend geklärt ist. Es gibt unterschiedliche Meinungen und Erfahrungen dazu, aber keine eindeutigen wissenschaftliche Beweise.

Wenn man Maulwürfe im Garten hat und Bedenken bezüglich der Buchsbäume hat, könnte es ratsam sein, alternative Pflanzen wie Knoblauch, Lauchzwiebeln oder auch Kaiserkrone zu wählen oder weitere Maßnahmen zu ergreifen, um die Tiere in andere Bereiche des Gartens zu lenken.

Eigene Erfahrungen und Beobachtungen beim Einsatz von Buchsbaum

Wie Sie in den vorangegangenen Beiträgen erlesen konnten, gibt es verschiedene Meinungen und Grundsatzhaltungen in der Wechselbeziehung zwischen dem Einsatz von Buchsbaum gegenüber den Maulwürfen und dessen Resultaten.

Jeder von den Gärtnern und den Landschaftsbauern, welche sich mit dieser Thematik beschäftigt haben, wird ein roter Faden bezüglich dieser Wechselwirkung ersichtlich.

Diese Erfahrungen resultieren zum einen aus eigener Beobachtung und praktischen Versuchen, jedoch auch aus der Überlieferung von Generationen heraus. Wenn wir unseren Fokus in der Geschichte zurückblickend führen, kann man bestimmte Techniken im Anbau von Pflanzen und deren Schutz vor Schädlingen deutlich erkennen. Verschiedene Kulturen haben die wertvollen Pflanzen mit einfachen Mitteln wie bereits beschrieben mit Knoblauch und Zwiebeln insbesondere deren, welche für die Ernährung wichtig sind und somit Verluste stark minimiert wurden. Die Art des Einsatzes geht von der Reihenpflanzung, Beetumpflanzung oder auch zwischen den Pflanzen eine Büschelpflanzung einher, wobei auch diese Schutzpflanzen prächtig gedeihen und auch somit die Ernte bereicherten.

In der Neuzeit, haben sich verschiedene Methoden entwickelt wie chemische Bestandteile, Fallen, Netze etc., welche dagegen eingesetzt werden und einen Erfolg versprechen, wenn auch nur mäßig und nicht immer im Sinne einer ökologischen Struktur, welche sich insbesondere bei dem Einsatz von Pestiziden als Negativ erweisen.

Seit vielen Hunderten von Jahren, wird auch Buchsbaum eingesetzt, um bestimmte Erfolge gegenüber den Schädlingen zu erreichen. Seine optische Eleganz als auch dessen Gestaltungsmöglichkeiten haben diese Pflanze wahrhaftig Hoffähig gemacht.

Der Einsatz in Schlossanlagen und Gärten von Villen wurde der Buchsbaum zu einem dekorativen Element.

Wenn Sie in einer Parkanlage einige Kreationen von Buchsbäumen zum einen als Solitär und zum anderen als Hecke oder Bildgestaltung sehen, wird Ihnen sicherlich auffallen, dass Sie darin vergeblich Maulwurfshügel entdecken werden. Da in derartigen Anlagen insbesondere auf Ästhetik geachtet wurde, wäre dies sicherlich ein entscheidender Makel gewesen und es wären entsprechende Maßnahmen ergriffen worden, um dies zu korrigieren.

Aus meiner langjährigen Erfahrung, habe ich dies in vielen Ländern beobachten können, zumal sich die Böden erheblich voneinander unterscheiden. Auch in Privatgärten wurde ersichtlich, dass bei einer Heckenpflanzung von Buchsbaum oder einer Beeteinfassung mit diesen es zu keinen Maulwurfshügeln gekommen ist und auch keine Aktivitäten von Wühlmäusen zu erkennen waren. Diese Beobachtungen wurden in verschiedenen Regionen und Ländern vorgenommen, was auch durch Gesprächen mit den Landbesitzern, Gärtnern und Landschaftsgestaltern vermittelt wurde.

Es gibt sicherlich immer wieder Stimmen, welche sagen, dies ist ein Zufall oder man hat einfach nur Glück gehabt

Doch können sich so viele Menschen und Kulturen irren?

Dies sollte jeder für sich entscheiden und durch eigene praktische Erfahrungen es herausfinden. Es bleibt wie mit vielen im Leben immer spannend und Lehrreich.

Wie wirkt sich Kompostierung durch Buchsbaum aus?

Buchsbaum ist eine immergrüne Pflanze, die oft in Gärten und Parks zu finden ist, kann einen erheblichen Einfluss auf den Kompostierungsprozess haben. Beim Kompostieren werden organische Materialien wie Gartenabfälle, Küchenreste, Laub und Gras zu wertvollem Humus umgewandelt. Buchsbaum, der häufig in Form von Heckenschnitt oder abgefallenen Blättern im Kompost landet, enthält jedoch bestimmte Eigenschaften, die den Prozess beeinflussen können.

Ein wichtiger Faktor ist der hohe Gehalt an Gerbstoffen im Buchsbaum. Diese chemischen Verbindungen wirken antimikrobiell und können das Wachstum von Mikroorganismen im Kompost hemmen. Da Mikroorganismen jedoch für den Abbau von organischen Materialien verantwortlich sind, kann ein hoher Anteil an Buchsbaum im Kompost zu einer Verlangsamung des Zersetzungsprozesses führen.

Darüber hinaus enthält Buchsbaum auch eine beträchtliche Menge an Lignin, einem strukturellen Bestandteil von Pflanzenzellwänden. Der Abbau von Lignin ist besonders schwer und benötigt längere Zeit und spezielle Bedingungen, um vollständig zersetzt zu werden. Wenn der Kompost hohe Mengen an Buchsbaum enthält, kann dies dazu führen, dass der gesamte Kompostierungsprozess verlangsamt wird.

Es ist wichtig zu beachten, dass Buchsbaum nicht vollständig vermieden werden muss, wenn er in den Kompost gelangt. In geringen Mengen kann er immer noch zur Nährstoffzusammensetzung des Komposts beitragen. Es ist jedoch ratsam, den Buchsbaumanteil im Kompost zu begrenzen und ihn mit anderen organischen Materialien wie Grasschnitt und Pflanzenresten zu mischen, eine Zwischenschicht mit Erde versehen und den Vorgang zu wiederholen, um eine optimale Zersetzung zu gewährleisten.

Insgesamt hat Buchsbaum einen nachweisbaren Einfluss auf die Kompostierung aufgrund seines hohen Gerbstoff und Lignin Gehalts. Eine übermäßige Menge an Buchsbaum im Kompost kann den Abbau von organischen Materialien verlangsamen. Daher ist es wichtig, den Buchsbaumanteil im Kompost zu kontrollieren und eine ausgewogene Mischung verschiedener Materialien zu verwenden und dies in Form von Schichtungen vorzunehmen, um somit einen effizienten und qualitativ hochwertigen Humus herzustellen.

Vorteile als auch Nachteile bei der Buchsbaumkompostierung

Die Kompostierung von Buchsbaumabfällen bringt sowohl Vorteile als auch Nachteile mit sich. Buchsbaumabfälle können eine wertvolle Ressource für die Kompostierung sein, da sie organische Materialien enthalten und somit den Nährstoffgehalt des Komposts erhöhen können.

Durch die Zersetzung der Buchsbaumabfälle im Kompost entsteht humusreiche Erde, die sich hervorragend als natürlicher Dünger für Pflanzen eignet. Dies kann zu einer verbesserten Bodenstruktur und Fruchtbarkeit führen.

Ein weiterer Vorteil der Kompostierung von Buchsbaumabfällen ist die Reduzierung von Abfall, anstatt diese zu entsorgen, können diese sinnvoll wiederverwendet werden. Dies ist nicht nur umweltfreundlich und kostengünstig und es verringert auch die Treibhausgasentwicklung, was zu einer gesunden Umwelt beiträgt. Jedoch gibt es auch einige Nachteile bei der Kompostierung von Buchsbaumabfällen. Da der Buchsbaum anfällig für verschiedene Krankheiten und Schädlinge wie den Buchsbaumzünsler ist. Wenn infizierte oder befallene Pflanzen in den Kompost gelangen, besteht die Gefahr, dass sich diese Krankheiten und Schädlinge im gesamten Kompost verbreiten und andere Pflanzen infizieren. Daher ist es wichtig, nur gesunde Buchsbaumabfälle für die Kompostierung zu verwenden und infizierte oder befallene Pflanzen anderweitig zu entsorgen. Ein weiterer Nachteil ist die langsame Zersetzung von Buchsbaumabfällen, da dies ein hartes und dichtes Holz ist, welches längere Zeit benötigt, um zu verrotten als andere Pflanzenabfälle. Dies kann die Kompostierungszeit verlängern und den Prozess insgesamt verlangsamen.
Zusammenfassend bietet die Kompostierung von Buchsbaumabfällen Vorteile wie die Bereitstellung von nährstoffreicher Erde und die Reduzierung von Abfall. Jedoch besteht auch das Risiko der Ausbreitung von Krankheiten und Schädlingen, sowie die langsame Zersetzung des Materials. Um diese Nachteile zu minimieren, ist es wichtig, gesunde Buchsbaumabfälle zu verwenden und den Kompost regelmäßig zu überprüfen und zu wenden, um somit eine optimale Zersetzung zu gewährleisten. Auch sollte bei der Einbringung von Buchsbaumabfällen entsprechende Zuschlagsstoffe verwendet werden, damit der Verrottungsprozess beschleunigt wird und somit ein Qualitativ hoher Humus entsteht

Ruß als Zuschlagstoff für die Kompostierung

In diesem Kapitel, möchte ich mich gesondert zu der Thematik von Ruß im Kompost, dessen Wirkung und dessen Anwendung zuwenden. Da dies eines Umfangreiches und stark diskutierter Aspekt im Gartenbereich und des Landschaftsbaus darstellt, möchte ich dies in Kürze etwas näher veranschaulichen. Auch soll dabei insbesondere auf dem Umgang mit Ruß und die Wirkung auf dem Menschen hervorgehoben werden und was es dabei zu beachten gilt.

Die Zugabe von Ruß bei der Kompostierung ist ein umstrittenes Thema, da es sowohl positive als auch negative Auswirkungen auf den Kompostierungsprozess haben kann.

Grundsätzlich wird Ruß als Kohlenstoffquelle für die Mikroorganismen im Kompost betrachtet, was zu einer schnelleren Zersetzung von organischen Materialien führen kann.

Allerdings kann eine übermäßige Zugabe von Ruß auch zu einer Erhöhung des pH-Werts im Kompost führen, was wiederum das Wachstum bestimmter Bakterien hemmen kann.

Ein weiterer Faktor, der berücksichtigt werden muss, ist die Art des Rußes, der hinzugefügt wird. Industrieruß, der aus der Verbrennung von fossilen Brennstoffen stammt, enthält oft Schwermetalle und andere schädliche Substanzen, die den Kompost negativ beeinflussen können. Auf der anderen Seite kann Holzkohle – Ruß eine positive Wirkung auf dem Kompost haben, da er reich an Kohlenstoff und Nährstoffen ist und das Bodenleben fördert.

Was jedoch ist eigentlich Ruß?

Es ist ein Abfallprodukt, welches bei der Verbrennung von organischen Materialien wie Holz, Kohle oder Öl entsteht. Es ist bekannt für seine dunkle Farbe und wird oft als schmutzig und unbrauchbar angesehen.

484

Allerdings kann Ruß tatsächlich eine nützliche Komponente für die Kompostierung darstellen.

Wenn Ruß in den Boden eingearbeitet wird, kann er dazu beitragen, die Bodenstruktur zu verbessern, indem er die Bodenpartikel zusammenhält. Darüber hinaus enthält Ruß auch Kohlenstoff, der ein wichtiger Bestandteil von Kompost ist. Kohlenstoffreiche Materialien wie Laub, Stroh und Papier sind notwendig, um den Stickstoff im Kompost auszugleichen und einen optimalen Nährstoffgehalt zu erreichen.

Es ist jedoch wichtig zu beachten, dass nicht alle Arten von Ruß für die Kompostierung geeignet sind. Ruß von verarbeitenden Holz oder anderen behandelten Materialien sollten vermieden werden, da er möglicherweise schädliche Chemikalien enthält. Auch Ruß von der Verbrennung von Kunststoffen oder anderen synthetischen Materialien sollten nicht verwendet werden.

Um sicherzustellen, dass der Ruß sicher für die Kompostierung ist, sollte dieser auf Schadstoffe getestet werden. Wenn der Ruß als sicher befunden wird, kann er in kleinen Mengen den Kompost hinzugefügt werden. Es ist jedoch wichtig, den Ruß gleichmäßig unter den anderen Kompostmaterialien zu verteilen und nicht zu viel auf einmal eingebracht wird, auf diesen Punkt komme ich noch gesondert zu sprechen.

Der Ruß besteht aus organischen Materialien und lagert sich in den Verbrennungsöfen und deren Abgasanlagen und den Schornsteinen als Feinstaub ab, welcher eine hohe Kohlenstoffkonzentration aufweist. Dieser hohe Kohlenstoffgehalt fördert die Aktivität, die Mikroorganismen im Komposthaufen, was zu einer beschleunigten Zersetzung der organischen Substanzen führt. Dadurch wird der gesamte Kompostierungsprozess verkürzt und es entsteht schneller hochwertiger, nährstoffreicher Humus.

Jedoch ist bei dem Einsatz von Ruß im bestehenden Kompostierungsprozess darauf zu achten, dass die vorhandenen Strukturen nicht gestört oder zerstört werden, sondern diesen Prozess dienlich sind und eine wertvolle Beigabe für die Mikroorganismen darstellen.

Viele Menschen fragen sich jedoch, ob sie Ruß ihrem Kompost hinzufügen sollten und wenn ja, wie viel davon förderlich sind. Ruß enthält Kohlenstoff und kann daher dazu beitragen, den Kohlenstoffgehalt im Kompost zu erhöhen. Dies kann dazu führen, dass der Kompost schneller verrottet und mehr Nährstoffe freisetzt. Allerdings sollte man beim Hinzufügen von Ruß vorsichtig sein, da zu viel Ruß den pH-Wert des Komposts beeinflussen kann und diesen sauer macht. Es sollte ein Verhältnis von einem Teil Ruß auf zehn Teile anderer Materialien (1:10) empfohlen, um sicherzustellen, dass der pH-Wert des Komposts stabil bleibt und keine negativen Auswirkungen auf das Wachstum von Pflanzen hat.

Vorteile und Nachteile von Ruß:

Die Zugabe von Ruß bei der Kompostierung ist wie bereits erwähnt ein umstrittenes Thema, da einige Gärtner und Landwirte darauf schwören, während es andere jedoch ablehnen.

Es besteht hier ein großer Zwiespalt, welcher jedoch bei näherer Betrachtung einen positiven objektiven als auch einen produktiven Charakter ersichtlich macht.

Der Hauptvorteil von Ruß ist, dass er reich an Kohlenstoff ist, was dazu beitragen kann, den Stickstoffgehalt im Kompost auszugleichen. Dies ist wichtig, da Stickstoff für das Wachstum von Pflanzen unerlässlich ist. Darüber hinaus kann Ruß auch dazu beitragen, den pH-Wert des Komposts zu senken, was für bestimmte Pflanzenarten von Vorteil sein kann.

Ein weiterer Vorteil von Ruß ist seine Fähigkeit, entstehende oder bestehende Gerüche zu neutralisieren. Durch die Zugabe von Ruß zum Kompost wird somit unangenehmer Geruch reduziert und der gesamte Prozess angenehmer gestaltet.

Der Ruß ist für die Kompostierung umweltfreundlich und als Nachhaltig zu betrachten. Er besteht aus natürlichen Materialien und ist frei von schädlichen Chemikalien, wo er dadurch bedenkenlos für die Kompostierung von Gartenabfällen oder anderen organischen Abfällen verwendet werden kann.

Dank seiner feinen Konsistenz lässt sich der Ruß problemlos in den Kompost einarbeiten. Er kann einfach auf den bereits vorhandenen Komposthaufen gestreut und eingepflegt werden. Durch seine schnelle Zersetzungsfähigkeit wird er schnell von Mikroorganismen abgebaut und sorgt für einen effizienten Abbau aller organischen Abfälle.

Es gibt jedoch auch Nachteile bei der Zugabe von Ruß. Zum einen kann es die Luftzirkulation im Komposthaufen beeinträchtigen und somit den Abbauprozess verlangsamen.

Außerdem können einige Arten von Ruß einige Schwermetalle enthalten, die für Pflanzen schädlich sein können. Es ist daher wichtig sicherzustellen, dass der Ruß frei von Schadstoffen ist, bevor er dem Kompost hinzugefügt wird.

Insgesamt kann die Zugabe von Ruß bei der Kompostierung sowohl Vorteile als auch Nachteile haben. Bei der richtigen Anwendung und der Einhaltung des Mischungsverhältnisses jedoch werden die Vorteile überwiegen und sich somit positiv auf dem gesamten Kompostierungsprozess auswirken. Der Kompost wird schneller reifen und die Qualität des Endproduktes wird sich somit wesentlich verbessern. Eine moderate Zugabe ist jedoch dabei unerlässlich und sollte in verschiedenen Schichten des Komposts erfolgen. Es hängt letztlich davon ab, welche Art von Ruß verwendet wird und dieser in den Kompost eingebracht wird. Wenn Sie sich entscheiden, Ruß zu verwenden, sollten Sie sicherstellen. Dass er frei von Schadstoffen ist, diesen sparsam einsetzen, um somit einer Überdosierung entgegenzuwirken.

Ruß und gesundheitliche Aspekte bei dessen Umgang:

Bei dem Umgang mit Ruß sind einige gesundheitliche Gesichtspunkte zu beachten, damit auch der Mensch durch die Anwendung für die Kompostierung keine Schäden erleidet. Allerdings kann der Umgang mit Ruß bei der Kompostierung auch gesundheitliche Risiken mit sich bringen. Ruß enthält eine Vielzahl von Schadstoffen wie Kohlenmonoxid, Stickoxide und Feinstaubpartikel, die bei der Einatmung zu Atemwegsproblemen, allergische Reaktionen und sogar Krebs führen können. Besonders gefährdet sind Menschen mit Asthma oder anderen Atemwegserkrankungen sowie Kinder und ältere Menschen.

Wie wirken sich Rußpartikel auf den menschlichen Organismus aus?
Rußpartikel können in die Lunge gelangen und dort Entzündungen hervorrufen. Langfristig kann dies zu Atemwegserkrankungen wie Asthma oder Chronischer Bronchitis führen. Zudem besteht ein erhöhtes Risiko für Herz – Kreislauf – Erkrankungen, da Rußpartikel auch ins Blut übergehen können. Eine Atemschutzmaske ist von außerordentlicher Wichtigkeit, denn der eingeatmete Feinstaub kann unter anderem Lungenkrebs begünstigen. Daher ist es wichtig, beim Umgang mit rußhaltigen Materialien immer Schutzmaßnahmen zu ergreifen und auf eine möglichst geringe Belastung der Umwelt durch den Eintrag von Rußeinheiten zu achten. Nur so kann man einen Beitrag zum Erhalt unserer Gesundheit und unseres Ökosystems leisten.

Können Rußpartikel auch über die Haut aufgenommen werden?

Die Antwort darauf lautet Nein, Rußpartikel können nicht über die Haut aufgenommen werden. Sie gelangen ausschließlich durch Einatmen in den Körper und können dort ihre schädliche Wirkung entfalten. Es ist daher besonders wichtig, bei Tätigkeiten wie dem Reinigen von Kaminschornsteinen oder dem Umgang mit rußhaltigen Materialien eine Schutzmaske zu tragen und für ausreichend Belüftung zu sorgen. Es lässt sich also sagen, dass der richtige Umgang mit Ruß maßgeblich dazu beiträgt, dass unsere Gesundheit geschützt wird und trägt zur Erhaltung der Umwelt bei. Durch bewusstes Handeln kann jeder einzelne dazu beitragen, die Belastung durch Rußeinträge so gering wie möglich zu halten und somit einen wertvollen Beitrag zum Schutz unseres Ökosystems leistet.

Um das Risiko zu minimieren, sollten beim Umgang mit Ruß bei der Kompostierung bestimmte Vorsichtsmaßnahmen getroffen werden. Zunächst sollte der Kontakt mit Ruß so weit wie möglich vermieden werden. Handschuhe und Atemschutzmasken sollten getragen werden, um Haut – und Atemwegsreizungen zu vermeiden. Außerdem sollte der Komposthaufen an einem gut belüfteten Ort stehen, um die Ausbreitung von Schadstoffen zu minimieren.

Es ist auch wichtig, den Komposthaufen regelmäßig zu wenden, um somit eine gute Durchmischung und Belüftung sicherzustellen und um die Freisetzung von Schadstoffen zu reduzieren.

Insgesamt ist es wichtig, beim Umgang mit Ruß bei der Kompostierung vorsichtig zu sein und alle notwendigen Vorsichtsmaßnahmen zu treffen, indem man sich bewusst ist, welche gesundheitlichen Risiken bestehen und wie man diese minimieren kann. Es ist jedoch sicherzustellen, dass die Kompostierung eine sichere und effektive Methode zur Entsorgung von organischen Abfällen bleibt.

Hier noch einmal die wichtigsten Stichpunkte mit dem Umgang mit Ruß:

– beim Umgang mit rußhaltigen Materialien immer Schutzmaßnahmen ergreifen (Handschuhe, Atemschutzmaske, Brille)

– nur unbehandeltes Brennholz ohne Zusatzstoffe verwenden

– keine Kunststoffteile als Verbrennungsmaterial einsetzen

– Reinigung der Kamine und Schornsteine durchführen lassen

– auf eine möglichst geringe Belastung der Umwelt durch den Eintrag von Rußeinheiten achten

Einsatz von Ruß im Kompost und Beeten!

Wenn Sie sich für den Einsatz von Ruß entscheiden und alle Vorsichtsmaßnahmen wie beschrieben einhalten, werden Sie mit diesem Stoff keinerlei Probleme bei dessen Verarbeitung haben.

Wenn Ruß in den Kompost eingebracht wird, gibt es verschiedene Möglichkeiten dies effektiv zu tun, ohne die Umwelt zu schädigen. Hier ein paar Tipps für eine effektive Einbringung von Ruß in loser als auch gebundener Form.

1-Sie können den Ruß gleichmäßig verteilt auf die Oberfläche des Kompostes verteilen und diesen anschließend mit Wasser begießen, auch die Zugabe von einfacher Erde, welche Ebenfalls gleichmäßig verteilt und angegossen wird ist empfehlenswert.

2-Eine weitere Möglichkeit besteht darin, den Ruß im Verhältnis (1:10) mit Erde zu mischen und dies auf dem Kompost einzubringen, dies mit den bestehenden Materialien vereinen, um somit eine gute Durchmischung zu erzielen. Danach ist eine Bewässerung der Struktur erforderlich. Hier bietet sich wiederum eine Abdeckung mit einfacher Erde an.

3-für eine direkte Einarbeitung in Beete oder an den Baumscheiben empfiehlt sich eine Mischung von ebenfalls Ruß und Erde im Verhältnis von (1:10), als auch noch ein Drittel an Rasenschnitt, welches sorgsam gemischt wird. Diese Mischung ist ideal für Beete und, Baumscheiben und fördert nicht nur die Wurzelbildung auf natürliche Weise, sondern wird auch in einem guten Ernteergebnis sichtbar. Nach der Einbringung in das Erdreich, sollte diese Mischung angemessen gegossen werden, damit sich die Elemente im Boden Gleichmäßig verteilen.

Wirkung von Kompost auf die Nahrungskette

Kompost ist ein wichtiger Bestandteil der Nahrungskette, da er die Grundlage für das Wachstum von Pflanzen bildet. Durch den Abbau organischer Materialien wie Gartenabfälle, Küchenabfälle und Tier Dung entsteht ein nährstoffreicher Bodenverbesserer, welcher das Wachstum von Pflanzen fördert. Im Kompost sind eine Vielzahl von Mikroorganismen enthalten, die dazu beitragen, dass Nährstoffe freigesetzt werden und somit für Pflanzen verfügbar sind. Diese Nährstoffe werden dann von den Pflanzen aufgenommen und dienen als Nahrungsgrundlage für Tiere und Menschen.

Eine direkte Beeinflussung des Komposts auf die Nahrungskette ist somit gegeben. Ohne Kompost würde es weniger Nährstoffe im Boden geben, was zu einem geringeren Pflanzenwachstum führen würde. Dies hätte zur Folge, dass weniger Pflanzen für Tiere und Menschen zur Verfügung stünden. Infolgedessen würden sich auch die Tiere in der Nahrungskette verringern, da sie weniger Nahrung finden würden.

Darüber hinaus hat der Kompost auch indirekte Auswirkungen auf die Nahrungskette. Durch die Verwendung von Kompost anstelle von chemischen Düngemitteln wird die Umwelt geschont und somit die Artenvielfalt erhalten.

Chemische Düngemittel können negative Auswirkungen auf die Umwelt haben, indem sie beispielsweise das Grundwasser verschmutzen oder den Boden versauern. Dies kann wiederum dazu führen, dass bestimmte Pflanzen und Tierarten aussterben oder sich verringern, wo letztlich ein aussterben der Weg Geebnet wird.

Zusammenfassend ist zu sagen, dass der Kompost eine wesentliche Rolle in der Nahrungskette spielt. Er ist ein wichtiger ökologischer Indikator für eine gesunde Lebensweise, welche sich aus den vorangegangenen Aspekten, wie gesundes Pflanzenwachstum, Erhaltung der Artenvielfalt, als auch die Gesundheit von Mensch und Tier widerspiegelt.

Kompost bildet eine wesentliche Grundlage für gesunde Pflanzen, Gemüse und Obst durch seine Eigenschaft als natürliches Düngemittel, welches voll von Leben ist, welche sich den Pflanzen bei dem heranwachsen, eine wertvolle Hilfe darstellen.

Wenn der Kompost in den Boden eingearbeitet wird, verbessert sich die Bodenstruktur und erhöht den Nährstoffgehalt. Somit werden Pflanzen widerstandsfähiger gegen Krankheiten, Läusebefall, als auch dem Schädlingsbefall im Besonderen.

Indem Sie ihren eigenen Kompost herstellen, können Sie auch sicher sein, dass er frei von Chemikalien und Pestiziden ist. Dies ist besonders wichtig, wenn Sie Obst und Gemüse anbauen, da Sie sicherstellen wollen, dass sie frei von schädlichen Rückständen sind.

Verhältnis von Kohlenstoff und Stickstoff
Das Mischungsverhältnis von Kohlenstoff (C) und Stickstoff (N)

Das C / N – Verhältnis im Kompost ist ein wichtiger Faktor für den Erfolg der Kompostierung. Es gibt an, wie viel Kohlenstoff (C) im Verhältnis zu Stickstoff (N) im Kompost vorhanden ist. Ein ausgewogenes Verhältnis von C und N ist wichtig, um eine effektive Zersetzung von organischen Materialien zu gewährleisten und die Bildung von wertvollem Humus zu fördern. Hier sind einige Punkte, die das C / N – Verhältnis im Kompost erklären.

1- das ideale C / N – Verhältnis für den Kompost liegt zwischen 25:1 und 30:1. Um dieses Verhältnis zu erreichen, ist es wichtig, die richtigen Materialien in den Komposthaufen zu geben. Grüne Abfälle wie Gemüsereste und Grünschnitt haben einen hohen Stickstoffgehalt und tragen somit zur Erreichung des idealen C / N – Verhältnisses bei.

Braune Abfälle wie Laub und Holzspäne enthalten dagegen mehr Kohlenstoff.

Es empfiehlt sich daher, eine Mischung aus grünen und braunen Materialien im Verhältnis von etwa 1:2 oder (1: 3) in den Komposthaufen zu geben. Dabei sollte darauf geachtet werden, dass das Material gut durchmischt wird, um eine gleichmäßige Verteilung von Stickstoff und Kohlenstoff im Haufen sicherzustellen.

Auch die Feuchtigkeit spielt bei der Kompostierung eine wesentliche Rolle. Der Kompost sollte immer feucht gehalten werden, jedoch nicht zu nass, damit die Mikroorganismen ihre Arbeit optimal verrichten können.

Mit der richtigen Zusammensetzung der Materialien sowie einer regelmäßigen Pflege kann ein gesunder Kompost hergestellt werden, der als wertvoller Dünger für Pflanzen genutzt werden kann. Zudem trägt man auf diese Weise aktiv zum Umweltschutz bei, indem organische Abfallprodukte sinnvoll recycelt statt entsorgt werden.

2- ein niedriges C / N – Verhältnis bedeutet mehr Stickstoff und weniger Kohlenstoff im Kompost. Dies ist ein wichtiger Faktor, wenn es darum geht, einen Kompost zu produzieren,

Der reich an Nährstoffen und Mikroorganismen ist. Denn je höher das C / N – Verhältnis im Kompost ist, desto länger dauert es in der Regel auch bis dieser fertiggestellt wird.

Ein niedriges Verhältnis kann erreicht werden durch Zugabe von Stickstoff-quellen wie beispielsweise Grünschnitt oder Pflanzenreste mit hohem Stick-stoffgehalt. Aber auch die Art des verwendeten Kohlenstoffs spielt eine wesentliche Rolle dabei. Holzschnitzel haben beispielsweise ein höheres C / N – Verhältnis als Laubblätter.

Wer also einen schnellen und verfügbaren Kompost, als auch einen nähr-stoffreichen Kompost herstellen möchte, sollte auf ein niedriges C / N – Verhältnis achten und entsprechende Materialien verwenden. So lässt sich nicht nur Abfall reduzieren, sondern gleichzeitig noch etwas für den eigenen Garten tun.

3-, wenn das C / N – Verhältnis zu hoch ist, kann es zu einer langsamen Zersetzung und einem sauren pH-Wert führen. Dies kann wiederum das Wachstum von Pflanzen beeinträchtigen und die Bodenqualität verschlech-tern. Es ist daher wichtig, das C / N –Verhältnis im Boden zu überwachen und gegebenenfalls anzupassen.

Eine Möglichkeit, dies zu tun, ist die Zugabe von organischem Material mit einem niedrigen C / N – Verhältnis wie Kompost oder Dünger. Auf diese Weise wird der Kohlenstoffgehalt im Boden erhöht und das Verhältnis aus-geglichen wird.

Es ist jedoch auch wichtig zu beachten, dass ein zu niedriges C / N – Verhältnis ebenfalls negative Auswirkungen haben kann. Ein Überschuss an Stickstoff kann zum Beispiel dazu führen, dass sich schädliche Bakterien vermehren oder unerwünschte Pflanzen wachsen.

Daher sollte bei der Anpassung des C / N – Verhältnis immer darauf geachtet werden, dass eine ausgewogene Mischung aus organischen Materialien einzusetzen und regelmäßig den pH-Wert des Bodens zu überprüfen. Nur so können optimale Bedingungen für gesundes Pflanzenwachstum geschaffen werden.

4-, wenn das C / N – Verhältnis zu niedrig ist, kann es zu einer schnellen Zersetzung und einem Verlust von Stickstoff führen. Es kann dabei dazu kommen, dass die Pflanzen nicht genügend Nährstoffe erhalten und somit schlechter wachsen. Um dies zu vermeiden, ist es erforderlich, das C / N – Verhältnis im Boden auszugleichen.

Eine Möglichkeit hierfür ist die Zugabe von organischen Materialien wie Kompost oder Mulch. Diese enthalten eine Vielzahl von Mikroorganismen und helfen dabei, das Verhältnis zwischen Kohlenstoff und Stickstoff im Boden auszugleichen.

Ein weiterer wichtiger Faktor bei der Erhaltung eines optimalen C / N – Verhältnisses ist eine angemessene Bewässerung. Auch hier gilt das Motto – alles in Maßen.

Zu viel Wasser kann den Abbau organischer Materialien beschleunigen und zu einem niedrigen C / N – Verhältnis führen.

Daher sollten Sie als Gärtner darauf achten, dass ihre Pflanzen regelmäßig aber nicht übermäßig zu bewässern, sowie auf eine gute Drainage des Bodens zu achten.

Insgesamt spielt das C / N – Verhältnis also eine entscheidende Rolle für ein gesundes Wachstum der Pflanzen. Durch gezielte Maßnahmen können Sie als Gärtner dafür sorgen, dass dieses Gleichgewicht im Garten erhalten bleibt.

5-Grüne Materialien wie Gras, Blätter und Gemüsereste haben ein niedriges C / N –Verhältnis und sind reich an Stickstoff. Daher sind sie ideal für die Kompostierung geeignet. Durch den Abbau dieser Materialien entsteht ein nährstoffreicher Dünger, welcher hervorragend als Bodenverbesserungsmittel eingesetzt werden kann.

Im Gegensatz dazu haben braune Materialien wie Stroh, Holzspäne und Zweige ein höheres C / N – Verhältnis und sind reich an Kohlenstoff. Diese Materialien benötigen eine längere Zeit für den Zersetzungsprozess und sollten somit in kleinen Mengen verwendet werden.

Es ist wichtig zu beachten, dass eine ausgewogene Mischung von Grünen und braunen Materialien notwendig ist, um einen effektiven Komposthaufen zu schaffen.

Eine gute Faustregel lautet: Verwenden Sie zwei Teile grünes Material auf einen Teil braunes Material.

Eine weitere Möglichkeit zur Nutzung von Grünmaterialien besteht darin, sie direkt als Mulch im Garten zu verwenden. Das Abdecken des Bodens mit einer Schicht aus Gras oder Blättern hilft dabei Wasser zurückzuhalten und Unkrautwachstum zu unterdrücken.

Dabei gibt es einen wesentlichen und wichtigen Aspekt mit aufzuzeigen in Bezug auf die Tierwelt, welche Gras für den Nestbau verwenden und insbesondere den Vögeln eine gute und leichte Möglichkeit verschafft an Baumaterial zu kommen.

Insgesamt bieten grüne Materialien eine nachhaltige Alternative zur Entsorgung von Bioabfällen durch ihre Fähigkeit zur Kompostierung sowie ihrer vielfältigen Anwendungsmöglichkeiten im Gartenbau.

6- braune Materialien wie Holzspäne, Stroh und Laub haben ein hohes C / N – Verhältnis und sind reich an Kohlenstoff. Dies macht sie zu idealen Materialien für den Komposthaufen. Wenn Sie Ihren eigenen Kompost herstellen, sollten Sie darauf achten, dass die braunen Materialien etwa 2/3 des Gesamtmaterials ausmachen.

Um einen erfolgreichen und nährstoffhaltigen Kompost herzustellen, ist es wichtig, das Verhältnis von Kohlenstoff (C) zu Stickstoff (N) im Auge zu behalten.

Ein C / N – Verhältnis zwischen (25:1) und (30: 1) ist optimal für eine schnelle Zersetzung der organischen Materialien, wie vorab schon erwähnt. Wenn Ihr Kompost hauptsächlich grüne Abfälle wie Gemüseabfälle oder Gras enthält, kann dies dazu führen, dass der C / N-Wert niedriger als gewünscht ist. In diesem Fall können Sie einfach mehr braune Materialien hinzufügen.

Es gibt viele verschiedene Arten von braunen Materialien, welche zur Verfügung stehen wie zum Beispiel die Holzschnitzel oder Sägemehl, die sich ebenso gut eignen wie Stroh oder getrocknete Blätter. Es lohnt sich auch immer wieder Laub in den Kompost beizugeben, da dieses sich sehr gut Kompostieren lässt.

Ein weiterer Vorteil von braunem Material auf dem Kompost besteht darin, dass es Luft in den Kompost bringt und verhindert somit ein Verdichten des Materials, was letztendlich schlechte Bedingungen für Mikroorganismen schafft, welche benötigt werden, um das organische Material zu zersetzen. Wenn Sie den Garten mit reichhaltigem Boden versorgen möchten, sollten Sie nicht vergessen genügend – braunes – Material auf dem Kompost zu geben.

7- eine Mischung aus grünen und braunen Materialien im Verhältnis von (2:1) bis (3: 1) ist ideal für den Kompost.

Doch was genau gehört eigentlich genau auf den Kompost?

Grundsätzlich können alle organischen Materialien wie Obst und Gemüsereste, Kaffeesatz, Eierschalen, Laub und Grasschnitt, wie bereits erwähnt, verwendet werden. Auch Pflanzenreste aus dem Garten sind eine gute Wahl.

Jedoch sollten einige Dinge für die Kompostierung vermieden werden wie Fleisch, Fisch und Milchprodukte gehören nicht in den Komposthaufen. Es werden dadurch Tiere angelockt und verursachen unangenehme Gerüche. Auch kranke Pflanzenteile sollten nicht in den Kompost gelangen, um die Ausbreitung von Krankheiten zu verhindern. Diese können den Pflanzen und deren Erträge im wesentlichen Schaden zufügen und breiten sich somit im Garten aus, was es zu vermeiden gilt.

Um einen erfolgreichen Kompostprozess zu gewährleisten ist es wichtig, dass das Material regelmäßig gelockert wird. Hierfür gibt es spezielle Werkzeuge wie zum Beispiel eine Mistgabel – ideal für den Komposter oder auch Rechen, welcher zum Unterpflügen für Beete oder kleinere Anbauflächen dient.

Nach etwa acht bis zwölf Monaten, sollte der fertige Humus entstanden sein, was man daran erkennt, dass er dunkelbraun bis schwarz ist, sowie krümelig in feiner Struktur vorhanden ist. Dieser kann nun als natürlicher Dünger für Beete oder Kübelpflanzen genutzt werden. Die Verwendung und Erläuterungen für Zimmerpflanzen werden in einen gesonderten Abschnitt behandelt. Mit einem eigenen Komposter lässt sich somit auf einfache Weise den Abfall reduzieren und gewinnt somit wertvollen Humus und dies ganz ohne großen Aufwand.

8- das C / N – Verhältnis kann durch die Zugabe von grünen oder braunen Materialien angepasst werden, um eine ausgewogene Mischung zu erreichen. Grüne Materialien wie Gras, Gemüseabfälle oder Kaffeesatz haben ein hohes Stickstoffverhältnis und sind daher ideal für den Kompostprozess. Braune Materialien wie Laub, Zweige oder Papier, haben daher einen höheren Kohlenstoffgehalt.

Eine ausgewogene Mischung von grünen und braunen Material fördert nicht nur die Zersetzung des organischen Materials im Kompost, sondern auch das Wachstum nützlicher Mikroorganismen. Diese helfen dabei, den Kompostprozess zu beschleunigen und eine reichhaltige Nährstoffquelle für Pflanzen zu schaffen.

Zu viel grünes Material kann dazu führen, dass der Kompost matschig wird und unangenehm riecht. Ein Überschuss an braunem Material verlangsamt dagegen den Zersetzungsprozess. Durch eine regelmäßige Umschichtung von Kompost wird die Luftversorgung verbessert und der Abbau deutlich beschleunigt. So entsteht in kurzer Zeit wunderbarer Humus als Dünger für den Garten.

9- ein regelmäßiges Umschichten des Komposts hilft dabei, das C / N – Verhältnis zu verbessern und eine gleichmäßige Zersetzung zu fördern.
Doch wie oft sollte man einen Kompost umschichten?

Diese Entscheidung hängt von verschiedenen Faktoren ab, wie zum Beispiel der Größe des Komposters und dem vorhandenen Material ab. Generell empfiehlt es sich jedoch, alle drei bis fünf Wochen eine Umschichtung durchzuführen.
Bei der Umschichtung ist auch die richtige Technik dabei wichtig. Der oberste Teil des Komposthaufens wird in die Mitte gegeben, während das untere Material nach oben wandert. So kommt frisches Material in Kontakt mit bereits zersetztem Material und beschleunigt so den Prozess erheblich. Die Umschichtung sollte jedoch nur im obersten drittel erfolgen, um die bestehenden Strukturen der Mikroorganismen und nützlichen Bakterienstämme zu schonen.
Eine regelmäßige Pflege des Komposts lohnt sich auf jedem Fall, dies gilt nicht nur für eine schnelle Zersetzung, sondern auch für einen nährstoffreichen Dünger im Garten.

Fazit:
Um einen effektiven Kompost herzustellen, ist das C / N – Verhältnis von entscheidender Bedeutung. Dabei handelt es sich um das Verhältnis von Kohlenstoff zu Stickstoff, welches für die Zersetzung von organischen Materialien von großer Bedeutung ist.

Damit ein ausgewogenes Verhältnis erreicht werden kann, ist es wichtig, grüne und braune Materialien in der richtigen Mischung zu verwenden und den Kompost regelmäßig umzuschichten.

Nur so kann eine effektive Zersetzung und Bildung von wertvollem Humus gefördert werden. Ein guter Kompost ist nicht nur wichtig für den Garten, sondern auch für die Umwelt. Denn durch die sinnvolle Verwendung von Kompost anstelle von chemischen Düngemitteln, können wir die Umwelt schonen und gleichzeitig unsere Pflanzen gesund und vital halten.

Werte von C / N – Verhältnis von Bäume, Sträucher und Gemüsepflanzen

Bei der Düngung von Bäumen, Sträuchern und Gemüsebeeten ist es wichtig, das richtige Verhältnis von Kohlenstoff (C) und Stickstoff (N) zu beachten. Eine ausgewogene C / N –Bilanz fördert das Wachstum und die Gesundheit der Pflanzen. Ein zu hoher Stickstoffanteil kann jedoch zu übermäßigen Wachstum und einer erhöhten Anfälligkeit für Krankheiten führen, während ein zu hoher Kohlenstoffanteil das Wachstum hemmen kann.

Um eine optimale C / N – Bilanz zu erreichen, sollte man bei der Zugabe von Dünger darauf achten, dass das Verhältnis von Kohlenstoff zu Stickstoff im Bereich von (25:1) bis (30: 1) liegt. Dies bedeutet, dass für jedes Teil Stickstoff etwa 25 bis 30 Teile Kohlenstoff benötigt werden. Bei der Zugabe von organischem Dünger wie Kompost oder Mist sollte man darauf achten, dass dieser bereits eine ausgewogene C / N – Bilanz aufweist. Wenn dies nicht der Fall ist, kann man den Dünger mit zusätzlichem Kohlenstoff in Form von Laub, Stroh oder mit Holzhackschnitzel anreichern.

Für die Düngung von Gemüsebeeten empfiehlt es sich, pro Quadratmeter eine Menge von 100 bis 150 Gramm Stickstoff zuzuführen. Bei Bäumen und Sträuchern hängt die benötigte Menge von der Größe und dem Alter der Pflanzen ab.

Als grobe Richtlinie kann man jedoch sagen, dass pro Jahrzehnt des Bestehens einer Pflanze etwa 100 Gramm Stickstoff pro Quadratmeter der Bodenfläche benötigt wird.

Insgesamt ist es wichtig, bei der Zugabe von C / N auf eine ausgewogene Bilanz zu achten und die richtige Menge an Dünger entsprechend der Bedürfnisse der Pflanzen zu wählen. Eine Überdüngung sollte vermieden werden, da dies zu negativen Auswirkungen auf das Wachstum und die Gesundheit der Pflanzen führen kann.

Bestimmung des PH-Wertes im Kompost

Der pH – Wert des Kompostes ist ein wichtiger Faktor für das Wachstum und der Gesundheit von Pflanzen. Ein optimaler pH – Wert liegt zwischen 6,5 und 7,5.
Um den pH – Wert des Kompostes zu ermitteln, gibt es verschiedene Möglichkeiten, welche auch mit einfachen Mitteln durchgeführt werden können. Eine Möglichkeit dabei ist die Verwendung von pH – Teststreifen. Diese sind in der Regel in Gartencenter oder Baumärkten erhältlich und können einfach in den Kompost gesteckt werden.
Die Farbe des Teststreifens gibt dann Auskunft über den pH – Wert des Kompostes an.

Eine weitere Möglichkeit ist die Verwendung von Haushaltsessig. Hierbei wird eine kleine Menge Essig auf den Kompost gegossen, wenn sich dabei Bläschen bilden, ist der pH – Wert des Kompostes zu hoch und muss gesenkt werden.
Um den pH – Wert zu senken, kann beispielsweise Kalk verwendet werden. Wenn keine Bläschen entstehen, ist der pH – Wert des Kompostes zu niedrig und muss erhöht werden.

Hierfür eignet sich beispielsweise Gartenkalk, Schwefel oder Dolomit Kalk. Eine weitere Möglichkeit den pH – Wert im Kompost zu messen, ist die Verwendung eines pH – Meters, der in den Kompost eingeführt wird und den pH – Wert direkt anzeigt.

Weiterhin besteht die Möglichkeit die Verwendung von Indikatorpapier, das in den Kompost eingetaucht wird und je nach Farbveränderung den pH – Wert anzeigt, dies ist ähnlich wie das Prinzip mit Teststreifen.

Auch eine Bodenanalyse wäre eine Variante, welche im Labor zu einer Analyse gegeben wird und somit Aufschluss über den pH – Wert gibt. Dies ist jedoch eine Methode, welche in der Landwirtschaft und Unternehmen genutzt wird, um für die Bestellflächen in den verschiedensten Bereichen wie auch der Forstwirtschaft, Winzer usw. Genutzt werden.

Dies wird jedoch auch Teilweise von Privatpersonen für Züchtungen von Obst, Gemüse oder auch Gartenpflanzen genutzt.

Es ist wichtig, den pH – Wert des Kompostes regelmäßig zu überprüfen und gegebenenfalls anzupassen, um somit eine optimale Nährstoffversorgung der Pflanzen zu gewährleisten.

Fehler beim Kompostieren

Kompostieren ist eine einfache und umweltfreundliche Möglichkeit, organische Abfälle in guten und nährstoffreichen Dünger umzuwandeln. Doch trotz der Einfachheit des Prozesses werden oft Fehler gemacht, die zu unerwünschten Ergebnissen führen können. Ein häufiger Fehler ist das Hinzufügen von zu viel oder zu wenig Wasser.

Zu wenig Wasser ist leicht zu regulieren, indem man eine entsprechende Menge, je nach Komposter Größe, hinzugibt und somit einen adäquaten Ausgleich schafft. Hat man jedoch zu viel Wasser kann dies ein Problem darstellen, wenn man dies nicht reguliert.
Eine nützliche Methode in diesem Fall, was sich auch gut bewährt hat, dass man entsprechende saugende Materialien einsetzt, welche zum einen den Kompost entfeuchtet und zugleich eine weitere für Mikroorganismen schafft. Eine Möglichkeit wäre Pappe, Papierschnipsel, Zellstoff oder Sägemehl zuzugeben und dies gleichmäßig verteilt als solide Grundlage und dies zum Schluss mit trockener Erde bestreut, dass eine kleine Schicht diese Stoffe bedeckt und nicht verweht werden können.

Hiermit habe ich zwei Fliegen mit einer Klappe geschlagen, zum einen die Feuchtigkeit reguliert und zum anderen den Mikroorganismen wichtige Substanzen für den Zersetzungsprozess gegeben, was sich letztlich in der Qualität des Kompostes erkennen lässt.

Kommen wir nun zurück auf die Fehler, welche beim Kompostieren entstehen können. Wenn der Kompost zu trocken ist, wird er nicht richtig abgebaut und es entsteht kein nährstoffreicher Dünger. Wenn er jedoch zu feucht ist, können sich unerwünschte Bakterien und Pilze bilden. Ein weiterer Fehler ist das Hinzufügen von nicht – kompostierbaren Material wie Plastik oder Metall. Diese Materialien können den Kompostprozess stören und sogar schädlich für die Umwelt sein und schädliche Chemikalien freisetzen. Auch das Hinzufügen von zu viel Fleisch, Fett oder Milchprodukten kann dazu führen, dass der Kompost schlecht riecht und unangenehme Gerüche verbreitet. Ein Hinzufügen von zu viel oder zu wenig Stickstoff oder Kohlenstoff kann den Kompostprozess beeinträchtigen. Zu viel Stickstoff kann dazu führen, dass der Kompost zu schnell verrottet und unbrauchbar wird, während zu wenig Stickstoff dazu führen kann, dass der Kompost nicht richtig verarbeitet wird. Es ist wichtig, diese Fehler zu vermeiden, um einen gesunden und nährstoffreichen Kompost herzustellen, um diesen den Pflanzen beizugeben und diesen in den Boden zu integrieren. Um diese Fehler zu vermeiden, ist es wichtig, sich an bestimmte Regeln zu halten. Zum Beispiel sollte der Komposthaufen regelmäßig gewässert werden, um eine gleichmäßige Feuchtigkeit zu gewährleisten. Es ist auch ratsam, nur kompostierbare Materialien wie Obst, Gemüseabfälle, Kaffeesatz und Eierschalen hinzuzufügen. Durch das Vermeiden von Fleisch, Fett und Milchprodukten wird unangenehmer Geruch vermieden und der Kompostprozess kann reibungslos ablaufen. Wenn man sich an diese einfachen Regeln hält, kann man einen erfolgreichen und umweltfreundlichen Komposthaufen aufbauen.

Kompost für Zimmerpflanzen
Nutzung von Kompost für Zimmerpflanzen

Kompost ist eine großartige Möglichkeit, um Zimmerpflanzen zu düngen und ihnen die Nährstoffe zu geben, die sie benötigen. Das Gold des Gartens, den Kompost und seine unübertroffenen Eigenschaften für Pflanzen, macht diesen so wertvoll.

Es stellt auch gleichzeitig eine umweltfreundliche Methode dar, um organischen Abfall zu reduzieren und den Boden zu verbessern. Bei der Kompostierung werden organische Materialien wie Obst – und Gemüseabfälle, Kaffeesatz, Eierschalen und Gartenabfälle in einen Haufen – Komposter – gelegt und durch Mikroorganismen abgebaut. Der resultierende Kompost ist somit reich an Nährstoffen und kann somit als Dünger für Zimmerpflanzen verwendet werden.

Bei der Verwendung von Kompost für Zimmerpflanzen gibt es jedoch ein paar Dinge zu beachten. Zunächst sollte der Kompost vollständig abgebaut sein, bevor er auf die Pflanzen aufgetragen wird. Unvollständig abgebauter Kompost kann Pilze und Bakterien enthalten, die schädlich für die Pflanzen sein können.

Zweitens sollte der Kompost nicht zu nass sein, da dies dazu führen kann, dass die Wurzeln der Pflanzen faulen. Um diesen entgegenzuwirken ist es am besten, den Kompost vor dem Gebrauch gut auszutrocknen oder ihn mit Sand oder Perlit zu mischen, um eine gute Drainage zu gewährleisten.

Schließlich sollte der Kompost nicht direkt auf die Blätter oder Stängel der Pflanzen aufgetragen werden, da dies Schimmelbildung fördern kann. Stattdessen sollte er vorsichtig um die Basis der Pflanze verteilt werden.

Insgesamt ist die Nutzung von Kompost für Zimmerpflanzen eine hervorragende Möglichkeit, um diese zu Düngen und ihnen die Nährstoffe zu geben, die sie benötigen.

Indem man einige einfache Schritte befolgt, kann man sicherstellen, dass der Kompost richtig verwendet wird und die Pflanzen gesund und glücklich bleiben, was diese wiederum mit einer reichhaltigen Blüte dankt.

Mischungsverhältnis für Zimmerpflanzen

Da der Kompost verschiedene Komponenten zu dessen Entstehung beinhaltet organische Materialien wie Blätter, Gras, Gehölze in Form von Holzschnitzel, Gemüsereste, Kaffeesatz, die reich an Stickstoff, Phosphor und Kalium sind. Diese Nährstoffe sind wichtig für das Wachstum von Pflanzen und fördern die Entwicklung von Blättern, Stängel und Wurzeln.

Das Mischungsverhältnis von Kompost und Erde hängt von der Art der Pflanze ab. Für Zimmerpflanzen sollte das Verhältnis von Kompost zu Erde bei etwa (1:3) liegen. Dies bedeutet, dass Sie einen Teil Kompost mit drei Teilen Erde mischen sollten. Wenn Sie jedoch eine besonders nährstoffreiche Mischung wünschen, können Sie das Verhältnis auf (1:2) erhöhen.

Es gibt verschiedene Arten von Kompost, die Sie verwenden können. Der am häufigsten verwendete ist der Gartenkompost, der aus organischen Materialien wie Gras- und Blätterabfällen hergestellt wird. Sie können auch Kompost aus Küchenabfällen oder Wurmkompost verwenden. Wurmkompost ist besonders nährstoffreich und enthält eine hohe Konzentration von Stickstoff und Phosphor.

Wenn Sie Kompost in Ihre Zimmerpflanzenmischung einarbeiten, sollten Sie darauf achten, dass er gut durchmischt ist und keine großen Klumpen enthält. Verwenden Sie auch nur frischen Kompost, der mindestens sechs Monate alt ist, je älter, umso besser was den Reifegrad und die Qualität stark beeinflusst.

Frischer Kompost kann zu heiß sein und somit die Wurzeln Ihrer Pflanzen schädigen und im schlimmsten Fall diese vernichten kann.

Insgesamt ist Kompost eine großartige Möglichkeit, um Zimmerpflanzen zu pflegen und ihnen die Nährstoffe zu geben, die sie benötigen. Wenn Sie das richtige Mischungsverhältnis von Kompost und Erde verwenden und darauf achten, dass der Kompost gut durchgemischt ist, können Sie sicher sein, dass Ihre Pflanzen gesund, glücklich sind und Freude bereiten.

Zimmerpflanzen

Ein großer Vorteil von Kompost ist, dass er den Boden auf natürliche Weise verbessert. Er erhöht den Gehalt an organischen Material im Boden und verbessert dessen Struktur erheblich, was dazu führt, dass der Boden besser Wasser aufnehmen und speichern kann. Dadurch wird auch die Belüftung des Bodens verbessert, was wiederum das Wachstum der Wurzeln fördert. Darüber hinaus enthält Kompost viele wichtige Nährstoffe wie Stickstoff, Phosphor und Kalium sowie Spurenelemente wie Eisen, Zink und Mangan. Diese Nährstoffe sind für das Wachstum von Zimmerpflanzen unerlässlich. Ein weiterer Vorteil von Kompost ist, dass er dazu beitragen kann, Krankheiten und Schädlinge abzuwehren. Die Mikroorganismen im Kompost können helfen, schädliche Bakterien und Pilze im Boden zu bekämpfen. Außerdem zieht Kompost nützliche Insekten wie Regenwürmer an, die den Boden belüften und ihn gesund halten. Es gibt jedoch auch Nachteile von Kompost. Wenn er nicht richtig hergestellt oder angewendet wird, kann er Krankheiten und Schädlinge in den Boden einführen. Außerdem kann Kompost unangenehm riechen, wenn er nicht richtig gelagert oder belüftet wird.

Insgesamt ist die Verwendung von Kompost für Zimmerpflanzen eine ausgezeichnete Möglichkeit darstellt, diese optimal mit erforderlichen Nährstoffen zu versorgen und somit diese fachgerecht zu pflegen, was durch den Nährstoffreichtum und der Mikroorganismen ermöglicht wird. Obwohl es einige Nachteile gibt, können diese vermieden werden, indem man sicherstellt, dass der Kompost richtig hergestellt und angewendet wird.

Wenn Sie also Ihre Zimmerpflanzen auf natürliche Weise pflegen möchten, ist Kompost definitiv eine gute Wahl.

Tiere und dessen Ausbreitung bei Zimmerpflanzen

Kompost ist ein hervorragender Dünger für Zimmerpflanzen, da er reich an Nährstoffen und Mikroorganismen ist. Allerdings besteht bei der Verwendung von Kompost in Zimmerpflanzen die Gefahr, dass sich unerwünschte Tiere wie Schädlinge oder Insekten in der Wohnung ausbreiten können. Um dies zu verhindern, gibt es einige einfache Maßnahmen, welche man ergreifen kann.

Zunächst sollte man sicherstellen, dass der Kompost vollständig durchgegoren ist, bevor man ihn auf die Zimmerpflanzen aufträgt. Dies bedeutet, dass er lange genug gelagert wurde, um alle organischen Materialien abzubauen und zu einer stabilen Substanz zu werden. Dadurch wird das Risiko minimiert, dass sich unerwünschte Tiere im Kompost befinden.

Ein weiterer wichtiger Faktor ist die Hygiene. Man sollte darauf achten, dass man saubere Werkzeuge verwendet und den Kompost nicht mit anderen Materialien wie Lebensmittelresten oder Tierexkrementen vermischt. Wenn man den Kompost selbst herstellt, sollte man ihn regelmäßig umdrehen und diesen feucht halten, um eine optimale Zersetzung zu gewährleisten.

Wenn man dennoch bemerkt, dass sich unerwünschte Tiere in der Wohnung ausbreiten, gibt es verschiedene Möglichkeiten, dem entgegenzuwirken. Eine Variante ist die Verwendung von natürlichen Schädlingsbekämpfungsmitteln wie Neemöl oder Essig in gelöster verdünnter Form, um diese zu bekämpfen.

Diese können auf die betroffene Pflanzen aufgetragen werden, um Schädlinge abzuwehren. Eine andere Möglichkeit ist die Verwendung von Klebefallen oder ein Abspülen mit warmen Wasser und den besprühen von Seifenwasser, was jedoch Mäßig erfolgen sollte, was jedoch einen hohen Wirkungsgrad erzielt.

Insgesamt gibt es also einige einfache Maßnahmen, die man ergreifen kann, um das Risiko der Ausbreitung unerwünschter Tiere beim Verwenden von Kompost in Zimmerpflanzen zu minimieren. Mit ein wenig Hygiene und Vorsicht kann man sicherstellen, dass die Zimmerpflanzen gesund bleiben und die Wohnung frei von Schädlingen bleibt.

Allergien und Allergikern

Die Anwendung von Kompost für Zimmerpflanzen ist nicht nur eine effektive Methode die Pflanzen zu Pflegen und ihnen Gesundung auf lange Sicht zu geben, sondern es gibt auch gewisse Begleiterscheinungen, die man kennen sollt.

Wichtig zu wissen ist es, dass die Verwendung von Kompost auch zu Allergien führen kann. Dies kann besonders für Menschen mit Allergien problematisch sein, da es Symptome wie Niesen, Juckreiz und Atembeschwerden auslösen kann.
Es gibt jedoch Möglichkeiten, um dem entgegenzuwirken. Eine Variante ist es, den Kompost vor der Verwendung gründlich zu sieben und sicherzustellen, dass keine großen Stücke oder Klumpen darin enthalten sind. Eine andere Methode ist es, auf alternative Düngemittel wie organischen Flüssigdünger oder mineralischen Dünger zurückzugreifen.
Weiterhin ist es wichtig darauf zu achten, welche Art von Kompost verwendet wird. Einige Kompostarten können mehr allergene Stoffe enthalten als andere.
Wenn Sie also anfällig für Allergien sind, sollten Sie sich für einen Kompost entscheiden, der weniger allergene Stoffe enthält.
Im Kompost können sich jedoch einige allergene Stoffe befinden und bei Menschen mit Allergien oder Asthma einige Probleme verursachen können. Dazu gehören zum Beispiel Pollen von Gräsern, Bäumen und Blumen, Schimmelsporen, Milben und Tierhaare.

Diese Allergene können durch das Einbringen von Gartenabfällen wie Gras – und Laubabfällen oder durch das Hinzufügen von tierischen Produkten wie Eierschalen oder auch Knochen in den Kompost gelangen.

Hierbei ist es wichtig zu beachten, dass nicht alle Menschen auf dieselben Allergene reagieren. Einige Menschen können empfindlich auf bestimmte Arten von Pollen reagieren, während andere auf Schimmelsporen allergisch sind. Die Palette an Allergene ist sehr vielfältig und muss von Fall zu Fall neu betrachtet und bewertet werden.

Es ist daher ratsam, den Kompostbereich so weit wie möglich vom Wohnbereich entfernt zu halten und bei der Arbeit im Garten geeignete Handschuhe und eine Atemschutzmaske zu tragen.

Um das Risiko von allergischen Reaktionen zu minimieren, sollten Sie sicherstellen, dass der Komposthaufen ausreichend belüftet ist und in regelmäßigen Abständen gewendet wird.

Ist die Möglichkeit des Wendens aus persönlichen Gründen nicht möglich oder verursacht diese Methode während des Reifungsprozesses einige Probleme, kann auch dies mit einer anderen Methode ausgeglichen werden.

Ein weiterer Weg ist es, den bestehenden und reifenden Kompost mit Erde aus dem Garten mit einer Schicht zu versehen, hierbei bietet sich verbrauchte Erde besonders gut an, welche durch diese Maßnahme gleichzeitig eine Auffrischung und Anreicherung erhält.

Auch ein befüllen mit Erde aus dem Baumarkt bietet sich hier hervorragend an und es kommt somit gleichzeitig zu einer Aufwertung des Kompostes. Danach sollte man die Erde mit Wasser begießen, um den Kompostprozess zu beschleunigen. Wenn Sie wissen, dass Sie auf bestimmte Allergene empfindlich reagieren, sollten Sie möglicherweise vermeiden, diese Materialien in Ihren Komposthaufen aufzunehmen oder diese in geringerer Menge hinzuzufügen. Kompost ist ein wichtiger Bestandteil des ökologischen Gärtnerns und wird oft als natürlicher Dünger verwendet. Es ist jedoch wichtig zu beachten, dass Kompost auch Allergene enthalten kann, wie bereits erwähnt und dies bei bestimmten Menschen allergische Reaktionen hervorrufen können, welche sich auch durch Hautausschlag zeigen können.

Sollten diese Reaktionen auftreten, ist die Ursache durch einen Facharzt festzustellen, da sich dies auch in anderen Bereichen des Lebens eine Rolle spielen kann.

Die häufigsten Allergien, die durch Kompost ausgelöst werden können, sind Pollen – und Schimmelpilzallergien.

Pollenallergiker sollten besonders vorsichtig sein, da Kompost oft große Mengen an Pollen enthalten kann. Dies liegt daran, dass viele Pflanzenblüten in den Kompost gelangen und Ihre Pollen dort abgeben. Wenn diese Pollen in die Luft gelangen, können diese von Allergikern eingeatmet werden und allergische Reaktionen wie Niesen, laufende Nase, Augenreitzungen (Jucken der Augenlider und der Bindehaut) und auch im Ohrbereich zu kribbeln verursachen.

Die Reaktionen sind sehr unterschiedlich und vom Typ des Menschen abhängig. Hierbei empfiehlt es sich, bei den anstehenden Arbeiten dies vorzubeugen, indem ein geeigneter Mundschutz verwendet wird.

Schimmelpilzallergien treten aufgrund der feuchten Bedingungen auf, die im Kompost herrschen. Diese Arten von Schimmelpilzen gedeihen in feuchter Umgebung und können allergische Reaktionen wie Juckreiz, Hautausschläge und Atembeschwerden verursachen.

Es ist wichtig, dass Allergiker beim Umgang mit Kompost Handschuhe und eine geeignete Atemschutzmaske tragen und sicherstellen, dass sie nicht in direkten Kontakt mit dem Material kommen.

Insgesamt wäre hierbei zu sagen, dass wenn Sie jedoch an Allergien oder Asthma leiden,

Sollten Sie sich bewusst sein, dass bestimmte allergene Stoffe im Kompost vorhanden sein können und Vorsichtsmaßnahmen zu treffen (Handschuhe, Atemschutzmaske), um allergische Reaktionen zu minimieren.

Wenn Allergiesymptome auftreten, sollten Sie umgehend einen Arzt aufsuchen, um eine angemessene Behandlung zu erhalten.

Temperaturverhältnisse im Kompost

Die Temperatur spielt eine entscheidende Rolle bei der Kompostierung von organischen Abfällen. Eine ausreichend hohe Temperatur ist notwendig, um die Zersetzung der Materialien zu beschleunigen und den Abbau von schwer abbaubaren Stoffen zu fördern.

Die optimale Temperatur für den Kompost liegt zwischen 55 und 65 Grad Celsius. Bei dieser Temperatur vermehren sich die Mikroorganismen im Kompost und zersetzen das Material schneller. Eine zu niedrige Temperatur hingegen führt zu einer langsamen Zersetzung und kann dazu führen, dass der Kompost nicht vollständig abgebaut wird.

Die Temperatur im Kompost wird durch verschiedene Faktoren beeinflusst, wie zum Beispiel die Art und Menge des Materials, welches in den Kompost verbracht wird, sowie die Belüftung und Feuchtigkeit des Komposts. In der folgenden Aufstellung sind die Auswirkungen der unterschiedlichen Temperaturen auf den Kompost dargestellt, auf denen ich noch näher eingehen werde, um die Wichtigkeit dessen darzustellen.

Temperaturen und deren Auswirkungen

0 – 10 Grad Celsius – keine Aktivitäten der Mikroorganismen
10 – 20 Grad Celsius – Beginn und langsame Zersetzung
20 – 40 Grad Celsius– die Aktivität der Mikroorganismen nehmen zu
40 – 55 Grad Celsius – höchste Aktivität von Mikroorganismen
55 – 65 Grad Celsius – der optimale Bereich für eine Kompostierung
Über 65 Grad Celsius– Beginn des Absterbens der Mikroorganismen

Es ist daher wichtig, die Temperatur im Kompost regelmäßig zu überprüfen, um sicherzustellen, dass sie im optimalen Bereich liegt. Eine zu hohe Temperatur kann dazu führen, dass die Mikroorganismen absterben und der Kompost nicht vollständig abgebaut wird. Eine zu niedrige Temperatur hingegen führt zu einer langsamen Zersetzung und kann dazu führen, dass sich unerwünschte Schädlinge im Kompost ansiedeln.

Durch eine regelmäßige Überprüfung der Temperatur und gezielte Maßnahmen wie Belüftung und Feuchtigkeitsregulierung kann eine erfolgreiche Kompostierung gewährleistet werden.

Kompostieren ist eine großartige Möglichkeit, organische Abfälle in nützlichen Dünger umzuwandeln. Doch um den Kompostprozess effektiv zu gestalten, ist es wichtig, die optimale Temperatur zu kennen. Diese ideale Temperatur für das Kompostieren liegt zwischen 55 und 65 Grad Celsius. Bei dieser Temperatur vermehren sich Mikroorganismen wie Bakterien und Pilze schnell und zersetzen das organische Material effektiv.

Eine zu niedrige Temperatur kann dazu führen, dass der Kompostprozess stagniert und sich somit unerwünschte Bakterien und Salmonellen bilden können. Eine zu hohe Temperatur kann dazu führen, dass die Mikroorganismen absterben und der Kompostprozess zum Stillstand kommt.

Die Temperatur hat auch Auswirkungen auf die Qualität des fertigen Komposts. Wenn die optimale Temperatur eingehalten wird, werden Unkrautsamen und Krankheitserreger,
Im Material abgetötet und der fertige Kompost ist frei von Schadstoffen.
Insgesamt ist die optimale Temperatur beim Kompostieren ein wichtiger Faktor für einen erfolgreichen, gesunden und qualitativ hochwertigen Kompostprozess. Durch eine regelmäßige Überwachung und Anpassung der Bedingungen können Sie sicherstellen, dass Ihr Kompost schnell und effektiv produziert wird und frei von Schadstoffen ist.

Temperaturbereich von -10 – 0 Grad

Die Temperatur spielt eine ausschlaggebende Bedeutung für den Kompostier Prozess, da sie den Abbau der organischen Materialien beeinflusst. **Aber was passiert eigentlich bei einer Komposttemperatur von -10 bis 0 Grad Celsius?**

Bei diesen Temperaturen wird die Aktivität der Mikroorganismen stark reduziert. Da bedeutet, dass der Abbau der organischen Materialien deutlich langsamer verläuft als bei höheren Temperaturen. Der Kompost wird also nicht so schnell zersetzt und es dauert länger, bis er zu einem fertigen Dünger wird.

Allerdings können einige Mikroorganismen auch bei niedrigen Temperaturen aktiv bleiben und den Abbau von organischen Materialien fortsetzen. Diese Mikroorganismen sind jedoch weniger effektiv als Ihre wärmebedürftigen Verwandten und benötigen mehr Zeit, um den Kompost abzubauen.

Um die Kompostierung bei niedrigen Temperaturen zu fördern, können verschiedene Maßnahmen ergriffen werden. Eine Möglichkeit ist die Zugabe von Wärmebildenden Materialien wie Gras oder Laubabfällen. Auch ein Wenden des Komposts kann dazu beitragen, dass er schneller abgebaut wird.

Insgesamt ist eine niedrige Komposttemperatur nicht optimal für eine schnelle und effektive Kompostierung. Dennoch kann der Prozess auch bei niedrigen Temperaturen fortgesetzt werden, wenn entsprechende Maßnahmen ergriffen werden.

Temperaturbereich von 0 bis 10 Grad

Eine Komposttemperatur von 0 – 10 Grad Celsius ist jedoch zu niedrig, um einen effektiven Kompostierungsprozess zu gewährleisten. In diesem Temperaturbereich sind die meisten Mikroorganismen inaktiv oder arbeiten nur sehr langsam. Dies bedeutet, dass der Zersetzungsprozess verlangsamt wird und es länger dauert, bis der Kompost fertig ist.

Außerdem kann bei niedrigen Temperaturen die Feuchtigkeit im Kompost gefrieren, was den Prozess noch weiter verlangsamt oder sogar stoppt.
Es gibt jedoch einige Ausnahmen von dieser Regel. Einige Mikroorganismen können auch bei niedrigeren Temperaturen arbeiten, wie zum Beispiel Pilze und Hefen. Diese sind jedoch nicht so effektiv wie Bakterien und andere Mikroorganismen, welche bei höheren Temperaturen arbeiten.

Insgesamt ist eine Komposttemperatur von 0 – 10 Grad Celsius nicht optimal für einen effektiven Kompostier Prozess. Es ist wichtig, den Kompost auf eine Temperatur von mindestens 15 Grad Celsius zu bringen, um eine schnelle und effektive Zersetzung zu gewährleisten. Dazu kann man den Kompost abdecken oder in einen geschlossenen Behälter aufbewahren, um die Wärme zu speichern. Auch das Hinzufügen von Stickstoffreichen Material wie Grünschnitt kann den Prozess beschleunigen.

Temperaturbereich von 15 bis 20 Grad

Da die Kompostierung einen natürlichen Prozess darstellt, bei der organische Materialien wie Gartenabfälle, Küchenabfälle und Tier Dung unter bestimmten Bedingungen abgebaut werden. Eine Komposttemperatur von 15 – 20 Grad Celsius ist ideal für den Beginn des Abbaus von organischen Materials.
In diesem Temperaturbereich beginnen Mikroorganismen wie Bakterien und Pilze, die im Kompost leben aktiv zu werden. Sie zersetzen das organische Material und wandeln es in nährstoffreichen Humus um. Die höhere Temperatur beschleunigt diesen Prozess und sorgt dafür, dass der Kompost schneller reift.
Eine Komposttemperatur von 15 – 20 Grad Celsius ist auch wichtig, um unerwünschte Organismen wie Unkrautsamen und Krankheitserreger abzutöten. Bei höheren Temperaturen können diese Organismen nicht überleben und werden somit abgetötet.

Es ist jedoch wichtig zu beachten, dass die Temperatur im Komposthaufen nicht konstant bleibt. Sie kann je nach Wetterbedingungen und der Menge an organischem Material schwanken.

Insgesamt ist eine Komposttemperatur von 15 – 20 Grad Celsius ein wichtiger Faktor für eine erfolgreiche Kompostierung. Sie beschleunigt die Zersetzung von organischem Material und tötet unerwünschte Organismen ab.

Temperaturbereich von 20 bis 35 Grad:

Bei einer Komposttemperatur von 20 – 35 Grad Celsius beginnen die Mikroorganismen immer stärker im Komposthaufen zu arbeiten. Die Wärme wird durch den Stoffwechsel der Mikroorganismen erzeugt, welche das organische Material abbauen und in nährstoffreichen Dünger umwandeln. Diese Temperatur ist ideal, da sie hoch genug ist, um den Abbau zu beschleunigen, aber nicht so hoch, dass die Mikroorganismen zu Schaden kommen.

Während des Kompostier Vorgangs wird das organische Material zersetzt und in kleinere Moleküle aufgespalten. Diese Moleküle werden dann von anderen Mikroorganismen weiter abgebaut und in nährstoffreichen Dünger umgewandelt. Die Temperatur im Komposthaufen steigt während dieses Prozesses an und kann bis zu 70 Grad Celsius erreichen.

Wenn die Temperatur im Komposthaufen zu hoch wird, können die Mikroorganismen absterben. Wenn die Temperatur zu niedrig ist, wird der Abbau verlangsamt und der Komposthaufen kann unangenehm riechen. Eine Temperatur von 20 – 35 Grad Celsius ist daher ideal für eine erfolgreiche Kompostierung und begünstigt die Vermehrung der Mikroorganismen.

Insgesamt ist die Temperatur ein wichtiger Faktor bei der Kompostierung von organischen Materialien. Eine Komposttemperatur von 20 – 35 Grad Celsius ist ideal für den Abbau von organischen Materialien und die Umwandlung in nährstoffreichen Dünger.

Was ist wichtig, die Temperatur im Komposthaufen im Blick zu behalten und sicherzustellen, dass sie innerhalb dieses Bereiches bleibt, um eine erfolgreiche Kompostierung zu gewährleisten.

Temperaturbereich von 35 bis 45 Grad:

Während des Kompostierungsprozesses steigt die Temperatur in Komposthaufen aufgrund der Aktivität von Mikroorganismen und Bakterien, welche den Abfall abbauen.

Eine Temperatur von 35 – 45 Grad Celsius ist ideal für die Kompostierung, da sie das Wachstum von schädlichen Bakterien und Unkrautsamen hemmt, während sie gleichzeitig das Wachstum von nützlichen Bakterien fördert. Bei einer Komposttemperatur von 35 – 45 Grad Celsius beginnt die Zersetzung von Kohlenhydraten und Proteinen im Abfall. Die Mikroorganismen, die für diesen Prozess verantwortlich sind, produzieren Wärme als Nebenprodukt. Diese Wärme erhöht die Temperatur im Komposthaufen weiter und beschleunigt den Abbau des Abfalls. Es ist wichtig dabei zu beachten, dass eine zu hohe Temperatur den Komposthaufen austrocknen und die nützlichen Bakterien abtöten kann. Während der Kompostierung bei 35 – 45 Grad Celsius werden auch Schwermetalle und andere schädliche Chemikalien abgebaut. Diese werden von den Bakterien in weniger schädliche Verbindungen umgewandelt, die dann von Pflanzen aufgenommen werden können.

Insgesamt wäre zu sagen, dass eine Komposttemperatur von 35 – 45 Grad Celsius ein wichtiger Faktor für einen erfolgreichen Kompostierungsprozess darstellt.

Es fördert das Wachstum von nützlichen Bakterien, hemmt das Wachstum von schädlichen Bakterien und Unkrautsamen und beschleunigt den Abbau von Abfall. Es ist jedoch wichtig, die Temperatur im Auge zu behalten und sicherzustellen, dass der Komposthaufen nicht zu heiß wird.

Temperaturbereich von 45 bis 55 Grad:

Während des Kompostierungsprozesses steigt die Temperatur im Inneren des Komposts an und kann bis zu 70 Grad Celsius erreichen. Eine Komposttemperatur von 45 – 55 Grad ist jedoch optimal für den Abbau von organischen Materialien. Bei dieser Temperatur beginnen die Bakterien und Mikroorganismen im Kompost aktiv zu arbeiten und zersetzen das Material besser. Die höhere Temperatur beschleunigt auch den Abbau von schwer abbaubaren Materialien wie Holz und Stroh. Durch den Abbau der organischen Materialien entsteht, wärme, die wiederum den Kompost weiter erwärmt und somit den Prozess beschleunigt.
Insgesamt ist eine Komposttemperatur von 45 – 55 Grad ideal für eine schnelle und effektive Kompostierung. Es ist wichtig, den Kompost regelmäßig zu überprüfen und sicherzustellen, dass er nicht zu heiß oder zu kalt wird, um ein optimales Ergebnis zu erreichen.

Temperaturbereich von 50 bis 60 Grad:

Eine der wichtigsten Phasen bei der Kompostierung ist die Temperatur, in der die Mikroorganismen im Kompost aktiv werden und die organischen Materialien abbauen. Eine ideale Temperatur für den Kompostierungsprozess liegt zwischen 50 und 60 Grad Celsius. In diesem Temperaturstadium beginnt, auch die Vermehrung der Mikroorganismen, was wiederum eine schnellere Zersetzung des organischen Materials zur Folge hat.
In dieser Temperaturphase beginnen die Mikroorganismen im Komposthaufen zu arbeiten und brechen das organische Material auf.

Die höhere Temperatur beschleunigt diesen Prozess und tötet auch schädliche Bakterien und Unkrautsamen ab. Während des Abbauprozesses produzieren die Mikroorganismen Wärme, was zu einem Anstieg der Temperatur führt. Wenn die Temperatur im Komposthaufen zu hoch wird, können jedoch auch wichtige Mikroorganismen absterben und dies insbesondere bei einer Temperatur über 70 Grad Celsius, was den gesamten Kompostierungsprozess beeinträchtigt.

Um jedoch sicherzustellen, dass der Komposthaufen eine optimale Temperatur erreicht, ist es wichtig, ihn regelmäßig zu wenden und feucht zu halten, durch das Wenden wird das organische Material gleichmäßig verteilt und sorgt für eine bessere Durchlüftung des Komposts. Eine ausreichende Feuchtigkeit sorgt dafür, dass die Mikroorganismen genügend Wasser haben, um Ihre Arbeit effizient zu verrichten.

Insgesamt ist die Temperaturphase ein wichtiger Teil des Kompostierungsprozesses. Eine optimale Temperatur von 50 bis 60 Grad Celsius sorgt für eine schnelle und effektive Zersetzung des organischen Materials und führt zu einem nährstoffreichen Kompost, der ideal für den Garten oder der Landwirtschaft ist.

Temperaturbereich von 55 bis 65 Grad:

Eine der wichtigsten Bedingungen für eine erfolgreiche Kompostierung ist die Temperatur und wie wir gesehen haben, werden dadurch die nützlichen Bakterien und Mikroorganismen nicht nur aktiver, sondern vermehren sich auch besonders gut, was den Kompostierungsprozess nicht nur beschleunigt, sondern diesem auch eine gute Qualität liefert.

Eine Komposttemperatur von 55 – 65 Grad Celsius ist ideal für den Abbau von organischen Materialien, wobei die Mikroorganismen, welche den Abbau durchführen, aktiviert und sich vermehren. Somit wird der Abbau organischer Stoffe effektiver vorgenommen, als bei niedrigeren Temperaturen.

Die hohe Temperatur hat auch den Vorteil, dass sie pathogene Keime und Unkrautsamen abtötet. Dies macht den Kompost sicherer für den Einsatz im Garten und verhindert das Wachstum von unerwünschten Pflanzen.

Während des Kompostier Prozesses wird das organische Material in Kohlendioxid, Wasser und Nährstoffe umgewandelt. Die Mikroorganismen verwenden dabei Sauerstoff, der im Komposthaufen vorhanden sein muss, Gewährleistung einer guten Durchlüftung, um den Abbau durchzuführen.

Wenn der Sauerstoffgehalt zu niedrig ist, kann es zu einem anaeroben Abbau kommen, welcher unangenehme Gerüche verursacht.

Insgesamt führt eine Komposttemperatur von 55 – 65 Grad Celsius zu einem schnellen und effektiven Abbau von organischen Materialien, der sicher und geruchsfrei ist. Es ist jedoch wichtig, den Komposthaufen regelmäßig zu wenden und auf ausreichende Belüftung zu achten, um sicherzustellen, dass die Mikroorganismen genügend Sauerstoff haben, um den Abbau durchzuführen.

Temperaturbereich von 65 bis 75 Grad:

Bei einer Komposttemperatur von 65 – 75 Grad Celsius wird der Kompost in der sogenannten thermophilen Phase verarbeitet. In dieser Phase beginnen Mikroorganismen wie Bakterien und Pilze, die organischen Materialien im Komposthaufen sehr effizient abzubauen.

Die erhöhte Temperatur in diesem Stadium ist auf die Aktivität der Mikroorganismen zurückzuführen, die bei höheren Temperaturen schneller arbeiten. Während des Abbauprozesses werden organische Stoffe wie Kohlenhydrate oder Proteine in kleine Moleküle zerlegt. Diese Moleküle können dann von Pflanzen als Nährstoffe aufgenommen werden.

Die thermophile Phase ist auch wichtig, um Krankheitserreger und Unkrautsamen im Komposthaufen abzutöten. Die hohen Temperaturen können pathogene Bakterien und Viren zerstören, die Möglicherweise in den organischen Abfällen vorhanden waren.

Unkrautsamen werden ebenfalls durch die Hitze zerstört, was dazu beiträgt, dass der Kompost frei von unerwünschten Pflanzen bleibt.

Im Allgemeinen besteht die Auffassung kein Unkraut auf den Kompost zu verbringen, da er sich sonst im Garten stark ausbreiten würde. Dies ist jedoch bei einer richtigen Kompostierung nicht der Fall, da wie beschrieben bei der Temperatur von 65 – 75 Grad Celsius sich dieses Problem erledigt. Gewiss ein kleiner Prozentsatz bleibt immer bestehen, jedoch der Erfolg zu dem überwiegt, um ein Vielfaches die unerwünschten Samen abzutöten.

Es ist wichtig zu beachten, dass eine zu hohe Temperatur im Komposthaufen auch schädlich sein kann. Wenn die Temperatur über 75 Grad Celsius steigt, können die Mikroorganismen absterben und den Abbau der organischen Materialien verlangsamt sich. Es ist daher wichtig, den Komposthaufen regelmäßig zu überwachen und sicherzustellen, dass die Temperatur im optimalen Bereich bleibt.

Zusammenfassend lässt sich sagen, dass eine Komposttemperatur von 65 – 75 Grad Celsius für eine effektive Kompostierung unerlässlich ist. In dieser Phase beginnen Mikroorganismen mit dem Abbau von organischen Materialien höchst effizient zu arbeiten und tragen zur Entfernung von Krankheitserregern und Unkrautsamen bei.

Es ist jedoch wichtig, die Temperatur im Auge zu behalten, um sicherzustellen, dass der Komposthaufen nicht zu heiß wird.

Temperatur über 75 Grad:

Bei der Kompostierung entsteht Wärme, die durch die Aktivität von Mikroorganismen verursacht werden. Die ideale Temperatur für eine erfolgreiche Kompostierung liegt zwischen 55 und 65 Grad Celsius. Wenn die Temperatur jedoch über 75 Grad Celsius steigt, kann dies zu Problemen führen.

Eine hohe Komposttemperatur kann dazu führen, dass wichtige Mikroorganismen absterben und somit der Kompostierungsprozess gestört wird.

Außerdem können sich bei hohen Temperaturen unerwünschte Bakterien und Pilze vermehren, die den Kompost unbrauchbar machen können. Eine zu hohe Temperatur kann auch dazu führen, dass der Kompost austrocknet und somit seine Fähigkeit zur Wasserspeicherung verliert.

Um eine Überhitzung des Komposts zu vermeiden, sollte er regelmäßig gewendet werden, um eine gleichmäßige Verteilung der organischen Materialien zu gewährleisten. Auch das Hinzufügen von feuchten Materialien wie Gras oder Blättern kann dazu beitragen, die Temperatur im optimalen Bereich zu halten.

Insgesamt ist es wichtig, die Temperatur des Komposts im Auge zu behalten und sicherzustellen, dass sie nicht über 75 Grad Celsius steigt. Durch ein regelmäßiges Wenden und das Hinzufügen von feuchten Materialien kann ein erfolgreicher Kompostierungsprozess gewährleistet werden. Eine regelmäßige Zugabe von Wasser trägt zu einem optimalen Prozess bei und liefert somit auch den gewünschten Erfolg zur Verwendung bei. Die Temperatur im Kompost ist ein wichtiger Faktor, der die Qualität und Geschwindigkeit des Zersetzungsprozesses beeinflusst.

Es gibt verschiedene Faktoren, die die Komposttemperatur beeinflussen können. Zum Beispiel spielt die Art der verschiedenen Materialien eine Rolle. Grüne Materialien wie Gras oder Gemüsereste erzeugen mehr Wärme als braune Materialien, wie Blätter oder Stroh.

Auch die Größe des Komposthaufens ist wichtig, da größere Komposter mehr Wärme erzeugen als kleinere.

Die Kontrolle der Komposttemperatur ist durch spezielle Thermometer möglich, welche tief in den Komposter eindringen können. Durch die Temperaturmessung können rechtzeitig die erforderlichen Maßnahmen ergriffen werden, damit der Kompost zu einem hochwertigen Endprodukt von Humus gelangt. Das Ergebnis nach dem Einsatz von gutem Kompost zeigt sich in der Blüte der Pflanzen und deren Ertrag im Besonderen.

Heiße – Kompostierung

Heißer Kompost ist eine Methode der Kompostierung, bei der organische Abfälle in einem geschlossenen Behälter oder auf einer speziellen Fläche gesammelt und durch mikrobielle Aktivitäten erhitzt werden. Der Prozess des heißen Komposts ist ein natürlicher Vorgang, bei dem Bakterien, Pilze und andere Mikroorganismen die organischen Materialien zersetzen und dabei Wärme erzeugen. Diese Wärme kann Temperaturen von bis zu 70 Grad Celsius erreichen und den Kompost innerhalb von Wochen oder Monaten in einen nährstoffreichen Dünger verwandelt.

Der heiße Kompost hat viele Vorteile gegenüber anderen Formen der Kompostierung. Er ist effektiver und schneller als eine kalte Kompostierung, da die höheren Temperaturen dazu beitragen, dass das Material schneller abgebaut wird. Außerdem tötet die Hitze im heißen Kompost schädliche Bakterien und vorhandene Unkrautsamen ab, was dazu beiträgt, dass der fertige Kompost frei von Krankheitserregern und Unkraut ist.
Der heiße Kompost kann auch dazu beitragen, den Kohlenstoff – Fußabdruck zu reduzieren, da er organische Abfälle recycelt und sie in einem wertvollen Dünger umwandelt. Darüber hinaus kann der heiße Kompost auch dazu beitragen, den Boden zu verbessern, ihn besser durchlüftet und Wasser speichert und indem er Nährstoffe zurück in den Boden bringt und somit die Bodenstruktur um ein wesentliches verbessert.
Um einen heißen Kompost herzustellen, benötigt man eine ausreichende Menge an organischen Material wie Gartenabfälle, Küchenabfälle und Laub, welches eine gute Mischung ergibt, was sich später im Endresultat zeigt, einen guten Humus.
Diese Materialien sollten in Schichten aufgetragen werden, um somit eine gute Belüftung und Feuchtigkeit zu gewährleisten. Hierbei bietet es sich besonders an in den Schichten getrocknetes Geäst mit beizufügen, um somit einen guten Effekt zu erzielen und die Zersetzung schnell voranzutreiben.

Es ist auch wichtig den Kompost regelmäßig zu wenden, um sicherzustellen, dass alle Teile des Materials gleichmäßig abgebaut werden.

Insgesamt ist der heiße Kompost eine effektive Methode zur Kompostierung von organischen Abfällen. Durch die Erzeugung von Wärme und die Zersetzung der Materialien, können wertvolle Nährstoffe zurück in den Boden gebracht werden, was dazu beitragen kann den Boden zu verbessern und den Kohlenstoff – Fußabdruck zu reduzieren.

Kalte – Kompostierung

Die kalte Kompostierung ist eine einfache und effektive Methode, um organische Abfälle in nährstoffreichen Boden zu verwandeln. Im Gegensatz zur heißen Kompostierung, bei der die Temperaturen des Komposts auf über 60 Grad Celsius erhöht wird, um das Wachstum von Mikroorganismen zu beschleunigen, erfolgt die kalte Kompostierung bei Raumtemperatur.

Bei der Methode der kalten Kompostierung, werden organische Abfälle wie Gartenabfälle, Küchenabfälle und Laub einfach aufeinander geschichtet und mit einer Schicht aus Erde, Gartenerde oder Alterde von Beeten und Sträuchern bedeckt und anschließend mit Wasser übergossen, um den Zersetzungsprozess zu aktivieren. Der Kompost wird dann langsam durch den natürlichen Zersetzungsprozess abgebaut.

Der Vorteil von kalter Kompostierung besteht darin, dass diese weniger Arbeitsintensiv ist als die heiße Kompostierung und weniger Aufmerksamkeit erfordert, erfolgt ein teilweises Wenden des Komposts erforderlich ist, was in dem obersten Drittel des Komposts erfolgen sollte. Dies führt dazu, dass der Kompost einfach auf den Haufen belassen werden kann, bis er vollständig zersetzt ist.

Es sollte jedoch auf eine teilweise Wendung nicht verzichtet werden, da es sich in der Praxis gezeigt hat, dass durch eine Teilwendung ein höherwertiger Kompost entsteht als ein nur aufgeschichteter Kompost, wo die Verrottung auch wesentlich längere Zeit benötigt.

Da man jedoch auch seine Zeit effektiv zur Gewinnung von Humus einsetzen möchte, gibt es eine gute und Zeitsparende Möglichkeit dies zu realisieren.

Bei der kalten Kompostierung ist es erforderlich den obersten Bereich zu lockern bis auf ein Maß von ca. 50 bis 60 cm, damit dieser gut durchlüftet wird. Durch die Zugabe von Alterde oder einfacher Erde aus dem Baumarkt, wird diese Erde in Schichten beigefügt und bietet den vorhandenen Mikroorganismen wichtiges Material, was zu deren Wohlbefinden und der damit verbundenen Aktivität in der Gesamtheit beiträgt.

Als einen wesentlichen Effekt dabei, erhalte ich im Laufe der Zeit einen wertvollen Humus, welche mit Nährstoffen angereichert wurde und zur Weiterverarbeitung für die Pflanzen bestens geeignet ist. Somit können Sie mit wenig Aufwand einen großen Effekt bei der Kompostierung erreichen. Menschen, welche sich im vorgerückten Alter befinden wird die Arbeit bei der Herstellung eines hochwertigen Humus um ein vielfaches leichter mit einem sehr guten Ergebnis daraus.

Die kalte Kompostierung ist auch ideal für Menschen, die in städtischen Gebieten leben und keinen Platz für einen großen Komposthaufen haben.

Die Wirkung des kalten Komposts besteht darin, dass er den Boden mit wichtigen Nährstoffen versorgt und das Wachstum von Pflanzen fördert. Der Kompost enthält eine Vielzahl von Nährstoffen wie Stickstoff, Phosphor und Kalium sowie Mikroorganismen, die dazu beitragen, den Boden zu verbessern und zu gesunden.

Der kalte Kompost kann direkt in den Gartenboden eingearbeitet werden oder als Top –Dressing auf den Boden aufgetragen werden.

Zusammenfassend kann gesagt werden, dass die kalte Kompostierung eine einfache und effektive Methode ist, um organische Abfälle in nährstoffreichen Boden zu verwandeln.

Diese Methode erfordert weniger Arbeit und auch Aufmerksamkeit, als die heiße Kompostierung und ist ideal für Menschen mit wenig Zeit mit mühevollem Wenden und jenen, welche in städtischen Gebieten leben.

Der kalte Kompost liefert im Ergebnis wichtige Nährstoffe für den Boden und den Pflanzen und fördert dessen Wachstum im Besonderen.

Unterschied zwischen heißer und kalter Kompostierung

Kompostierung ist eine der besten und einfachsten Methoden, um organische Abfälle in nährstoffreichen Dünger für den Garten oder der Landwirtschaft umzuwandeln. Es gibt zwei Arten von Kompostierung: Heiß – und Kaltkompostierung.

Die heiße Kompostierung ist ein schnellerer Prozess, bei dem organische Materialien schnell abgebaut werden, während die kalte Kompostierung eine langsamere Methode ist, bei der das organische Material langsam zersetzt wird.

Die heiße Kompostierung wird durch das Erhöhen der Temperatur im Komposthaufen erreicht. Die Temperatur kann bis zu 70 Grad Celsius erreichen, was dazu führt, dass das organische Material schnell abgebaut wird. Dieser Prozess dauert normalerweise zwischen vier und sechs Wochen und erfordert regelmäßiges Wenden des Materials, um sicherzustellen, dass es gleichmäßig kompostiert wird. Der Vorteil der heißen Kompostierung ist, dass sie schneller ist und das Endprodukt weniger Unkrautsamen und Krankheitserreger enthält. Die kalte Kompostierung hingegen ist eine langsamere Methode, bei der das organische Material auf natürliche Weise zersetzt wird. Diese Methode erfordert keine besondere Aufmerksamkeit oder Wartung, jedoch sollte auch hier gelegentlich eine Wendung des Komposts vorgenommen werden und gegebenenfalls auch mit Zuschlagstoffen gearbeitet werden, um die Qualität des entstehenden Humus positiv zu beeinflussen.

Der Vorteil der kalten Kompostierung ist, dass sie weniger Zeit in Anspruch nimmt und dem natürlichen Zersetzungsprozess die erforderliche Zeit gegeben wird. Das Endprodukt enthält jedoch mehr Unkrautsamen und Krankheitserreger, als bei der heißen Kompostierung.

Insgesamt gibt es also vor – und Nachteile bei beiden Methoden. Wenn Sie schnell Kompost benötigen und bereit sind etwas mehr Arbeit zu investieren, ist die heiße Kompostierung die beste Wahl.

Wenn Sie jedoch nicht viel Zeit oder Energie haben und eine einfache Methode bevorzugen, ist die kalte Kompostierung eine gute Option. Unabhängig von der Methode, die Sie wählen, ist Kompostierung eine großartige Möglichkeit, um Abfall zu reduzieren und nährstoffreichen Dünger für Ihren Garten oder Ihre Pflanzen herzustellen.
Ein weiterer wichtiger Punkt der erwähnt werden sollte ist die Verwendung der Erde aus der heißen und der kalten Kompostierung und dessen Unterschied.

Wenn es um den Ertrag von Pflanzen geht, hat die Verwendung von Komposterde der heißen Kompostierung einige Vorteile. Der Kompost enthält mehr Nährstoffe und Mikroorganismen als der Kompost aus der kalten Kompostierung.
Dies kann zu einer schnelleren Wachstumsrate und höheren Erträgen führen. Ein weiterer Vorteil ist, dass der heiße Kompost Unkrautsamen und Krankheitserreger abtötet, was dazu beitragen kann, dass die Pflanzen gesünder sind.

Die Wahl zwischen der Verwendung von Komposterde der kalten oder heißen Kompostierung ist letztlich von den persönlichen Vorlieben und Umständen abhängig.

Beide Methoden haben Vorteile, jedoch auch Nachteile, welche es zu berücksichtigen gilt und es ist dabei wichtig, den Bodenbedarf der spezifischen Pflanzen zu berücksichtigen.

Eine Kombination aus beiden Methoden, kann eine gute Option darstellen, um somit das Beste aus beiden Kompostwelten zu erhalten. Hierbei sollte man auch den Mut zum Experimentieren haben und vielleicht stoßen Sie dabei auf Ihr eigenes erfolgreiche Rezeptur, welche sich in den Erträgen zeigt.

Schlussbemerkung

Das Buch (Kompostieren leicht gemacht) bietet einen umfassenden Einblick in die Geschichte und die Bedeutung des Kompostierens für die Gesellschaft und der Umwelt.
Von den Anfängen, als der Mensch noch nicht aktiv in den Prozess eingriff, bis hin zur heutigen Zeit, in der das Kompostieren zu einer wichtigen Maßnahme im Kampf gegen den Klimawandel geworden ist, wird deutlich, welchen Nutzen diese nachhaltige Praxis hat.

Durch das Kompostieren werden organische Abfälle in wertvollen Humus umgewandelt, der wiederum als natürlicher Dünger genutzt werden kann. Dies trägt nicht nur zur Reduzierung von Mülldeponien bei, sondern fördert auch die Bodengesundheit und damit die Erträge in der Landwirtschaft und im eigenen Garten.
Darüber hinaus hilft das Kompostieren dabei, Treibhausgase zu reduzieren und somit einen Beitrag zum Umweltschutz zu leisten. Insgesamt zeigt das Buch eindrucksvoll auf, wie wichtig es ist, diese einfache Methode des Kompostierens weiterhin zu praktizieren, um unsere Umwelt nachhaltig zu schützen.

Die Kompostierung ist eine uralte Praktik, die in vielen alten Kulturen praktiziert wurde und auch heute noch von vielen Menschen auf der ganzen Welt genutzt wird. Der Prozess der Kompostierung beinhaltet das Zersetzen organischer Materialien wie Pflanzenabfälle, Nahrungsmittelreste und Tier Dung durch Mikroorganismen. Dieser Prozess führt zur Entstehung von Humus, einem nährstoffreichen Bodenverbesserer.

Mit dem Aufkommen der menschlichen Kulturen wurden jedoch auch spezielle Techniken zur Kompostierung entwickelt. So nutzten beispielsweise die alten Ägypter bereits vor 4000 Jahren Kompost, um ihre Felder zu düngen. Auch die Römer und Griechen verwendeten Kompostierungstechniken, um ihre Böden fruchtbarer zu halten. In vielen alten Kulturen war die Kompostierung ein wichtiger Bestandteil des täglichen Lebens.

In der chinesischen Landwirtschaft wurde Kompostierung bereits vor über 2000 Jahren praktiziert und im Mittelalter wurde Kompost in Europa als Dünger verwendet und dann von Mönchen weiterentwickelt und perfektioniert.

Das Land Indien besitzt Traditionell eine vielfältige Verwendung von Kompost, welche immer noch weit verbreitet ist und als Teil der traditionellen Landwirtschaft angesehen wird. Dies wird in diesem Buch sehr Umfassend in dem Kapitel (Nutzung von Kompost in einzelnen Kulturen) dargestellt.

Heute gibt es eine Vielzahl von Methoden zur Kompostierung im Garten, vom einfachen Haufen bis hin zu komplexen Systemen mit Belüftung und Temperaturkontrolle. Die meisten modernen Kompostierungsverfahren basieren jedoch auf denselben Prinzipien wie diejenigen, die bereits vor Jahrtausenden bekannt waren, durch die Umwandlung organischer Materialien in nährstoffreichen Boden.

Für Menschen hat die Kompostierung viele Vorteile. Es ist eine kostengünstige Möglichkeit, Abfall zu reduzieren und gleichzeitig einen wertvollen Bodenverbesserer zu produzieren.

Die Verwendung von Kompost als Dünger kann auch zu einer höheren Ernte führen und somit zur Ernährungssicherheit beitragen.

Die Kompostierung im Garten ist ein wichtiger Prozess, welcher dazu beiträgt, Abfall zu reduzieren und gleichzeitig nährstoffreichen Boden für Pflanzen zu schaffen. Dieser Prozess ist jedoch nicht erst seit dem Erscheinen des Menschen auf der Erde bekannt.

Tatsächlich haben auch Tiere und Mikroorganismen seit jeher organische Materialien abgebaut und in den Boden zurückgeführt.

Die Bedeutung der Kompostierung für die Ökologie und Nachhaltigkeit ist enorm. Durch die Verwendung von Kompost als Dünger, können chemische Düngemittel vermieden werden, die oft schädlich für die Umwelt sind. Kompostierung reduziert auch den Bedarf an Deponien und Abfallentsorgung, was wiederum den CO_2-Fußabdruck verringert.
Die Verwendung von Kompost als Bodenverbesserer erhöht auch die Bodenfruchtbarkeit und trägt zur Erhaltung der Biodiversität bei.

Kompost ist ein wichtiger Bestandteil unseres Ökosystems und hat einen direkten Einfluss auf die Gesundheit des Menschen. Die Herstellung von Kompost aus organischen Abfällen wie Gartenabfällen, Lebensmittelresten und Tier Dung ist eine effektive Methode, um wertvolle Nährstoffe zurück in den Boden zu bringen und somit das Wachstum von Pflanzen zu fördern. Durch die Verwendung von Kompost als Dünger, können wir auf chemische Pestizide und Düngemittel verzichten, die nicht nur die Umwelt belasten, sondern auch unsere Gesundheit beeinträchtigen können.

Der Prozess der Kompostierung hat jedoch nicht nur Auswirkungen auf die Umwelt und der Landwirtschaft, sondern auch auf die Gesellschaft im Allgemeinen. Indem wir unseren organischen Abfall kompostieren, reduzieren wir das Aufkommen von Mülldeponien und tragen somit zur Reduzierung der Umweltverschmutzung bei. Der daraus sich ergebende gesundheitliche Aspekt für den Menschen selbst, ist dabei nicht zu übersehen.
Darüber hinaus kann die Herstellung von Kompost auch zu neuen Arbeitsplätzen führen und somit zur wirtschaftlichen Entwicklung beitragen.

In Bezug auf die Gesundheit des Menschen, kann der Einsatz von Kompost auch dazu beitragen, das Risiko von Krankheiten zu reduzieren. Durch die Verwendung von Kompost als Dünger können wir den Einsatz von chemischen Pestiziden und Düngemitteln reduzieren, die möglicherweise krebserregende Stoffe enthalten können.

Da der Kompost viele nützliche Mikroorganismen enthält, welche zur Verbesserung der Bodengesundheit beitragen, kann dieser das Wachstum von gesunden Pflanzen fördern, was letztlich zu einer gesunden Ernte führen kann und gleichzeitig Schädlinge auf natürliche Weise bekämpft werden.

Insgesamt ist der Zusammenhang zwischen Kompost, Mensch und Gesundheit eng miteinander verbunden. Die Verwendung von Kompost als Dünger kann nicht nur zur Verbesserung der Bodengesundheit und des Pflanzenwachstums beitragen, sondern auch zur Reduzierung von Umweltverschmutzung und zur Schaffung neuer Industrieplätze beitragen. Darüber hinaus kann die Verwendung von Kompost auch dabei helfen, ein Risiko von Krankheiten zu reduzieren und somit zur Förderung einer gesünderen Gesellschaft beitragen.

Weiterhin ist die Kompostierung ein wichtiger Bestandteil der nachhaltigen Landwirtschaft und ein Beispiel dafür, wie alte Praktiken in modernen Zeiten relevant bleiben können. Die Bedeutung der Kompostierung für die Ökologie und Nachhaltigkeit als auch für die Menschen ist unbestreitbar und sollte weiterhin gefördert werden.

Quellenangaben und Bildnachweise

Upcycling:

https://www.studysmarter.de/magarine/upsycling-alt-neu/

Ökologie und Ökosystem:

https://www.studyflix.de/biologie/okologie-2924

https://www.studyflix.de/biologie/okosystem-2524

Komposter arten:

https://www.selbst.de/komposter-kaufen-26417.html

Kompost – Anlegen:

https://de.pugtree.com/so/kompost/5

https://de.wikipedia.org/wiki/kompostierung

Nachhaltigkeit:

https://www.bundestag.de/ausschuesse/weitere_gremien/pbne/vorstellu-g/was-ist-nachhaltigkeit-890694

Durch Wellen Lernen:

https://www.hellobetter.de/aerzte-psychotherapeuten/wellen-der-verhaltenstherapie/

Säure arten:

https://www.studyflix.de/chemie/saure-1999

Recycling – Kompost:

https://www.packaging-warehouse.com/de/magazine/recycling-oder-kompostierung-der-vergleich-82.php

Synthetische Düngemittel:
https://www.umweltbundesamt.de/themen/landwirtschaft/umweltbelastunge
n-der-landwirtschaft/duengemitteln
Alte Kulturen:
https://www.oekosystem-erde.de/html/erfindung-landwirtschaft.html

Gartenarbeit aus medizinischer Sichtweise:
https://www.stadtundgruen.de/artikel/zur-medizinisch-gesundheitlichen-
bedeutung-von-gaerten-und-parks-urban
Huerta Nino:
https://www.schoenstatt.org/de/herausgehen/barmherzigkeit/2024/03/pflanzt
-garten-und-esst-ihre-fruechte

Mikrokosmos und Makrokosmos:
https://www.sofatutor.com/biologie/videos/der-mikrokosmos
https://www.makro-und-mikrokosmos.de/mikro-meso-makrokosmos/

Rechtliches zum Kompostieren:
https://www.eigenheimverband.de/wissenswertes-fachinformationen/recht-
politik-steuern/flyer-recht/komp
https://www.ohne-makler.net/magazin/kompost-mietrecht/
https://www.packaging-warehouse.com/de/magazine/recycling-oder-
kompostierung-der-vergleich-82.php

Synthetische Düngemittel:
https://www.umweltbundesamt.de/themen/landwirtschaft/umweltbelastunge
n-der-landwirtschaft/duengemitteln

Alte Kulturen:
https://www.oekosystem-erde.de/html/erfindung-landwirtschaft.html

Gartenarbeit aus medizinischer Sichtweise:
https://www.stadtundgruen.de/artikel/zur-medizinisch-gesundheitlichen-bedeutung-von-gaerten-und-parks-urban

Huerta Nino:
https://www.schoenstatt.org/de/herausgehen/barmherzigkeit/2024/03/pflanzt-garten-und-esst-ihre-fruechte

Mikrokosmos und Makrokosmos:
https://www.sofatutor.com/biologie/videos/der-mikrokosmos
https://www.makro-und-mikrokosmos.de/mikro-meso-makrokosmos/

Rechtliches zum Kompostieren:
https://www.eigenheimverband.de/wissenswertes-fachinformationen/recht-politik-steuern/flyer-recht/komp
https://www.ohne-makler.net/magazin/kompost-mietrecht/

Schnellkomposter:
https://www.samenhaus.de/gartenblog/der-schnellkomposter-welche-vor-und-nachteile-hat-er

Kompostbeschleuniger:
https://www.utopia.de/ratgeber/Kompostbeschleuniger-selber-machen-so-gehts/

Wurmkompostierung:
http://www.bloomling.de/info/ratgeber/wurmkompost-selbst-gemacht.
Kompostarten:
https://www.plantura.garden/gartenpraxis/kompost/kompost
https://www.kompost.de/themen/selbst-kompostieren/kompostbehaelter
https://www.wissen.bloomify.de/wissen/artikel/kompost-modelle

Offener Kompost:

https://www.manufactum.de/kompost-umsetzen-offene-mieten-abdecken-c199296/

https://www.pflanzen-koelle.de/ratgeber/blog/kompost-anlegen-fuer-anfaenger-und-profis/

Geschlossener Kompost:

https://www.toom.de/selbermachen/garten-freizeit/gartenpflege/thermokomposter-befuellen/

https://www.kompost-tipps.de/thermokomposter/

Bokashi – Komposter:

https://www.mdr.de/mdr-garten/pflegen/duengen/bokashi-eimer-kuechenabfaelle-100.html

https://www.dehner.de/ratgeber/garten-tipps/ratgeber-bokashi/

Was sollte auf den Kompost?

https://www.mygardenhome.de/ratgeber/was-darf-auf-den-kompost/

https://www.nabu.de/umwelt-und-ressourcen/oekologisch-leben/balkon-und-garten/pflege/duengung/2414

https://www.gartenzaun-experten.de/ratgeber/gartenzaeune/was-darf-in-den-kompost/

Kompostbeet:

https://www.plantura.garden/gartengestaltung/kompostbeet/

https://www.selbst.de/kompost-beet-anlegen-72869.html

https://www.bund-lemgo.de/wanderkompostbeet.html

Terra Preta:

https://www.nabu.de/umwelt-und-ressourcen/oekologisch-leben/balkon-und-garten/trends-service/trends/2

http://www.oekom.de/beitrag/was-ist-terra-preta-erde-herkunft-herstellung-und-vorteile-30

https://www.mdr.de/mdr-garten/pflegen/duengen/terra-preta-pflanzenkohle-indios-vorteile-nachteile-bode

Hefearten:

https://www.vicumpo.de/weinlexikon/hefe-cms-p1198

https://www.inforno.de/ratgeber/pizza-basics/was-du-ueber-hefe-wissen-musst/#2

https://www.zeno.org/Meyers-1905/A/Hefe

Pilze und Kompost:

https://www.gartenflura.de/gartenwissen/natur-kultur/pilze-im-garten/

https://www.bloomboxclub.de/blogs/news/wie-beseitigt-man-pilze-aus-dem-kompost-der-zimmerpflanzen

https://www.kompost.de/uploads/media/H_Kaktuell08_07.Pilze.pdf

Chemische – Elemente im Kompost:

http://www.chemie-schule.de/index.php

http://www.emiko.de/news/em-fuer-den-kompost/

http://www.umweltbundesamt.de/sites/default/files/medien/376/publikationen/151207_stg_uba_kompostfibel_web.pdf

Zuschlagstoffe bei der Kompostierung:

https://www.terracult.de/fag/was-sind-zuschlagstoffe-und-welche-bedeutung-haben-sie

https://www.kompost.de/fileadmin/docs/guetesicherung/Liste

https://www.bruening-group.de/produkte/rindenhumus-kompost/

https://www.kompost.de/fileadmin/docs/shop/Sonderdrucke/KuR_Kompost_Somderd_web.pdf

Pheromone:

https://www.quarks.de/gesellschaft/psychologie/so-beeinflussen-uns-pheromone-wirklich/

https://www.flexikon.docchek.com/de/Pheromon

https://www.chemie.de/lexikon/Pheromon.html.

Kohlenstoff – Stickstoff – Verhältnis:

https://www.spektrum.de/lexikon/biologie/c-n-verhaeltnis/14591
https://www.forum-garten-pur.de/index.php?topic=27272.0
https://www.kompostwiki.de/doku.php?id=anleitungen:die_richtige_mischu
ng_finden&do=
https://www.lfl.bayern.de/mam/cms07/iab/bilder/bodenproben_tab_1_9.pdf
https://www.umweltbundesamt.de/sites/default/files/medien/461/publikation
en/4311.pdf

Allergien durch Kompost:

https://www.t-online.de/heim-garten/garten/id_48063938/vorsicht-im-
garten-schimmelpilzsporen-loes
https://www.allergie-freizeit.de/de/allergieformen/schimmelpilzallergie/
https://www.allergien-im-garten.de
https://www.allergieratgeber.de/allergiearten/schimmelpilzallergie

Temperaturverhältnisse im Kompost:

https://www.ahabc.de/garten/kompostieren/phasen-der-kompostierung/
https://www.gartenzauber.com/winterkompost
https://www.4laendergarten.eu/die-besten-gartentipps-im-
november/item/386-kein-winterschlaf-im-kompost.

Literaturhinweise im laufenden Buchtext

Im Anschluss am Kapitel (Einstellung zu den Ressourcen) folgt das Unterkapitel zum Literaturhinweis.
Nach dem Unterkapitel (Radiolarin) folgt das Kapitel von Fazit und Quel-
lenangabe

Bildnachweise

Freie Bilder:
https://pixabay.com/de/images/search/kompost/
https://www.pexels.com/de-de/suche/kompost/
https://www.123rf.com/lizensfreie-bilder/kompost.html

Diese sind in nachfolgenden Kapitel zu finden:

Freude an der Gartenarbeit (2)-Seite 112, Ideen für den Garten (1)-Seite 124, Psyche des Gartens (1)-Seite 127,
Kompost als Grundlage des Erfolgs (1)-Seite 129, Platzwahl für Komposter (1)-Seite 131, Symbiose von Kompost und Garten (1) – Seite 137

Eigene Bilder

Im Kapitel von Oberflächenkompost (1)- Seite 196 und Tiefenkompost (1) - Seite 210, bestehend aus je einer Darstellung.

*Erstellung und Gestaltung wurden
mithilfe von WriteControl vorgenommen.*